Wolfram zu Mondfeld · Blut, Gold und Ehre

Wolfram zu Mondfeld

Blut, Gold und Ehre

Die Conquistadoren erobern Amerika

C. Bertelsmann Verlag

Redaktion: Dr. Dieter Struss, Grafing
Ausstattung und Layout: Wolfram zu Mondfeld

Gesamtherstellung: Welsermühl, Wels
ISBN 3-570-02073-8 · Printed in Austria 54321

Inhalt

Freitag, der 12. Oktober

San Salvador 1492

»Um 2 Uhr morgens kam das Land in Sicht, von dem aus wir etwa acht Seemeilen [14 km] *entfernt waren.*

Da die Karavelle ›Pinta‹ schneller war als die beiden anderen Schiffe und vorausgefahren war, so entdeckte man an Bord der ›Pinta‹ zuerst das Land und gab die befohlenen Signale.

Als erster erspähte dieses Land der Matrose Rodrigo de Triana, wiewohl ich um 10 Uhr nachts vom Achterkastell des Schiffes ein Licht bemerkt hatte.

Obzwar das schimmernde Licht so undeutlich war, daß ich es nicht wagte, es als Land zu bezeichnen, so rief ich dennoch Pietro Gutiérrez, den Truchseß des Königs, um ihm zu sagen, daß ich ein Licht zu sehen glaubte, und bat ihn, es sich anzusehen, was jener auch tat und es tatsächlich auch sah. Desgleichen benachrichtigte ich Rodrigo Sánchez de Segovia, den der König und die Königin als Beobachter der Flotte zugeteilt hatten. Dieser aber vermochte nichts zu erblicken, da er von seinem Standpunkt aus nichts sehen konnte. Nachdem ich meine Beobachtung gemeldet hatte, sah man das Licht ein-, zweimal aufscheinen; es sah so aus, als würde man eine kleine Wachskerze auf und nieder bewegen – was wohl in den Augen der wenigsten als Anzeichen nahen Landes gegolten hätte. Ich war freilich fest davon überzeugt, mich in der Nähe des Landes zu befinden.

Als dann die Mannschaft das ›Salve Regina‹ betete, das alle Seeleute auf ihre Weise zu singen pflegen, und dann schweigend verharrte, gab ich meinen Leuten den guten Rat, auf dem Vorschiff gute Wache zu halten und auf das Insichtkommen des Landes wohl zu achten. Derjenige unter ihnen, der als erster melden würde, Land zu sehen, bekäme sofort eine seidene Jacke zum Geschenk, außer all den Belohnungen, die der König und die Königin versprochen hatten, nämlich die Auszahlung eines lebenslänglichen Ruhegehalts von 10 000 Maravedís.

Um 2 Uhr morgens kam das Land in Sicht. Wir holten alle Segel ein und fuhren nur mit dem Großsegel ohne Bonnet [Tuchstreifen, die zur Vergrößerung der Fläche an das Segel angesetzt werden konnten]. *Dann drehten wir bei und warteten bis zum Anbruch des Tages, eines Freitags, an dem wir zu einer Insel gelangten, die in der Indio-Sprache ›Guanahani‹ hieß* [sie wurde auf den Namen ›San Salvador‹ getauft].

Dort erblickten wir allsogleich nackte Eingeborene. Ich begab mich, begleitet von Martín Alonso Pinzón und dessen Bruder Vincente Yáñez, dem Kapitän der ›Niña‹, an Bord eines bewaffneten Bootes an Land. Dort entfaltete ich die königliche Flagge, während die beiden Schiffskapitäne zwei Fahnen schwangen mit einem grünen Kreuz im Feld und rechts und links davon je mit einer Krone verziert die Buchstaben F und Y

[Anfangsbuchstaben für Fernándo de Aragon und Ysabel de Castilla], *wie sie an Bord aller Schiffe geführt wurden. Unseren Blicken bot sich eine Landschaft dar, die mit grün leuchtenden Bäumen bepflanzt und reich an Gewässern und allerhand Früchten war.*

Ich rief die beiden Kapitäne und auch all die anderen, die an Land gegangen waren, ferner Rodrigo d'Escobedo, den Notar der Flotte, und Rodrigo Sánchez de Segovia zu mir und sagte ihnen, durch ihre persönliche Gegenwart als Augenzeugen davon Kenntnis zu nehmen, daß ich im Namen des Königs und der Königin, meiner Herren, von der genannten Insel Besitz ergreife, und die rechtlichen Unterlagen zu schaffen, wie es sich aus den Urkunden ergibt, die dort schriftlich niedergelegt worden waren.«

Hochseeschiff, vielleicht die »Santa Maria« aus dem von Johann Bergmann von Olpe in Basel 1494 gedruckten 1. Kolumbusbrief.

Christoforo Colombo

Spanien und die Neue Welt 1492 bis 1506

»Alldieweil Ihr, die christlichen und hocherhabenen, urmächtigen Fürsten, der König und die Königin von Spanien und den Inseln im Meer, in diesem Jahr 1492, nachdem Eure Majestät den Krieg mit den Mauren beendet, die in Europa herrschten, und nachdem sie ihn in der mächtigen Stadt Granada zum Abschluß brachten, und alldieweil bald darauf ich Euren Majestäten Kenntnis gegeben habe von den Ländern in Indien und von einem Fürsten, den man ›Großkhan‹ nennt, und alldieweil Eure Majestäten, als katholische Christen und Fürsten, dem Heiligen Christlichen Glauben treu ergeben, und Widersacher der Sekte Mohammeds und seiner Irrlehren, beschlossen hattet, mich, Christoforo Colombo, auszusenden in die Regionen Indiens, wo ich besagte Länder, Fürsten und Regionen sehen sollte, und da Ihr mir befahlt, nicht auf dem Landweg, wie gewöhnlich, nach dem Orient zu reisen, sondern auf einem Weg westwärts, den bis zu diesem Tag kein Mensch genommen hat, haben nunmehr Eure Majestäten mir in demselben Monat befohlen, mich mit einer ausreichenden Flotte in besagte Regionen Indiens zu begeben, wofür sie mir viele Belohnungen gewährten und mich dergestalt ehrten, daß ich mich mit einem Admiralstitel belegen darf und Kommandierender Admi-

Das vermutlich einzige existierende authentische Porträt Christoforo Colombos.

ral des Weltmeeres sowie Vizekönig und Gobernador auf Lebenszeit aller Inseln und Festländer bin, die von mir entdeckt und gewonnen werden sollten im Weltmeer, ferner bewilligten, daß mein ältester Sohn mir nachfolgen und meinen Rang forterben soll immerdar.«

Ein Jude aus Genua

Wenn behauptet wird, Christoforo Colombo (spanisch Cristóbal Colón) sei die bekannteste Gestalt der Weltgeschichte, mag dies durchaus zutreffen. Die Flut der Kolumbus-Literatur hat schon vor vielen Jahren geradezu beängstigende Formen angenommen, angefangen von höchst ernsthaften wissenschaftlichen Werken über Romane bis zu Drama, Oper und Chorwerk, und jeder, der irgendwann irgendeine Schule besucht hat, kennt wenigstens in Stichworten seine Lebensgeschichte.

Andererseits gibt es kaum eine Gestalt der Weltgeschichte, die so überwuchert wäre von Legenden, Interpretationen, Ansichten, Deutungen und Darstellungen. Von Bartolomé de Las Casas (»Historia de las Indias« um 1520) bis zu Roselly de Lorgues (»Chr. Colomb« 1856) wollten alle in ihm einen »Gesandten Gottes« und »Evangelisten des Ozeans« sehen, und es gab in der zweiten Hälfte des letzten Jahrhunderts eine heftige, wenn auch erfolglose Bewegung, die Christoforo Colombo durch den Papst heiligsprechen lassen wollte. Von der Hand des Dominikanerpaters Bartolomé de Las Casas stammt auch die einzige erhaltene Abschrift der Bordbücher Colombos. Die Gegenbewegung begann mit Alexander von Humboldt, der Colombo als einen »Unwissenden« und »Dilettanten« bezeichnete, und gipfelt bei Carlos Pereyra (»Historia de América española«, 1920 bis 1925) und Marius André (»La véridique aventure de Chr. Colomb«, 1927), die den »Pinzón-Mythos« erfanden, nach dem Martín Alonso Pinzón der eigentliche Entdecker gewesen war, während Colombo nur als »Ausbeuter«, »Glücksritter« und »Hanswurst des Meeres« am Rande agiert und durch den Tod Pinzóns das Verdienst der Entdeckung in die eigene Tasche geschoben habe.

Wie unausrottbar und gegen jeden historischen Beleg gefeit der Legendenurwald auch heute noch wuchert, beweist allein schon der Streit um seine Herkunft. So soll Colombo Spanier, Franzose, Engländer oder gar Armenier gewesen sein, und in Italien raufen sich immer noch an die 20 Städte um die Ehre seines Geburtsortes, obwohl er selbst in seinem »ersten Testament« vom 22. Februar 1498 geschrieben hatte: *»In Genua geboren* [siendo yo nacido en Genova], *kam ich nach Kastilien, um Ihrer Hoheit zu dienen.«* Das genaue Geburtsdatum steht nicht fest, lag aber nach neuesten Forschungen zwischen dem 25. August und dem 31. Oktober 1451. Sein Vater Domenico Colombo war Wollweber und betrieb nach seiner Übersiedlung nach Savona an der Riviera di Ponente als Nebenerwerb einen Weinausschank. Von seiner Mutter Susanna Fontanarossa in Colombo weiß man praktisch nichts.

Über den Grad seiner Bildung ist viel gestritten worden. Das angebliche Studium an der Universität Pavia läßt sich nirgends durch Dokumente nachweisen. Ein spanischer

Freund seiner letzten Lebensjahre, Andrés Bernaldéz, sagte: »*Colón, ein Mann von sehr hohem Geist, doch ohne große Bildung, sehr geschickt in der Kunst des Kartenzeichnens.*« Immerhin war Colombo keineswegs ein aufgeblasener Hohlkopf, wie etwa Carlos Pereyra behauptet, und wenn er sich die meisten seiner Kenntnisse auch selbst beigebracht hatte, so beherrschte er Latein, Portugiesisch und Spanisch (mit portugiesischem Akzent). In Latein schrieb er später auch seine Randbemerkungen zu den von ihm gelesenen Werken des Enea Silvio Piccolomini (»Historia rerum ubique gestarum«), des Marco Polo und des Petrus Alliacus (»Imago mundi«). Andere Randbemerkungen sind von ihm in spanischer Sprache verfaßt, während das Italienische in den hinterlassenen Schriften Colombos fehlt; mit Ausnahme einiger weniger Notizen, die er zu Plinius' »Naturgeschichte« machte, die ihm in italienischer Übersetzung vorlag, was immerhin beweist, daß er des Italienischen – entgegen verschiedenen Behauptungen – durchaus mächtig war, auch wenn er das Spanische fast ausschließlich verwendete. Spanisch war damals die literarisch anerkannte und am weitesten verbreitete Sprache, zumindest im westlichen Mittelmeer.

Heftige und keineswegs immer sachliche Debatten hat die Frage ausgelöst, ob Christoforo Colombo Jude gewesen sei. Colombo war allen neueren Forschungen nach eindeutig Jude – und selbstverständlich war er gleichzeitig kein Jude. Dieses Paradoxon ist leicht erklärbar: »Jude« war im Mittelalter – und noch weit bis in die Neuzeit hinein – derjenige, der der mosaischen Religion angehörte. Mit Rassenzugehörigkeit hatte das nicht das mindeste zu tun. In dem Augenblick, in dem jemand von der mosaischen zur christlichen Religion übertrat, war er Christ und hörte auf, Jude zu sein. Bekannte Beispiele sind der große Kosmograph Juan de la Cosa, Luis de Torres, der als treuer Dolmetscher Colombo auf allen vier Reisen begleitete, oder der königliche Schatzmeister Luis de Santangel oder Pedro Arias Dávila, die beide dem spanischen Hochadel zugerechnet werden müssen. Ob Colombo selbst ein »Converso« (Bekehrter) war oder ob, was wahrscheinlicher ist, bereits einer seiner Vorväter den Übertritt zum Christentum vollzogen hatte, auf jeden Fall war er ein tiefgläubiger und unerschütterlich im katholischen Glauben verwurzelter Mann und in diesem Sinne natürlich auch kein Jude – auch kein Marrane, wie jene spanischen Juden genannt wurden, die sich zwar hatten taufen lassen, um den antijüdischen Gesetzen der Katholischen Majestäten zu entgehen, in Wahrheit aber nach wie vor heimlich ihren alten Glauben praktizierten. Ihr Katholizismus hinderte die echten Conversos freilich nicht, gewisse jüdische Traditionen beizubehalten, ja sie mit besonderem Stolz zu pflegen – immerhin gehörten sie dem gleichen Volk an wie Jesus Christus –, auch wenn es nicht ratsam war, dies allzu öffentlich zu bekennen.

Auch Christoforo Colombo hat diese Traditionen gepflegt. So findet sich in den Briefen an seinen Sohn Diego – sonst nie! – über dem ersten Wort ein Zeichen, das zuerst Maurice David in den dreißiger Jahren erkannte und das mittlerweile von zahlreichen Forschern bestätigt wurde. Es sind die zusammengezogenen Buchstaben Beth und Hei, was »Baruch Haschem« (Gelobt sei der Herr) bedeutet und von orthodoxen Juden heute noch an dieser Stelle als Gruß- und Segenswunsch verwendet wird. Daß

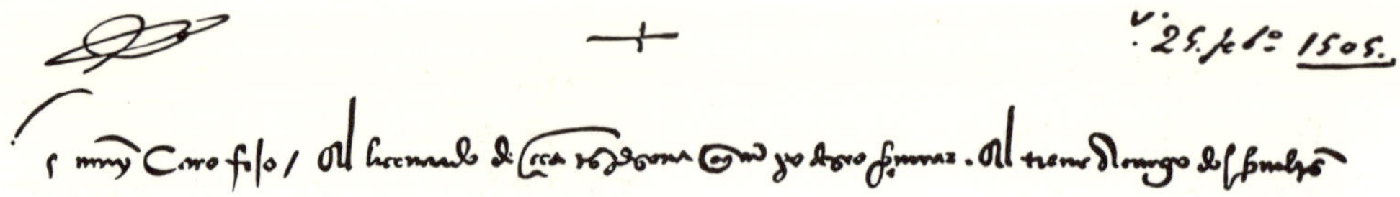

Kopf eines Briefes Colombos vom 25. Juli 1505. Links über dem ersten Wort das Zeichen Beth-Hei, wie es von orthodoxen Juden noch heute oft an gleicher Stelle geschrieben wird.

es sich dabei nur um ein Zeichen des Archivs von Veragua, wo diese Briefe liegen, handeln soll, wie manchmal behauptet wird, ist unsinnig, denn auf allen anderen Kolumbus-Akten fehlt dieses Zeichen.

Das zweite deutliche Indiz ist die Unterschrift Colombos:

S
S A S
X M Y

Diese dreieckige, auf der mystischen Zahl Sieben basierende Form einer Unterschrift hat im christlichen Bereich keine Parallelen, wohl aber im Jüdischen. Dazu kommt, daß die Deutung dieser Buchstaben weder im Lateinischen noch im Spanischen je eine befriedigende Lösung gefunden hat. Die gebräuchlichste ist:

	Servus	
Sum	Altissimi	Salvatoris
Xriste	Maria	Yesu

»Diener bin ich des höchsten Heilands Christus Maria Jesus.« Unlogisch ist die Deutung der letzten Zeile in dieser wie in allen anderen Erklärungsversuchen. Vernünftigerweise müßte es heißen »Christe Jesus [und] Maria« oder »Jesu Christe [und] Maria«, doch den Namen »Maria« zwischen »Christe« und »Jesu« zu setzen ist unsinnig. Die hebräische Version – von rechts nach links gelesen – bietet da eine weit klarere Lösung:

	Shaday	
Shaday	Adonai	Shaday
Chesed	Moleh	Yehova

»Herr, Herr Gott Herr, Gott spende Erbarmen.« Auffallend in diesem Zusammenhang ist auch, daß Colombo dieses Unterschriftsmonogramm in den persönlichen Briefen an seinen Sohn Diego sehr klar und deutlich ausschrieb, während er in offiziellen Briefen das Monogramm zwar nicht verleugnete, es aber manchmal fast bis zur Unkenntlichkeit verschmierte, offensichtlich also eine allzu leichte Identifizierung durch Fremde zu vermeiden suchte.

Es kann heute als erwiesen gelten, daß Colombo jüdischer Abstammung war, denn

Zwei Unterschriften Christoforo Colombos mit dem rätselhaften, pyramidenförmigen Monogramm. Links das deutlich ausgeschriebene Monogramm unter einem Brief an seinen Sohn Diego, rechts das verschmierte Monogramm unter einem offiziellen Schreiben.

es gibt eine ganze Reihe weiterer Indizien in seinem Leben dafür. Daß er seine Herkunft tunlichst verschleierte, ist kein Wunder. No na, hätt' er sollen mauscheln und redn mit die Händ', damit seine Königin und Gönnerin Ysabel de Castilla (Isabella von Kastilien), eine ebenso kluge und energische wie bigotte Frau, die unter anderem die Verfolgung und Vertreibung aller spanischen Juden befohlen hatte, sofort mißtrauisch wurde und ihn hinauswarf, wo es ohnehin schwer genug war und viele Jahre dauerte, ehe sie sehr zögernd seinen großen Plänen zustimmte?

Wunderland Indien

Für die Menschen des Mittelalters war »Indien« das Wunderland schlechthin, und durch den Venezianer Marco Polo erhielt man gar Kunde von weiteren, noch größeren, noch wunderbareren Ländern jenseits Indiens. Für jede seefahrende Nation wurde Indien zum Ziel allen Denkens und Strebens. Schon lange hatte man von dort Gewürze, Seide, Edelsteine und andere Luxusgüter bezogen, doch durch die Türken, die den Handel mit Indien immer mehr beschränkten und behinderten, war der alte Weg durch das Mittelmeer, die Landenge von Suez, das Rote Meer und den Indischen Ozean blockiert – das war auch nicht zuletzt der Grund für den langsamen, aber unaufhaltsamen Niedergang der Weltmacht Venedig. Die Idee, den Seeweg nach Indien um Afrika herum zu finden, war nicht neu, und als Dom Henrique o Navigador (Prinz Heinrich der Seefahrer) von Portugal die nötigen Mittel zur Verfügung stellte, um die besten Kapitäne für diese Suche mit den besten Schiffen auszurüsten, auf einer Hochschule für Navigation und Kartographie die besten Piloten ausbilden zu lassen, war es nur noch eine Frage der Zeit, wann man das erstrebte Ziel erreichen würde. Jahr um Jahr segelten von Lissabon aus Schiffe nach Süden und kehrten mit neuen Erkenntnissen und Kartenmaterial beladen zurück. João de Santarem erreichte 1471 den Niger,

Diego Cão 1485 den südlichen Wendekreis, Bartholomeu Diaz 1487 das Kap der Guten Hoffnung und Vasco da Gama 1497 tatsächlich Indien.

Wo anders als in Lissabon konnte ein junger Mann, dessen innigst erstrebtes Ziel ebenfalls Indien war – wenn auch auf einem ganz anderen Weg –, sinnvollerweise seine Pläne vortragen und verwirklichen? 1478 kam Colombo nach Portugal und unterbreitete 1483 König João II. den Plan, den direkten Seeweg nach Indien in westlicher Richtung zu suchen. Dom Henrique war zu dieser Zeit schon tot, und nach langwieriger Prüfung durch ein Team vom Mathematikern und Nautikern wurde Colombos Plan abgelehnt – sei es, daß die portugiesischen Seefahrer dem Ausländer den Triumph, als erster den Seeweg nach Indien zu finden, mißgönnten, sei es, daß sie ganz einfach in ihrer Afrika-Idee zu verrannt waren – die sich schließlich ja auch als richtig erwies –, sei es, daß sie die Entfernungen und die damit verbundenen Schwierigkeiten einer Fahrt nach Indien auf Westkurs richtiger beurteilten als Colombo und seine Gewährsleute – und auch damit recht behalten hätten.

Zur Kolumbus-Legende gehört die Behauptung, er habe als erster die Kugelgestalt der Erde erkannt und seine Schwierigkeiten seien darauf zurückzuführen, daß man nicht habe glauben wollen, man könne die andere Seite der »Weltscheibe« auf dem von ihm vorgeschlagenen Kurs erreichen, ohne über den »Rand der Welt« zu kippen. Natürlich ist das Unsinn. Die Kugelgestalt der Erde war Ende des 15. Jahrhunderts wenn auch nicht Allgemeingut, so doch allen wissenschaftlich gebildeten Menschen durchaus geläufig. Der Florentiner Arzt und Astronom Paolo Toscanelli hatte die erste Karte des Atlantik »zwischen Europa und Indien« gezeichnet, und der Nürnberger Martin Behaim schuf zwischen 1491 und 1493 auf der Grundlage von Toscanellis Karte den ersten Globus der Welt. Colombo, der, wie wir uns erinnern, *»sehr geschickt in der Kunst des Kartenzeichnens«* war, kannte zumindest die Toscanelli-Karte, hatte vermutlich sogar eine Kopie davon auf seiner ersten Reise bei sich.

Nicht, daß die Erde eine Kugel sei, war Colombos geniale Erkenntnis, sondern daß man diese Tatsache ausnützen konnte: Man gelangte schneller nach Osten, wenn man schnurstracks nach Westen fuhr!

Man hat Colombo der Unfähigkeit bezichtigt, weil er nie gemerkt habe, daß die Neue Welt, die er entdeckte, nicht Indien war, und deshalb behauptet, er habe keine Ahnung von Geographie und Navigation gehabt. Der Fehler ist unbestritten, nur lag er nicht bei Colombo, sondern bei Paolo Toscanelli und Martin Behaim, die sich in der Entfernung zwischen Europa und Ostasien um volle 12 000 Kilometer verschätzt hatten. Ihren Karten zufolge hätte »Cipango« (Japan) etwa bei Cuba liegen müssen, »Cathay« (Nordchina) und »Mangui« (Südchina) etwa in Mexico – Fehler, die Colombo, da er an den angegebenen Stellen ja wirklich Land fand, bis zu seinem Lebensende keinen Augenblick daran zweifeln ließ, »Indien« – man subsumierte auch China darunter – gefunden zu haben. Die Bezeichnung Indios oder Indianer für die Eingeborenen war daher ebenso logisch wie natürlich faktisch falsch, was uns nicht hindert, sie heute noch zu gebrauchen. Daß Colombo etwas nicht entdeckte, was er entdecken wollte, statt dessen etwas entdeckte, was er nicht entdecken wollte und das schließlich den

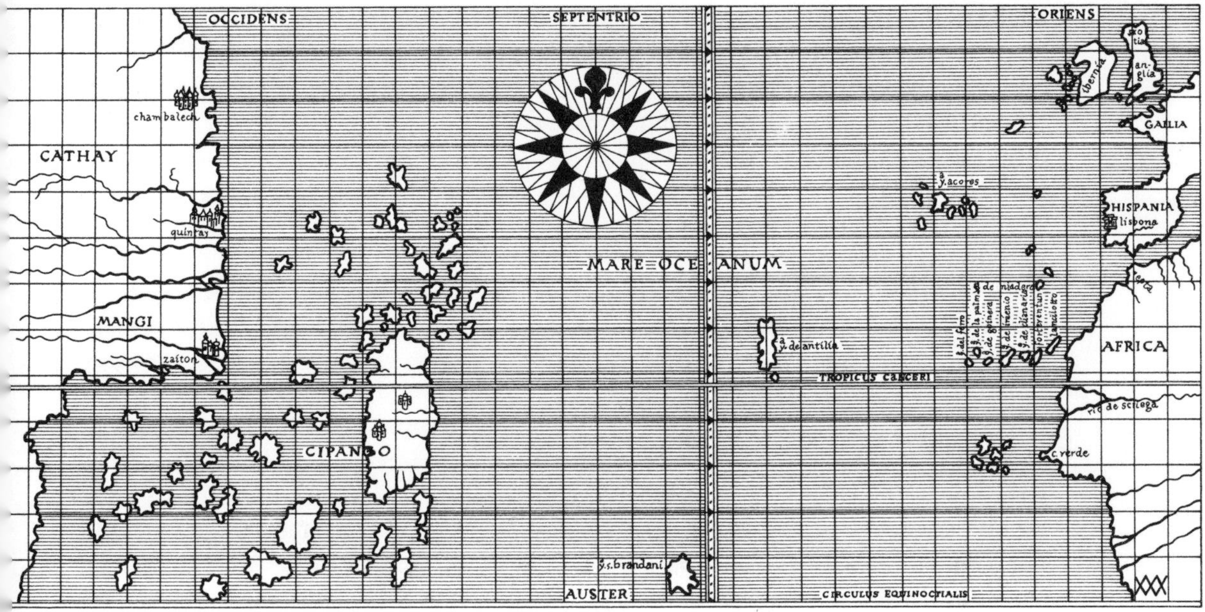

Die Atlantik-Karte des italienischen Astronomen Paolo Toscanelli.

Namen eines Mannes erhielt, der es nicht entdeckt hatte, gehört zu der fast schon tragischen Komödie der Irrungen um die Entdeckung dieses Kontinents, den wir heute »Amerika« nennen.

Westwärts

Im Sommer 1485 kam Colombo nach Spanien, doch es sollten nochmals sieben Jahre vergehen, ehe er sein ersehntes Ziel erreichte. Dabei fehlte es ihm keineswegs an Protektion. Der Abt des Klosters La Rábida, Juan Pérez, früher Schatzmeister der Königin und schon bald vertrauter Freund Colombos, verschaffte ihm nicht nur recht schnell eine Audienz bei den Katholischen Majestäten von Kastilien und Aragon, er aktivierte auch all seine Freunde und Bekannten: den königlichen Hauptschatzmeister Alonso de Quintanilla, den Kardinal Gonzalo de Mendoza, den Beichtvater der Königin und späteren Erzbischof von Granada, Hernándo de Talavera, den mächtigen und reichen Herzog von Medinaceli, den Verwalter der königlichen Privatschatulle Luis de Santangel.

Der Eindruck, den Colombo auf Königin Ysabel de Castilla machte, war ausgezeichnet, und sie blieb für lange Zeit seine große Gönnerin und Befürworterin. Er war genau jene Mischung aus Zuverlässigkeit, beweglichem Geist, Kühnheit und Frömmigkeit, die die Königin so sehr schätzte. Ein späterer Zeitgenosse beschrieb ihn so: »*Der Admiral* [diesen Titel führte Colombo seit der ersten Ausreise nach Indien] *war ein wohlgebauter Mann, übermittelgroß, von länglichem Gesicht mit etwas hoch liegenden Wangen, die weder dick noch dünn waren. Er besaß eine Adlernase, und seine Augen waren von heller Farbe, seine Gesichtsfarbe war gleichfalls hell, doch leicht in lebhaftes Rot übergehend. In der Jugend war sein Haar blond, mit 30 Jahren jedoch wurde es ganz weiß. Im Essen und Trinken sowie in seiner Kleidung war er zurückhaltend und bescheiden. Mit Fremden unterhielt er sich freundlich, und mit den Leuten seines Haushalts war er sehr leutselig, doch beobachtete er eine bescheidene und angenehme Würde. In religiösen Dingen war er so streng, daß er beim Fasten oder dem Hersagen der Gebete und Litaneien eher einem Ordensbruder glich; auch war er ein großer Feind des Fluchens.*«

Vorläufig freilich hatten die Katholischen Majestäten anderes zu tun. Ysabel de Castilla und Fernándo de Aragon waren ein seltsames, wenn auch höchst erfolgreiches Paar. Ohne Wissen ihrer Verwandtschaft hatte Ysabel ihren Vetter Fernándo geheiratet und damit die beiden spanischen Teilkönigreiche Kastilien und Aragon vereint. Klug, bigott, ungemein zielstrebig, verlogen, ehrgeizig, undankbar und tüchtig, vereinten sie nicht nur alle typischen Charaktereigenschaften der Trastamara, samt dem Keim zur Geisteskrankheit – ihre Tochter Juana trägt nicht zu Unrecht ihren Beinamen »die Wahnsinnige« –, sie waren auch die Schöpfer Spaniens, die Schirmherren der Entdeckung der Neuen Welt und die Gründer eines Reiches von Ausmaßen, über das ihr Enkel Karl mit Recht sagen konnte, in ihm »gehe die Sonne nicht unter«.

Zunächst hieß das allerdings, endgültig die Mauren aus Spanien zu vertreiben. 712 hatten die Araber die ganze Iberische Halbinsel überrannt, bis auf ein paar winzige christliche Königreiche am Fuß der Pyrenäen. Von dort aus hatte die Jahrhunderte dauernde Reconquista (Rückeroberung) begonnen und die Mauren Schritt um Schritt wieder verdrängt. Als letzte islamische Bastion auf europäischem Boden hielt sich Granada, das endlich nach dreijähriger Belagerung am 2. Januar 1492 kapitulierte.

Das war auch der Tag, an dem sich Colombos Schicksal wandte. Sieben Jahre hatte er bis zu diesem Tag warten müssen, in endlosen Ausschußsitzungen wieder und wieder seine Ideen dargelegt, die zwar weitgehend auf Unverständnis, keinesfalls aber, wie es die Kolumbus-Legende will, auf Hohn und Spott stießen. Endlich, voller Verzweiflung, hatte er erneut Kontakt zu Portugal, durch seinen Bruder Bartholomeo auch zu Frankreich und England aufgenommen, ohne etwas anderes als Absagen und Desinteresse zu ernten.

Im Jubel des Sieges genehmigte Königin Ysabel das, was sie wenige Tage vorher endgültig abgelehnt hatte: die Fahrt nach Indien auf Westkurs.

Am 17. April 1492 kam in Santa Fé jener Vertrag zustande, der als »Capitulación de 1492« die Welt grundlegend verändert hat:

1. Colombo erhielt für sich auf Lebenszeit und für seine Erben und Nachfolger auf ewige Zeiten die Würde des Admirals in allen Ländern und Reichen, die er im Ozean entdecken und erobern würde, mit gleichen Ehren und Vorrechten, wie sie der Groß-

admiral von Kastilien in seinem Bereich besaß; auch durfte er nun das adelige »Don« vor seinen Namen setzen.

2. Er wurde Vizekönig und Gobernador aller gedachten Länder und Reiche, mit dem Vorrecht, drei Bewerber zum Gobernador jeder Insel oder Provinz vorzuschlagen, unter denen die Regenten einen auswählen würden.

3. Er war berechtigt, von allen Perlen, Edelsteinen, Gold, Silber und Spezereien sowie von allen Handels- und Kaufwaren, auf welche Art sie auch im Bereich der Admiralität gefunden, gebrochen, getauscht oder gewonnen würden, nach Abzug der Kosten ein Zehntel für sich zu behalten.

4. Er oder sein Stellvertreter war der einzige Richter in allen Prozessen und Irrungen, die sich aus dem Verkehr zwischen jenen Gegenden und Spanien ergeben mochten.

5. Colombo beteiligte sich jetzt und in allen kommenden Zeiten am achten Teil der Kosten für Ausrüstung von Schiffen zu dieser Entdeckung und erhielt dafür auch den achten Teil des Gewinns.

Der sogenannte »Titulo« vom 30. April 1492, ausgestellt in Granada, enthielt die feierliche Bestätigung des Vertrages von Santa Fé und war mit der vollen Titulatur der spanischen Herrscher gezeichnet: *»Don Fernándo und Doña Ysabel, von Gottes Gnaden König und Königin von Kastilien, von León, von Aragon, von Sizilien, von Grana-*

Das ebenso bigotte wie skrupellose und erfolgreiche spanische Herrscherpaar Fernándo de Aragon und Ysabel de Castilla.

da, von Toledo, von Valencia, von Galicien, von Mallorca, von Sevilla, von Sardinien, von Cordoba, von Corsica, von Murcia, von Jaën, von Algarbien, von Algeciras, von Gibraltar und den Kanarischen Inseln; Graf und Gräfin von Barcelona; Landesherren von Biscaya und Molina; Herzöge von Athen und Neopatria; Grafen von Roussillon und Cerdagne; Markgrafen von Oristano und Gociano.«

Die Flotte, mit der Christoforo Colombo am 3. August 1492 von Palos auslief, entsprach freilich weniger diesen pompösen Schriftstücken. Königin Ysabel hatte zwar zur Ausrüstung der Expedition eine gewisse Summe beigesteuert – daß sie ihre persönlichen Juwelen dafür verpfändete, ist ebenfalls nur Teil der Kolumbus-Legende –, doch ohne Martín Alonso Pinzón, einen wohlhabenden Reeder aus Palos, hätte sie nie stattgefunden; *»nur durch seine Bereitwilligkeit, die verlangten Schiffe zu beschaffen, hat der Admiral die Reise durchführen können«*. Es gelang Pinzón, Cristóbal Quinteros aus Palos und Juan Niño aus Mogur mit ihren Schiffen »Pinta« und »Niña« (auch »Santa Clara« genannt) für die Teilnahme an der Fahrt zu gewinnen. Die beiden Schiffe waren Karavellen, schnelle Segler, etwa 50 bis 60 Tonnen groß, und hatten sich bei den Portugiesen bereits vielfach auf Entdeckungsfahrten bewährt. Die »Pinta« befehligte Martín Alonso Pinzón selber, die »Niña« sein jüngerer Bruder Vincente Yáñez Pinzón. Das dritte Schiff, die »Santa Maria«, war eine Nao, ein schwerer, dickbauchiger Kahn von etwas über 100 Tonnen und höchst mäßigen Segeleigenschaften. Da sie das größte Schiff war, mußte sie Colombo als Admiralsschiff verwenden, auch wenn er

Links Vincente Yáñez Pinzón, rechts Martín Alonso Pinzón.

von ihr wenig Gutes zu berichten wußte, sie später für Expeditionen als völlig unbrauchbar bezeichnete und keine Tränen vergoß, als sie am 25. Dezember bei Fort Navidad scheiterte. Ihr Inhaber war Juan de la Cosa, nach dessen nordspanischer Heimat sie auch »La Gallega« (die Galicierin) genannt wurde.

Genau 70 Tage nach dem Auslaufen von Palos erreichte die kleine Flotte die Insel San Salvador, und Christoforo Colombo nahm feierlich für seine Majestäten von »Indien« Besitz.

Der Admiral

Wenn man in Spanien »El Almirante« (der Admiral) sagt, so ist allemal Christoforo Colombo gemeint. Es ist müßig, hier Bekanntes und allzu Bekanntes zu wiederholen. Der Triumph von Barcelona nach Colombos Rückkehr am 15. März 1493 verebbte rasch. Dreimal noch segelte er über den Atlantik: vom 25. September 1493 bis zum 11. Juni 1496, vom 30. Mai 1498 bis zum 25. November 1500 und vom 11. Mai 1502 bis zum 7. November 1504. Er entdeckte die südlichen Bahamas, Cuba, Española (das heutige Haiti), wo er die erste spanische Stadt der Neuen Welt gründete und nach dem Schutzpatron seines Vaters Santo Domingo nannte, weiter Jamaica, die Inseln Vor und Unter dem Wind, die Orinoco-Mündung, Trinidad, die ganze Küste von Darién bis Honduras.

Der Admiral war ein Entdecker, kein Eroberer, kein Conquistador. Doch andere, die es waren, drängten sich bald in den Vordergrund.

Mit Martín Alonso Pinzón hatte es schon auf der ersten Reise angefangen. Nicht nur, daß er sich mit der »Pinta« zeitweilig selbständig gemacht hatte, er war auch bei der Rückfahrt davongesegelt, hatte Palos tatsächlich als erster erreicht und versucht, den Ruhm der Entdeckung für sich zu beanspruchen – nur sein Tod, bald nach der Rückkehr, machte dem ein schnelles Ende. Es besteht durchaus berechtigter Verdacht, daß Martín Alonso Pinzón das erste europäische Opfer der Syphilis war, jenes ersten Geschenks der Neuen an die Alte Welt. Von Palos aus wurde sie nach dem spanischen Süditalien eingeschleppt, wo man sie »Spanische Krankheit« nannte. Der unsinnige Feldzug Karls VIII. nach Neapel brachte sie nach Frankreich, wo sie »Italienische Krankheit« hieß, sie verbreitete sich als »Franzosenkrankheit« nach Deutschland, erreichte Polen als »Deutsche Krankheit« und wurde wenig später in Rußland folgerichtig als »Polnische Krankheit« bezeichnet. Schon 1510 notierte Martin Luther bekümmert: *»Schier jedermann hat sie!«*

Schlimmer noch als die Syphilis in Europa, wo ihr Könige und Bettler, Päpste und Reformatoren, Gelehrte und Bauern, Bürger, Soldaten und Huren gleichermaßen zum Opfer fielen, wüteten in der Neuen Welt eingeschleppte Seuchen wie die Pocken, aber auch solche für uns harmlose Krankheiten wie die Masern – ganze Stämme und Völker gingen an ihr zugrunde; Husten und Schnupfen forderten mehr Todesopfer als alle Kriege der Conquistadoren zusammen.

Die Entdeckung Westindiens aus der ersten Veröffentlichung des Kolumbusbriefes von 1494.

Auch den Dank seiner Herrscher bekam Christoforo Colombo in vollem Umfang zu spüren. Daß die spanischen Könige jene am schlechtesten behandeln, die ihnen die größten Dienste erwiesen haben, daß ihr Dank aus einem Fußtritt zu bestehen pflegt, ist allgemein anerkannte Tatsache, so daß Juan de Torres schrieb: *»Jedweder, der den Katholischen Majestäten von Spanien einen Dienst erwiesen, der fliehe so schnell er kann, um bei gutem Leben und Gesundheit ihrer Dankbarkeit zu entgehen!«* Wir werden im Laufe der Conquista noch auf etliche höchst markante Beispiele dieser Dankbarkeit stoßen. Die Könige aus dem Hause Trastamara allerdings beherrschten sie in besonders vollendetem Maß. Die Forderungen, die sie Colombo in »Capitulación« und »Titulo« zugestanden hatten, erschienen ihnen plötzlich viel zu hoch, und man erinnerte sich, daß Colombo ja ein »Ausländer« war, der sich in »spanischem Besitz« breitmachen wollte.

1499 verkündete bereits der ehrgeizige und hochfahrende Bischof Juan Rodriguez de Fonseca die »Freiheit des Meeres«, womit er natürlich alles andere als »Freiheit« meinte, sondern nur, daß ab sofort nicht mehr der Admiral, sondern der neu gebildete »Indien-Rat« unter Fonsecas Vorsitz zu bestimmen hatte, wer wann in welcher Position den Atlantik überquerte. Zu dieser »Freiheit des Meeres«, auch »Freiheit der

Wege nach Indien« genannt, kam 1503 die in Sevilla gegründete Casa de Contratación, die fortan das Monopol des Indien-Handels für sich beanspruchte und allein bestimmte, was über den Atlantik ein- und ausgeführt wurde und zu welchem Preis. So war Francisco de Bobadilla, der als königlicher Inspektor am 23. August 1500 in Santo Domingo eintraf und wenig später Colombo in Ketten nach Spanien schickte, der vielleicht rücksichtsloseste, doch keineswegs einzige Exponent der Entmachtung des Admirals und des königlichen Dankes.

»Ich bin hier», schrieb Christoforo Colombo nach seiner zwangsweisen Rückkehr im Mai 1502, *»und befinde mich in einem solchen Zustand, daß mich sogar Menschen des niedrigsten Standes verachten müssen. Hätte ich von Indien Besitz ergriffen und es den Mauren überlassen, könnte man mir nicht feindseliger gesonnen sein!«*

Königin Ysabel erwies sich gnädig und versprach, ihm seine Rechte zurückzugeben und dafür zu sorgen, daß ihm Gerechtigkeit widerfahre. Gehalten hat sie diese Versprechungen nicht. Die letzten Lebensjahre Colombos waren ein einziger Kampf um seine Rechte und Ansprüche – wenn schon nicht für sich selbst, so wenigstens für seinen Sohn und Haupterben Diego.

Am 20. Mai 1506 starb er in Valladolid, während alle Glocken der Stadt das Fest der Himmelfahrt Christi einläuteten.

Das Wappen Christoforo Colombos.

Amerigo Vespucci

Spanien, vielleicht Brasilien und Venezuela 1497 bis 1507

»Nun sind diese Weltteile [Europa, Asien, Afrika] *wohlbekannt. Wie man gleich sehen wird, wurde ein vierter Teil von Amerigo Vespucci entdeckt. Warum wollen wir ihn daher nicht nach seinem großen, weitblickenden Entdecker ›Amerige‹ oder ›America‹, also Land des ›Americus‹ – ›Americi terram‹ – nennen, so wie Europa und Asien nach Frauen benannt sind?«*

Mundus Novus – Neue Welt

Der Deutsche Martin Waldseemüller, Professor der Geographie in Sant-Dié, schrieb die zitierten Zeilen in seiner »Cosmographiae Introductio«, die er 1507 unter dem Pseudonym Hylacomulus veröffentlichte. Damit lieferte der deutsche Professor – der sich später redlich und vergeblich bemühte, seinen Irrtum zu korrigieren – einen der wesentlichsten Beiträge zu der Komödie der Irrungen um die Entdeckung Amerikas.

Spätere Geschichtsschreiber haben die verwegensten historischen Purzelbäume geschlagen, um die Bezeichnung »Amerika« zu rechtfertigen, und in der Tat war es Amerigo Vespucci, der als erster erkannte, daß das »Indien« Colombos eben nicht Indien,

Die ominöse Stelle in dem Buch »Cosmographiae Introductio« des deutschen Professors für Geographie in Sant-Dié, Martin Waldseemüller, die der Neuen Welt ihren Namen gab und Amerigo Vespucci zu unsterblichem Ruhm verhalf.

Nūc vō & hę partes ſunt latius luſtratæ/& alia quarta pars per Americū Veſputiū(vt in ſequenti bus audietur)inuenta eſt/quā non video cur quis iure vetet ab Americo inuentore ſagacis ingenij vi ro Amerigen quaſi Americi terrā / ſiue Americam dicendā:cū & Europa & Aſia a mulieribus ſua ſor tita ſint nomina. Eius ſitū & gentis mores ex bis bi nis Americi nauigationibus quæ ſequunt̃ liquide intelligi datur.

Ameri-ca

Amerigo Vespucci, der sich mit flinker Feder den Entdeckerruhm anderer anzueignen wußte.

sondern ein neuer Weltteil war, »*denn keiner unserer Vorfahren hatte von diesen Ländern Kenntnis, die wir gesehen, und von dem, was sie enthalten. Die meisten von ihnen glaubten, daß sich südlich des Äquators kein Festland fände, sondern nur eine unendliche See, und auch diejenigen, die hier einen Kontinent für möglich hielten, waren aus verschiedenen Gründen der Meinung, er müsse unbewohnbar sein. Meine Fahrt hat nun bewiesen, daß diese Ansicht irrig ist, da ich südlich des Äquators einen Kontinent fand, der in manchen Tälern viel mehr von Menschen und Tieren bevölkert ist als unser Europa, Asien und Afrika und überdies ein angenehmeres und milderes Klima besitzt als die anderen uns bekannten Erdteile. Man kann ihn mit Fug und Recht die ›Neue Welt‹ nennen.*«

Vespucci wußte überhaupt recht viel von jenem Land zu berichten, »*damit man Gottes wunderbare Werke auch über diesen bisher unbekannten Teil seiner Erde erkenne*«. Arbeit sei dort für den Menschen nicht vonnöten. Die Bäume bedürften keiner Pflege und gäben Früchte im Übermaß, die Flüsse und Quellen führten reines und gutes Wasser; das Meer sei voller Fische, die Erde fruchtbar und strotze von wohlschmeckenden und unbekannten Früchten, die dichten Wälder machten auch die sonnigsten Tage erquicklich. Die Menschen lebten noch im Zustand der Unschuld; sie besäßen weder Kleider noch Schmuck, noch irgendein Eigentum. Alles gehöre ihnen gemeinsam, auch die Frauen, von deren jederzeit gefälliger Sinnlichkeit er ziemlich pikante Anekdoten servierte. Scham und sittliche Gebote seien diesen glücklichen Naturkindern völlig fremd, der Vater schlafe mit der Tochter, der Bruder mit der Schwester, der Sohn mit der Mutter. Sie würden alle 150 Jahre alt, falls sie nicht – dies sei ihre einzige unerfreuliche Eigenschaft – zuvor von ihren Stammesgenossen aufgefressen würden. Kurzum: *»Wenn es irgendwo das irdische Paradies gibt, so kann es nicht weit von dort sein.«*

Vespuccis 1503 verfaßter Bericht der »Mundus Novus« erregte in Europa ungeheures Aufsehen – der Haken dabei ist nur, daß seine Schilderungen so gar nicht mit der Wirklichkeit jener von ihm bereisten Länder übereinstimmten; so wenig, daß manche Historiker bezweifelt haben, ob Vespucci jemals jenen Kontinent sah, der seinen Namen trägt.

Tatsächlich gibt es in seiner Lebensgeschichte – zumindest wenn man sie mit seinen eigenen Angaben vergleicht – etliche recht zweifelhafte Punkte. Er war am 9. März 1451 in Florenz geboren worden und mit 30 Jahren nach Sevilla gekommen, um dort die Leitung des von dem Florentiner Bernardi gegründeten Handelshauses zu übernehmen. Nach seinen eigenen Angaben segelte Vespucci am 10. Mai 1497 von Cadiz aus nach Südamerika und entdeckte ein Jahr vor Colombo das Festland. Das war einwandfrei gelogen – 1497 befand er sich in Sevilla und machte sich bei der Ausrüstung zur dritten Reise des Admirals nützlich, wie Briefe Colombos und verschiedener staatlicher Stellen in Spanien eindeutig belegen.

1499 bis 1500 will er mit Vicente Yáñez Pinzón unterwegs gewesen sein, die Amazonas-Mündung entdeckt, die Nordküste von Brasilien, Guayana und Venezuela bis zum Maracaibo-See erforscht und die Küste von Honduras erreicht haben. Tatsache ist, daß Alonso de Hojeda, *»ein junger Mann, dessen Mut und Gewandtheit im Rufe stand, viele Männer zu übertreffen«*, die beschriebene Reise machte und der jüngere Pinzón um die gleiche Zeit die Amazonas-Mündung entdeckte, wobei freilich weder der eine noch der andere bis Honduras kam. Ob dabei Vespucci an Bord war oder nicht, ist ungeklärt, immerhin ist diese Reise die einzige dieses Mannes, die wenigstens zu einem gewissen Grad glaubwürdig erscheint.

1501 bis 1502 und 1503 bis 1504 behauptete er in portugiesischen Diensten die brasilianische Südküste bis Feuerland hinunter erforscht zu haben. Da jegliche Schiffsdokumente und sonstige fundierte Angaben fehlen und Vespuccis eigene Beschreibungen, etwa von der Überfahrt, die zwei Monate und zwei Tage dauerte unter *»einem Himmel, der so dunkel war, daß man weder Sonne noch Mond erblicken konnte«*, doch höchst fragwürdig sind, ist die Mehrzahl der Historiker geneigt, auch sie ins Reich der Fabel zu verbannen.

Amerigo Vespuccis Verdienst bestand also darin, als erster erkannt zu haben, daß »Westindien« ein eigener, selbständiger Kontinent war, und mit flinker Feder Dinge zu beschreiben, die er nicht entdeckt, vielleicht nie gesehen hatte. Doch wie heißt das alte deutsche Sprichwort? Wer angibt, hat mehr vom Leben.

Pedro Alvares Cabral

Brasilien 1500

»Da Colomb gewisse entlegene Inseln und Festländer entdeckt hat, so geben Wir aus freiem Entschluß [motu proprio] *und ohne Eures oder jemandes Antrieb und aus apostolischer Machtvollkommenheit all diese neu entdeckten Inseln und Länder, soweit sie noch keinem christlichen König gehören, Euch und Euren Erben und verbieten allen anderen, bei Strafe der Exkommunikation, dahin zu fahren und ohne Eure Erlaubnis Handel zu treiben.«*

Die Teilung der Welt

Also schrieb Papst Alexander VI. Borgia am 3. Mai 1493 in einer Bulle an den König von Spanien, griff zu Feder und Lineal, zog 100 Seemeilen (180 km) westlich der Azoren eine Linie von Pol zu Pol und verteilte kraft apostolischer Machtvollkommenheit die Welt. Alles, was westlich dieser Demarkationslinie lag, sollte Spanien gehören, alles östlich davon Portugal. Daß Papst Alexander VI. die Welt ein bißchen sehr zugun-

Pedro Alvares Cabral, der unfreiwillige Entdecker Brasiliens.

sten Spaniens verteilte, mag nicht nur daran gelegen haben, daß er selbst Spanier war – er schrieb seinen Familiennamen eigentlich Borja –, sondern auch an der großen Zuneigung zu Christoforo Colombo, dem er sein persönliches Gebetbuch geschenkt hatte, welches der Admiral als seinen kostbarsten Besitz später seiner Heimatstadt Genua vermachte.

Im Vertrag von Tordesillas am 7. Juni 1494 verschob Spanien als Geste guter Nachbarschaft die Demarkationslinie dann auf 370 Meilen (666 km) westlich der Azoren zugunsten Portugals und ließ sie, damit auch diesmal der höchst kirchliche Segen nicht fehle, 1506 von Papst Julius II. Rovere bestätigen.

Der erste Erfolg im Wettlauf zwischen Spanien und Portugal um die Schätze Indiens war Spanien vergönnt gewesen – nur daß Colombo eben gar nicht »Indien« entdeckt hatte. Diesen Triumph spielte die ausgleichende Gerechtigkeit dem Portugiesen Vasco da Gama zu. Und damit waren auch die Interessensgebiete der beiden Konkurrenten abgesteckt; der kühne Federstrich des Papstes über die Weltkarte besiegelte nur die von beiden Seiten akzeptierten Tatsachen. Portugal beglückwünschte sich zum rechtmäßigen Besitz von ganz Afrika und vor allem natürlich Indiens – »Ostindiens«, wie man zum Unterschied des von Colombo entdeckten »Westindien« nun sagte. Und Spanien war nicht minder zufrieden, denn obschon man vorläufig nicht mehr als ein paar Inseln und schmale Küstenstreifen entdeckt hatte, wurde immer mehr zur Gewißheit, daß sich westlich und südlich gewaltige Ländermassen erstrecken mußten samt dem einst von Marco Polo so eindringlich beschriebenen Reich des chinesischen Großkhans.

Man schrieb den 16. Juli 1499, als drei Schiffe im Hafen von Lissabon ihre Anker fallen ließen. Es waren die »São Gabriel«, die »São Raphael« und die »Berrio«, und der Kommandant des Geschwaders hieß Vasco da Gama. Wie ein Lauffeuer ging es durch die Gassen und Straßen Lissabons: *»Sie haben es geschafft! Letztes Jahr im März sind sie in Kalikut gewesen! Sie haben mit dem Zamorin, dem Herrscher der Malabar-Küste, einen Handelsvertrag abgeschlossen! Die Schiffe sind randvoll mit Gewürzen und kostbarsten Orientwaren!«*

Das war der Beginn der Handelsroute von Lissabon nach Kalikut (dem heutigen Koshikode an der indischen Südwestküste).

Eine unerwünschte Entdeckung

Knapp ein Jahr später, am 9. März 1500, stachen 13 Karavellen mit 1200 Mann und reichlich mit Artillerie versehen in See. Der Oberbefehlshaber, Pedro Alvares Cabral, ein äußerst tüchtiger, rigoroser und zuverlässiger Mann, hatte von seinem Herrscher, König Manuel dem Großen, den Befehl erhalten, das von Vasco da Gama Erreichte auszubauen und zu sichern, den doch recht launischen Zamorin von Kalikut zur Raison zu bringen, die ganze Malabar-Küste für Portugal in Besitz zu nehmen und für den Handel zu öffnen.

Auf der Höhe von Kap Verde geriet die Flotte in einen Orkan. 30 Tage trieben die Schiffe hilflos auf dem Atlantik, und als es endlich aufklarte, entdeckte man im Westen eine Küste. Allerdings das trostloseste an Küste, was sich die von Indiens Reichtümern träumenden Portugiesen überhaupt vorstellen konnten: dampfender Tropenurwald, soweit das Auge reichte. 1500 Kilometer segelte Cabral an dieser Küste entlang, doch das Bild blieb sich gleich. Urwald, Urwald, dann und wann die Mündung eines gewaltigen Flusses und wieder Urwald.

Immerhin war dem Oberbefehlshaber durchaus klar, daß dieses Land östlich, also auf portugiesischer Seite der päpstlichen Demarkationslinie, lag, und wenn er auch keinesfalls den Wunsch gehabt hatte, es zu entdecken, man war nun einmal da und gezwungen, die Konsequenzen zu ziehen: Am 22. April 1500 gingen die Portugiesen an Land, errichteten ein steinernes Kreuz, stellten die Fahne Portugals daneben auf, Cabral nahm von der »Terra de la Cruz« offiziell im Namen Seiner Majestät König Manuels von Portugal Besitz, überreichte dem Chronisten und Notar Pero Vaz de Caminha ein entsprechendes Dokument – Ordnung muß schließlich sein –, ließ schnell noch eine Messe lesen, an der *»auch etliche Eingeborene teilnahmen«*, und beeilte sich, dieser unerquicklichen Küste den Rücken zu kehren, um nach Indien zu segeln, wo er dann dank der Überzeugungskraft seiner Kanonen auch alle Probleme zugunsten Portugals und zur Zufriedenheit seines Königs zu regeln imstande war.

Es dauerte viele Jahre, ehe sich Portugal wieder daran erinnerte, daß ja auch ihm ein Stück der Neuen Welt gehörte. Im Grunde überforderten die Chancen und Verpflichtungen in Ostindien bereits die wirtschaftlichen, politischen und militärischen Möglichkeiten des kleinen Landes völlig – was sollte man sich da auch noch um die weit weniger ergiebigen Tropendschungel kümmern? Erst gegen Ende der spanischen Conquista lockte das Gerücht von Goldvorkommen etliche Portugiesen nach Westindien: 1549 wurde Bahia, 1554 São Paulo, 1566 Rio de Janeiro gegründet. Doch war es schließlich Spanien in der Zeit zwischen 1580 und 1640, als Portugal unter spanischer Herrschaft stand, das die Portugiesen praktisch dazu zwang, wenn auch eher lustlos, wenigstens die kostbaren Farbhölzer zu nutzen, die in den Urwäldern wuchsen und die – »brazil« genannt – dem ganzen Land schließlich seinen Namen »Brasilien« gaben.

Alonso de Hojeda und Diego de Nicuesa

Golf von Darién 1509 bis 1511

»Gewiß sind die Entbehrungen, welche die Spanier hier in Indien auf der Goldsuche auf sich genommen haben, die bittersten und grausamsten, welche Menschen jemals ertragen haben; was aber Hojeda und seine Begleiter erduldet hatten, übertraf alles«, notierte Bartolomé de Las Casas.

Die beiden Gobernadores

Dabei hatte für Alonso de Hojeda und Diego de Nicuesa zunächst alles nach einem prächtigen Erfolg und unermeßlichen Reichtümern ausgesehen.

Die Dankbarkeit der Katholischen Majestäten von Spanien Christoforo Colombo gegenüber war zu Lebzeiten des Admirals zwar nicht von Gewissensbissen, wohl aber von der öffentlichen Meinung in ihrer vollen Entfaltung gehindert worden. Mit seinem Tod freilich setzte sich unverzüglich die Meinung durch, Rechte und Privilegien aus »Capitulación« und »Titulo« seien ganz entschieden revisionsbedürftig. Zumal Bischof Juan Rodriguez de Fonseca, der sich rasch zu einer Art Kolonialmeister mauserte, befand, daß die Reichtümer des sich langsam aus dem Dunkel herausschälenden westlichen Indiens weit besser in den Taschen seiner Person und der seiner Freunde aufgehoben waren, als daß sie etwa dem Sprößling jenes genuesischen Juden zuflossen. Daß Don Diego Colón (er schrieb seinen Namen nun endgültig spanisch) keine sonderlich starke Persönlichkeit war, machte das Ganze noch entschieden leichter, und während der junge Mann in Madrid um sein Erbe als Admiral, Generalgobernador und Vizekönig »von ganz Indien« kämpfte, stellte Bischof Fonseca munter im Namen des Königs Gobernadorsernennungen aus und verteilte indische Ländereien großzügig an seine Freunde.

Zwei der also beglückten waren Alonso de Hojeda und Diego de Nicuesa, denen es gelungen war, sich zwei Brocken von Veragua und Darién zu sichern, *»angelockt vom Geruch der Nachricht, daß es dort Reichtümer gebe – eine Nachricht, welche Admiral Colombo, der sie zuerst entdeckte, verbreitet hatte«*. Der östliche Teil, der die Karibik-Küste des heutigen Columbien umfaßte, wurde Hojeda zugesprochen, den westlichen Teil mit dem Isthmus von Darién und Panama erhielt Nicuesa, dazu hatten beide gemeinsam als Ausgangsbasis Jamaica.

Die Wahl Bischof Fonsecas war keineswegs schlecht. Hojeda hatte sich bereits als Kommandant einer Karavelle auf der zweiten Reise des Admirals und als Erforscher der Küste des heutigen Venezuelas hervorgetan. Nicuesa war Vorschneider bei Don

Enrique Enríques, dem Onkel des Königs, gewesen. *»Er war ein sehr kluger Mann, höfisch und von gebildeter Rede, ein großer Lautenspieler und vor allem ein großer Reitersmann, der auf einem Roß, das ihm gehörte, Wunder vollbrachte. Kurzum, einer von jenen mit vielen Gaben und Talenten gesegneter Mann, wie sie in Kastilien zu finden sind; als einziges sprach gegen ihn, daß er nur mittelgroß war, doch besaß er ansehnliche Kräfte, so daß beim Turnierspiel die Stöße seiner Lanze gegen den Schild durch Mark und Bein gingen«*, wie Las Casas zu berichten wußte.

»In einer Hinsicht jedoch«, schreibt Salvador de Madariaga, *»unterschieden sich Nicuesa und Hojeda beträchtlich: Während Nicuesa auf Española mit Methoden, welche Las Casas aus christlichem Eifer entschieden verurteilte, ein Vermögen angehäuft hatte, pfiff Hojeda stets aus dem letzten Loch und war ständig damit beschäftigt, neue Eroberungszüge vorzubereiten, um frühere Fehlschläge mit künftigen Erfolgen bezahlen zu können.«*

Doch kaum war die Tinte unter ihren Ernennungsurkunden getrocknet, als sich die beiden Herren Gobernadores auch schon in die Haare gerieten um die Frage, wem von ihnen denn nun das eigentliche Darién gehören sollte. Die Freunde wurden – vorübergehend – erbitterte Rivalen. Immerhin gab es noch einen Dritten, gegen den man sich eiligst wieder zusammenfand: Juan de Esquivel, den Don Diego Colón nach Jamaica entsandt hatte, *»um es zu bevölkern und als sein Statthalter zu wirken«*. Hojeda erklärte zwar lautstark, *»daß er dem Esquivel, falls er auf Jamaica lande, den Kopf abschlagen lassen werde«*, zog es aber dann doch vor, das Unternehmen von Santo Domingo aus zu starten – nicht zuletzt wohl auch, weil es ihm gelungen war, den großen Kosmographen Juan de la Cosa als Generalkapitän zu gewinnen und sich von ihm die Expedition finanzieren zu lassen. Das war ein ungeheurer Glücksfall. Cosa war von der ersten Fahrt Colombos an dabeigewesen, hatte mehrere Expeditionen zur Erforschung der karibischen Inselwelt und der Nordküste Südamerikas durchgeführt und schließlich die erste Karte der Neuen Welt gezeichnet. Dieser Mann als Generalkapitän war so gut wie eine Erfolgsgarantie. Und während in Santo Domingo Don Diego Colóns Freunde Nicuesa mit juristischen Spitzfindigkeiten zurückzuhalten versuchten, lief Alonso de Hojeda am 12. November 1509 mit vier Schiffen, 300 Männern und zwölf Pferden aus.

Der Tod Juan de la Cosas

Am 22. November 1509 durfte auch Diego de Nicuesa die Anker lichten; freilich hatten Hojeda die zehn Tage Vorsprung ausgereicht, um sich gründlich in die Nesseln zu setzen. Der Gobernador des östlichen Veragua stand schließlich in dem Ruf, ein mutiger Mann zu sein, und so dachte er nicht daran, etwa auf die Warnungen Cosas zu hören. Schwungvoll griff er einen Indio-Stamm an, der berühmt war für seine Geschicklichkeit im Umgang mit vergifteten Pfeilen – verlor 70 Mann, mußte Juan de la Cosa sterbend zurücklassen und verdankte sein eigenes Leben nur seiner Schnelligkeit und

Juan de la Cosa, einer der engsten und treuesten Freunde Colombos, Besitzer der berühmten »Santa Maria«. Später führte er eigene Expeditionen durch und zeichnete die erste Karte der Neuen Welt.

seinem Glück, denn seine Leute fanden ihn in einem Gestrüpp versteckt mit nicht weniger als 300 Einschüssen auf seinem Schild.

Nicuesa rettete ihn schließlich aus seiner mißlichen Lage, stellte seine eigene Streitmacht dem besiegten Rivalen zur Verfügung und half ihm, seine Niederlage so an den Indios zu rächen, wie das zu allen Zeiten von seiten des Stärkeren üblich ist. Im Verlauf dieser Strafexpedition »*trafen sie auf die Leiche Juan de la Cosas, die an einen Baum gebunden war und gleich einem Igel von Pfeilen starrte; da er infolge der giftigen Kräuter angeschwollen und verunstaltet und fürchterlich anzuschauen war, packte die Spanier solches Entsetzen, daß keiner von ihnen dort zu übernachten wagte.*«

Nachdem Nicuesa seinem ehemaligen Freund und Rivalen aus der Patsche geholfen hatte, geleitete er ihn bis zu jenem Platz, den Hojeda für die Gründung der ersten Stadt auf seinem Herrschaftsgebiet ausgewählt hatte und dem er den bezugreichen Namen San Sebastián gab, des himmlischen Schutzherrn wider giftige und sonstige Pfeile, half ihm sogar noch ein Fort anzulegen, ehe er mit seinen Schiffen wieder unter Segel ging.

Gobernador Hojeda

Doch Alonso de Hojeda konnte es nicht lassen. Er überfiel Indio-Dörfer, raubte und plünderte, saß deshalb bald praktisch als Gefangener in seinem eigenen Fort, umringt von wütenden Indios, und mußte zusehen, wie Krankheit und Hunger seine Mannschaft dezimierten.

Noch einmal hatte er Glück: Ein gewisser Bernardino de Talavera, dem in Santo Domingo der Boden zu heiß geworden war, hatte nachts mit 70 Genossen das Schiff eines genuesischen Kaufmanns gestohlen und sich mit einer Ladung Brot und Fleisch in Richtung des Golfs von Darién abgesetzt. In San Sebastián wurden Talavera und mehr noch die Ladung seines Schiffes begeistert begrüßt, doch ein paar Wochen später war alles beim alten: Brot und Fleisch waren verzehrt, die Männer begannen zu murren und zu meutern. Schließlich entschied Hojeda, daß er mit Talavera und dessen Schiff versuchen wolle, nach Santo Domingo zurückzukehren, um Hilfe zu holen. Zum Befehlshaber der Zurückbleibenden wurde ein gewisser Francisco Pizarro ernannt, ein 34jähriger Mann, der Bildung und Wissen durch brutale Härte ersetzte, seit vier Jahren in Westindien und noch 22 Jahre von jenem Tag entfernt war, der ihn in die Geschichte würde eingehen lassen.

War es die Ungenauigkeit der Seekarten oder sonst ein Mißgeschick, Alonso de Hojeda verfehlte sein Ziel um gut 1000 Kilometer und scheiterte an der Küste von Cuba, das seinerzeit noch auf seine »Bevölkerung« wartete. Immerhin scheint er gewußt zu haben, wo überhaupt er sich befand, denn er beschloß, nach Osten zu marschieren, um näher an Española heranzukommen.

150 Kilometer mußten sich die Spanier durch immer wieder angreifende Horden von Indios durchkämpfen, Talavera ließ den Gobernador gefangennehmen, beschloß jedoch, ihn wieder freizulassen, *»weil er im Kriege mehr wert war als die Hälfte von ihnen«*. Und dann gerieten sie in den Sumpf. 30 Tage wateten sie bald knietief, bald bis zum Hals durch Schlamm und Morast. Von den 20 Männern starben die Hälfte an Hunger und Durst oder ertranken. Wann immer sie konnten, stiegen sie auf Mangrove Bäume, um ein paar Stunden zu schlafen. Hojeda zog dann stets *»ein Bildnis Unserer Lieben Frau, sehr heilig und in Flandern wunderbar gemalt«*, hervor, um inbrünstig um Rettung zu bitten. Und die Madonna hatte tatsächlich Mitleid: Mit Hilfe einiger freundlicher Indios gelang es, ein Kanu nach Jamaica um Hilfe zu schicken.

Pánfilo de Narváez hieß der Kapitän der Karavelle, der den kläglichen Rest halbverhungerter Spanier an der Küste von Cuba glücklich an Bord nahm – eine der wenigen Unternehmungen, bei denen der Retter Narváez nicht ebenso hartnäckig vom Pech verfolgt war wie der gerettete Hojeda.

In Jamaica wurde Alonso de Hojeda von eben jenem Juan de Esquivel, dessen Kopf er abzuschlagen gelobt hatte, freundlichst und großzügig aufgenommen, doch die Gesundheit des Gobernadors des östlichen Veragua war durch die Strapazen zerrüttet. Wenige Wochen nach seiner Rückkehr starb er in einem Hospital in Santo Domingo, *»ohne daß er auch nur einen Pfennig für seine Beerdigung besaß«*.

Gobernador Nicuesa

Dem Gobernador des westlichen Veragua war es in der Zwischenzeit nicht besser ergangen. Ein Sturm hatte seine kleine Flotte auseinandergetrieben, sein Generalkapitän

Olvano blieb unauffindbar, und seine eigene Karavelle scheiterte an der Küste jenes Landes, dessen Gobernador er war. Um das Mißgeschick vollständig zu machen, verschwanden vier Matrosen mit dem Beiboot auf Nimmerwiedersehen, angeblich, um Olvano zu suchen.

Von kriegerischen Indios ständig bedroht, zog Nicuesa an der glutheißen Küste entlang nach Osten. Da es ihm nicht gelang, sich Proviant anders als durch Raubzüge gegen die Eingeborenen zu verschaffen, sorgten diese bald dafür, daß es für die Spanier überhaupt nichts mehr zu essen gab, so daß ihrer 30, als sie einen toten Indio fanden, diesen aßen – und daran starben.

Nicuesa beschloß, anderswo sein Heil zu versuchen, kehrte zurück und ließ aus den Resten der gescheiterten Karavelle ein neues Schiff notdürftig zusammenzimmern. Vorsichtig tastete er sich an der Küste entlang bis zu einer Stelle, die ihm noch einigermaßen zur Niederlassung geeignet erschien.

»Hier laßt uns in Gottes Namen bleiben!« soll er gesagt haben – der Name hat sich erhalten, die Stadt heißt heute noch Nombre de Dios.

Unermüdlich trieb der Gobernador seine vom Hunger geschwächten Leute an, ein Fort zu bauen, und einen Soldaten, der sich darüber beklagte, brüllte er an: *»Scher dich gleich auf den Friedhof!«* Von den 785 Männern, die Nicuesa mitgenommen hatte, waren noch knapp 100 übrig, als eine Karavelle mit einem gewissen Colmenares in Nombre de Dios aufkreuzte und den Herrn Gobernador wissen ließ, daß 60 Männer in Darién gelandet seien, die um die Ehre bäten, seine Untertanen sein zu dürfen – es wäre ihnen auch gelungen, eine ganze Menge Gold an sich zu bringen.

Die Stimmung Nicuesas hob sich schlagartig. Als erstes geriet er über den Anblick eines gebratenen Huhnes so außer sich, daß er es, eingedenk seiner Tage als Vorschneider, in der Luft zerlegte. Kaum war der Hunger nach Huhn gestillt, kam der Hunger nach Gold. Jene 60 Männer hätten Gold gefunden? Den Indios abgehandelt? Nun, es gehöre selbstverständlich ihm, dem Gobernador! Man habe das Gold unverzüglich abzuliefern.

Die Karavelle Colmenares' segelte mit dieser Botschaft voraus, Nicuesa folgte im Großboot.

Als er in Darién anlegte, befand sich die Siedlung in offenem Aufruhr gegen ihn. Als Gobernador wolle man ihn anerkennen, doch das Gold herausrücken: nein!

Vasco Núñez de Balboa, der Anführer der kleinen Siedlung, versuchte auszugleichen. Diego de Nicuesa stellte sich taub, vergaß seine vielgerühmte Klugheit restlos, drohte gar mit Galgen und Schafott – und fand sich wenige Tage später mit 17 seiner Getreuen in einer alten Schaluppe wieder: Wenn er das Gold wolle, so möge er dafür doch zunächst in Santo Domingo oder besser noch in Madrid die notwendigen Rechtsgrundlagen schaffen.

Niemand hat je wieder etwas von ihm gehört.

Karavelle. Schon die Portugiesen hatten auf ihren Entdeckungsfahrten um Afrika diesem kleinen, jedoch schnellen und wendigen Schiffstyp, der sich hoch am Wind segeln ließ, den Vorzug gegeben. Das Lieblingsschiff Colombos war die Karavelle »Niña«, und es waren auch fast durchweg Karavellen, die die spanischen Entdecker und Eroberer auf ihren Zügen verwendeten.

Don Diego de Velázquez

Cuba 1511 bis 1513

»Er war reicher als alle anderen. Er hatte viel Erfahrung darin, das Blut dieses unglücklichen Volkes zu vergießen oder durch andere vergießen zu lassen. Bei den Spaniern, die ihm untergeben waren, war er sehr beliebt, denn er war ein fröhlicher und freundlicher Mann, der seinen ungestümen jungen Leuten meistens von Festen und Vergnügen sprach, wiewohl er notfalls genau verstand, seinen Geboten Achtung zu verschaffen. Er war eine gute Erscheinung. Er wurde dick, ohne an Ansehnlichkeit einzubüßen. Er war klug, und wenn manche seinen Geist für etwas schwerfällig hielten, so strafte er diese Ansicht Lügen.«

Eine leichte Eroberung

Am 10. Juli 1509 ließ ein prachtvoll mit zahllosen Flaggen, Wimpeln und Bannern geschmücktes Geschwader die Anker in der Bucht von Santo Domingo fallen.

Don Diego Colón, zweiter Admiral, Vizekönig und Generalgobernador von ganz Indien, war endlich in seinem Erbanspruch anerkannt worden und landete nun, *»trefflich begleitet und mit einem zahlreichen Gefolge von Herren«*, in seinem überseeischen Lehen. Mit ihm kamen zwei seiner Onkel, der Adelantado Don Bartolomé, der die Stadt gegründet hatte, und Don Diego, der als Regent an ihren beiden Enden Galgen aufstellen ließ, um unbotmäßige Spanier daran aufzuknüpfen; dazu sein illegitimer Halbbruder Don Fernándo, der dies alles der Nachwelt überliefern sollte. Die Vizekönigin, Doña Maria de Toledo, eine Nichte des Herzogs von Alba, brachte in ihrem Gefolge *»einige Damen und Edelfräulein mit, von denen alle oder die meisten, soweit sie jung waren, hier auf der Insel mit Leuten von Rang und Wohlstand verheiratet wurden; es herrschte ja in der Tat großer Mangel an solchen Frauen aus Kastilien. Zwar heirateten einige Christen Indias aus guter Familie, doch gab es viele andere, die solche wegen ihrer Häßlichkeit unter keinen Umständen ehelichen wollten.«*

1511 beschloß Don Diego Colón, die Insel Cuba besiedeln zu lassen. Eigentlich wußte man von dieser größten Karibikinsel so gut wie nichts. Admiral Colombo hatte seine Leute schwören lassen, sie sei die Festlandküste. Der Kapitän Sebastián de Ocampo hatte zwar festgestellt, daß Cuba eine Insel sei, doch weder die Umseglung durch Ocampo noch die unfreiwillige Expedition Hojedas hatten brauchbare Erkenntnisse geliefert.

Zum Anführer der nun geplanten Eroberung bestimmte Don Diego Colón *»den reichsten und angesehensten unter den älteren Bewohnern Españolas«*, Don Diego de

Don Diego Colón, der erst nach langwierigem Ringen in Spanien das Erbe seines Vaters antreten konnte. Trotz wohlklingender Titel vermochte er seinen tatsächlichen Machtanspruch nur auf Española zu behaupten.

Velázquez. Dieser Mann scheint vielen Beschreibungen nach geradezu der Prototyp des »gemütlichen Dicken« gewesen zu sein, den angenehmen Dingen des Lebens zugewandt, jovial, liebenswürdig, ein Mann, dessen schlechte Laune niemals lange anhielt – *»eine besondere Gunst, durch den die Fettleibigkeit den Geist derer erleichtert, deren Körper sie allzusehr beschwert«*, wie Salvador de Madariaga bemerkt. Hinter dieser freundlichen Fassade versteckte sich allerdings eine schier grenzenlose Habgier und ein Intrigant von beachtlichem Format.

Das also war der Mann, der gegen Ende des Jahres 1511 die Stadt Sabana auf Española verließ, um mit 300 Mann Cuba zu erobern. Der Feldzug war weder lang noch schwierig, denn die Eingeborenen verzichteten angesichts der überlegenen Waffen der Eindringlinge rasch auf jeden Widerstand, und die Spanier konnten beginnen, sich auf der Insel häuslich einzurichten.

Interessanter als die Eroberung selbst waren drei Herren, die im Gefolge des neuen Gobernadors nach Cuba kamen und die sich sehr schnell untereinander und teilweise auch gegen Don Diego zu verbissenen Feinden entwickelten.

Der eine war *»ein Hidalgo namens Pánfilo de Narváez, ein großer, untersetzter Mann, der ziemlich laut sprach, als wäre er in einem Keller. Er war eine eindrucksvolle*

Erscheinung, ziemlich blond, ja fast rothaarig, anständig und vernünftig, obwohl nicht immer vorsichtig, redegewandt, von gutem Auftreten, tapfer gegen die Indios und vielleicht auch gegen andere Leute, doch hatte er den einen Fehler, daß er allzu sorglos war. Er war in Valladolid geboren und auf Cuba mit einer Dame verheiratet, der Witwe Maria de Valencuela, und besaß dort schöne Pueblos [Dörfer] *mit Indios und war sehr reich.«* Vor allem freilich zeichnete diesen wackeren Mann die fatale Eigenheit aus, mit der Glücksgöttin fast beständig auf Kriegsfuß zu leben.

Pánfilo de Narváez hatte zu den Offizieren um Juan de Esquivel gehört und sich Velázquez angeschlossen. Obschon er nicht mehr als 30 Mann aus Jamaica mitgebracht hatte, ernannte ihn der Gobernador zu seinem Generalkapitän und Stellvertreter und überließ ihm die gesamten militärischen Operationen.

Der zweite war der Dominikanerpater Bartolomé de Las Casas, den man später den »Apostel der Indios« nennen würde – von ihm wird noch ausführlich zu berichten sein. Vorläufig begleitete er Narváez und versuchte, wo immer er konnte, den Ansturm der Christen gegen die Indios zu mildern.

Der dritte nannte sich Hernán Cortés. Geboren 1485 in Medellín, einer kleinen Stadt in Estremadura. Sein Vater war Martín Cortés de Monroy, seine Mutter Doña Catalina Pizarro Altamirano. *»Er war der Sohn eines Gutsbesitzers, den ich kenne«*, schrieb Las Casas, *»sehr arm und bescheiden, jedoch ein alter Christ und, wie es heißt, ein Hidalgo.«* Er hatte an der berühmten Universität zu Salamanca studiert, das Studium allerdings abgebrochen. Sein Ruf war schlecht, *»er spielte Spiele aller Art, aber nicht nach Weise gewerbsmäßiger Glücksspieler, sondern er nahm Verluste ebenso ge-*

Don Diego de Velázquez, der Gobernador von Cuba. Er veranlaßte die Eroberung Mexicos, die ihm freilich sehr bald aus den Händen glitt.

Feldschlange mit einer Seelenweite von 10 cm. Solch leichte, aus Eisen geschmiedete Hinterlader verwendeten die Spanier während der ganzen Conquista. Die Durchschlagskraft war gering, doch die moralische Wirkung auf die Indios verheerend.

lassen hin wie Gewinne«, und er galt vor allem als gewaltiger Schürzenjäger. 1502 hatte er sein Schiff nach Westindien verpaßt, weil er arg zerschunden das Bett hüten mußte: *»Als er eines Tages über anderer Leute Dächer stieg – er hatte eine Liebelei mit einer jungen Dame –, fiel er von einer baufälligen Mauer.«* Und auch später in Española handelte er sich etliche Narben bei Raufereien mit Gatten, Brüdern, Vätern und Verlobten schöner Damen ein.

Was diesem Hernán Cortés offensichtlich völlig fehlte, war militärischer Ehrgeiz. Zwar hatte er 1504, als er in Santo Domingo landete, erklärt: *»Weder hier noch auf einer anderen Insel dieser Neuen Welt wünsche oder gedenke ich lange zu bleiben«*, doch dann ließ er sich für sieben Jahre als Escribano Público, als öffentlicher Notar, in dem kleinen Nest Azúa nieder, kümmerte sich weder um die Expeditionen unter Hojeda, Nicuesa und Balboa noch 1509 um die Eroberung von San Juan, wie die Spanier das heutige Puerto Rico nannten, und auch an dem cubanischen Unternehmen beteiligte er sich nur in der höchst zivilen Rolle eines Schatzmeisters.

Don Diego de Velázquez hätte somit über den reibungslosen Ablauf der Dinge recht zufrieden sein können, wenn sich nicht zwei seiner Gefolgsleute recht bald zu einem Ärgernis ausgewachsen hätten. Daß Las Casas in heller Empörung von der Kanzel gegen die Ausbeutung und Unterdrückung der Indios wetterte, konnte dem dicken Gobernador gleichgültig sein. Die Indios sahen zu dem frommen Priester zwar bald wie zu einem Heiligen auf, doch unter den Spaniern, die durch die angeprangerten Methoden ja reich wurden, hatte er praktisch keine Anhänger.

Weitaus ärgerlicher war da schon, daß Cortés eine regelrechte Verschwörung anzettelte. Warum, ist bis heute nicht ganz geklärt: War er tatsächlich empört über das Verhalten des Gobernadors, dem jedes Mittel recht war, um Land und Geld und Besitz an sich zu raffen, oder gedachte er Don Diego zu stürzen, um sich selber auf dessen Stuhl zu setzen? Wie dem auch gewesen sein mag, die Anhängerschaft des jungen Schatzmeisters wuchs rasch, denn Velázquez begann die Früchte der Macht zu ernten, und jede seiner Maßnahmen ließ ihm einen undankbaren Freund und zehn erbitterte Feinde zuwachsen. Verweigerte er einem Spanier Land und Indios, war er tyrannisch und habgierig; gab er sie ihm, so war er ungerecht, weil er nur so wenig Land und so arbeitsunwillige Indios zugestanden hatte, während der Nachbar doppelt so viele Sklaven und weit bessere Äcker besaß.

Es war eine recht stattliche Liste an Beschwerden, mit der Cortés nach Española reisen sollte, doch eben, als er ein Kanu zu besteigen versuchte, um Cuba zu verlassen, wurde er von den Soldaten des Gobernadors verhaftet und in Eisen gelegt. Lange blieb es nicht dabei. »*Cortés zerbrach die Schlösser der Fesseln, packte Schwert und Schild des Wächters, öffnete das Fenster, ließ sich hinab und nahm in einer Kirche Zuflucht.*« Don Diego gelang es zwar, den jungen Mann aus der Kirche zu locken und erneut verhaften zu lassen, doch Cortés brach wieder aus, floh zu einem gewissen Juan Xuárez und bat ihn um Vermittlung.

Xuárez übernahm die Rolle herzlich gern, wenn sich der Schürzenjäger Cortés nun endlich bereit erklärte, den etwas angekratzten Ruf seiner Schwester Catalina wiederherzustellen und endlich das längst gegebene Eheversprechen einzulösen. »*So heiratete Cortés Catalina Xuárez, weil er es ihr versprochen hatte und er in Frieden leben wollte.*«

Der Rest war einfach, denn um die zweite Xuárez-Schwester bemühte sich kein anderer als Velázquez, und schon um der nun engen Verwandtschaft willen verzieh der dicke Gobernador dem Aufrührer und beschenkte ihn sogar großzügig mit Dörfern und Indio-Sklaven.

Natürlich tat Velázquez das keineswegs nur aus verwandtschaftlicher Liebe: Er brauchte Cortés oder, besser gesagt, dessen innigen Freund Miguel de Passamonte, den Schatzmeister auf Española.

»*Die Kolonie entwickelte sich*«, schreibt Madariaga. »*Mit ihr wuchs der Gobernador und sah sich allmählich als würdigen und wichtigen Gipfel der Macht über eine Welt, welche dank Meer und Entfernung eine Welt für sich war. Kurzum, Velázquez betrachtete sich als eine Art Statthalter oder Vizekönig mit eigenem Hofstaat, Günstlingen, Generalkapitän (Narváez), Höflingen und sogar einem Hofnarren.*« Was Wunder also, wenn Don Diego versuchte, seiner Stellung Dauer zu verleihen? Hinter dem Rücken und gegen die Interessen Don Diego Colóns (dem er doch seine Ernennung verdankte) zettelte der nur scheinbar so gemütliche dicke Gobernador eine umfangreiche Intrige an, die über die Stationen Hernán Cortés, Miguel de Passamonte, Bischof Fonseca bis zum König lief mit dem Zweck, sich von Seiner Majestät selbst Amt und Unabhängigkeit von Colón bestätigen zu lassen. »*Er handhabte die Dinge so gewandt und trug seine Sache durch solche Mittelsmänner und dank seiner Freundschaft mit dem Schatzmeister von Española, der sich bei Hof großer Gunst erfreute, dem Katholischen König so geschickt vor, daß der Admiral Colón, selbst wenn er es gewollt hätte, den Diego Velázquez nicht mehr als Gobernador hätte abberufen können.«*

Also in seinem Herrschaftsbereich abgesichert, weich gebettet im »anticolonischen« Lager Bischof Fonsecas, konnte Velázquez beginnen, von noch größerer Macht, noch größeren Reichtümern zu träumen, die nur 200 Kilometer westlich auf dem Festland von Westindien auf seinen Zugriff zu warten schienen.

Die Flotte des Don Diego de Velázquez bricht zur Eroberung von Cuba auf – es war eine der leichtesten Eroberungen in der Neuen Welt.

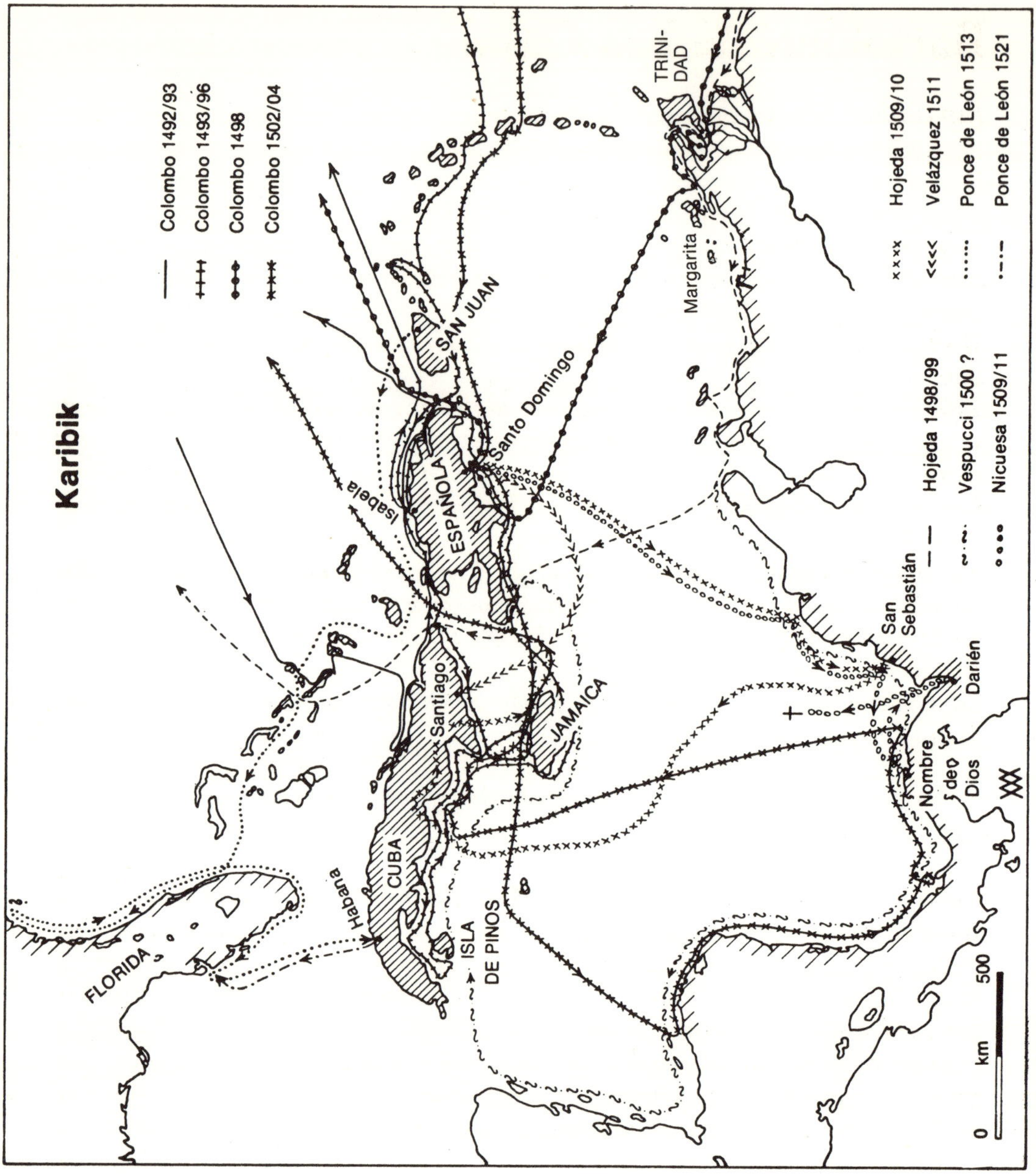

Bei dieser wie bei den anderen Karten bezeichnet eine enge Schraffur jene Gebiete, die fest in spanischer Hand waren, eine weite Schraffur mehr oder minder gut erforschte, jedoch nicht besetzte Landstriche.

Bartolomé de Las Casas

Española 1511 bis Spanien 1556

»Am vierten Adventsonntag [1511] *bestieg Pater Antón Montesinos die Kanzel von Santo Domingo und nahm als Thema und Grundlage seiner Predigt das Wort: ›Ego vox clamantis in deserto‹* [Ich bin die Stimme eines Rufers in der Wüste]. *Nach einleitenden Worten sagte er: ›Um euch eure Sünden vor Augen zu führen, habe ich, der ich die Stimme Christi auf dieser Insel bin, die Kanzel bestiegen, euch aber tut not, daß ihr aufmerksam, von ganzem Herzen und mit all euren Sinnen auf sie hört; sie ist für euch so ungewohnt, so schroff, so hart, so schrecklich und gefährlich, wie ihr nie vermeintet sie zu hören. Ihr seid alle in Todsünde und lebt und sterbt in ihr wegen der Grausamkeit und Tyrannei, die ihr gegen jene unschuldigen Völker gebraucht. Sagt, mit welchem Recht haltet ihr jene Indios in einer so grausamen und schrecklichen Sklaverei? Mit welchem Recht habt ihr so abscheuliche Kriege gegen diese Völker geführt? Wie könnt ihr sie so unterdrücken und plagen, ohne ihnen zu essen zu geben, noch sie in ihrer Krankheit zu pflegen, die sie sich durch das Übermaß an Arbeit, die ihr ihnen auferlegt, zuziehen, und sie dahinsterben lassen oder, deutlicher gesagt, töten, nur um täglich Gold zu erschachern? Sind dies keine Menschen? Haben sie nicht vernunftbegabte Seelen? Seid ihr ihnen nicht verpflichtet, sie zu lieben wie euch selbst?«*

Der Apostel der Indios

Diese Predigt des Dominikaners Antón Montesinos, gehalten vor Don Diego Colón und sämtlichen Würdenträgern Españolas, versetzte die Kolonie begreiflicherweise in helle Aufregung. *»Viele waren sprachlos, einige wie von Sinnen, die anderen verstockt, manche sogar zerknirscht, aber keiner bekehrt. Als Montesinos hinausging, wurde in der ganzen Kirche ein Murren laut.«*

Don Diego Colón verlangte Widerruf, den die Dominikaner verweigerten. Fast zwei Wochen erhitzten sich die Gemüter, bis der zweite Admiral auf den Widerruf und die Dominikaner auf weitere Predigten dieser Art verzichteten. Und so wäre alles eine bedeutungslose Episode geblieben, wenn unter den Zuhörern der Predigt nicht ein gewisser Don Bartolomé de Las Casas gewesen wäre, der sich durch die Worte des Mönchs in seinem Innersten angesprochen fühlte.

Don Bartolomé war mit seinen 47 Jahren für die Begriffe seiner Zeit schon fast ein alter Mann. Er stammte aus guter Familie und hatte in Salamanca Philosophie und Jurisprudenz studiert. Sein Vater, Don Francisco, war ein Freund Colombos gewesen, war auf dessen letzter Fahrt zusammen mit seinem Sohn nach Española gekommen, und Don Bartolomé war nun einer der reichsten Großgrundbesitzer der Insel, gebot über ein Heer von Indio-Sklaven, ausgedehnte Plantagen, einen kleinen Harem von Indio-Schönheiten und eine stattliche Anzahl unehelicher Kinder.

So weit, so gut, oder eben nicht gut, denn jener Don Quijote, der in den meisten, wenn nicht in allen Spaniern irgendwo schlummert, war bislang nicht auf seine Kosten gekommen. Don Bartolomé de Las Casas verkaufte seine Güter, schenkte seinen Sklaven die Freiheit, jagte seine Konkubinen und Kinder davon, trat in den Dominikanerorden ein und wurde schon wenige Monate später in Santiago de Cuba zum Priester geweiht.

Auch dies wäre noch nichts Besonderes gewesen. »Bekehrungen« dieser Art waren zwar nicht alltäglich, doch fielen sie keineswegs aus dem Rahmen einer Zeit, in der brutalste Grausamkeit, höchste Bildung, finsterster Aberglauben, hemmungslose Genußsucht und fanatische Frömmigkeit keineswegs Gegensätze darzustellen brauchten. Auch noch die schlimmsten Conquistadoren, die auf der Jagd nach Gold und Macht Ströme von Indioblut vergossen, versäumten nie, gleichzeitig aus innerster Überzeugung den Indios den »allein seligmachenden« Glauben zu predigen; andererseits waren jene Dominikaner, die sich auf Española für die Rechte der Indios einsetzten, die Vorsitzenden der »Heiligen Inquisition«, die Abertausende von »Ketzern« bei lebendigem Leib auf dem Scheiterhaufen verbrennen ließ.

Die Bekehrung des ehemaligen Großgrundbesitzers Bartolomé de Las Casas war total. Ihm reichte es nicht, selbst nun ohne jeden Besitz zu leben, sich von Kassawa-Mehl zu ernähren, auf einem Strohsack zu schlafen, zu predigen und zu taufen, er wollte mehr: eine Neue Welt, frei von allen politischen, wirtschaftlichen und militärischen Einflüssen Europas, ein »Indien der Indios«, das nur einen Oberherrn hatte: den Papst und den wahren Glauben.

Natürlich entstand dieses Konzept nicht von einem Tag auf den anderen. Zunächst hoffte Las Casas die Schwerter der Conquistadoren so abstumpfen zu können, daß sie lediglich als Wegbereiter seiner Mission dienten. Als Feldgeistlicher auf den Zügen zur Eroberung Cubas durch Velázquez oder, genauer gesagt, durch Narváez erkannte er die Sinnlosigkeit dieser Erwartung – es hätte auch geheißen, Übermenschliches von den Soldaten zu verlangen, nachdem sie Leben und Gesundheit im Kampf gegen Klima, Dschungel, Schlangen, Giftpfeile und Insekten beim Vorstoß in ein unerforschtes Gebiet gewagt hatten, sich allein mit dem Segen der heiligen Mutter Kirche zu begnügen.

Auch der Versuch, in Guatemala eine wahrhaft christliche Kolonie ohne jede Waffengewalt, nur mit Überzeugungskraft, Liebe und Barmherzigkeit, zu gründen, scheiterte. »Vera Paz« wurde von indianischen Nachbarstämmen angegriffen, die Häuser verbrannt, ein großer Teil der Missionare erschlagen, die christlich wehrlosen Eingeborenen niedergemacht oder als Opfersklaven verschleppt.

Daß nicht alle Indios »gute Wilde« waren, traf Las Casas hart. Da sich also weder durch gutes Zureden etwas erreichen ließ, wie es sich auf Española und Cuba gezeigt hatte, noch durch Parforce-Unternehmen im Stil Vera Paz, beschloß der unerschütter-

Bartolomé de Las Casas, der »Apostel der Indios«. Fanatisch setzte er sich für die Rechte der Indios ein – nicht immer mit lauteren Mitteln – und ist eine der umstrittensten Persönlichkeiten der Conquista.

liche Dominikanermönch sich hinfort zwar des Schutzes der spanischen Stoßdegen zu bedienen, andererseits die spanische Macht in der Neuen Welt so sehr auszuhöhlen und zu beschneiden, daß er sein Ziel – wenn auch nicht völlig ohne Spanien – doch noch erreichte.

14mal pendelte Las Casas über den Atlantik. Der Titel »Beschützer der Indios«, den ihm König Fernándo verliehen hatte, wurde ihm zur heiligen Verpflichtung. 40 Jahre lang bombardierte er König, Indien-Rat, sämtliche einflußreichen Männer in Spanien, sogar den Papst mit Briefen, Denkschriften, Abhandlungen, Traktaten und Berichten zur Lage der Indios und ihren Leiden unter den spanischen Eroberern. Daß er es mit der Wahrheit dabei nicht allzu streng nahm, ja daß er seiner guten Sache zuliebe oft das Blaue vom Himmel herunterlog, steht auf einem anderen Blatt ...

An dem ersten Versuch einer allgemeinen Indio-Gesetzgebung und der Festlegung des spanischen Kolonialsystems, den am 27. Dezember 1512 erlassenen »Leyes de Burgos« (Gesetzen von Burgos), war Las Casas noch kaum beteiligt. Ihm waren diese Gesetze auch viel zu sehr auf die Bedürfnisse der spanischen Conquistadoren zugeschnitten, obwohl sie für die Indios einen gewissen Schutz forderten: Vorsorge an Nahrung und Kleidung, Vermeidung gesundheitsschädlicher Arbeiten, Ermöglichung christlicher Unterweisung, und den Arbeitszwang zwar nicht aufhoben, jedoch stark einschränkten. Zäh und unermüdlich kämpfte Las Casas, unterstützt von den Mitbrüdern seines Ordens, um die Erweiterung und Verbesserung dieser Gesetze. Die »Nuevas Leyes« (Neue Gesetze), die Kaiser Karl V. am 20. November 1542 erließ, durch die die »Encomienda« und das »Requerimiento« (wir werden auf diese Begriffe und die hinter ihnen stehenden Praktiken gleich noch zu sprechen kommen) abgeschafft, die Sklaverei verboten und den Spaniern untersagt wurde, Dienste der Indios unentgeltlich in Anspruch zu nehmen, trugen vor allem seine Handschrift.

Für die Indios war Bartolomé de Las Casas ein Heiliger, mehr noch, ein Gott! Wo immer er sich zeigte, strömten sie zu Hunderten herbei, warfen sich ehrfurchtsvoll auf den Boden, küßten den Saum seiner Mönchskutte oder den Staub, den sein Fuß berührt hatte; Männer weinten, Frauen verfielen in hysterische Schreikrämpfe, fast täglich verschwand das Stroh aus seiner Bettstatt, um als Wundermittel gegen Krankheit, Armut, Liebeskummer, Unwetter und Kinderlosigkeit von Florida bis Chile gehandelt zu werden. Eine Gemeinde, die gar eine Sandale oder einen Fetzen der Mönchskutte ergattern konnte, verwahrte diese hochheilige Reliquie in der Dorfkirche. Der »Beschützer der Indios« wurde zum »Apostel der Indios« – der Ehrentitel ist ihm bis heute geblieben.

Daß die Ablehnung der Spanier dieses Narren (?), Heiligen (?), auf jeden Fall Fanatikers im gleichen Maß wuchs wie die Verehrung der Indios, war unausweichlich. Las Casas rechnete sich diese Ablehnung sogar zum Ruhm an. Daß er irgendwann zum Bischof gemacht wurde, war ebenso unvermeidlich. Die Bischofswürde von Cuzco freilich wies er zurück; die Pfründe sei zu reich, und er hasse den Reichtum. Statt Cuzco wählte er das Bistum von Chiapas, das ärmste Mexicos im äußersten Süden zwischen Pazifikküste und Guatemala. Und hier erlebte er die eigentlich einzige große Enttäuschung seines Lebens: Unmittelbar nach der Ankunft in seiner Bischofsstadt hatte Las Casas an seine Priester den Befehl erlassen, jedem Sklavenbesitzer die Absolution, die Lossprechung von den Sünden, zu verweigern. Eine höchst wirkungsvolle Waffe, denn so grausam und gierig ein Conquistador immer sein mochte, ein leidenschaftlicher Katholik war er gewiß. Las Casas erwartete einen Wut- und Entsetzensschrei der Spanier und einen freudetrunkenen Jubelschrei der Indios – doch beide blieben aus. Das äußerst gerechte und maßvolle Regiment unter Generalgobernador Hernán Cortés und

Indios beim Goldschürfen.

seinem Nachfolger, Vizekönig Don Antonio de Mendoza, hatte die Sklaverei von Anfang an kaum aufkommen lassen, den Indios weit mehr Freiheiten und Rechte eingeräumt als sonst irgendwo in der Neuen Welt. Die Maßnahmen des neuen Bischofs verpufften mangels Gelegenheit zur Anwendung. Konnte Las Casas zur Not auf den Haß der Spanier verzichten, nicht verzichten konnte er auf die leidenschaftliche Hingabe der Indios; doch auch diese war im Bistum von Chiapas weit geringer als die ekstatische Verehrung, die er von den Antillen, dem Isthmus von Panama und Darién gewohnt war.

Der Bischof verließ enttäuscht sein Bistum und reiste nach Spanien, um dort den Kampf um die Befreiung der Indios fortzuführen. Noch 20 Jahre war er unermüdlich tätig, schrieb, predigte, kämpfte, erreichte die »Nuevas Leyes« und den Sturz seiner beiden größten Gegner, wenn auch nicht ganz ohne die tätige Mithilfe seiner Ordensbrüder in den höchsten Rängen der Heiligen Inquisition.

Der eine, Carlos de Aragon, spottete von der Kanzel herab: Was habe dieser *»von den Geschäften ausruhende Conquistador«* denn eigentlich Neues erfunden? Die Leyes de Burgos hätten längst die Pflichten der Kolonisten gegenüber den Indios festgelegt: Es sei ihnen untersagt, den Indios schwere Traglasten aufzubürden, sie zu schlagen oder ins Gefängnis zu sperren. Nicht der Priesterschaft, sondern den Kronbeamten obliege die Durchführung der Gesetze – und wenn der Priesterschaft, so möge sich diese zunächst einmal ihrem Stand gemäß betragen! Und was sei denn das für eine sonderbare Rechtsauffassung, die den Pflanzern einreden wolle, sie sollten die Indio-Sklaven durch Neger ersetzen! Gehörten denn die Rothäute Amerikas einer höheren Menschenstufe an als die Schwarzen Afrikas?

Jawohl, donnerte Las Casas zurück, die Indios seien bessere, höher stehende Menschen! Sie hätten eine Kultur entwickelt, die derjenigen Europas kaum nachstünde, die Neger hingegen ... Die Indios seien zart, gebrechlich, anfällig für Krankheiten, die Neger dagegen seien an Hitze und schwere Arbeit gewöhnt, und außerdem besäßen sie ohnehin keine unsterbliche Seele, was ja ihre Hautfarbe schon beweise, wären damit überhaupt keine Menschen und wohl als Zerrbild des von Gott geschaffenen Menschen vom Teufel erschaffen worden!

Gewiß, Las Casas hat in späteren Jahren seine Aussagen über die Neger weitgehend zurückgenommen und zugestanden, daß sie wohl doch von Gott geschaffen seien. An ihrer unsterblichen Seele zweifelte er freilich noch immer, und daß sie Menschen zweiter und dritter Ordnung seien, stand für ihn unerschütterlich fest. Bezeichnend ist, daß in den Nuevas Leyes, die den Indios praktisch die volle Freiheit garantierten, die Neger nicht mit einem einzigen Wort erwähnt wurden – sie waren geborene Sklaven, und das blieben sie auch: zweibeinige schwarze Arbeitstiere.

Den Streit mit Carlos de Aragon entschied schließlich die Heilige Inquisition, indem sie den Widersacher ihres Ordensbruders aus dem Verkehr zog.

Problematischer war schon der zweite große Gegner Las Casas', der hochgelehrte Juan Gines de Sepulveda, dem es vor allem darum ging, ob man gegen die Indios Krieg führen und ihr Land besetzen dürfe. In seiner brillant formulierten Denkschrift »Democrates alter, sive de justis belli causis apud Indios« legte Sepulveda klar, daß es durchaus rechtens sein müsse, auch Waffengewalt anzuwenden, wenn es darum ging, die abscheulichen Sitten und Gebräuche der Indios wie Menschenopfer, Kannibalismus und Homosexualität abzuschaffen und ihnen ein politisches System und vor allem ein Sittengesetz zu bringen, das auf der reinen Lehre des Christentums fuße. Sklaverei sei zwar im allgemeinen abzulehnen, als Mittel zur Durchsetzung des christlichen Glaubens und christlicher Gesittung allerdings oft unerläßlich, und außerdem sei es nur recht und billig, wenn die so dem wahren Glauben gewonnenen und dem Rachen der Hölle entrissenen Indios die Verbreiter der christlichen Lehre auch materiell für ihre Mühen und Gefahren entschädigten.

Las Casas protestierte leidenschaftlich, doch nicht immer sehr überzeugend, denn so manche von Sepulvedas Argumenten entsprachen in Wahrheit ja doch auch seiner eigenen Überzeugung.

Kaiser Karl V. setzte in Valladolid einen Gerichtshof aus höchsten Beamten und Theologen zur Klärung des Streites ein. Monatelang erschienen Las Casas und Sepulveda abwechselnd vor dem Gremium und trugen ihre Argumente vor. Eine Entscheidung fiel nicht. Die Richter waren offensichtlich von dem Problem überfordert und gingen ohne Entscheidung auseinander.

Bartolomé de Las Casas gewann schließlich doch, denn die hilfreiche Heilige Inquisition verbot die Schriften Sepulvedas, und der Apostel der Indios starb einige Monate später zufrieden mit sich und seinem Werk im Alter von 92 Jahren.

Repartimiento und Encomienda

Die hauptsächliche Empörung des streitbaren Las Casas richtete sich gegen das spanische Wirtschaftssystem in den Kolonien, und der Hauptwiderstand der Kolonisten gegen den Dominikaner rührte aus der Angst, er könne dieses System ruinieren.

Dieses System beruhte auf dem Repartimiento und der Encomienda. Las Casas nannte sie schlicht Sklaverei, doch ganz so einfach war die Sache auch wieder nicht.

Gewiß, das Repartimiento roch tatsächlich stark nach Leibeigenschaft, weshalb der Begriff auch verhältnismäßig bald wieder verschwand. Repartimiento (von repartier = verteilen) bedeutete, daß nach der Eroberung eines Gebiets jedem Soldaten nach Verdienst eine gewisse Anzahl Eingeborener zugeteilt wurde, die ihn zu ernähren, zu kleiden, ihm ein Haus zu bauen, kurz mit allem zu versorgen hatten, was der Mann zum

Das höchst unstandesgemäße Betragen spanischer Priester war oft Grund zu heftigen Klagen. Eine Indio-Chronik zeigt spanische Geistliche, »wie sie Frauen zur Arbeit treiben, wie sie Indios verheiraten und wie sie Kinder erziehen, wie sie Glücksspiele betreiben, wie sie Mädchen verführen und wie sie sich mit dem Pöbel betrinken, wie sie sich mit Schwertern duellieren, wie sie Buße auferlegen und wie sie die Beichte hören«.

PORFVERZACASA

MVIBRABOICOLER

JVEGAELPALOSNAIP

VIRGEN INDIA

CONBIDAELPALOSBORA

SOBERBIOSO P COLERICO

CASTIGA CRVELMEN

MALACONFICION

Wie ein regierender Fürst läßt sich der Encomendero, von den Stammeshäuptlingen begleitet, unter Trommelschlag in einer Sänfte durch sein Land tragen.

Leben benötigte. Der Haken bei der Sache war, daß dem Spanier selbst überlassen blieb zu bestimmen, wieviel er denn zum Leben benötigte, und das war in vielen Fällen eben so viel, daß den Indios ihrerseits kaum das Nötigste zum Leben blieb.

Der Begriff Encomienda, der sich Jahrhunderte länger gehalten hat als das härtere Wort Repartimiento, beinhaltete eine Verpflichtung des spanischen Encomenderos: Die Krone hatte ihm die zugeteilten Indios gewissermaßen »anvertraut« (encomendado), er mußte nicht nur für das leibliche, sondern auch für das geistige Wohl seiner Indios sorgen, war also für die christliche Mission mitverantwortlich – in der Praxis blieb dies freilich oft nur ein frommer Wunsch.

Was Repartimiento und Encomienda ganz bewußt vermieden, war jeglicher Anschein, daß es sich dabei um Leibeigenschaft handeln könnte. Die Indios waren freie Untertanen der spanischen Krone und hatten lediglich den Eroberern einen gewissen Tribut in Form von Gold, Naturalien, Webereien und sonstigen landesüblichen Produkten oder auch in Form von Arbeitskraft zu entrichten. Der Unterschied zum heutigen Steuersystem lag darin, daß diese Tribute und Steuern nicht einem anonymen Staat entrichtet wurden, sondern einem bestimmten Mann, der seinerseits gewisse Abgaben an den Staat abführen mußte.

So heißt es etwa in einer Urkunde Karls V. vom 26. Juli 1529, ausgefertigt in Toledo: *»Des weiteren befehlen Wir, wenn Ihr seht, daß es zu Gottes und Unserem Nutzen und für Eure Sicherheit auf jenen Inseln und in jenen Ländern nötig ist, Festungen zu* *bauen. Dabei soll den Indios so wenig als möglich Schaden an Leib und Seele zugefügt werden.*

Des weiteren verbieten Wir unter Androhung des Verlustes von Gut, Stellung und Privilegien jene Indios zu Sklaven zu machen, es sei denn, sie dulden nicht die Anwesenheit der Mönche und Geistlichen und die Unterweisung in den guten Sitten und Gebräuchen und im katholischen Glauben, oder sie verweigern Uns den Gehorsam oder widersetzen sich mit bewaffneter Hand der Suche und Schürfung von Gold und anderen Metallen. In diesen Fällen erlauben Wir den spanischen Bewohnern, im Einvernehmen mit den Mönchen und Klerikern und zur Verteidigung von Leben und Gut, Krieg zu führen.

Desgleichen befehlen Wir, wenn es zum Nutzen Gottes und zum Besten jener Indios ist, sie unter die Christen zu verteilen [encomendar], *um sie von ihren abscheulichen Lastern und der Menschenfresserei zu befreien und sie zu lehren, in Sittsamkeit zu leben.«*

In der Theorie wäre das alles durchaus vernünftig und akzeptabel gewesen, besser sogar als in Europa, wo die Leibeigenschaft durchaus wacker florierte. Man hatte sogar noch gewisse Sicherungen eingebaut gegen die Ausbeutung der Indios, so die Trennung von Landbesitz und der Verfügungsgewalt über die Bevölkerung: Ein Encomendero durfte niemals im Siedlungsgebiet »seiner« Indios wohnen oder auch nur dort Land besitzen – eine eigentlich sehr kluge Maßnahme, da der Besitzer des Landes protestieren würde, wenn ein anderer mit seinen dort lebenden Indios das Land zu sehr ausbeutete, während er sein eigenes Land ebenfalls nicht ausbeuten konnte, da es ihm an Arbeitskräften mangelte – in der Praxis freilich führte das zu einem heillosen Durcheinander, das die Rentabilität der Wirtschaft in Spaniens Kolonien auf einen Bruchteil der tatsächlichen Leistungsfähigkeit reduzierte und eine allgemeine Verarmung von Spaniern wie Indios nach sich zog. Überhaupt sah dieses ganze ausgeklügelte System in der Realität etwas anders aus, denn zum einen war die zweifellos gutgemeinte königliche Gesetzgebung für die Kolonien löchrig wie ein alter Handschuh, zum anderen blieb es nach wie vor dem einzelnen Encomendero überlassen, wie hoch er seine Tribute ansetzte, was praktisch bedeutete, daß er die Indios eben doch wie Sklaven ausbeuten konnte, auch wenn sie es dem Namen nach nicht waren.

Die Leyes de Burgos schränkten zwar Repartimiento und Encomienda ein, die Nuevas Leyes gar schafften sie völlig ab, tatsächlich wurde aber der Prinzipienstreit um die verschiedenen Besitzformen und Steuerrechte nie endgültig entschieden, dauerte so lange, wie das spanische Kolonialreich bestand, und trug schließlich viel zu dessen Zusammenbruch bei.

Die größten Vorteile aus diesen verworrenen Besitz- und Machtverhältnissen zog nicht selten jene indianische Oberschicht, die sich zumeist schon während der Eroberung auf die Seite der Spanier gegen ihre eigenen Volks- und Stammesbrüder geschlagen hatte. Da die Spanier keine Rassendiskriminierung kannten, zählten sie – und noch mehr ihr halbblütiger Nachwuchs – bald zur spanischen Aristokratie. Wenn sie auch im allgemeinen die Posten von Gobernadores und Adelantados nicht erreichten, bilde-

Die wahre Macht lag immer noch weitestgehend in der Händen der angestammten Indio-Fürsten, die sich für ihre Kooperationsbereitschaft mit europäischen Adelstiteln und Wappen belohnen ließen wie der hier abgebildete Häuptling.

ten sie doch eine so mächtige und reiche Oberschicht, daß die Spanier praktisch auf ihre Hilfe angewiesen waren – nicht zuletzt bei der Ausbeutung der Indios, denn es gab nie ein Gesetz, daß es einem Indio verboten hätte, seine Landsleute in Bergwerken und Plantagen eines spanischen Freundes oder gar Verwandten bis zum Umfallen arbeiten zu lassen.

Requerimiento

Ein weiterer Angriffspunkt war das Requerimiento, das Las Casas als Heuchelei und Farce bezeichnete.

Das Requerimiento war ein Teil der ritterlich-mittelalterlichen Kriegführung (Requerimiento = Ersuchen, Aufforderung). Es galt im Mittelalter rundweg als Zeichen miserabelster Manieren, über einen Gegner herzufallen, ehe man ihm klar und deutlich zu verstehen gegeben hatte, was man von ihm wollte, so daß er die Chance hatte, sich ehrenvoll zu unterwerfen. Erst wenn der Gegner deutlich machte, daß er zu kämpfen wünsche, indem er etwa den hingeworfenen Fehdehandschuh aufhob, griff man zu den Waffen.

Palacio Rubios, der Kronjurist König Fernándos, hatte das Requerimiento verfaßt. Es war ein für unsere heutigen Begriffe verblüffendes Konglomerat aus theologischen und juristischen Ingredienzien, beginnend mit der christlichen Version der Erschaffung der Erde und des Menschen über die Schenkung aller Westindischen Inseln und Festländer durch den Papst an die spanische Krone und schließlich die formelle Aufforderung an die Eingeborenen, das Christentum anzunehmen und sich ihrem neuen Herren zu unterwerfen. Für den Fall der Ablehnung dieses Angebots drohte das Dokument mit Krieg und gewaltsamer Unterjochung.

»Weiterhin ordnen Wir an«, heißt es in mehreren Urkunden Fernándos und Ysabels, Juanas der Wahnsinnigen und Kaiser Karls V.: *»Wenn Ihr irgendwo ein Land betretet, soll durch Dolmetscher den Indios das Requerimiento verlesen werden, und zwar deutlich ein- oder zweimal, wenn die Kleriker und Mönche es für notwendig erachten auch öfter, damit sie es verstehen können wie auch zur Entlastung Unseres Gewissens.«* Jeder Conquistador war verpflichtet, dieses Schriftstück bei jedem neuen Entdeckungs- und Eroberungszug in seinem Gepäck mit sich zu führen und vor der ersten Kampfhandlung zu verlesen sowie den Vollzug von einem Schreiber oder Notar zu Protokoll nehmen und bestätigen zu lassen.

Natürlich war die Wirkung dieses formaljuristischen Aktes im Zweifelsfall minimal, da die Indios überhaupt nicht begriffen, worum es ging, und wenn sie begriffen, nur sehr selten Lust zeigten, sich den Befehlen zu fügen. Fernández de Enciso, Gründer der Stadt Santa Maria de la Antigua am Golf von Darién, demonstrierte in seiner »Summa Geographía« die Wirkungslosigkeit des Requerimientos, indem er die Antworten zweier Häuptlinge aus Cibú bei Panama zitierte: *»Auf meine Ausführungen, daß es nicht mehr als einen Gott gebe und daß er über Himmel und Erde regiere und der Herr aller sei, sagten sie, das erscheine ihnen richtig und müsse wohl so sein; was aber den Papst betraf, daß er an Stelle Gottes Herr des ganzen Universums sei und den König von Kastilien mit diesen Ländern hier belehnt habe, dazu meinten sie, der Papst müsse besoffen gewesen sein, als er dies tat; denn er verteilte, was ihm nicht gehöre, und der König, der das Lehen erbeten und angenommen habe, müsse ein Narr gewesen sein, denn er fordere etwas, was anderen gehöre; er solle nur hierherkommen, um es in Besitz zu nehmen: Dann würden sie seinen Kopf auf einen Pfahl stecken.«*

Bartolomé de Las Casas wußte noch anderes über die Handhabung der Requerimientos zu berichten: *»Weder Pedrarias* [Pedro Arias Dávila] *noch alle, die mit ihm auf den Isthmus gekommen waren, hatten einen anderen Wunsch, als möglichst viel Gold zu bekommen. Pedrarias schickte in jedes Dorf, von dem er erfuhr, einen Trupp, um es auszurauben. Der menschlichen Vernunft und den göttlichen und menschlichen Gesetzen zum Spott befahl er – getreu den Anordnungen aus Kastilien –, das Requerimiento zu verlesen. Wie aber entledigten sich die Spanier, die er ausschickte, des Befehls zur Rechtfertigung ihrer Überfälle? Sie näherten sich bei Nacht in großer Stille und mit äußerster Vorsicht, damit man sie nicht höre, ihrem Ziel eine Meile und lasen von fern her das Requerimiento den Bäumen vor wie folgt: ›Häuptlinge und Indios dieses Dorfes, wir, die Christen von Kastilien, lassen euch wissen, daß ein Gott und ein Papst ist‹, dann fordert der Capitán den anwesenden Notar auf, schriftlich zu beurkunden, daß den Häuptlingen und Indios alles vorgetragen worden sei, was Ihre Königliche Hoheit auf-*

getragen habe; jene aber hätten sich geweigert, sich Ihrer Königlichen Hoheit zu unterwerfen und Christen zu werden. Anschließend bei Morgengrauen überfielen sie die Bewohner des Dorfes in ihren armseligen Betten. Diese hinterhältigen Übergriffe mußten sowohl dem Herrn Bischof wie auch Pedrarias bekannt gewesen sein, denen es ja in erster Linie oblag, sie zu verhindern und zu bestrafen.«

Las Casas war ein eifriger, aber ein schlechter Lügner. Zweifellos sind Verkündigungen des Requerimientos dieser Art vorgekommen, doch sie ausgerechnet Don Pedro Arias Dávila in die Schuhe zu schieben, war doch ein arger Mißgriff. Von zu vielen Chronisten, darunter dem unbestechlichen Bernal Diaz de Castillo, gibt es Berichte, daß gerade Don Pedrarias es mit der Verlesung des Requerimientos fast übertrieben genau genommen hat, einmal sogar mit einigen Booten zwei Stunden lang vor der Küste Dariéns im Stein- und Pfeilhagel der Indios ohne jede Gegenwehr aushielt, bis ein Priester und ein Dolmetscher den Indios dreimal den ganzen Text des Requerimientos hinter ihren schützenden Schilden hervor zugebrüllt hatten.

Suche nach Wahrheit

Es gibt wenige Episoden der Weltgeschichte, die so gegensätzlich dargestellt, die so heftigen Polemiken pro und contra ausgesetzt waren wie die Eroberung Amerikas durch die Spanier.

Daß die Berichte unmittelbar Beteiligter in der Regel gefärbt sind, daß man die eigene Position so gut, die des Widersachers so schlecht als möglich ausmalt, ist so alt wie die schriftliche Aufzeichnung historischer Ereignisse; daß der Sieger, im Vorteil des letzten Wortes, »der Gute«, der Verlierer »der Böse« ist, ebenfalls. Objektive Zeitgeschichte hat es nie gegeben, gibt es nicht und wird es nie geben. Der Historiker ist daran gewöhnt und weiß zumeist zwischen den Zeilen zu lesen.

Was das Auffinden der tatsächlichen historischen Ereignisse im Fall der Conquista so ungeheuer erschwert, ist die Tatsache, daß die Polemik für und gegen schon zur Zeit der Geschehnisse mit ungewöhnlicher Heftigkeit ausgebrochen war. Nahezu alle Originalquellen, die uns zur Verfügung stehen, und es sind deren nicht wenige, haben sich der einen oder anderen Richtung in diesem Streit angeschlossen und spielen nun entweder die »guten Wilden« gegen die brutalen Eroberer aus oder, umgekehrt, die »humanen Kolonisten« gegen die blutrünstigen Indios.

Ausgelöst hat das Ganze Bartolomé de Las Casas mit seiner »Brevisima relación de la destrucción de las Indias« (Kurzer Bericht über die Zerstörung Indiens), der furchtbarsten Anklageschrift, die jemals gegen die Conquista geschrieben wurde. Las Casas behandelt darin die gesamte Geschichte der Eroberung, Land für Land, und beweist an Hand von Zahlen und Tatsachen, daß sie ein einziger Vernichtungsfeldzug gewesen ist. Das Ergebnis von 40 Jahren Eroberung seien 15 Millionen Tote auf seiten der Indios, verwüstete Kulturen, Ausrottung ganzer Bevölkerungsgruppen, Tod und Zerstörung überall. Las Casas spart auch nicht mit grausigen Details, je mehr, um so lieber: *»Ich sagte bereits, daß die in Indien befindlichen Spanier blutgierige wilde Hunde halten, die darauf abgerichtet sind, die Indios zu erwürgen und in Stücke zu reißen. Nun sage einmal einer, er sei Christ oder nicht, ob er je in der ganzen Welt etwas Ähnliches gehört habe? Zur Verpflegung dieser Hunde führen sie auf ihren Märschen eine Menge Indios bei sich, die in Ketten gehen und wie eine Herde Schweine einhergetrieben werden. Man schlachtet dieselben und bietet Menschenfleisch öffentlich feil. Dann sagt einer zum anderen: ›Borge mir doch einmal ein Viertel von diesem Indio. Ich werde nächster Tage auch einen schlachten, dann gebe ich dir's wieder.‹ Nicht anders, als wenn sie einander ein Viertel von einem Schwein oder Schöpsen liehen! – Andere gehen des Morgens mit ihren Hunden auf die Jagd; wenn sie dann zur Tischzeit zurückkommen und man sie fragt: ›Wie ging's?‹, so geben sie zur Antwort: ›Recht gut! Meine Hunde haben wohl 15 bis 20 Indios tot auf dem Platz gelassen!‹ – Diese und andere teuflische Handlungen sind sogar gerichtlich und durch Prozesse erwiesen, welche diese Tyrannen miteinander führen. Läßt sich wohl etwas Grausameres, Abscheulicheres und Unmenschlicheres denken?«*

Ja! Ja, zumindest, wenn der Autor seine ganz persönliche Meinung sagen darf: Abscheulicher und unmenschlicher ist es, sich solche Geschichten auszudenken, um den weitverbreiteten Kannibalismus der Indios zu entschuldigen, zu bagatellisieren,

Indios werden von Spaniern mißhandelt.

die Spanier auf die gleiche Stufe wie die menschenfressenden Indios zu stellen, ja noch eine Stufe unter sie, denn die Indios waren Kannibalen aus rituellen oder schlichten Ernährungsgründen, die von Las Casas geschilderten Spanier wären es aus purer Lust am Sadismus gewesen ... Ich will keineswegs bestreiten, daß die Conquistadoren in zahllosen Fällen brutal, ja grausam waren, doch Sadisten, wie Las Casas sie so gerne schilderte, habe ich nur einen gefunden: Núño de Guzmán, von dem wir noch hören werden.

Mit den Jahren wurden die Angriffe hin und her immer leidenschaftlicher, immer gehässiger, immer persönlicher und die geschilderten Ereignisse immer grotesker verzerrt. Als Beispiel möge das Massaker von Tenochtitlán gelten, bei dem Pedro de Albarado etliche 100 junge Aztekenkrieger ermorden ließ – wir werden auf diesen schlimmen Wendepunkt in der Conquista ebenfalls noch ausführlich zu sprechen kommen. Hier nur soviel: Nach den Angaben von Albarado und Cortés – die in diesem Fall durchaus glaubhaft sind – wurden bei dem Massaker etwa 600 Menschen getötet. Las Casas machte in seiner »Brevisima relación« 6000 daraus, Pater Diego Duran schrieb Jahre später von 10 000 Ermordeten, und in den Schriften des Paters Pedro de Navarro SJ, Ende des 16. Jahrhunderts, war die Zahl auf 100 000 (!) gestiegen. Andere Zahlen wurden nicht weniger kühn hinaufgeschraubt oder herabgedrückt – je nach Bedarf. Las Casas berichtete etwa, Española habe bei der Entdeckung durch Colombo eine Million Einwohner gezählt, 20 Jahre später seien davon nur noch 1000 am Leben gewesen. Grotesk im einen wie im anderen Fall: eine Million Menschen hätte Española bei den agrartechnischen Möglichkeiten der Indios niemals ernähren können, und wenn 1512 auf der Insel tatsächlich nur noch 1000 Indios gelebt hätten, wäre die spanische Wirtschaft augenblicklich zusammengebrochen.

Was Las Casas und seine Anhänger auf der einen Seite an Greuelmärchen lieferten, das leisteten auf der anderen Seite die Berichte der Conquistadoren selbst oder die Schilderungen ihrer Chronisten – Gómara und Pedro Pizarro an der Spitze – an schamloser Beweihräucherung und Verharmlosung; und nur dann und wann ragt aus dieser Lügenbrandung ein ehrlicher Chronist wie ein Fels heraus, wie Bernal Diaz, der 80jährig seine Memoiren für niemand und gegen niemand schrieb, oder der Deutsche Ulrich Schmidel aus Straubing in Niederbayern.

Bis in die heutige Geschichtsschreibung der Conquista hat sich freilich weitgehend die Las-Casas-Partei durchgesetzt, und das dank der Jesuiten. Dieser 1534 von Igna-

Namenszug Las Casas'.

tius von Loyola gegründete und 1540 von Papst Paul III. bestätigte Orden wurde zum Vorkämpfer der Gegenreformation in Europa und damit für eineinhalb Jahrhunderte zu einem der wichtigsten geistigen Faktoren der katholischen Welt. Die Jesuiten schlossen sich bedingungslos dem Kampf des Las Casas gegen die spanische Kolonisation in Lateinamerika an, allerdings nicht aus Fanatismus wie der Dominikaner, sondern aus Berechnung. Ihr Ziel war die Vertreibung der Spanier aus Lateinamerika und die Errichtung eines von den Jesuiten gelenkten und beherrschten Indio-Staates, zumindest auf dem südlichen Halbkontinent. Tatsächlich gründeten sie 1608 in Paraguay einen »Ordensstaat«, der sich immerhin bis 1767 hielt.

Ihre Version hat die Darstellung der Conquista in den katholischen Ländern nachhaltig beeinflußt, während Engländer und Franzosen – aus Amerika laut päpstlichem Dekret ausgesperrt – ebenfalls nur zu gern die Behauptungen von Las Casas übernahmen, um damit ihr eigenes Eindringen auf diesem Kontinent zu rechtfertigen. Erst in jüngster Zeit begannen einige Historiker wie William H. Prescott und Salvador de Madariaga die dicke Kruste aus Propaganda und Verleumdungen von den damaligen Geschehnissen abzukratzen und durch den Dschungel aus Darstellungen und Gegendarstellungen einen Pfad zu schlagen.

Doch so objektiv man versucht, die Geschichte der Conquista zu schreiben, die Gestalt des Dominikaners Bartolomé de Las Casas wird immer im Zwielicht bleiben: einerseits der Mann, der sich rückhaltlos für die Freiheit und Lebensrechte der Indios eingesetzt hat, der schonungslos Mißstände anprangerte, andererseits der schamlose Lügner – wenn er auch glaubte, für eine gute Sache lügen zu müssen – und der Mann, der die Schuld am Unglück von Millionen Negersklaven auf sich geladen hat, selbst wenn es nicht wahr sein sollte, daß er die Neger als »seelenloses« Arbeitsvieh für die spanischen Kolonisten empfahl, weil er seine Beteiligungen an portugiesischen Gesellschaften, die den Handel mit Negern betrieben, im Auge gehabt hat.

Francisco de Vitorias

In seinen moralischen Forderungen weit rigoroser und in seinem Charakter absolut untadelig war Francisco de Vitorias, auch er ein Dominikaner und Professor an der Universität von Salamanca.

Während Las Casas und gar die Jesuiten die Conquista durchaus zu tolerieren bereit waren, wenn sie nur in erster Linie der Verbreitung des katholischen Glaubens diente und in den eroberten Gebieten der römischen Kirche und ihren Klerikern weitestgehende Machtbefugnisse einräumte, erklärte sich Vitorias gegen jede Eroberung, jede Kolonisation, gleichgültig, unter welcher Begründung sie betrieben werden mochte: *»Der Unterschied der Religion rechtfertigt noch lange keinen Krieg. Selbst gedeckt durch das Machtwort des Papstes dürfen die christlichen Fürsten die Barbaren weder daran hindern, wider die Natur zu sündigen, noch sie dafür strafen. Die Ausweitung des Reiches ist kein gerechter Kriegsgrund!«*

Mit diesen Sätzen verurteilte Vitorias praktisch die gesamte Politik Spaniens und Kaiser Karls V., seinen Kampf gegen Dr. Martin Luther und die Reformation, sein Ringen um eine umfassende Kaisergewalt, die wieder die Grenzen und die Machtfülle Karls des Großen umfaßte, ja sogar die Abwehr gegen die Türken und nordafrikanischen Barbaresken. Die schärfsten Worte freilich fand Vitorias für die Conquista Lateinamerikas, für die es keinerlei Rechtfertigung geben könne, denn weder Spanien noch sonst ein europäisches Volk besitze *»irgendeinen Anspruch auf jene Länder, die Gott selbst durch das Meer von ihnen getrennt hat. Es gibt keinen Grund, diese Völker zu bekriegen und zu unterwerfen, keinen gerechten Grund, sie zu beherrschen und auszubeuten, ihnen eine fremde Religion und ein neuartiges Sittengesetz aufzuzwingen.«*

Vitorias war ein hochgelehrter, unfanatischer, exakt und logisch denkender Mann, der zwischen Wunsch und Wirklichkeit zu unterscheiden wußte. Seine hohen und höchsten ethischen Ansprüche stellte er als Moralist, war sich aber durchaus im klaren, daß moralische Postulate nur selten mit der Realität in Einklang zu bringen sind. So verfiel er auch nicht in den Fehler seines Ordensbruders Las Casas, die Conquistadoren pauschal zu beschimpfen, weil er die Conquista schonungslos ablehnte. Für ihn blieben die Conquistadoren Menschen, die ihre Sache gut oder schlecht machten, Soldaten, die tapfer oder feig, ritterlich oder gemein, großmütig oder habgierig, menschlich oder brutal ihre Pflicht – oder das, was sie dafür hielten – taten und denen man nicht anlasten konnte, daß der Krieg verwerflich war, in dem sie kämpften.

So friedlich, wie Las Casas und seine Jünger die Indios gerne sehen wollten, waren diese tatsächlich allerdings nur in den seltensten Fällen.

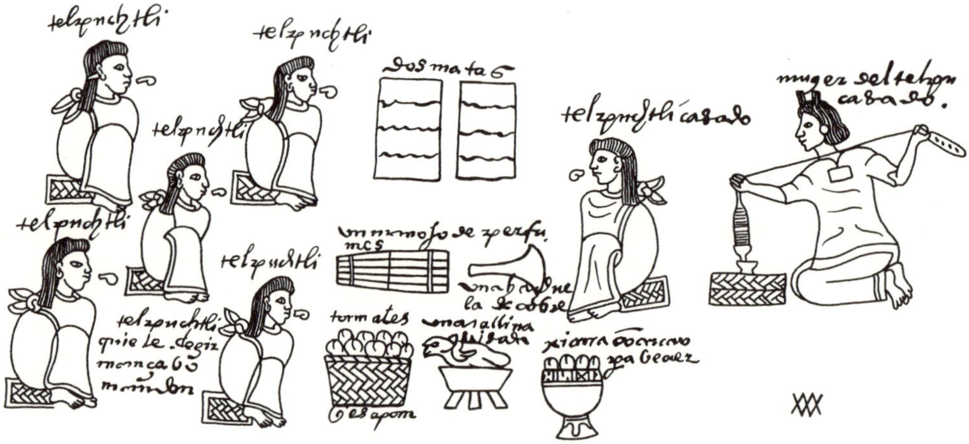

Juan Ponce de León

Florida 1513 und 1521

»Die Indios berichteten uns auch, daß es auf jener Insel mit Namen Bimini solche Mengen an Gold gäbe, daß die Eingeborenen die Dächer ihrer Hütten damit deckten. Das Wunderbarste jedoch auf dieser Insel sei ein Brunnen oder eine Quelle oder ein See, von dem drei Flüsse ausgingen. Wer von dem Wasser des ersten Flusses trinke, dessen Farbe blau sei, der werde sofort von jeder Krankheit geheilt, er mag leiden, woran er will, und es wird ihm nie mehr eine Krankheit schaden können. Wer von dem Wasser des zweiten Flusses trinke, dessen Farbe rot sei wie Blut, der würde sofort wieder jung wie ein Jüngling von 20 Jahren, so alt er auch sein möge. Wer aber von dem Wasser des dritten Flusses trinke, dessen Farbe hell schimmere wie Silber, der erhalte das ewige Leben, oder zumindest würde er 1000 Jahre leben, ohne zu altern. Und dies ist ganz offensichtlich der ›Jungbrunnen‹ und das ›Wasser des ewigen Lebens‹, von dem schon die Alten berichtet haben.«

Pascua Floridas

Juan Ponce de León gehörte zu den frühesten Mitstreitern Christoforo Colombos, und er hatte den Admiral bereits auf dessen zweiter Reise 1493 bis 1496 begleitet. Hierbei hatte er wohl auf Española auch vom Jungbrunnen gehört, der auf Bimini oder Biminien, einer Insel nördlich von Cuba, sprudeln sollte. Die Idee des Jungbrunnens ließ ihn nicht mehr los.

Ponce de Léon war es dann auch, der Colombo bewog, an der Südküste Cubas entlangzusegeln, um zu sehen, ob man die Insel nicht auf Westkurs umrunden und nach Norden in Richtung auf Bimini vorstoßen könnte. Sein Pech wollte es, daß der Admiral nur 80 Kilometer vor der Westspitze Cubas die Suche aufgab und umkehren ließ, zwar die Isla de Pinos und Jamaica auf der Rückkehr nach Española entdeckte, aber eben nicht den Weg nach Bimini.

Fast 20 Jahre vergingen. Die großen und kleinen Inseln der Antillen waren fest in spanischer Hand, die Konturen des Festlandes schälten sich mehr und mehr aus dem Dunkel. Ponce de León saß als wohlbestallter Gobernador auf San Juan (Puerto Rico), doch noch immer träumte er vom Jungbrunnen auf Bimini.

Auch in Europa hatte sich dessen Existenz herumgesprochen und war mittlerweile so bekannt, daß ihn der Geograph Pierre Martyr 1511 in seinen »Dekaden« ausführlich erwähnte. Ponce de León wurde nervös. Es war höchste Zeit, etwas zu unternehmen, ehe ihm ein anderer die Entdeckung wegschnappte.

1513 gelang es ihm, vom König die Erlaubnis zur Entdeckung und Eroberung von Bimini zu erhalten. Mit drei Schiffen segelte er los, vorbei an Española und den Bahamas, und sichtete am Ostersonntag eine blühende Küste, die er »Pascua Floridas« (blumenreiche Ostern) nannte – Florida. Die Insel, wie Ponce de León glaubte, die Halbinsel, wie die späteren Entdecker Alonso de Pinedo und Lucas Vásquez de Allyon feststellten, verdiente ihren Namen voll und ganz; nur ein Schatten trübte dieses Bild aus Duft und Farbe: Wenn es an den Küsten auch nicht an Korallen mangelte, Gold war auf Florida so gut wie unbekannt. Und die Eingeborenen aus der Volksgruppe der Seminolen waren in höchstem Maß kriegerisch und wußten hervorragend mit Pfeil und Bogen umzugehen.

Juan Ponce de León beschloß, kein unnötiges Risiko einzugehen, und segelte zunächst nach Norden in der Hoffnung, eine Stelle mit weniger kriegerischen Indios zur Landung zu finden – vergeblich. Nördlich des heutigen St. Augustine, vermutlich an der Mündung des Altamaha oder Savannah, machte er kehrt, umrundete die Südspitze Floridas und stieß wieder nordwärts bis zur Tampa-Bucht hinauf, dem Ausgangspunkt einer Reihe späterer, nicht allzu glücklicher Expeditionen. Enttäuscht, aber überzeugt, daß ihm so leicht kein anderer die Entdeckung des Jungbrunnens wegschnappen würde, und mit dem festen Vorsatz, bald mit einer größeren Streitmacht zurückzukehren, segelte Ponce de León nach Cuba zurück.

Wieder vergingen acht Jahre, ausgefüllt mit den Streitereien zwischen Don Diego Colón und Don Diego de Velázquez und den Vorbereitungen einer neuen Expedition nach Florida.

Juan Ponce de León, der Entdecker Floridas, dem die Suche nach dem ewigen Leben den Tod brachte.

1521 ging Juan Ponce de León erneut, diesmal mit einer schlagkräftigen Truppe hinter sich, unter Segel. Er war nun über 60 Jahre alt, und es wurde Zeit, endlich den Jungbrunnen zu finden. Doch bei der Landung in der Tampa-Bucht fand er nicht das Wasser des ewigen Lebens, sondern den Tod; ein Indiopfeil traf ihn mitten ins Herz.

Die notorischen Lügner

Unser Indianerbild ist fast vollständig von Karl May geprägt worden, doch der wortkarge, beherrschte Indianer, der stets die Wahrheit sagt und keine Gefühlsregungen zeigt, ist eine Romanfigur. Die Wirklichkeit sah anders aus.

Schon die Behauptung: »*Ein Indianer weint nicht!*«, ist barer Unsinn. Die Augenzeugenberichte etwa der Eroberung Mexicos oder Perus wimmeln von jammernden, seufzenden, sei es aus Freude oder aus Schmerz in Tränen aufgelösten Indios. Sie konnten vor Rührung und Sentimentalität geradezu außer sich geraten. So berichtete Cabeza de Vaca, als er und seine Gefährten an der Küste von Texas Schiffbruch erlitten: »*Das Mitgefühl und den Kummer, die sie empfanden, brachten sie in so lautem Wehgeschrei zum Ausdruck, daß man sie in ganz weiter Ferne noch hören mußte. Das dauerte eine halbe Stunde, und es mutete gar seltsam an, diese Menschen wie die Tiere über unser Unglück brüllen zu hören.*«

Auch sonst hatten die Indios eine Menge Eigenschaften, die sich mit unserem üblichen Bild in keiner Weise vertragen. Raymond Cartier schreibt in seinem Buch »L'Europe à la conquêt de l'Amérique«: »*Ihre Gemeinschaften befanden sich stets in größter Aufregung. Entgegen der herkömmlichen Meinung war der Indio alles, nur nicht gelassen. Die Rothäute waren im Gegenteil geschwätzig, überschwenglich und prahlerisch. Schwiegen sie Ausländern gegenüber, so aus Mißtrauen, und versuchten sie am Marterpfahl ein steinernes Gesicht zur Schau zu tragen, so nur, um einem alten stolzen Brauch zu folgen, was oft genug mißlang.*

Dabei waren die Indios von maßloser Grausamkeit. Die heutigen amerikanischen Geschichtsschreiber sind den Indios gegenüber derart schuldbewußt, daß sie dies zu vertuschen trachten und von den Indios beinahe wie die Utopisten des 18. Jahrhunderts schreiben als von den ›guten Wilden‹. Was dokumentarisch belegt ist, ergibt ein ganz anderes Bild. Das Martern der Gefangenen geschah mit äußerster Kunstfertigkeit. Die fast unbeschreiblichen Qualen waren derart gestaffelt, daß sie manchmal zwei Tage dauerten, und es ist rein aus der Luft gegriffen zu glauben, der Stoizismus der Opfer habe Anerkennung gefunden. Sie wurden wütend verhöhnt, gemein beschimpft, oder wenn sie sich trotzig oder bloß unbewegt gaben, entfesselte das geradezu obszöne Wutausbrüche, bei denen sich die Frauen besonders hervortaten.

Auch der Kannibalismus der Indios ist ein Zug, den ihre Geschichtsschreiber verschleiern. Sie erwähnen ihn nur am Rande und trachten, ihn nach Möglichkeit als rituelle Zeremonie hinzustellen, bei der man sich damit begnügte, das Herz des tapfersten der gefallenen Feinde zu verschlingen, um sich dessen Mut einzuverleiben. Unzählige

Aussagen widerlegen aber diese Abschwächung. Die Gefangenen aufzuessen, war zur Zeit der europäischen Landung eine allgemein verbreitete Sitte. Das Verspeisen der Feinde gehörte zur Versorgung des Heeres und erlaubte diesem, vom Lande zu leben.

Von Natur aus waren die Indios heiter, empfindlich, großmäulig und verlogen. Überdies grenzte ihre Erfindungsgabe geradezu ans Wunderbare. Beschreibung von Eldorados durch Eingeborene, die das Gold gar nicht kannten, jagte die Spanier durch ganz Amerika. Diese suchten auch, im Glauben an Indio-Erzählungen, nach Menschen mit bis zum Boden herabhängenden Ohren, nach Stämmen, die ihre Dörfer auf dem Grund von Seen bauten, und nach solchen, die von Düften allein lebten.« Die Liste dieser Phantasmagorien ließe sich noch um die Amazonen, die Sieben Städte von Cibola und Manoa, Menschen mit Hundeköpfen und Menschen ohne Köpfe, die ihr Gesicht auf der Brust tragen, oder auch den Jungbrunnen und das Wasser des ewigen Lebens erweitern, um nur die bekanntesten hinzuzufügen.

Wo immer die Europäer mit Indios zusammentrafen, wurden sie alsbald mit den phantastischsten Geschichten und Gerüchten eingedeckt, die ihnen mit so ernsten Mienen und mit so viel Überzeugungskraft vorgetragen wurden, daß auch durchaus vernünftige und nüchterne Männer immer wieder darauf hereinfielen.

Las Casas berichtete zwar, ein Indio habe erklärt auf die Frage, ob er Christ sei: *»Ja, Herr, ich bin schon ein bißchen Christ, denn ich kann schon ein bißchen lügen; später werde ich noch viel mehr lügen können, und dann werde ich ein großer Christ sein.«*

Nun, das Lügen brauchten die Christen den Indios wahrhaftig nicht beizubringen!

Bis heute ist unklar, weshalb die Indios den Europäern bei jeder passenden und unpassenden Gelegenheit ihre abenteuerlichen Lügenmärchen auftischten. In manchen Fällen wohl, um sie von sich selber abzulenken und mit den Berichten von viel reicheren, viel prächtigeren Städten und Ländern die lästigen Eindringlinge zum Abzug zu bewegen. Doch waren diese Fälle die Ausnahme. Viel öfter erzählten die Indios ihre phantastischen Geschichten völlig ohne Not, brachten sich dabei selbst oft erst wirklich in Gefahr, wie jener »El Turco« genannte Indio, der Francisco de Coronado mit seinen Erzählungen durch halb Nordamerika hetzte und, als das Lügengebäude endlich einstürzte, prompt von den enttäuschten Spaniern aufgehängt wurde.

Wollten die Indios ihren »Gästen« gegenüber vielleicht einfach nur höflich sein, indem sie ihnen prächtig ausgeschmückt jene Dinge erzählten, von denen sie wußten, daß die Weißen sie gerne hörten? War es ganz einfach nur überschäumende Phantasie? War es der Spaß am Fabulieren ohne Rücksicht auf die Konsequenzen? War es das boshafte Vergnügen, die sich so überlegen gebärdenden Weißen durch Dschungel, Steppen, Bergwildnisse und Wüsten hinter Phantasiegebilden herzujagen? War das Geschichtenerzählen einfach ein Gesellschaftsspiel, und waren die Indios baß erstaunt, wenn die Europäer das Spiel für bare Münze nahmen? Oder konnten die Indios ganz einfach nicht zwischen Wahrheit und Lüge unterscheiden? Gab es diese Begriffe für sie vielleicht überhaupt nicht? Was wissen wir denn schon von den Indios? Ihre Kulturen und Zivilisationen waren zerstört oder christlich-europäisch überlagert, ehe ein Mensch begann, sie zu erforschen ...

Daß die äußerst kriegerischen Seminolen von Florida auch Kannibalen waren, versucht dieser Holzschnitt keineswegs zu verleugnen.

Und es gab da auch jene anderen Fälle, die unsere ach so aufgeklärte Zeit als Lügenmärchen abtat und die es durchaus nicht waren. Hunderte von Jahren wurden die Entdeckungsreisenden durch Indio-Erzählungen über Gold und Juwelen irritiert, die am Grund des heiligen Sees Guatavita in Columbien liegen sollten. 1912 pumpte man diesen See leer, und siehe da, die Geschichte war nicht erfunden! Auf dem Seegrund fand man kostbare Edelsteine und goldene Schmuckstücke im Wert von vielen Millionen Dollar!

Vasco Núñez de Balboa

Isthmus von Panama 1511 bis 1519

»Hiermit nehme ich dieses unbekannte Meer mit allem, was es enthält, für den König von Aragon und Kastilien in Anspruch und werde es gegen jeden, er sei Christ oder Ungläubiger, der sich zu widersetzen wagt, verteidigen!«

Man schrieb den 29. September 1513, und der Mann, der, bis zu den Knien im Wasser stehend, in der Rechten das Schwert, in der Linken die Fahne von Kastilien und Aragon, diese Worte über das Meer hinausrief, hieß Vasco Núñez de Balboa.

Die Entdeckung des »Mar del Sur«

50 Tage sollten die Männer in der Hungerkolonie von San Sebastián am Golf von Darién auf ihn warten, hatte Gobernador Alonso de Hojeda befohlen, ehe er abfuhr, um Hilfe zu holen, danach seien sie frei zu tun, was ihnen richtig erscheine. So warteten sie unter dem strengen Befehl des neuernannten Hauptmanns Francisco Pizarro die 50 Tage ab und danach noch so lange, bis Hunger, Krankheit und Giftpfeile der Indios die ehemals 220 Spanier auf jene 70 dezimiert hatten, die auf den beiden kleinen Schiffen Platz finden konnten. Sie steuerten die Isla Fuerte an – und wurden von den Indios vertrieben. Wenig später sank eines der Schiffe im Sturm. Endlich trafen sie auf der Höhe des späteren Cartagena mit den Schiffen des Martín Fernández de Enciso zusammen, die Hilfe für San Sebastián bringen sollten.

An Bord von Encisos Schiff war ein Mann ohne Rang und Kommando, aber mit beträchtlicher Erfahrung: Vasco Núñez de Balboa. Geboren 1475 in Estremadura, hatte er sich vor dem Zugriff seiner Gläubiger in die Neue Welt abgesetzt und um 1500 unter Bastidas an einer Expedition entlang der venezolanisch-columbischen Küste teilgenommen. Sein Versuch, sich als Siedler auf Española niederzulassen, hatte wieder in einem Berg von Schulden geendet. Versteckt in einem Faß entwischte er zum zweiten Mal seinen Gläubigern auf das Schiff Encisos, der zunächst drohte, den blinden Passagier auf der nächsten Insel unter Kannibalen aussetzen zu lassen, ihn schließlich aber doch mitnahm.

Zunächst kehrte Enciso mit seinem kleinen Geschwader nach San Sebastián zurück, um zu versuchen, diese Unglückskolonie am Leben zu erhalten. Enciso war ein Mann von profunder Bildung, aber auch ein pedantischer Jurist und Bürokrat – einer jener Leute also, die Soldaten noch nie leiden konnten. Vasco Núñez de Balboa dagegen verstand es, mit Menschen umzugehen, mochten es nun Spanier oder Indios sein; er war liebenswürdig, großzügig, hilfsbereit und wußte dabei sehr genau, was er wollte. Als er

Vasco Núñez de Balboa erblickte als erster Europäer den Pazifik, das »Mar del Sur«, wie es die Spanier nannten.

zum 100. Mal jedem, der es hören wollte, erklärt hatte: *»Ich kenne auf der Westseite des Golfes einen ruhigen, fruchtbaren Platz mit angenehmem Klima. Die Eingeborenen sind friedlich, sie kämpfen nur mit Keulen und kennen keine Giftpfeile. Ich könnte Euch dorthin bringen ...«*, blieb auch Enciso keine Wahl, als dem Drängen seiner Männer nachzugeben und jenes neue Ziel anzusteuern.

Santa Maria de la Antigua, die neue Stadt, entwickelte sich schnell und erfreulich, nicht zuletzt dank der guten Freundschaft mit den Indios, die Balboa vermittelt hatte. Sogar Gold konnte man in recht schönen Mengen einhandeln.

Doch je besser es in Santa Maria ging, um so unvermeidlicher wurde die Auseinandersetzung zwischen Enciso und Balboa. Das kurze Zwischenspiel Diego de Nicuesas mit seinen Ansprüchen auf alles Gold und alle Macht brachte einen kurzen Waffenstillstand. Als der Gobernador des Westlichen Darién mit 17 seiner Getreuen in einem wurmstichigen Boot aufs Meer hinaus verschwunden war, brach der Zwist erneut auf. Den Ausschlag gab schließlich Francisco Pizarro, der sich auf die Seite Balboas schlug. Enciso wurde eingekerkert, wegen Amtsanmaßung angeklagt und nach Española abgeschoben. Von dort reiste er nach Spanien weiter, strengte seinerseits einen Prozeß gegen Balboa und Genossen an und verfaßte seine »Summa Geographía« über die von ihm bereisten Gebiete, die erste wissenschaftliche Erdkunde der Neuen Welt.

Vasco Núñez de Balboa war nun uneingeschränkter Herr über Santa Maria samt 250 Spaniern. Freilich war ihm klar, daß er seine Stellung nur durch zwei Dinge festigen konnte: Erfolg und Gold.

Die Beschaffung des Goldes machte wenige Schwierigkeiten. Die Indio-Häuptlinge

Indiokrieger mit langer Keule, wie sie in Yucatan und auf dem Isthmus bevorzugt wurde.

brachten es teils als Geschenk, teil handelten sie es gegen Bronze, Zinn und Eisen ein und wunderten sich nur, warum die hellhäutigen, bärtigen Männer so ungeheuer erpicht auf dieses zwar schöne, aber doch recht wenig nützliche Metall waren. *»Doch wenn Ihr so große Sehnsucht nach Gold habt«*, erklärte der Häuptlingssohn Panquiaco, *»so will ich Euch ein Land nennen, wo Ihr Euch daran sättigen könnt. Es heißt Tumanama und liegt sechs Sonnenläufe entfernt. Ihr müßt aber, um in dieses Land zu kommen, zum anderen Meer über die Berge steigen.«*

Die meisten Spanier hörten nur das Wort »Gold«, Balboa aber hörte das Wort »zum anderen Meer«. Das war die große Gelegenheit! Das war die Entdeckung, die mit einem Schlag alle Zweifel an der Rechtmäßigkeit seines Status' beseitigen mußte!

Anfang September 1513 segelte Balboa mit 190 Spaniern in den später Acla genannten Hafen, der als bester Ausgangspunkt für die Überquerung der Landenge ausgemacht worden war, und der ortsansässige Häuptling Ponca lieferte gegen eiserne Äxte und Messer nicht nur Gold, sondern vor allem Träger und Führer.

Es war ein mühsamer Marsch durch Dschungel und weite Sümpfe. *»Oft glaubten wir uns verloren vor Hunger«*, berichtete Balboa später. *»Wir zogen durch Flüsse und Sümpfe, Wälder und Berge. Oft zwei, drei Meilen durch Sumpf und Wasser, nackt, Kleider und Waffen gebündelt über dem Kopf, aus einem Sumpf heraus, in den anderen* *hinein, und so zwei, drei, zehn Tage lang. Wir hatten mehr Gold als Gesundheit und freuten uns mehr über einen Korb Mais als einen Haufen Gold.«*

Doch dann, nach drei Wochen Marsch, standen sie unter dem letzten Gebirgspaß. Balboa ließ die Truppe anhalten und ging allein die letzten Schritte zur Paßhöhe hinauf – das Erlebnis, als erster das neue Meer zu erblicken, wollte er mit niemandem teilen. Droben sank er nieder auf die Knie. Vor ihm im Süden schimmerte der unendliche Spiegel des neuen Ozeans.

Ein Wink, die anderen hasteten jubelnd den letzten Hang hinauf, Fray Andrés de Vera, der Kaplan, stimmte das »Tedeum« an. Dann fällten sie Bäume, um ein mächtiges Kreuz an der Stelle zu errichten, an der die Augen von Christenmenschen zum ersten Mal das »Mar del Sur«, das »Meer des Südens«, wie sie es nach ihrem Standpunkt nannten, erblickt hatten. Man schrieb den 25. September 1513. Vier Tage später nahm Balboa, bis zu den Knien im Wasser stehend, das neue Meer für seine Majestäten, König Fernándo de Aragon und Königin Ysabel de Castilla, in Besitz.

Dann wurde ein Dokument aufgesetzt: *»Ich, Andrés de Valderrábano, Notar Ihrer Hoheiten bei Hof und in allen Ihren Reichen, war anwesend und bestätige, daß diese 67 Männer die ersten Christen waren, welche das Südmeer gesehen haben, und ich zählte zu ihnen.«* Dann folgten die Unterschriften. *»An erster Stelle Herr Vasco Núñez; er hat als erster jenes Meer gesehen.«* Dann Kaplan Andrés de Vera, Francisco Pizarro und weitere 62 Namen, als letzter *»Nuflo de Olano, ein Neger«.*

Don Pedro Arias Dávila

Die Expedition Balboas war ein voller Erfolg und der triumphale Empfang bei seiner Rückkehr nach Santa Maria am 19. Januar 1514 absolut gerechtfertigt: Er hatte nicht einen einzigen Mann verloren, die *»20 Fürsten der Landenge zu Freunden gewonnen«*, und die Ausbeute an Gold war so beträchtlich, daß nach Abzug des königlichen Fünftels sogar Balboas Hund Leoncico 500 Castellanos d'Oro als Anteil für seine treuen Dienste auf dem Marsch erhielt, die er seinem Herrn *»zur Verfügung stellte, da Hunden an Gold nicht sonderlich viel liegt«.*

Der brave Leoncico hat übrigens später zu recht bösen Behauptungen Las Casas' Anlaß gegeben; Balboa habe nämlich *»Hunde, die die Indios nicht kannten, auf sie gehetzt, wenn sie sich zu widersetzen wagten«.* Das war gleich in dreifacher Hinsicht gelogen: Zum einen waren Hunde den Indios sehr wohl bekannt und vertraut, zum anderen widersetzte sich nur ein einziger Stamm den Spaniern, und er wurde mit den »göttlichen« Feuerwaffen besiegt, und zum dritten schließlich stimmen außer Las Casas alle zeitgenössischen Berichterstatter in der Feststellung überein, Balboa sei ein ausgesprochen »sanfter« Conquistador gewesen, der zehnmal verhandelte, ehe er einmal dreinschlug.

Wir haben die Dankbarkeit spanischer Monarchen bereits kennengelernt, und so wird es niemanden verwundern, daß der auf diesen Erfolg und Landzuwachs hin ernannte Gobernador von »Goldkastilien«, wie man die Region nun überschwenglich nannte, natürlich nicht Balboa hieß, sondern Don Pedro Arias Dávila, zumeist Pedrarias Dávila abgekürzt.

Don Pedro verdankte seine Ernennung der Tatsache, daß er von hohem Adel und ein inniger Freund des »Rektors für Indische Angelegenheiten« Bischof Juan Rodriguez de Fonseca war. Daß er aber mehr als 20 Jahre diesen Posten auch behielt, verdankte er seinem Durchsetzungsvermögen, der Kunst, aus Irrtümern zu lernen, nie den gleichen Fehler zweimal zu machen und zweifellos auch seinem Willen zur Macht, der nur Untergebene, keine Gleichgestellten duldete. Für die Bewohner von Goldkastilien, das sich im Lauf der Jahre im Süden bis Columbien, im Norden bis Honduras ausdehnte, war Don Pedrarias Dávila ein guter, wenn auch kein angenehmer Gobernador.

Die Flotte, mit der Don Pedro am 30. Juni 1514 vor Santa Maria vor Anker ging, war das stolzeste, was Spanien je bis dahin in Richtung Westen verlassen hatte: 25 Schiffe. 2600 Personen, darunter zum ersten Mal eine größere Anzahl an Frauen, an ihrer Spitze Doña Ysabel de Bobadilla, die Gattin des neuen Gobernadors. Dazu eine reiche Fracht an Pferden, Waffen, Munition, aber auch Ackergeräte, Werkzeuge, Zuchttiere, Samen, Lebensmittel, kurz alles, was man zum erfolgreichen Aufbau einer blühenden Kolonie benötigte. Unter den Männern, die Dávila begleiteten, fanden sich eine Reihe bekannter Namen wie Gonzalo Fernández de Oviedo, der Verfasser der »Allgemeinen Geschichte der Indischen Länder« und der »Naturbeschreibung der Neuen Welt«. Und noch mehr, die sich erst einen Namen machen würden, wie Gaspar Morales, der die Perleninsel entdeckte, Sebastián de Benalcázar, der Ecuador eroberte, Andagoya Dávala, der als erster in den Südpazifik vorstieß, Hernándo de Soto, eine der ritterlichsten Gestalten der Conquista von Peru bis Florida, Bernal Diaz de Castillo, den man einmal den »größten Chronisten Spaniens« nennen würde, Diego de Almagro, der zukünftige Partner und Rivale Pizarros bei der Eroberung Perus, und schließlich der gelehrte Martín Fernández de Enciso, der geschworene Todfeind Balboas.

Der Konflikt zwischen Balboa und Don Pedrarias Dávila war unvermeidlich. Sein Ende auch: Einer von beiden würde – so oder so – verschwinden müssen. Zunächst freilich gaben sich die Herren liebenswürdig, jovial und hilfsbereit. Sie umschlichen sich unter zeremoniellen Verbeugungen, gingen in Drohstellung, um sich im nächsten Augenblick wieder freundlich lächelnd weiter zu umlauern, stets auf dem Sprung nach einem Augenblick der Schwäche des Gegenübers. Vier Jahre dauerte das Spiel.

Inzwischen stieß Becerra nach Süden vor – und verschwand mit 100 Mann für immer. Juan de Tavira versuchte am oberen Atrato-Fluß das Zentrum der Goldgruben und der Goldverarbeitung der Indios zu erobern und fiel mit über der Hälfte seiner Leute; Francisco Pizarro brachte den kläglichen Rest zurück in Sicherheit. Gaspar de Morales entdeckte die »Perleninsel« und brachte unter anderem eine 26karätige Perle zurück, die Don Pedrarias erwarb und an die Gattin des jungen Kaisers Karl V., Ysabel von Portugal, weiterschenkte – beim Alkazar-Brand von 1734 ging diese »Perle der Kaiserin« verloren.

Don Pedro Arias Dávila. Jüdischer Abstammung, Mitglied des Hochadels, Gobernador von Panama und Nicaragua. Gerechtigkeit und Härte, unbedingter Machtwillen und Klugheit kennzeichneten seine 20jährige Amtsführung.

Redliche Mönche zogen aus, um die Indios zum Christentum zu bekehren – mit geringem Erfolg und mit noch geringerer Unterstützung durch den Gobernador. Dávila waren gute Verbündete wichtiger als gute Christen. Solange die Häuptlinge Gold und Edelsteine als Geschenke schickten und den wirtschaftlichen Aufschwung der Kolonie durch rege Handelsbeziehungen stärkten, mochten die Indios in ihren eigenen Gebieten rituellem und alltäglichem Kannibalismus huldigen, mochten sie Menschenjagden veranstalten, ihren umfangreichen Handel mit lebendem Menschenfleisch von der Küste ins Gebirge betreiben, die unglücklichen Opfer in Holzkäfigen wie Schlachtvieh mästen, mit Sklavinnen Kinder zeugen nur zu dem Zweck, diese im »besten« Alter zwischen zwei und vier Jahren zu verspeisen.

1518 verlegte Dávila den Gobernadorssitz nach Panama an der Küste des Mar del Sur. *»Pedrarias schrieb von Panama an seinen Stellvertreter Fernández de Oviedo, er solle die Stadt Santa Maria entvölkern und alles, was es dort gäbe, zu Wasser und über Land nach Panama bringen. So nahm jeder Bürger seinen Besitz und sein Vieh, und mit viel Mühe, Zeit, Hunger und Not kamen sie endlich in Panama an.«*

1518 war auch das Jahr, in dem es Dávila gelang, sich seines Widersachers Balboa zu entledigen. Doña Ysabel de Bobadilla, die Gattin des Gobernadors, eröffnete diese letzte Partie. Mit Hilfe des Bischofs Quevedo arrangierte sie eine Heirat zwischen Balboa und ihrer Tochter, die freilich in Spanien weilte. Don Pedro und Doña Ysabel nannten den Entdecker des Südmeeres nun Schwiegersohn, und dieser wiegte sich seit vier Jahren zum ersten Mal wieder in Sicherheit, denn er dachte nicht daran, wie schnell eine solche »nicht vollzogene« Ehe auch der strengste Papst wieder zu lösen bereit war, daß man ihm selber aber sehr wohl »Ehebruch« vorwerfen konnte, da er weiterhin mit seiner indianischen Geliebten, der Häuptlingstochter Anayansi, zusammenlebte. Auch seine *»Entdeckungen im Südmeer«* machten keine Fortschritte. In Panama gab es kein Schiffsbauholz, und ehe er zwei Schiffe, in Teile zerlegt, über den Isthmus nach Panama herübergebracht hatte, war die von seinem Schwiegervater gesetzte Frist von 18 Monaten abgelaufen.

Den Ausschlag freilich gab der Hauptmann Francisco Pizarro. Schon einmal, bei der Absetzung Encisos, hatte er sich auf die »richtige« Seite geschlagen, und auch jetzt hatte er ein feines Gespür für den »besseren« Mann, nämlich den Gobernador. Er war es, der Balboa verhaftete und nach Acla ins Gefängnis brachte. Die Anklage vergaß nichts: die widerrechtliche Vertreibung Encisos, die Amtsanmaßung in Santa Maria, Ehebruch und *»widernatürliches Konkubinat mit einer Eingeborenen«*, Nachlässigkeit im Dienst des Königs bei der Erforschung des Mar del Sur, Vernachlässigung seiner angetrauten Gattin (die noch immer in Spanien weilte und nicht daran dachte, nach Goldkastilien zu kommen). Doch all das reichte nicht aus.

Da tauchte ein Zeuge auf, der beschwor, Balboa habe eine Verschwörung angezettelt gegen Don Pedrarias Dávila, um sich selber zum Gobernador zu machen. Hochverrat! Der Zeuge hieß Francisco Pizarro, und kurz darauf erhielt er zum Lohn für »geleistete Dienste« – sie wurden nicht näher genannt – bedeutende Güter, Ländereien und Indio-Sklaven zugeteilt, eine Weile später die Perleninsel als persönlichen Besitz.

Mitte Januar 1519 wurde Balboa zum Tode geführt. *»Das ist die Gerechtigkeit, die der König, unser Herr, vollstrecken läßt an diesem Mann als Verräter und Usurpator von Ländern, welche der Krone gehören«*, verkündete der Gerichtsdiener, doch Balboa brüllte dagegen: *»Lüge und Falschheit ist das, was du sagst! Immer war es mein Wille, dem König als treuer Untertan zu dienen!«*

Dann wurde er mit vier seiner Freunde enthauptet, darunter Andrés de Valderrábano, dem Notar, der die Entdeckung des Südmeeres beurkundet hatte.

»So endete Vasco Núñez de Balboa«, schrieb Gómara, *»der Entdecker des Mar del Sur, von wo aus er viel Gold und Perlen nebst anderen Schätzen nach Spanien geschickt hat, ein Mann, der seinem König große Dienste erwies und von seinen Soldaten geliebt wurde wie auch von den Indios, denen er niemals Böses angetan hat.«*

Francisco Hernández de Córdoba

Yucatan 1517

»Niemand war so heftig begierig, Neuspanien [das Gebiet des heutigen Mexico bis Panama] *in seine Gewalt zu bekommen, als Don Diego de Velázquez. Da seiner Habgier aber ein ebenso großer Geiz entgegenstand, waren die Schiffe und Männer, die er ausschickte, schlecht gerüstet, oder aber er wählte Offiziere, die das Unternehmen nicht in seinem Sinn betrieben. So kam es, daß Velázquez, trotz der Ansprüche, die er sich zu beschaffen gewußt hatte, schließlich nichts von jenen reichen und großen Ländern für sich zu erbeuten vermochte.«*

Der ideale Unteroffizier

Die Entdeckung und Eroberung der Neuen Welt verlief in Wellenbewegungen. Auf Perioden hektischer Aktivität und kühner Vorstöße folgten immer wieder Jahre der Ruhe, in denen man das Gewonnene ausbaute und sicherte und Atem holte für die nächsten Unternehmungen. Die erste aktive Phase zwischen 1492 und 1504 trug das

Bernal Diaz de Castillo gilt heute als Spaniens größter Chronist. Gegen Ende seines Lebens schrieb er die Geschichte der Eroberung Mexicos, die er von Anfang bis Ende selbst miterlebt hatte.

Indianische Musiker mit (von links nach rechts) kleiner Kürbistrompete, Rassel, Zungen-

Siegel Colombos. Nach fünfjähriger Pause kam mit Hojeda, Nicuesa, Velázquez, Ponce de León und Balboa von 1509 bis 1513 die nächste Phase, die mit der Hinrichtung Balboas ihr Ende fand. In den folgenden Jahren weiteten Pedrarias Dávila und seine Hauptleute Soto, Benalcázar und Morales zwar die Gebiete auf dem Isthmus von Panama ein wenig aus, und Diaz de Solis entdeckte 1516 den Rio de la Plata, doch ansonsten tat sich bis 1517 nicht viel.

Vielleicht hätte sich dieser Zustand auch so bald nicht geändert, wenn nicht ein Trupp ehemaliger Soldaten Balboas und Dávilas die Kolonie in Panama verlassen hätten, *»weil es dort nichts mehr zu erobern gab, da Balboa alles erobert hatte und das Land selbst nur sehr kurz ist«*, und auf der Suche nach neuen Abenteuern nach Cuba gekommen wären.

Anführer dieser Gruppe war ein gewisser Bernal Diaz de Castillo, geboren 1492 in Medina del Campo als Sprößling einer Familie, die, wie er stolz schrieb, *»immer schon Diener der Krone gewesen«* war. 1514 segelte Bernal Diaz mit Pedrarias Dávila, *»um es den Vorfahren gleichzutun«*, nach Darién, kehrte 1517 nach Cuba zurück und war von da ab an sämtlichen Expeditionen zur Eroberung Mexicos beteiligt.

Eine alte Soldatenweisheit besagt, daß eine Truppe letztlich so viel taugt wie ihre Unteroffiziere. Bernal Diaz war der ideale Unteroffizier – nicht selten intelligenter und gebildeter als die Offiziere, unter deren Kommando er stand, und so unentbehrlich in dieser Position, daß er einerseits viele Jahre lang bei Beförderungen immer wieder übergangen wurde, andererseits im Kriegsrat und bei allen wichtigen Entscheidungen ganz selbstverständlich mit herangezogen wurde. Als er rund 60 Jahre später 84jährig die Geschichte der Eroberung Mexicos schrieb, tat er das aus der Position eines Mannes, dem Leiden und Hoffnungen, Ängste und Träume des einfachen Soldaten ebenso vertraut waren wie die Überlegungen und Winkelzüge der höchsten Offiziere. Und er schrieb die Geschichte so einfach und ehrlich – gegen die Lobhudelei eines Gómara ebenso wie gegen die Verleumdungen eines Las Casas – und mit so viel Ausdruckskraft nieder, daß er bis heute als Spaniens größer Chronist gilt.

trommel, Holztrommel, Fellpauke und großer Kürbistrompete.

Auf eigene Rechnung

Kaum nach Cuba zurückgekehrt, berichtete Bernal Diaz, wie *»110 Gefährten sich mit einem Herrn namens Francisco Hernández de Córdoba verabredeten. Dieser, ein wohlhabender Mann und Besitzer eines Pueblos von Indios auf jener Insel, sollte unser Capitán sein, wozu er wohl imstande war, damit wir auf eigene Gefahr neue Länder suchten und entdeckten und für uns in Besitz nähmen. Zu diesem Zweck kauften wir drei Schiffe.«* Goberndor Don Diego de Velázquez war »behilflich«, Vorräte an Nahrung, Munition und Waffen einzukaufen – freilich ohne eigenes Geld zu investieren. Am 8. Februar 1517 lichtete man die Anker, *»nachdem wir uns Gott, unserem Herrn, und der Jungfrau Maria, unserer lieben Frau und seiner seligen Mutter, anbefohlen hatten«.* So segelten die drei Schiffe ihrem *»Glück entgegen, der sinkenden Sonne zu, ohne daß wir von Sandbänken oder Strömungen etwas wußten, noch auch von den Winden, die in diesen Gegenden vorherrschen.«*

Hernández de Córdoba war zweifellos ein tüchtiger Mann. Den nautischen Teil überließ er freilich lieber dem ersten Steuermann Antón de Alaminos, der zwar einer der frühen Gefährten des Admirals Colombo gewesen, nichtsdestoweniger mehr streitsüchtig und rechthaberisch als tüchtig war – schon für die Überfahrt von Cuba nach Yucatan brauchte er volle 21 Tage.

Doch dann, als die Spanier sich auf Höhe des heutigen Kap Catoche der Küste näherten, blieb ihnen vor Staunen buchstäblich der Mund offenstehen: zwei Meilen von der Küste entfernt lag eine so große und prächtige Stadt, wie sie noch keine in der Neuen Welt gesehen hatten, Córdoba und seine Männer waren rückhaltlos begeistert, und als die Eingeborenen in ihren Kanus die drei Schiffe zu umschwärmen begannen, bat man 30 der Indios höflich an Bord und beschenkte sie mit bunten Glasperlen. Der Häuptling gar war die Liebenswürdigkeit in Person und lud mit beredten Gesten die Spanier immer wieder ein, doch mit ihm in seine Stadt zu kommen. Córdoba zögerte, doch dann machte er sich mit 15 Bogen- und 10 Büchsenschützen auf den

Weg. Rund 500 Schritt vom Ufer änderte sich das Bild schlagartig. Der Häuptling begann zu brüllen, aus den Wäldern brachen Scharen von Indio-Kriegern hervor, griffen die Spanier an und verwundeten 15 von ihnen fast augenblicklich. Nur durch die demoralisierende Wirkung des Schießpulvers konnten sich Córdoba und seine Männer schließlich zurück auf die Schiffe retten.

Antón de Alaminos war überzeugt, daß Yucatan eine Insel sei, doch Córdoba ging es bald nicht mehr um Geographie, sondern ums nackte Überleben, denn die Wasservorräte gingen bedenklich zur Neige. *»Da unsere Flotte armen Leuten gehörte, hatten wir für gute Fässer kein Geld gehabt.«* Mehrmals versuchten die Spanier an Land zu gehen und nach Wasser zu suchen, doch kaum näherten sich ihre Schiffe der Küste, begannen die Kriegstrommeln zu hämmern, die Muschelhörner zu blöken, und am Ufer wimmelte es von zahllosen Indio-Kriegern. Endlich gelang es im Schutz der Nacht, an Land zu schleichen und wenigstens ein paar Fässer zu füllen, doch kaum dämmerte der Morgen, griffen die Indios mit solcher Wucht an, daß schon zu Anfang 80 Mann verwundet wurden. Unter solchen Umständen *»beschlossen sie standhaften Herzens, durch die Reihen der Eingeborenen durchzubrechen«*, um die Boote zu erreichen. Hernández de Córdoba wurde zehnmal verwundet und kämpfte trotzdem weiter. 50 Spanier wurden erschlagen, zwei als Gefangene fortgeschleppt. Fast alle wurden zwei- und dreimal verwundet, auch Bernal Diaz. Teils in den Booten, teils an den Booten hängend, einige auch schwimmend, gelang es den Überlebenden, an Bord ihrer Schiffe zurückzukehren.

Heim, nur heim! Cuba lag etwa 700 Kilometer östlich, eine Entfernung, die man in drei, längstens vier Tagen bequem hätte bewältigen können. War es schlichte Unkenntnis der geographischen Verhältnisse oder was auch immer, Alaminos bestand darauf, man müsse zunächst Florida anlaufen, wohin er einstmals mit Ponce de Léon gezogen war, und das gut doppelt so weit entfernt lag. Die Indios von Florida erwiesen sich als kaum weniger gefährlich als die von Yucatan, Bernal Diaz und viele andere zogen sich in den Kämpfen weitere Wunden zu, doch konnte man immerhin die Wasservorräte ergänzen und endlich nach Puerto de Carenas, wie Havanna damals hieß, zurückkehren – *»wenn auch nicht reicher an Besitz, so doch fraglos an Ruhm und erst recht an Hoffnungen«*.

Francisco Hernández de Córdoba starb wenige Tage nach der Landung in Sancti Spiritus an seinen Verwundungen, Bernal Diaz stürzte sich kopfüber in sein nächstes Abenteuer.

Namenszug Bernal Diaz'.

Juan de Grijalva

Yucatan und Mexico 1518

»Er war ein hübscher junger Mann, der sich reich kleidete; was seine inneren Eigenschaften anging, war er von Natur aus so gehorsam, ja demütig und mit noch anderen Eigenschaften begabt, daß er keinen schlechten Mönch abgegeben hätte. Ich kannte ihn gut, sprach oft mit ihm und wußte, daß er sich um Tugend, Gehorsam und einen anständigen Lebenswandel bemühte.«

Man sollte es nicht für möglich halten, doch diese Zeilen über Juan de Grijalva stammen tatsächlich von Las Casas, und Grijalva kann damit den Ruhm in Anspruch nehmen, der einzige Conquistador gewesen zu sein, der in den Augen des Apostels der Indios Gnade fand. Ob den jungen Mann diese gerühmten Eigenschaften befähigten, Yucatan oder Mexico zu erobern, muß man bezweifeln, doch gerade sie scheinen es auch gewesen zu sein, die Grijalva in den Augen des dicken Don Diego de Velázquez zum geradezu idealen Mann für diese Aufgabe machten – zumindest bestand keinerlei Gefahr, daß er den habgierigen Gobernador von Cuba ebenso übers Ohr hauen würde wie dieser vor wenigen Jahren Don Diego Colón.

Karl V., König von Spanien, deutscher König und Kaiser des Heiligen Römischen Reiches Deutscher Nation. Sein Reich erstreckte sich von Siebenbürgen im Osten bis Californien im Westen, von den Niederlanden im Norden bis Feuerland im Süden.

Der junge König

Carlos I., König von Kastilien und Aragon, besser bekannt als Karl V., Kaiser des Heiligen Römischen Reiches Deutscher Nation, war eine der größten und bedeutendsten Herrschergestalten der europäischen Geschichte.

Als Karl 1516 den spanischen und 1519 den Kaiserthron bestieg vereinte er, zum letzten Mal in einer Hand, den größten Teil Europas: durch seinen Vater, Philipp den Schönen, Sohn Kaiser Maximilians I., waren ihm die habsburgischen »Erblande«, also Österreich, Böhmen, Ungarn, weite Teile Norditaliens, Burgund und die Niederlande zugefallen, durch seine Mutter, Juana die Wahnsinnige, Tochter Ysabels und Fernándos, ganz Spanien mit Sizilien und Süditalien samt den westindischen Kolonien. Er war der Kaiser, von dem man sagte, daß in seinem Reich die Sonne nicht unterging – was wörtlich stimmte. Der Traum vom umfassenden europäischen Reich Karls des Großen schien noch einmal in greifbare Nähe gerückt. 37 Jahre kämpfte Kaiser Karl für diesen Traum gegen Frankreich, das sich seit Luis XI. schwungvoll aus der Ohnmacht des Hundertjährigen Krieges aufgerafft hatte, gegen die überheblichen und habgierigen deutschen Fürsten, gegen die Reformation Dr. Martin Luthers, die die Einheit des Glaubens zu zerreißen drohte, gegen das machtgierige Papsttum, gegen die unaufhaltsam vordringenden Türken, gegen den selbstherrlichen König von England, ehe er 1556 resigniert abdankte und in ein Kloster eintrat.

Die Regierungszeit Karls V. war die glanzvollste Epoche in Spaniens Geschichte, der Höhepunkt des »spanischen Jahrhunderts«, das man von der Eroberung Granadas und der Entdeckung Amerikas 1492 bis zum Untergang der »unüberwindlichen Armada« im englischen Kanal 1588 rechnet. In diesen knapp 100 Jahren war Spanien der Mittelpunkt der bekannten Welt. Man kleidete sich nach spanischer Mode und zirkelte seine Schritte nach spanischem Zeremoniell. Ob Kaufmann, ob Diplomat oder ob sogar türkischer Admiral, Spanisch sprach jeder von ihnen fließend, und wer auf seine Bildung hielt, hatte selbstverständlich Miguel de Cervantes und Lope de Vega gelesen. Die spanische Fechtschule mit Stoßdegen und dem eisernen Rundschild, der Rontardsche, triumphierte über die französische und italienische Schule. Die spanische Schlachtordnung mit dem massiven Karree der Lanzenträger in der Mitte und den Büchsenschützen an den Flügeln galt als unüberwindlich – noch Tilly und Wallenstein errangen im Dreißigjährigen Krieg ihre Siege mit dieser Ordnung. Spanien verfügte über die berühmtesten Feldherrn wie Gonzalo Hernández de Córdoba, Alessandro Farnese und Ambrosio Spinola, die größten Flotten und die hervorragendsten Admiräle wie Andrea Doria und Don Juan d'Austria, der bei Lepanto 1571 zum ersten Mal die unbesiegbaren Türken vernichtend schlug.

Das Zusammenspiel von spanischer Tapferkeit, deutschem Handwerksfleiß, italienischem Erfindergeist und amerikanischem Gold hätten unüberwindlich sein müssen, doch das spanische Reich trug, kaum geboren, schon den Todeskeim in sich: einmal die Zerstückelung des eben vereinten Reiches bei der Abdankung Karls in den deutschen Teil unter seinem Bruder Ferdinand I. und den spanischen Teil unter seinem Sohn

Das große spanische Staatswappen.

Philipp II., und vor allem durch seine katastrophale wirtschaftliche Schwäche. Mit der Eroberung von Granada am 2. Januar 1492 und der damit verbundenen endgültigen Vertreibung der Mauren, mit dem »Generaledikt über die Ausweisung der Juden aus Aragon und Kastilien« vom 31. März des gleichen Jahres, beraubte sich Spanien selbst der fleißigsten und kunstfertigsten Teile seiner Bevölkerung, und die jahrzehntelange Jagd der Heiligen Inquisition nach verbliebenen Mauren und Juden, Morisken und Marranen (die, obwohl getauft, heimlich ihrem alten islamischen oder mosaischen Glauben anhingen), schließlich die Bestimmung, daß fast jeder, der eine Geschäft oder ein Gewerbe treiben wollte, eine Art Ariernachweis zu erbringen hatte – *»Die Eltern waren alte Christen, rein von allen schlechten Rassen und von Mischungen mit Juden oder Mauren oder jüngst Übergetretenen«* –, brachte weiteste Teile der spanischen Wirtschaft zum Erliegen.

Dazu kam, daß die Herrscher aus dem Hause Habsburg keinerlei Verständnis für wirtschaftliche und finanzielle Zusammenhänge und Möglichkeiten hatten. Mit den ungeheuren Summen, die in Gold und Silber über den Atlantik nach Spanien flossen, hatte der Kaiser all seine Widersacher, die kleinkarierten deutschen Fürsten, den schlitzohrigen François von Frankreich, den Popanz Henry von England samt den

Die mächtigen, plumpen und schwerbewaffneten Galeonen schleppten das Gold der Neuen Welt nach Europa.

gierigen Päpsten und den aufsässigen Protestanten einfach aufkaufen können. Statt dessen investierte er Gelder in Armeen, die in Europa letztlich gar nichts erreichten. Weit schlimmer noch, daß um der beständigen Kriege willen Karl V. ebenso wie sein Sohn und Nachfolger Philipp II. ihre Untertanen weit lieber zwischen Ungarn und Chile mit Spieß, Arkebuse und Degen marschieren sahen, als in Trujillo, Utrera oder Mataró mit Hammer, Webstuhl oder Pflug hantieren. Im gleichen Maß, in dem der unüberwindliche spanische Soldat hochstilisiert wurde, sank das Ansehen des spanischen Handwerkers und Bauern.

Das größte Verhängnis für die total verfehlte spanische Wirtschaftspolitik freilich war das amerikanische Kolonialreich. Anstatt wenigstens hier durch einen freien Warenaustausch einen Ausgleich zu schaffen, reglementierte die Casa de Contratación, in deren Händen allein ja der Überseehandel lag, alles und jedes und verbot beispielsweise in den Kolonien nicht nur jede Erzeugung von Waffen, Werkzeugen und Kleidern, sondern sogar von Getreide, Wein und Öl und schrieb vor, all diese Güter aus dem Mutterland einzuführen, etwas, das die Wirtschaft eines Vier-Millionen-Volkes, das Spanien im 16. Jahrhundert war, selbst im günstigsten Fall nicht hätte leisten können. Diese Vorschriften hatten nicht nur den Zweck, die Kolonien fest an Spanien zu binden, sie sollten auch das Gold und Silber im Austausch gegen Waren über den Atlantik ziehen. Die Rechnung ging in erschreckend gründlichem Maße auf, denn Amerika, reich an Edelmetallen und Rohstoffen, war schnell bereit, jeden noch so überhöhten Preis für lebensnotwendige Fertigprodukte zu bezahlen, und da das verachtete und reduzierte spanische Handwerk unfähig war, die Nachfrage auch nur einigermaßen zu befriedigen, schnellten die Preise bald in schwindelnde Höhen. Vorsichtige Schätzungen sprechen für das »spanische Jahrhundert« von einer Inflationsrate von 3000 %, und vermutlich lag sie noch weit höher.

Als König Karl 1518 zum ersten Mal den Boden seines spanischen Reiches betrat, war allerdings diese Entwicklung noch nicht voll abzusehen, denn noch waren die eigentlichen »Goldländer« Mexico und Peru nicht entdeckt; das Kolonialreich bestand vorläufig nur aus ein paar Inseln und Festlandstreifen, deutsches und niederländisches Handwerk schlossen die Lücken in der spanischen Produktion.

Der junge König mit dem deutschen Familiennamen und der flämischen Jugend, der bald ganz und gar »Spanier« wurde, war noch völlig durchdrungen von Schwung und idealistischem Eifer und dem Wunsch, alles besser zu machen.

Der innige Wunsch, ein Land gut zu regieren, kann allerdings nicht jene Kenntnisse ersetzen, deren ein Herrscher bedarf, um diesen Wunsch Wirklichkeit werden zu lassen. Als König Karl in Spanien ankam, wußte er von dem Land eben das, was ihm seine durchweg flämischen Berater und Höflinge mitgeteilt hatten. Nicht einmal die Sprache verstand der junge Herrscher. Beispielhaft für diese vollständige Unkenntnis der Verhältnisse in seinem Königreich war etwa die Besetzung des Bischofstuhls von Toledo – soeben durch den Tod des großen Cisneros verwaist – durch einen 19jährigen Jüngling, dessen einziges Verdienst darin bestand, der Neffe seines flämischen Kanzlers zu sein. Galt dies schon für Spanien selbst, dann in noch weit größerem Umfang für jene fernen Kolonien in Westindien, von denen Karl kaum mehr wußte, als daß sie irgendwo im Atlantik lagen. Freigiebig verteilte er Lehen und Länder der Neuen Welt und schenkte ganz Yucatan einem flämischen Admiral, *»als gäbe er ihm eine Weide für sein Vieh«.* Don Diego Colón protestierte wütend, König Karl gab ihm unverzüglich und erschreckt über das ungewollte Unrecht seine Erbe zurück – und verschenkte das Land wenig später, ahnungslos über die geographische oder juristische Lage, gleich zweimal: Don Francisco de Garay, Gobernador von Jamaica, erhielt den Titel eines Adelantado von Yucatan ebenso wie Don Diego de Velázquez, dessen Unterhändler am Königshof, der Kaplan Benito Martín, für sich selbst zusätzlich den Titel eines »Abtes der reichen Insel« herausschlug.

Eine glückliche Reise

So nützlich solche Rechtstitel auch sein mochten, Velázquez und all den anderen, die sich um irgendwelche mehr oder weniger noch zu entdeckenden, auf jeden Fall noch zu erobernden Brocken der Neuen Welt balgten, war klar, daß allen juristischen Ansprüchen zum Trotz letztlich derjenige das Land behalten würde, der es auch eroberte. Schulbeispiel war Don Diego Colón, der bei allen donnernden Titeln und Würden und Erbansprüchen faktisch nicht mehr als Española und ein paar unbedeutende Inseln besaß.

Dem dicken Gobernador von Cuba blieb somit keine andere Wahl, wenn er Yucatan tatsächlich haben wollte, als etwas zu dessen Eroberung zu tun.

In dem demütigen und gehorsamen Juan de Grijalva glaubte Don Diego den richtigen Mann gefunden zu haben, zumal dieser sich bereiterklärte, für die Ausrüstung der Flotte den Geldbeutel des Gobernadors nach Kräften zu schonen. Velázquez steuerte zur Expedition vier Schiffe bei, davon zwei, die das Abenteuer unter Hernández de Córdoba in leidlichem Zustand überlebt hatten, und *»eine gewisse Menge billiger Tauschwaren, darunter Glasperlen und allerlei anderes«.* Den Proviant hatte jeder Kapitän für sein Schiff selbst zu besorgen; Waffen, Kleidung, Rüstung und Munition mußten die 240 Soldaten – unter ihnen natürlich Bernal Diaz –, die sich, angelockt durch die Nachricht von »Steinhäusern« und Gold, gemeldet hatten, selbst bezahlen.

Was der kleinen Expeditionsflotte an materiellen Dingen fehlte, zumal an Geschützen und Arkebusen, ersetzte man durch hervorragende Offiziere. Der bedeutendste von ihnen war Pedro de Albarado (sein Name wird fast immer als Alvarado angegeben, seine eigene Unterschrift zeigt aber die hier verwendete Schreibweise). *»Er war damals etwa 34, gut gewachsen, hatte einen sehr fröhlichen Gesichtsausdruck und blickte freundlich in die Welt. Weil er so hübsch war, gaben ihm die mexikanischen Indios den Spitznamen Tonatiuh, was die ›Sonne‹ bedeutet. Er war sehr gewandt und ein guter Reiter, vor allem aber sehr großzügig und angenehm im Umgang. Er kleidete sich höfisch und liebte üppige, kostbare Stoffe; um den Hals trug er einen Edelstein an einer Kette und an der Hand einen Ring mit einem guten Brillanten.«* Der zweite Kapitän

Der sanfte Juan de Grijalva verstand es nicht, seine großen Chancen in Tabasco oder Mexico zu nutzen.

war Francisco de Montejo, *»etwa mittelgroß und von munterem Aussehen. Er liebte Festlichkeiten, war aber auch ein tüchtiger Geschäftsmann und guter Reiter. Als er herüberkam, mochte er wohl 35 gewesen sein. Er war großzügig und gab mehr aus, als sein Einkommen rechtfertigte.«* Der dritte schließlich, Alonso Dávila, *»war gut gewachsen und von heiterem Antlitz, sprach mit Ausdruckskraft, sehr deutlich und vernünftig. Er war sehr kühn und tapfer. Er mochte 34 sein, als er herüber kam. Im Umgang mit seinen Gefährten war er großzügig, doch war er auch hochfahrend und liebte es, andere zu kommandieren, ließ sich selbst aber nicht kommandieren. Zudem war er etwas neidisch, auch stolz und unruhig.«*

Jeder dieser drei so anschaulich von Bernal Diaz beschriebenen Männer befehligte eines der vier Schiffe, das vierte unterstand unmittelbar dem Kommando des Generalkapitäns Grijalva.

Am 1. Mai 1518 stach die Expeditionsflotte in See, *»nicht ohne Tränen bei denen, die zurückblieben, wie auch bei denen, die mit lauter Musik und Salutschüssen ihren Abschied nahmen«.*

Drei Tage später fielen die Anker vor der Insel Cozumel an der Ostküste Yucatans. Von seinen drei Kapitänen begleitet, ließ sich Grijalva an Land rudern. Als der Sand unter dem Kiel des Bootes knirschte, sprang der Generalkapitän ins Wasser, watete die letzten Schritte ans Ufer, kniete nieder und richtete ein stilles Gebet zu Gott. Dann entrollte er die kastilische Fahne und ergriff Besitz *»von der Insel mit allen Anhängseln, allem Land und Wasser und was sonst dazugehörte oder gehören mochte, namens und im Auftrag der Königin Doña Juana und ihres Sohnes Don Carlos«.*

Am 7. Mai kam Yucatan selbst in Sicht und *»eine Stadt, welche so groß war, daß selbst Sevilla nicht größer und schöner sein konnte, auch konnte man einen sehr hohen Turm darin sehen«.* Die meisten Spanier wollten sofort landen, um diese wunderbare Stadt näher in Augenschein zu nehmen, doch Grijalva, reichlich gewarnt durch das Schicksal seines Vorgängers Córdoba, betrachtete die Vorsicht als den besseren Teil der Tapferkeit und kehrte zunächst einmal nach Cozumel zurück, weil das Wasser knapp zu werden begann. Vielleicht war das sein Glück, denn jener hohe Turm der Stadt war zweifellos der Teocalli, der Tempel, und die Spanier sollten diese Türme samt den dort verehrten Göttern bald mehr fürchten lernen als den Teufel und das Höllenfeuer zusammen.

Wohl versorgt mit frischem Trinkwasser, führte Grijalva seine Karavellen entlang der Nord- und Westküste Yucatans, um zunächst herauszufinden, ob es nun eine Insel sei, wie Antón de Alaminos felsenfest behauptete, doch zum großen Ärger des Ersten Steuermanns hörte Yucatan keineswegs an der Bucht von Puerto de Términos auf.

Etliche Tage später erreichten die Spanier die Stadt Tabasco. Es war ein unvergleichlicher Anblick, die große Stadt mit ihren sauberen Häusern, den gewaltigen Tempeltürmen, den sorgfältig bebauten Äckern und Feldern ringsum – und die zahllosen Kanus, vollgestopft mit Kriegern in ihren phantastischen Rüstungen, die in der Bucht vor der Stadt auf den Wellen schaukelten. Juan de Grijalva ließ seine Schiffe in respektvollem Abstand ankern, und allmählich gelang es ihm, etliche der Indio-Krieger heranzulocken, indem er ihnen grüne Glasperlen, kleine Spiegel und »blaue Diamanten« zeigte. Durch zwei Indios, die Hernández de Córdoba gefangen hatte und die leidlich Spanisch sprachen, ließ der Generalkapitän den Tabascoanern erklären, daß er und seine Leute *»aus fernen Ländern kämen, wo sie Vasallen eines großen Kaisers seien, der sich Don Carlos nenne. Dieser habe viele große Herren und Häuptlinge als Vasallen, weshalb auch sie, die Indios, ihn als ihren Oberherren anerkennen sollten, unter dem es ihnen gut ergehen würde.«*

Der Himmel weiß, in welcher Form diese Botschaft die Ohren der Tabascoaner erreicht hat, immerhin scheinen die Indios den Inhalt so weit begriffen zu haben, daß sie dem Generalkapitän erklären ließen, sie hätten bereits einen Herrn und brauchten deshalb keinen anderen. Aber auch, daß Grijalva tatsächlich kein Blutvergießen wünschte, verstanden sie, und so schloß man mit langen, für die Gegenseite restlos unverständlichen Reden und zahlreichen, weit verständlicheren Geschenken Frieden und Freundschaft. Nur Gold war in Tabasco kaum aufzutreiben, das gäbe es allerdings in Hülle und Fülle in Cólua, erklärten die Indios, womit sie Mexico meinten. Grijalva beschloß daher abzusegeln, *»weil seine Schiffe durch den Nordwind in Gefahr gerieten, und weil er auch näher dorthin gelangen wollte, wo, wie jene sagten, mehr Gold zu finden sein würde«.*

Vorsichtig tasteten sich die vier Karavellen weiter an der Küste entlang und gewahrten, als sie eines Morgens in eine Bucht einliefen, den ewigen Schnee auf den Bergen Mexicos – ein untrügliches Zeichen, daß sie hier auf ein ausgedehntes Land gestoßen waren. Und ihr Erstaunen und ihre Freude wuchsen angesichts eines zweiten Zei-

Überall in Mexico und Yucatan ragten die Tempelpyramiden, die sogenannten Teocalli, in den Himmel. Hier die Sonnenpyramide von Teotihuacan.

chens, das nicht nur Weiträumigkeit, sondern auch Reichtum versprach: in der Bucht erwartete sie ein Geschwader von Kanus, vollbesetzt mit Indios, die an langen Stangen Baumwolltücher als Fahnen zur Begrüßung schwenkten, und die derart mit Gold und Schmuck behängt waren, daß es in der Sonne nur so blitzte und glitzerte.

Der Generalkapitän, vorsichtig wie immer, schickte zunächst Montejo mit einer starken Abteilung voraus, und erst als er sah, daß die Indios diese friedlich und höflich aufnahmen, landete er selbst mit dem Großteil seiner Leute. *»Die Indios brachten ihm grüne Zweige als Unterlage, so daß alle, auch der Kapitän, sich setzten. Sie gaben ihm dann einige Schilfhalme, die nach Storax und Benzoe dufteten, und zum Essen gestoßenen Mais, Kuchen und vortrefflich zubereitete Hühnerpasteten. Auch brachten sie viele Baumwolltücher, die in bunten Farben schön bemalt waren.«* Dazu bot man fast religiös anmutende Feierlichkeiten und so viel Gold, wie man finden konnte, und das war nicht eben wenig. Die Indios von Coatzacoalco, wo man gelandet war, pflegten nämlich sehr ansehnliche, schimmernde Streitäxte aus Gold bei sich zu tragen. Über 600 solcher Äxte tauschten die Spanier begeistert ein, und wenn sie auch nicht schön waren, sie waren schwer – zudem mußte ein Land, wo man selbst Streitäxte aus Gold machte, märchenhaft reich sein!

Es gab aber noch anderes, was den Spaniern auffiel: Die Indios lebten praktisch in der Steinzeit, wenn auch in einer kulturell höchstentwickelten Steinzeit. Was die Spanier bei den teilweise eher primitiven Indios der Karibikinseln und den Bewohnern der Urwälder entlang der Küste Südamerikas noch nicht sonderlich verwundert hatte,

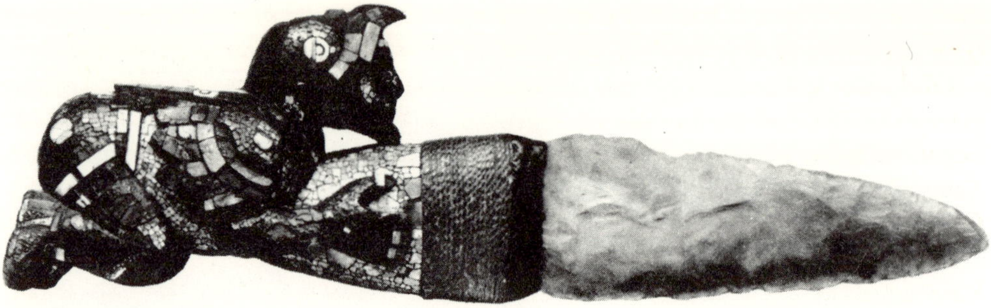

Aztekisches Opfermesser mit Steinklinge.

wurde hier zur erstaunlichen Gewißheit: außer Gold, Silber und Kupfer, das sie aber nur kalt bearbeiteten, kannten die Indios keine Metalle. Alle Schneidegeräte bestanden aus den allerdings außerordentlich scharfen Splittern des vulkanischen Obsidian; als Nadeln und Bohrer verwendete man spitze Knochen, starke Fischgräten oder die scharfen Dornen der Kakteen. Andererseits sprachen die Töpferei, die Webereien und vor allem die aus abertausenden bunten Vogelfedern oft in jahrelanger Arbeit gefertigten Mäntel und Decken der Vornehmen für den hohen Stand des Kunsthandwerks. Offensichtlich war das Land wirtschaftlich hoch entwickelt, der Handel blühte, und es gab sogar gut ausgebaute Straßen, doch sowohl das Rad als auch brauchbare Trag- und Zugtiere fehlten; jeglicher Gütertransport spielte sich auf dem Rücken von Lastträgern ab, und für die Nachrichtenübermittlung sorgten Läuferstafetten.

»Als wir aufbrachen, umarmten uns die Indios weinend, weil wir gingen, und brachten dem Kapitän ein Indio-Mädchen, das so schön angezogen war, daß ein Brokatkleid nicht üppiger sein konnte.« Vorsichtig wie immer segelte Grijalva weiter nach Norden bis etwa auf die Höhe des heutigen Tampico, ehe er den Bug seiner Schiffe wenden ließ und auf dem gleichen Weg, den er gekommen war, sich auf den Rückweg nach Cuba machte.

Dort sorgte sich inzwischen Don Diego de Velázquez um das lange Ausbleiben seiner Flotte, und schließlich hielt er es nicht mehr aus, ohne etwas zu tun. *»Da er nun mit anderer Leute Anstrengungen großzügig umging, beschloß er, eine Karavelle auszuschicken, die das Wie und Wo seines vermißten Generalkapitäns erkunden sollte.«* Befehlshaber dieser Karavelle wurde Cristóbal de Olid, den uns Bernal Diaz so geschildert hat: *»Wäre er so klug und bedächtig gewesen, wie er zu Fuß und zu Pferd kühn und mutig war, so würde er ein vortrefflicher Mann gewesen sein; aber er eignete sich nicht zum Kommandanten, sondern nur zum Untergebenen. Er war etwa 36 und stammte aus der Gegend von Linares oder Baeza. Was sein Äußeres anging, so war er von gutem Körperbau, sehr untersetzt, mit breitem Rücken und guter Taille. Er war mittelblond und von angenehmem Gesichtsausdruck, doch erschien seine Unterlippe wie durch einen Riß gespalten. Er redete mit etwas belegter, furchtgebietender Stimme,* *war aber im Gespräch gewandt und hatte auch andere gute Eigenschaften, darunter Großzügigkeit; er besaß nichts, was er nicht bereitwillig anderen gegeben hätte.«*

Olid sollte sich auf den Spuren Córdobas an Yucatan entlangtasten, bis er Grijalva gefunden hätte, und ihm notfalls Hilfe bringen. Das Unternehmen endete, ehe es recht begonnen hatte. Nach einem schweren Sturm vor der Küste Yucatans, in dem man die Taue kappen und die Anker auf dem Meeresboden zurücklassen mußte, erschien es Olid klüger, nach Cuba zurückzukehren und Grijalva seinem Schicksal zu überlassen.

Doch das Schicksal meinte es bis zum Schluß gut mit dem Generalkapitän, er landete kurz nach Olid wohlbehalten und reich mit Gold bepackt in Santiago de Cuba. Es war eine glückliche und erfolgreiche Fahrt gewesen, und doch steht Juan de Grijalva *»in jenem Zwielicht, in welchem alle Männer stehen, die weder siegen noch scheitern können«*, wie Salvador de Madariaga es ausdrückt. Ein anderer Charakter als der tugendhafte Grijalva hätte wohl mehr aus den Vorteilen sowohl in Tabasco als in Coatzacoalco zu machen gewußt.

»Grijalva mangelte es an Glück, um Herr jenes Landes zu werden. Er spielte nach der meisten Menschen Weise mit seinem Schicksal und verschwand wieder.«

Der prachtvoll mit Federmosaiken geschmückte Schild eines Aztekenkriegers. Die Herstellung solcher Federmosaiken dauerte Monate, mitunter Jahre.

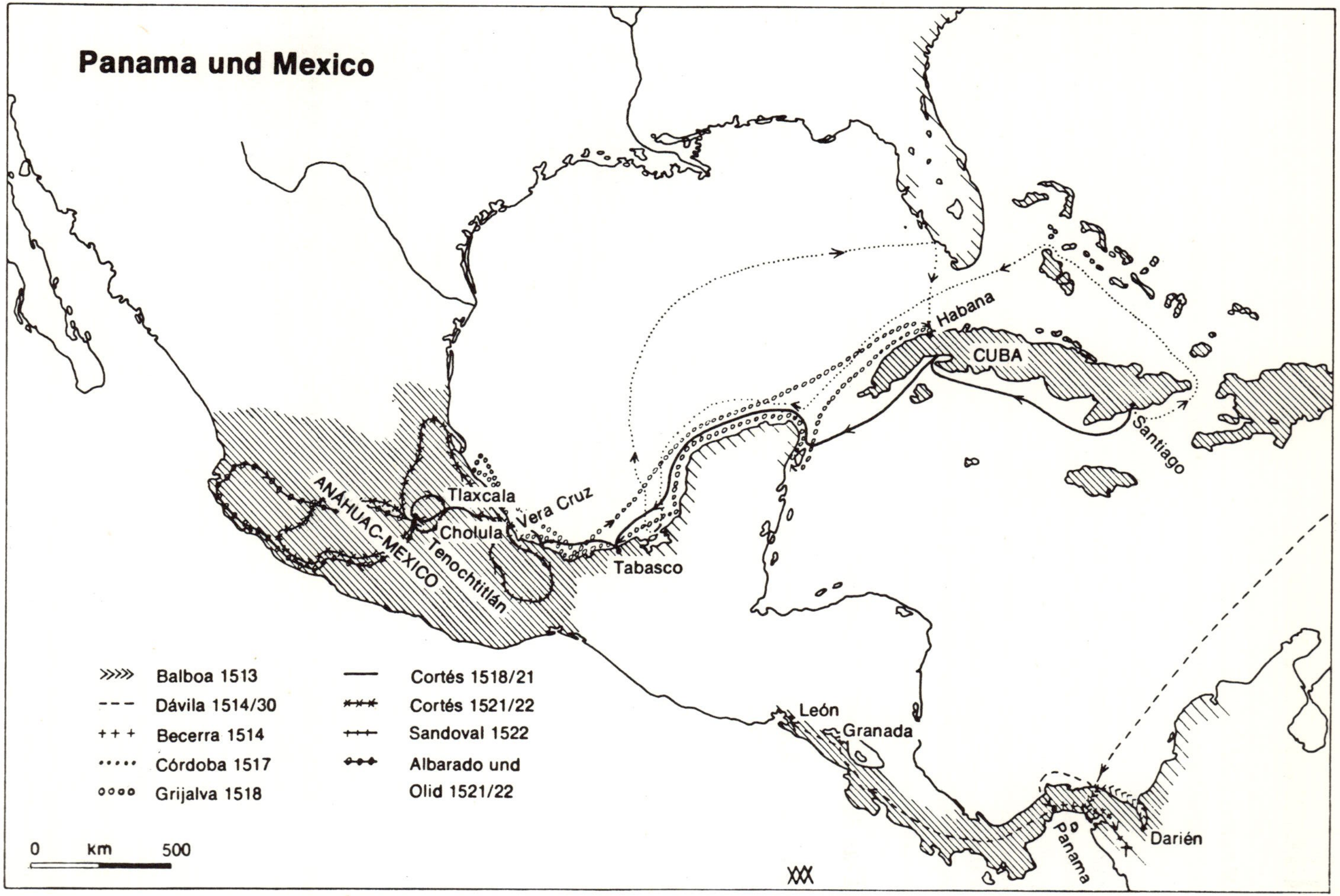

Panama und Mexico
Habana
CUBA
Santiago
Tlaxcala
Vera Cruz
Cholula
Tenochtitlán
ANÁHUAC-MEXICO
Tabasco
León
Granada
Darién
Panama
Balboa 1513
Dávila 1514/30
Becerra 1514
Córdoba 1517
Grijalva 1518
Cortés 1518/21
Cortés 1521/22
Sandoval 1522
Albarado und
Olid 1521/22
0 km 500

Hernán Cortés

Mexico 1519 bis 1521

»Spät abends an diesem Tag sahen wir ein großes Wunder. Ein Stern erschien nach Sonnenuntergang über unserem Schiff und zog strahlend von dannen, bis er über jenem großen Dorf unterging. Dabei hinterließ er am Himmel eine Spur, die drei Stunden lang sichtbar blieb. Auch sahen wir noch andere deutliche Zeichen, aus denen wir erkannten, daß Gott wollte, wir sollten in Seinem Dienste dieses Land erobern und besiedeln«, schrieb Bernal Diaz am Ende der Expedition Grijalvas.

Das Reich von Anáhuac

Im späten 13. Jahrhundert zogen die Azteken, ein barbarischer Indio-Stamm aus dem Norden des amerikanischen Doppelkontinents, südwärts und stießen auf die hochzivilisierten Kulturen der Maya und Tolteken.

Im Jahr 2-Haus (1325) gelang es dem Stamm nach jahrelangen Kämpfen endlich sei-

Schädelmaske des Tetzcatlipoca, des Herrschers des aztekischen Götterhimmels, gefertigt aus einem menschlichen Schädel, der mit Halbedelsteinen beklebt wurde.

nen Hauptort Tenochtitlán (das heutige Mexico-City) auf einer kleinen Insel im Tetzcoco-See zu gründen. Der Überlieferung nach hatten dort die Ältesten jenes Zeichen gefunden, das ihnen Huitzilopochtli, ihr Kriegs- und höchster Stammesgott, versprochen hatte: ein Adler auf einem Kaktus, der eine Schlange fraß – ein Bild, das sich heute noch im mexicanischen Staatswappen befindet.

Knapp 100 Jahre später beherrschten die Azteken ein Reich, das vom Golf von Mexico bis zum Pazifik, etwa von der Linie des heutigen Tampico-Colima im Norden bis Guatemala im Süden, reichte und das sie selbst Anáhuac oder Cólua nannten. Freilich war dieses »Reich«, außer in seinem aztekischen Kernland um den Tetzcoco-See, nicht mehr als ein loser Zusammenschluß von Stadtstaaten, der ausschließlich durch die Furcht vor dem Herrscher und seinen Kriegern zusammengehalten wurde.

Wie fast alle Barbarenstämme, die in hochzivilisierte Gebiete einbrechen, waren die Azteken ungemein lernwillig und sogen die Errungenschaften der unterworfenen

Tenochtitlán, von einem Indio-Künstler im Codex Mendoza dargestellt. Das Symbol eines Adlers auf einem Kaktus findet sich heute noch im mexicanischen Staatswappen. Die Stadt ist dargestellt mit ihren vier Hauptvierteln, von Kanälen durchzogen und von Wasser umgeben. Eingerahmt wird das Bild von der Darstellung des aztekischen Kalenders mit den Zeichen Haus, Kaninchen, Schilfrohr und Feuerstein.

Völker wie trockene Schwämme in sich auf, auch wenn sie deren Höhe nur selten erreichten.

So blieb etwa ihre Schrift eine reine Bilderschrift, die sich nicht zu abstrakten Hieroglyphen weiterentwickelte, obwohl die Azteken wie die Maya und die anderen mittelamerikanischen Kulturen ein großes Interesse für die Geschichtsschreibung entwikkelten. Gemalte Bücher berichteten über ihre Vergangenheit, Gesetze, Zeremonien und Verwaltung. Die meisten dieser Manuskripte aus der Zeit vor der Eroberung durch die Spanier wurden von fanatischen Mönchen und Priestern als Teufelswerk systematisch vernichtet. Nur die wenigen erhalten gebliebenen Stücke, wie der kurz nach der Eroberung für den ersten Vizekönig von Neuspanien, Don Antonio de Mendoza, im alten Stil angefertigte »Codex Mendoza«, lassen die hohe Meisterschaft dieser Bilderhandschriften ahnen.

In der Kunst, dem Ackerbau und der Architektur brachten es die Azteken zu nicht weniger erstaunlichen Leistungen. Europäische Augenzeugen berichteten von den glänzenden Tempeln und Palästen, nannten Tenochtitlán die »schönste Stadt der Welt«, schilderten begeistert die blühende Landwirtschaft und das hochentwickelte Kunsthandwerk, dessen wenige erhalten gebliebene Zeugnisse wie Plastiken, mit Halbedelsteinen eingelegte Göttermasken, Federmosaike und Goldschmiedeerzeugnisse höchste Bewunderung abfordern.

Diese kulturelle Hochblüte darf freilich nicht darüber hinwegtäuschen, daß die Azteken ein äußerst unangenehmer, kriegs- und eroberungslüsterner Stamm waren. In den knapp 250 Jahren des Reiches von Anáhuac gab es nicht ein einziges Jahr des Friedens!

Die Religion war zentraler Mittelpunkt im Leben jedes Azteken und die Religion bedingte wiederum unausweichlich den Krieg.

Die Welt war ständig bedroht von den Mächten der Finsternis, des Chaos, des Todes, die nur mühsam von den über 40 Göttern zurückgehalten und gebändigt werden konnten. Tonatiuh, die Sonne, etwa focht jeden Morgen einen erbitterten Kampf gegen die Elemente der Dunkelheit, ehe sie über den Horizont heraufsteigen konnte; sollte sie einmal diesen Kampf verlieren, so würde die Welt in Kälte und Finsternis erstarren. Die Kraft für diesen allmorgendlichen Kampf und Sieg allerdings vermochte Tonatiuh nur aufzubringen, wenn er von den Menschen reichlich mit Trank und Speise versehen wurde.

Den einzigen Trank aber, den die Götter annahmen, war warmes, menschliches Blut, und die einzige Speise noch pochende, zuckende menschliche Herzen. Und was Tonatiuh verlangte, das forderten nicht weniger heftig Xiuhtecutli, der Feuergott, Chalchiuhtlicue, die Wassergöttin, Chicome Coatl, die Maisgöttin, Tlaloc, der Regengott, Tetzcatlipoca, der Herr des aztekischen Götterhimmels, und wie sie alle hießen. Beim Tlacaxipeualiztli-Fest des Frühlings- und Vegetationsgottes Xipe Totec, wenn *»die Natur ein neues Gewand anlegt«*, wurde einem Opfer die Haut abgezogen und dann von einem Priester angelegt und 20 Tage getragen, um auf diese Weise die Natur magisch zu verjüngen.

So war die Hauptsorge jedes Azteken, stets genug »Götterspeise« zur Verfügung zu haben, und wenn man das eigene Volk nicht in kürzester Zeit ausrotten wollte, so blieb nur, den Hunger und Durst der Götter mit dem Blut und den Herzen von Kriegsgefangenen zu stillen. Mit den Azteken konnte es deshalb keinen Frieden geben, denn im Frieden macht man keine Gefangenen, und ohne Gefangene mußten die Götter hungern. Gelegentlich nahm man sogar zu den sogenannten »Blumenkriegen« Zuflucht, in denen eines der unterworfenen Völker gezwungen wurde, eine Schar Krieger einer aztekischen Truppe entgegenzustellen und sie so lange kämpfen zu lassen, bis die Azteken die notwendige Zahl an Gefangenen gemacht hatten. Auch die drückenden Steuerlasten, mit denen die Azteken die unterjochten Städte und Völker belegten – zu denen ohnehin stets eine Anzahl an Menschen für die Altäre der Götter gehörten –, hatten nicht zuletzt den Zweck, diese Städte und Stämme immer wieder zu Aufständen zu reizen, um bei deren Niederschlagung erneut endlose Scharen gefangener Männer und Frauen den Weg auf die blutigen Tempelpyramiden antreten zu lassen.

Der blutgierigste und herzenhungrigste aller aztekischen Götter war der Kriegs- und Staatsgott Huitzilopochtli. Als der Uei Tlatoani Ahuizotl im Jahr 8-Schilfrohr (1487) den neuen Tempel des Huitzilopochtli einweihte, opferte man zu Ehren des Gottes 20 000 – nach anderen Angaben sogar 80 000 – Gefangene und Bürger unterworfener Städte. Vier Tage lang hatten die Opfer in kilometerlangen Schlangen vor den 14 Tempeln Tenochtitláns gestanden und darauf gewartet, daß ihre Stunde schlüge. Bis auf einen schwarzen Streifen über den Augen waren sie über und über mit weißem Kalk beschmiert. Auf dem Kopf trugen sie Adlerfedern, um die Stirn eine Binde aus Bast, die mit Flaumquasten festgebunden war, dazu Kragen, Gürtel und Lendentuch gleichfalls aus Bast. In der Rechten hielten sie ein Papierfähnchen und in der Linken einen spielerischen Schild aus Schilf, der mit fünf Adlerflaumfedern geschmückt war. Am Fuß der Tempelpyramide, dem Teocalli, angelangt, *»wurde das Opfer die Stufen hinaufgeführt oder, falls es zu schwach oder zu stark war, um selbst in den Tod zu gehen, an den Haaren hinaufgezerrt«.* Oben auf der Plattform wurde das Opfer auf den Techcatl geworfen, und die Priester vollzogen das Ritual auf die übliche Weise dadurch, daß sie dem Gefangenen mit einem schnellen Stoß des Obsidianmessers die Brust öffneten und das Herz herausrissen.

Vier Tage lang wurde so Herz um Herz in die »Adlerschüssel« geschüttet, Leichnam auf Leichnam die Treppe wieder hinunter in den Hof geschleudert. Unterpriester nahmen sie dort in Empfang, schnitten den Kopf ab, um ihn auf das Schädelgerüst zu stecken – spanische Soldaten versicherten später glaubhaft, daß sie auf dem Schädelgerüst im großen Teocalli Huitzilopochtlis mehr als 200 000 solch aufgespießter Schädel gezählt hätten. Die Leiche wurde anschließend abgehäutet, zerlegt und an die Bewohner von Tenochtitlán verteilt.

Menschenopfer und kultischer Kannibalismus sind zwar aus nahezu allen alten Religionen und Kulturen überliefert, die Azteken aber waren keineswegs nur im kultischen Rahmen Kannibalen. Sie pflegten ihre Gefangenen zunächst in hölzerne Käfige zu sperren und schön herauszumästen, ehe sie geopfert wurden. Herz und Blut stan-

Aztekisches Menschenopfer.

den den Göttern zu, der Kopf kam auf das Schädelgerüst, der Rest aber diente der Bereicherung des aztekischen Speisezettels.

Nun sollte man nie in den Fehler verfallen, die Sitten anderer Völker nach den eigenen Wertmaßstäben zu messen. Es gibt genug Beispiele – Geschwisterehe oder Homosexualität etwa –, die bei einem Volk völlig selbstverständlich, bei einem anderen streng verpönt sind oder waren. Es ist nicht Sache eines Autors, der aus einem anderen Kulturkreis stammt, die Menschenopfer oder den Kannibalismus der Azteken zu werten. Wichtig sind diese Dinge unter anderem deshalb, weil sich nur auf diesem Hintergrund viele Reaktionen und Taten der spanischen Eroberer erklären lassen. Europäer fühlten sich durch solche Praktiken zutiefst angewidert und abgestoßen – die Indios wären von europäischen Ketzerkreuzzügen, Judenpogromen und Hexenbränden wohl nicht minder entsetzt gewesen ...

Gemäß den beiden Lebensaufgaben der Azteken – Religion und Krieg – war ihre gesamte Gesellschaft aufgebaut: Die Kindererziehung war hart, nach heutigen Gesichtspunkten brutal. Strafen – Prügel, Stechen mit den Maguey-Dornen oder spitzen Holzstückchen, stundenlanges Liegen auf nasser, kalter Erde, Versengen der Haut durch Feuer – waren schon für kleinste Verfehlungen und Nachlässigkeiten üblich. Schwerste körperliche Arbeit oder strengste Zucht und beständige Selbstkasteiung in den Priesterschulen sollten den Heranwachsenden zu Härte, Genügsamkeit und Unempfindlichkeit gegen Schmerzen erziehen.

Familiengemeinschaft und Moral standen in höchsten Ehren. Todeswürdige Verbrechen waren Ehebruch, fast immer Diebstahl und der Genuß von Alkohol für Menschen unter 70 Jahren – lediglich die Alten mochten im Rausch Vergessen suchen. Gewaltkriminalität war praktisch unbekannt.

Hinter dieser harten Fassade versteckte sich freilich oft eine erstaunliche Toleranz, ja fast Milde. So riet ein Vater seinem Sohn: *»Verehre und grüße deine Vorfahren; tröste die Armen und Leidenden mit guten Worten und Werken. Folge nicht den Wahnsinnigen, die weder Vater noch Mutter ehren; sie sind wie Tiere, denn sie nehmen keinen Rat an. Verspotte nicht die Alten, die Kranken, die Krüppel und die, die gesündigt haben. Beleidige sie nicht, sondern demütige dich vor den Göttern und bedenke, daß dir dasselbe zustoßen kann. Folge keinem schlechten Beispiel und sprich nicht unbesonnen, unterbrich auch niemanden beim Sprechen. Wenn jemand nicht gut spricht, bemühe dich, nicht dasselbe zu tun; wenn du nichts zu sagen hast, dann schweig still.«*

Das aztekische Gesellschaftssystem war streng hierarchisch geordnet, doch keineswegs undurchlässig, so daß es dem Tüchtigen unterer Schichten durchaus möglich war, in die höheren und höchsten Schichten aufzusteigen.

Die Basis dieser Herrschaftspyramide bildeten die Bewohner der unterworfenen Städte und Länder. Mochte jemand unter seinen eigenen Landsleuten noch so mächtig, so einflußreich und wohlhabend sein, im Reich von Anáhuac besaß er keinerlei Rechte, dafür um so mehr Pflichten, was Steuern, Tribute und kostenlose Dienstleistungen anbelangte. Er stand auf der gleichen Stufe wie die Sklaven – Kriegsgefangene oder Leute, die wegen einer Schuld, Diebstahl etwa, in die Knechtschaft verkauft worden waren. Das Los von Sklaven aztekischer Abstammung freilich war nicht allzu schlimm, so

Jaguar und Adler, die Wappentiere des aztekischen Kriegeradels.

konnten sie sich beispielsweise nach freiem Willen verheiraten, und ihre Nachkommenschaft besaß von Geburt an die Rechte freier Bürger.

Was die Rechte und Aufstiegsmöglichkeiten anbelangte, standen bereits die einfachen aztekischen Bürger und Bauern turmhoch über diesen Menschen. Wer sich entschloß, den schweren und gefahrvollen Dienst als Priester oder Krieger auf sich zu nehmen, dem standen alle Möglichkeiten offen.

Eine Stufe höher folgten die Kunsthandwerker – Bildhauer, Schnitzer, Goldschmiede und Weber –, und echte Künstler spielten, wie in wohl fast allen Kulturen, eine auch von den höchsten Kreisen anerkannte Außenseiterrolle.

Die Beamten, die den Staat verwalteten, und die Kaufleute, die oftmals diplomatiche Aufgaben mit ihren Handelsreisen verbanden, bildeten die nächste Schicht. Der Handel war, trotz dem Fehlen des Rades und brauchbarer Lasttiere, hervorragend entwikkelt, und das Nachrichtensystem mit Hilfe von Läuferstafetten funktionierte besser als im damaligen Europa.

Die Oberschicht bildeten Priesterschaft und Adel und natürlich die Krieger, die sich aus allen Ständen des Volkes zusammensetzten und durch Tapferkeit bis in die höchsten Ränge vordringen konnten, während Adelige, die sich nicht auch als Krieger auszeichneten, sehr schnell die Stufenleiter abwärts rutschten.

Über allen stand der Uei Tlatoani, »Er, der spricht«, der als oberster Häuptling und Hoherpriester der politische und religiöse Führer seines Volkes war. Die Würde des Uei Tlatoani war nicht erblich – wie frühe spanische Chronisten glaubten –, sondern der Herrscher wurde von einem Rat gewählt, dem die Fürsten von Tetzcoco und Tlacopan sowie vier Wahlmänner aus Tenochtitlán angehörten.

Über die Eigenarten des Reiches von Anáhuac sowie über Rang und Machtbefugnisse des Uei Tlatoani gibt es umfangreiche Diskussionen, die freilich den Rahmen dieses Buches entschieden sprengen würden. Mit Vorsicht ist die allzu selbstsichere Behauptung mancher Wissenschaftler aufzunehmen, die spanischen Chronisten hätten die Einrichtungen der Indios grundsätzlich mißverstanden. Gewiß, den Spaniern stand oft ihre eigene festgefügte europäische Tradition im Weg, andererseits waren sie aber dem Geschehen viel näher und beherrschten teilweise auch die Indio-Sprachen. Zweifellos war die Gesellschaftsstruktur des Reiches von Anáhuac weder ganz so feudalistisch, wie die Spanier sie dargestellt haben, noch die religiös-kommunistische Körperschaft, die heute manche Historiker in ihr sehen möchten.

Quetzalcoatl kehrt zurück

Seit dem Jahr 11-Schilfrohr (1502) herrschte in Tenochtitlán Moteczuma Xocoyotzin, der »mutige Herr«, als neunter Uei Tlatoani über das Reich von Anáhuac.

Moteczuma war zwar aus königlichem Geblüt, doch in der erbmäßigen Rangfolge nur an sechster Stelle gestanden. Ausschlaggebend für seine Wahl war gewesen, daß er die beiden aztekischen Haupttugenden ideal in sich vereinte. Zum einen war er ein gewaltiger Krieger und hervorragender Heerführer, der einmal mehrere tausend Gefangene für die Altäre seiner Götter zusammengetrieben hatte – zum Lohn war er in die vornehmste Kriegerkaste, die Quachictin, die »Geschorenen«, aufgenommen worden. Zum anderen war er von tiefer Frömmigkeit, *»ein Gelehrter, ein Sternkundiger, ein Philosoph, ein erfahrener Künstler«*, wie ein zeitgenössischer Indio-Chronist meldete, und in den Jahren vor seiner Wahl schon Hoherpriester des Huitzilopochtli gewesen.

Cervantes de Salazar, Kanonikus von Mexico, beschrieb den Uei Tlatoani kurz nach dessen Tod: *»Er war ein Mann von mittlerer Statur und trug eine gewisse Ernsthaftigkeit und Majestät zur Schau, welche selbst denen, die ihn nicht kannten, deutlich verriet, wer er war. Die schwarzen Augen blickten ernst, und insgesamt paarte sich auf seinem Antlitz Leutseligkeit und königliche Majestät, so daß, wer ihn ansah, von Liebe und Ehrfurcht bewegt wurde. Er war ziemlich kräftig, gewandt und schnell, ein guter Bogenschütze und Schwimmer und in allen kriegerischen Übungen wohl bewandert. Er war gutmütig, wiewohl ein strenger Richter – beides, weil er geliebt und gefürchtet werden wollte; denn er wußte aus eigener Erfahrung wie aus den Erzählungen seiner Vorgänger, daß Untertanen Menschen waren, die nur mit Strenge und Härte regiert und auf dem Pfad des Rechtes gehalten werden konnten. Bot sich Gelegenheit dazu, so war er ein guter und geistreicher Redner, doch hütete er seine Zunge. Er liebte die Frauen und pflegte seine Manneskraft durch Drogen zu stärken; er behandelte sie gut und genoß sie in größter Heimlichkeit. Feste und Vergnügungen mochte er gern, doch ließ ihn sein ernstes Wesen Zurückhaltung üben. Was die Religion und die Anbetung seiner Götter anging, war er eifrig und fromm, opferte sehr fleißig und gab Weisung, alle religiösen Vorschriften auf das genaueste zu befolgen, nirgends zeigte er weniger Milde als bei noch so geringen Verstößen gegen den Gottesdienst. Diebstahl und Ehebruch bestrafte er sehr streng, und weder Freundschaft noch flehentliche Bitten durften dem Vollzug des Rechtes im Wege stehen. Seinem Volk begegnete er so majestätisch, daß er selbst den Größten nicht gestattete, in seiner Gegenwart zu sitzen oder Schuhe zu tragen oder ihm ins Antlitz zu schauen. Ausnahmen gab es nur für ganz bestimmte Personen, die große Herren und von königlichem Geblüt sein mußten.«*

Das Zeremoniell, mit dem man den höchsten Herrscher der Azteken umgab, erstreckte sich sogar auf die Tischsitten. *»Ihm wurden mehr als 30 verschiedene Platten vorgesetzt mit Truthahn, Wachteln, Wildbret, Tauben und Hasen.«* Frische Seefische wurden von Läuferstafetten über die 300 Kilometer vom Golf nach Tenochtitlán gebracht für den Tisch des Herrn. *»Ausgesuchte junge Sklavinnen reichten ihm Wasserschalen, damit er sich zwischen den einzelnen Gängen die Hände reinigen konnte«*, und ein Holzschirm vor dem Tisch verbarg den Uei Tlatoani während des Essens vor jedermanns Blicken.

»Er war stets sorgfältig und auf seine Weise reich gekleidet und badete täglich zweimal. Außer zu den Mahlzeiten verließ er seine Gemächer selten, empfing dort auch nur wenige Besucher. Die Regierungsgeschäfte ließ er größtenteils durch die Mitglieder seines Rates erledigen, die einzeln oder gemeinsam zur Berichterstattung kamen. Das geschah durch drei Dolmetscher, wiewohl sie alle dieselbe Sprache sprachen. Von seinem

Haus aus gelangte er in den Haupttempel des Huitzilopochtli zu den Opfern und verrichtete in einigem Abstand von den Großen seines Reiches viele Gebete. Danach kehrte er in sich gekehrt und in Gedanken versunken zurück, ohne mit jemandem ein Wort zu wechseln.«

Es war ja auch eine schlimme Zeit, in der der Uei Tlatoani Moteczuma die Geschicke seines Volkes lenken mußte. Seit Jahren jagten unheilvolle Vorzeichen einander: *»Eines Nachts erschien ein großer Komet am östlichen Himmel, welcher wie eine riesige Feuerflamme aussah, sehr hell war und Funken sprühte. Er war inmitten des Osthimmels zu sehen, erschien gleich nach Mitternacht und verharrte dort bis zum Morgen.«*

Kaum hatten sich die Azteken von diesem Schrecken erholt, als der Tempel des Huitzilopochtli in Flammen stand, *»ohne daß ein menschlicher Grund vorhanden war; die Priester schrien nach Wasser, um das Feuer zu löschen, aber je mehr sie daraufgossen, um so mehr brannte es.«*

Das nächste Vorzeichen war ein Blitzschlag, *»welcher grundlos und ohne Donner den Tempel des Feuergottes traf, welcher Xiuhtecutli hieß. Dieser Tempel hatte ein Strohdach, in das der Blitz schlug, so daß er ausbrannte.«*

Das vierte Vorzeichen war *»ein Komet, der am Tag, während die Sonne stand, Mexico von West nach Ost überquerte und dabei glühende Kohlen und Funken verstreute. Er hatte einen sehr langen Schweif, und alle begannen auf einmal zu schreien, weil er wie ein Werkzeug des Schreckens aussah und auch als solches angesehen wurde.«*

All diese bedrohlichen Vorzeichen konnten nur eines anzeigen: die Rückkehr von Quetzalcoatl, der »Schlange mit den kostbaren Federn«.

Moteczuma und einige der 44 von ihm eroberten Städte, dargestellt durch zusammenstürzende, brennende Häuser und die Namenshieroglyphen der Städte.

Quetzalcoatl, »die Schlange mit den kostbaren Federn«, der weißhäutige Gott, der Menschenopfer verabscheute.

Quetzalcoatl war einst einer der mächtigsten Götter gewesen, *»ein Mann von schönem Äußeren mit ernstem Antlitz, hellhäutig und bärtig. Dieser Mann, den sie Quetzalcoatl, andere aber wegen seiner großen Tugenden Huemac nannten, war in das Land der Mexicaner gekommen und hatte diese durch Wort und Tat den rechten Weg gelehrt, hatte sie von Lastern und Sünden errettet, ihnen Gesetze und die wahre Lehre gegeben; um sie in ihren bösen Lüsten zu zähmen, hatte er das Fasten eingeführt.«*

Quetzalcoatl war es auch gewesen, der die Menschen im Ackerbau, im Handwerk und den schönen Künsten unterwiesen hatte. Der Götterkönig Tetzcatlipoca, »Rauchender Spiegel«, und der blutdurstige Huitzilopochtli, »Kolibri im Süden«, hatten um ihre Vormacht gezittert und sich mit Gewalt, Betrug und Täuschung gegen Quetzalcoatl erhoben und ihn vertrieben.

»Als Quetzalcoatl aber erkannte, wie geringe Frucht seine Lehre trug, war er auf demselben Weg, den er gekommen war, gen Osten von hinnen gegangen und an der Küste von Coatzacoalco verschwunden. Als er aber von ihnen schied, hatte er gesagt, er werde später, in einem Jahr 1-Schilfrohr, wiederkommen; dann werde seine Lehre angenommen und seine Söhne werden Herren des Landes werden, während sie, die Mexicaner, und ihre Söhne viel Unheil und Verfolgung erleiden würden.«

Moteczuma, der »Gelehrte, Sternkundige und Philosoph«, konnte die Hinweise

Hiutzilopochtli, »Kolibri im Süden«, der blutdurstige Kriegs- und Staatsgott der Azteken, der einst Quetzalcoatl vertrieben hatte.

und Vorzeichen nicht verkennen, die die Wiederkehr des weißhäutigen und bärtigen Gottes aus dem Osten ankündigten.

Und tatsächlich geschah das, worauf der Uci Tlatoani gewartet und vor dem er sich so lange gefürchtet hatte: *»Eines Tages kam ein Mann von schlichtem Stand zu ihm und sprach: ›Unser Herr und König, verzeiht meine Kühnheit. Ich komme aus Mictlan Cuauhtla. Ich ging ans Gestade des Meeres und sah dort eine Art Berg oder Hügel mitten auf dem Meer einherfahren, ohne das Ufer zu berühren. Dergleichen haben wir nie gesehen, und doch sind wir als Küstenwächter immer auf dem Posten.‹ Moteczuma sprach: ›Laß gut sein. Geh und ruhe dich aus.‹ Wie gewöhnlich ließ Moteczuma den Boten im hölzernen Gefängnis einsperren und dann opfern. Gleichwohl schickte er Vertrauensleute aus, um festzustellen, ob sein Bericht zutreffe. Die Vertrauensleute kehrten zurück und sagten: ›Es ist wahr, daß zwei Türme oder kleine Berge auf dem Meer umherfahren.‹ Dann reisten zwei von Moteczumas hohen Würdenträgern an die Küste. Sie versteckten sich im dichten Laub der Bäume und beobachteten dieses neueste Vorzeichen. Alsdann kehrten sie nach der Hauptstadt zurück, begaben sich geradewegs zu Moteczumas Palast und berichteten mit der Ehrerbietung und Unterwürfigkeit, die ihnen zukam. Sie sagten: ›Unser Herr und König, es ist richtig, daß Leute, von denen wir nichts wissen, gekommen und am Ufer des großen Meeres gelandet sind. Dort ha-*

ben sie mit Ruten gefischt und andere mit Netzen, die sie ins Wasser warfen, bis sie zu später Stunde ein kleines Kanu bestiegen, damit an den beiden hohen Türmen anlegten und hinaufstiegen. Es mag sich wohl um 15 Personen handeln. Ihre Haut ist sehr weiß, weißer als die unsrige, doch die meisten tragen lange Bärte, und das Haar reicht ihnen bis auf die Ohren.‹ Moteczuma war sehr niedergeschlagen und sprach kein Wort.«

In der christlichen Welt schrieb man das Jahr 1519, in Anáhuac das verhängnisvolle Jahr 1-Schilfrohr, in dem schon drei Welten untergegangen waren: Atonatiuh, die »Wassersonne«, hatte eine Sintflut verschlungen, Tlalchitonatiuh, die »Erdsonne«, war von einem Erdbeben zerrissen worden, und Ecatonatiuh, die »Windsonne«, hatte ein Wirbelsturm hinweggefegt; Tlatonatiuh, der »Feuersonne«, der Welt, in der sie lebten, war prophezeit worden, sie würde im Feuer verbrennen.

Nun also war Quetzalcoatl zurückgekehrt. Sein Name war Hernán Cortés.

Generalkapitän Hernán Cortés

Was sich in jenen Spätherbst- und Frühwintertagen der Jahre 1518/19 in Cuba abspielte, wird wohl nie mehr mit letzter Sicherheit festzustellen sein. Zu dicht war das Gewebe aus Intrigen und Gegenintrigen, Verlautbarungen, Dementis, Darstellungen, Gegendarstellungen und Gerüchten.

Don Diego de Velázquez, der dicke Gobernador von Cuba, machte sich, wie ja bekannt, zunehmend Sorgen um das lange Ausbleiben der Expeditionsflotte unter Grijalva. Als auch die Karavelle Olids verschollen blieb, begann er, eine dritte Expedition auszurüsten, die nach den Verschwundenen suchen sollte – so zumindest die offizielle Version. Freilich, daß ihn Grijalva oder Olid mit den Rechten auf Yucatan ähnlich hereinlegen mochten, wie ihm das selber mit Diego Colón im Falle Cuba gelungen war, mag den wesentlicheren Anteil zu dieser Sorge beigetragen haben.

Zum Generalkapitän der Suchflotte ernannte der Gobernador Hernán Cortés, wohl in der Annahme, daß der nun 33jährige nur mäßigen Ehrgeiz entwickeln würde – immerhin hatte sich Cortés bislang kaum um Eroberungen oder Besiedlungen gekümmert.

Die amtlichen Instruktionen des Gobernadors an den Generalkapitän waren allerdings sehr merkwürdig – teils recht exakt, teils völlig verschwommen: er solle das Land erforschen und alles nur Mögliche über dessen Bewohner und deren Gewohnheiten, über Tier- und Pflanzenwelt und die Bodenschätze erfahren, zumal über Gold; dann die Beschaffenheit der Menschen erkunden, *»denn es heißt, es gebe dort Menschen mit großen, breiten Ohren und andere mit Hundeköpfen, auch festzustellen, wo die Amazonen wohnen, welche den Euch begleitenden Indios zufolge dort in der Nähe leben«*; schließlich alles zu ermitteln, was die Religion des Landes betrifft, und natürlich Gold und Silber einhandeln. Cortés solle im Beisein eines Notars und vieler Zeugen alles, was er von der Insel entdecke, feierlich in Besitz nehmen, die Eingeborenen veranlassen, den christlichen Glauben anzunehmen und Untertanen der spanischen Krone zu

Generalkapitän Hernán Cortés im Alter von etwa 33 Jahren, als er aufbrach, um Anáhuac-Mexico zu erobern.

werden. Ob sich der neuernannte Generalkapitän auf Erforschung und Handel beschränken oder ob er die entdeckten Gebiete besiedeln sollte, davon schweigt die Urkunde und meint nur, Cortés sollte tun, was ihm »*zum Besten des Dienstes an Gott unserem Herrn und Ihren Hoheiten*« zu gereichen schiene.

Hauptziel der Expedition aber blieb, wie Absatz 15 der Anweisungen deutlich hervorhebt, die Suche nach der Flotte Grijalvas und der Karavelle Olids.

Und genau hier beginnt die Sache reichlich wirr zu werden, denn die Schiffe Grijalvas und Olids lagen längst wohlbehalten wieder im Hafen von Santiago. Mehr noch, die Flotte des neuen Generalkapitäns war durch die vier Schiffe Grijalvas und fast dessen gesamter Mannschaft verstärkt worden – darunter dem vortrefflichen Bernal Diaz; Cristóbal de Olid gar fungierte als der Stabschef des neuen Generalkapitäns ...

Auch das herzliche Einvernehmen zwischen Cortés und Don Diego scheint keineswegs so prächtig gewesen zu sein, wie das die weitgehenden Vollmachten erscheinen lassen. Möglich allerdings, daß dem behäbigen Gobernador Cortés nun doch allzuviel Ehrgeiz entwickelte, denn dieser steckte plötzlich mit vollen Händen sein privates Vermögen in Schiffe, Mannschaft und Ausrüstung.

Wie dem auch sei, als Cortés in den Morgenstunden des 18. Novembers 1518 seine Flotte ankerauf gehen ließ, waren Verblüffung und Wut des Gobernadors ebensogroß wie die Vorbereitungen des Generalkapitäns unvollständig. Hernán Cortés hatte auch keineswegs die Absicht, die Expedition halbausgerüstet zu starten, er verlegte nur sein Hauptquartier von Santiago nach Trinidad, weg aus der Reichweite Don Diegos.

Trinidad an der Südwestküste Cubas (nicht zu verwechseln mit der gleichnamigen Insel) war ein echter Glückstreffer. Hier konnte Cortés nicht nur in Ruhe seine Ausrüstung und Mannschaft vervollständigen, sondern auch einige seiner besten Offiziere anwerben: den ungestümen und tapferen Pedro de Albarado, den jungen Gonzalo de Sandoval und Juan Velázquez de León, der, obwohl ein Verwandter des Gobernadors, mit fliegenden Fahnen zu dem neuen Generalkapitän überging, ebenso wie Diego de Ordás, den Velázquez der Flotte als Wachhund mitgegeben hatte. Gerade Diego de Ordás wurde, neben Sandoval, zum treuesten Anhänger des Generalkapitäns – eine Figur, wie sie vielleicht nur Spanien hervorbringen konnte: groß, dürr, völlig furchtlos, hoch zu Roß und mit einer langen Lanze bewaffnet immer an der Spitze der Armee zu finden, dabei ein Träumer und Phantast, dem wir später noch auf der Suche nach dem Jungbrunnen, den Amazonen oder anderen Hirngespinsten nachjagend, begegnen werden. Hätte Don Quijote de la Mancha, der »Ritter von der traurigen Gestalt«, wirklich gelebt, er hätte Diego de Ordás geheißen. Mit dem tüchtigen Sandoval, dem heißblütigen Albarado, dem brutalen Olid, dem eleganten Velázquez de León, dem nüchternen Dávila, dem ehrgeizigen Puertocarrero, bildete er ein hervorragendes Gespann an Offizieren, das Cortés bald meisterhaft einzusetzen wußte.

Am 18. Februar 1519 ging der Generalkapitän mit seinem Geschwader von elf Schiffen endgültig unter Segel, unbekannten Gestaden entgegen. Er hatte 508 Offiziere und Soldaten und 100 Seeleute an Bord, 16 Pferde, 10 Bronzekanonen und vier leichte Feldschlangen. Zu den Soldaten zählten 32 Armrust- und 13 Büchsenschützen, die übrigen kämpften mit Schwert und Rontardsche.

Gonzalo de Sandoval, einer der tüchtigsten und zuverlässigsten Offiziere des Generalkapitäns.

Erstes Ziel war die Insel Cozumel vor der Küste von Yucatan, und hier demonstrierte Hernán Cortés seinen Offizieren und Soldaten höchst nachdrücklich, wie er sich das weitere Vorgehen gegenüber den Indios vorstellte: Eines seiner Schiffe unter Pedro de Albarado war gegen den Befehl der Flotte vorausgesegelt und schon einige Tage vor dem Gros vor Anker gegangen. Die Männer hatten den Indios 40 Hühner, zwei Männer und eine Frau sowie Schmuck und anderes abgenommen. Cortés tobte, ließ den Steuermann des Schiffes, einen gewissen Camacho, der seine Befehle mißachtet hatte, in Eisen legen, kanzelte Albarado ab, befahl, das Diebsgut unverzüglich den Indios zurückzugeben und für die bereits geschlachteten Hühner Ersatz zu leisten und erklärte seinen Leuten unmißverständlich: *»Wir werden dem Land niemals Frieden bringen, wenn wir die Indios ausplündern!«*

Zwischenspiel in Tabasco

Die Ereignisse auf Cozumel passen gar nicht in das Bild, das uns von Hernán Cortés üblicherweise gezeichnet wird. Lassen wir den Apostel der Indios, Las Casas, und die jesuitischen Chronisten einmal außer acht. Für sie war Cortés – wie könnte es anders sein – Satanas höchstpersönlich, und keine Farbe war ihnen schwarz genug, um ihn zu malen. Aber auch gerade bei modernen Historikern kehren Formulierungen wie *»durch den Anblick des Goldes wurde seine Habgier und der Wille, dieses reiche Land zu erobern, nur noch mehr gesteigert«*, in schöner Regelmäßigkeit wieder.

Natürlich war der Traum von Gold, viel, viel Gold, für Cortés verlockend – und für wen, außer allenfalls Phantasten vom Schlag eines Diego de Ordás, wäre er das nicht? Doch muß man, um diesen Traum zu verwirklichen, gleich mit brutaler Gewalt vorgehen – »erobern«? Erobern ein Land, dessen Ausdehnung, Macht, politische Bedeutung und militärisches Potential Cortés nicht einmal ahnen konnte? Erobern mit 608 Mann, 16 Pferden und 14 Kanonen? Für einen Realisten ist solch ein Gedanke einfach abstrus – und Cortés war ein Realist.

Warum glauben so viele Historiker dem Generalkapitän nicht, wenn er immer und immer wieder versicherte, er sei gekommen, *»um Handel zu treiben«*? War denn mit Handel nicht auch Gold zu verdienen? Die Indios Mittelamerikas lebten in der Steinzeit, kannten außer Gold, Silber und Kupfer keine Metalle. Würden sie nicht den Spaniern Zinn für die Herstellung von Bronze oder gar Eisen mit reinem Gold aufwiegen, das sie ja angeblich in solch unendlichen Mengen hatten? Und da die Indios keine Seefahrt kannten, würde sogar das Transportmonopol zwischen Europa und Amerika in spanischen Händen bleiben. Daß Cortés, kaum in Mexico angekommen, Vera Cruz als schwer befestigten Hafen und Bastion anlegen ließ, spricht nicht dagegen – wer läßt kostbarste Waren schon unbewacht herumliegen? Und daß er mit mehr oder minder sanfter Gewalt darauf bestand, den Uei Tlatoani Moteczuma persönlich zu treffen – auch heute werden Mammutgeschäfte, wie sie dem Generalkapitän vorschwebten, schließlich nicht mit irgendwelchen Subalternbeamten abgeschlossen ...

Der erste Versuch, mit den Indios ins Gespräch zu kommen, war wenig erfolgreich. Auf den Spuren von Juan de Grijalva landeten die Spanier zuerst in Tabasco. Doch die vor einigen Monaten noch so freundlichen Indios empfingen sie mit wildem Kriegsgeschrei und einem Stein-, Pfeil- und Speerhagel. Die Landung entwickelte sich zu einer regelrechten Schlacht, bis Artillerie und Kavallerie die Tabascoaner von der Überlegenheit und »Göttlichkeit« der Ankömmlinge überzeugten.

Zum Zeichen des Friedens und der Versöhnung brachten die Häuptlinge Cortés *»ein Goldgeschenk, nämlich vier Diademe, ein paar Eidechsen, zwei verschiedene Arten kleiner Hunde, Ohrringe, fünf Enten, zwei Indio-Gesichter und zwei Sonnen aus Gold und andere Dinge von geringerem Wert. Das ganze Geschenk war aber nichts im Vergleich zu 20 Frauen, darunter eine ganz überragende Frau, die in der Taufe Doña Marina genannt wurde.«* Nach der Taufe übergab Cortés die Mädchen seinen Offizieren. *»Diese Doña Marina gab er, weil sie hübsch, keck und unternehmungslustig war, dem Alonso Hernández Puertocarrero«*, den Cortés besonders protegierte.

Malintzin, wie Doña Marina vor ihrer Taufe hieß (der Name wurde von den Azteken später oft auf Cortés selbst übertragen), war Aztekin und *»von Kindheit an eine wirklich große Dame und Häuptlingsfrau über Dörfer und Untertanen«* – sie sollte eine der Schlüsselfiguren bei der Eroberung Anáhuacs werden. Salvador de Madariaga merkt dazu an: *»Man beachte das Doña, das damals kein häufiger Titel war. Keiner von Cortés' Leuten, nicht einmal er selbst, durfte sich ›Don‹ nennen. Es war das Zeichen hohen Adels. Eine Dame mochte India sein, doch blieb sie gleichwohl eine Dame. Diese scheinbar unwichtige Kleinigkeit beweist, in wie weitem Maß die Spanier unbewußt dazu neigten, die Rassen gleichzustellen und einander anzunähern.«* Doña Marina war aber nicht nur hübsch, sie war auch klug und vor allem sprachbegabt. Sie beherrschte Tabascoanisch – einen Maya-Dialekt – und das Nahuatl der Azteken und lernte sehr bald auch Spanisch. Zusammen mit dem zweiten Dolmetscher, Jeronimo de Aguilar, den man in Cozumel aus der Gewalt der Indios befreit hatte und der in seiner Gefangenschaft Tabascoanisch gelernt hatte, konnte sich Cortés nun in ganz Mexico verständlich machen.

Außer zitternder Angst vor dem Uei Tlatoani und seinen Azteken war von den Tabascoanern nur wenig Brauchbares zu erfahren – sie waren zu weit vom Zentrum der Macht entfernt. So ließ Cortés erneut die Anker lichten und segelte die Küste nordwärts.

Die weißen Götter

Am 21. April 1519 fielen die Anker der spanischen Flotte vor der Insel San Juan de Ulúa, die man aus den Berichten Grijalvas kannte. Und dann, am Karfreitag, dem 22. April, setzte Hernán Cortés seinen Fuß auf den Boden von Anáhuac. Es war nicht nur das Jahr und der Monat, es war exakt der Tag, an dem Quetzalcoatl zurückkehren sollte.

Wen wundert es da, daß schon eine Abordnung Moteczumas am Ufer bereitstand? Dem aztekischen Häuptling der Küstenprovinz, Teuthile, fiel die schwierige Aufgabe zu festzustellen, ob der Gelandete nun tatsächlich Quetzalcoatl sei oder nicht.

Immerhin war er wenigstens mit gründlichen Anweisungen aus Tenochtitlán versehen worden: »*Wenn es wirklich Quetzalcoatl ist, so begrüßt ihn in meinem Namen und überreicht ihm Geschenke. Setzt ihm alle Sorten von Speisen vor, Vögel und Wild, Brot und Schokolade. Wenn ihr seht, daß er von allem ißt, so ist es bestimmt der, auf den wir warten, Quetzalcoatl, der mit der Nahrung dieses Landes vertraut ist. Wenn er aber nicht von allem ißt, so wissen wir, daß es nicht Quetzalcoatl ist. Sollte ihn aber nach Menschenfleisch verlangen und er euch essen, um so besser! Ich will nach eurem Haus, euren Frauen und Kindern sehen, seid getrost!*«

Nun, diese erste Prüfung bestanden die Spanier glänzend. Durch die Wochen mit salzigem Pökelfleisch, fauligem Wasser und steinhartem Schiffszwieback nicht eben verwöhnt, fielen sie begeistert über das frische Gemüse, Brot und Fleisch her. Während des Essens berichtete Cortés der Indio-Abordnung von seinem König und Kaiser, wie es jenen fernen Monarchen nach der Freundschaft mit Moteczuma verlange (von dem er noch nie etwas gehört hatte), und wie er sich selbst den Uei Tlatoani zum Freund und Handelspartner wünsche.

Die Verwirrung Teuthiles muß beträchtlich gewesen sein. Waren für den Azteken die Namen, Begriffe und Einrichtungen, von denen die weißen Götter da sprachen, schon einigermaßen unverständlich, so wurden sie auch noch durch zweifaches Dolmetschen entstellt. Das Spanisch des Generalkapitäns übersetzte Aguilar ins Tabascoanisch, und das Tabascoanisch Aguilars übersetzte Doña Marina weiter ins Nahuatl und vermittelte eine Geschichte, die fraglos nur noch entfernt dem ähnelte, was Cortés gesagt hatte.

Eine Frage freilich war so klar, daß sie von Teuthile genau verstanden wurde und auch die Antwort unzweideutig zu Cortés zurückkehrte. Es war die Frage: »*Wann wird uns Moteczuma zu einem Besuch empfangen?*« und die abwehrende Antwort Teuthiles: »*Du bist kaum gekommen, und schon willst du ihn sprechen.*«

Salvador de Madariaga nannte das Ganze eine »Komödie der Irrungen«, und was die sprachlichen Schwierigkeiten anbelangt, so mag er da durchaus ins Schwarze getroffen haben. Doch die andere, allgemein vertretene Behauptung, Cortés habe nicht das mindeste von seiner »Göttlichkeit« geahnt, und es sei purer Zufall gewesen, daß er ausgerechnet am 22. April 1519 Anáhuac betrat, könnte man mit gutem Grund anzweifeln. Es gibt in der Geschichte seltsame Zufälle – so man überhaupt an den »Zufall« glaubt – und das Jahr 1-Schilfrohr (1519) für das Erscheinen der Spanier in Mexico gehört zweifellos dazu. Doch der genaue Tag? Wäre es nicht eher denkbar, daß Doña Marina-Malintzin einen entsprechenden Hinweis gegeben hatte? Als aztekische Fürstin war sie ja hinlänglich mit der Mythologie ihres Volkes vertraut. Und wenn sie das getan hatte, so war Cortés auch in etwa über seine Rolle als Quetzalcoatl informiert.

Auf jeden Fall unterließ der Generalkapitän nichts, um diese Göttlichkeit zu demonstrieren. An Geschenken für Moteczuma hatte er wenig zu bieten, und auch mit der Größe seiner Streitmacht war nicht viel Staat zu machen. Allerdings war es den Spaniern nicht entgangen, daß aztekische Maler-Schreiber auf hellen Baumwolltüchern alles aufmalten, was sie zu sehen bekamen, und wenigstens ihnen konnte Cortés einiges bieten: Die Arkebusiere feuerten ihre Gewehre ab, die Kanonen donnerten, daß es von den umliegenden Bergen widerhallte, und die Reiterei unter Albarado galoppierte rasselnd den Strand auf und ab. Die Wirkung dieses Schauspiels war überzeugend, denn nur Götter können schließlich Blitz und Donner schleudern, und Roß und Reiter erschienen den Indios als entsetzliche Kentaurwesen – auch wenn ihre Maler aus den Pferden eher eine Mischung aus Esel und Hund machten.

Den nachhaltigsten Eindruck allerdings erzielte eine *»vergoldete, wenn auch verrostete Sturmhaube«*, die einer der spanischen Soldaten trug und die Teuthile auffallend an den Helm Quetzalcoatls erinnerte. Cortés überließ dem Häuptling den Helm mit der Bemerkung, Moteczuma möge ihn doch mit Goldkörnern gefüllt zurückschikken. Damit verabschiedete man sich, und Teuthile hastete nach der Hauptstadt.

Eine Woche später war die Gesandtschaft aus Tenochtitlán wieder im Lager der Spanier, und mit ihnen die Geschenke des Uei Tlatoani an Quetzalcoatl: *»Als erstes Geschenk erhielt er ein Sonnenrad, groß wie ein Wagenrad, mit zahlreichen eingravierten Bildern, ganz aus feinstem Golde, ein wunderbarer Anblick und von unermeßlichem Wert, wie jene sagten, die es später wogen. Danach wurde ein anderes Rad präsentiert von noch größerem Umfang. Es war mit größter Kunst aus Silber als Nachahmung des Mondes gefertigt und hatte noch andere Figuren darauf; es war ebenfalls sehr wertvoll, da es sehr schwer war.«* Neben diesen beiden Rädern, offensichtlich Darstellungen des aztekischen Sonnen- und Mondkalenders, schickte Moteczuma den Soldatenhelm zurück, der tatsächlich bis zum Rand mit Goldkörnern gefüllt war, ferner Geschenke aus Gold, Silber, Leder, Edelsteinen, Federn und Baumwolle.

Nur in einem Punkt blieb der Uei Tlatoani hartnäckig, auch wenn er es höflich ausdrückte: Daß Cortés mit seinen Leuten nach Tenochtitlán komme, davon könne keine

Ein spanischer Reiter, gesehen mit den Augen eines aztekischen Maler-Schreibers.

Aztekischer Kalenderstein. Die goldene Sonne und der silberne Mond, die Cortés als Geschenk erhielt, dürften so ähnlich ausgesehen haben.

Rede sein! Quetzalcoatl möge gnädig die Geschenke annehmen und Anáhuac, wenigstens vorläufig, verlassen. »*Er möge sich gedulden, bis ich sterbe. Nach meinem Tod soll er willkommen sein und das Reich in Besitz nehmen, denn es gehört ihm.*«

Ohne Zweifel war der Uei Tlatoani Moteczuma von der Identität des spanischen Generalkapitäns mit Quetzalcoatl überzeugt. Doch gerade diese Überzeugung stürzte ihn in einen entsetzlichen Gewissenskonflikt. Fray Bernardino Sahagún berichtete wenig später: »*Während die Boten kamen und gingen, konnte Moteczuma weder essen noch schlafen noch irgend etwas bedenken, sondern er war tief betrübt und seufzte unablässig.*« Monteczuma war zwar der mächtige Uei Tlatoani des Azteken-Reiches, aber er war nur ein Mensch. Wie also sollte er sich in dieser Auseinandersetzung der Götter verhalten? Sollte er Quetzalcoatl unterstützen, den sanften Gott, der Menschenopfer verabscheute, oder besser Huitzilopochtli und Tetzcatlipoca, die unaufhörlich nach Menschenblut verlangten und einst Quetzalcoatl vertrieben hatten? Huitzilopochtli und Tetzcatlipoca hatten die Azteken groß gemacht, doch Quetzalcoatl verdankten sie ihre Kultur. Die schrecklichen Vorzeichen der Rückkehr des weißen Gottes hatte den tiefreligiösen Moteczuma bis ins Mark erschüttert, und nun sah er sich vor eine Entscheidung gestellt, die seine Kräfte einfach überstieg. Was immer er tat, die mächtigsten Götter Anáhuacs würden sich gegen ihn und sein Volk wenden.

Dieser Gewissenskonflikt machte den einst kraftvollen und energischen Krieger, Heerführer und Hohenpriester zu einem unsicheren, schwankenden, verzagten Schatten seiner selbst – in einem Augenblick, in dem das Volk der Azteken eine entschlossene, starke Führung mehr als je in seiner Geschichte benötigt hätte.

Die Gründung von Vera Cruz

Die nächsten vier Monate waren von hektischer Tätigkeit erfüllt. Die Gesandtschaften Moteczumas kamen und gingen. Man tauschte Geschenke aus, war ausgesucht höflich und blieb in der Sache hart: Cortés wollte unbedingt schnellstens nach Tenochtitlán, und Moteczuma wollte um jeden Preis Quetzalcoatl wenigstens von seiner Hauptstadt fernhalten – wenn es ihm schon nicht gelang, ihn wieder nach Osten über das Meer abzuschieben, denn die weißen Götter begannen sich unmißverständlich an der Küste häuslich einzurichten.

Voraussetzung aller weiteren Unternehmungen war für Hernán Cortés ein sicherer Stützpunkt und seine völlige Unabhängigkeit von Don Diego de Velázquez.

Die Gründung von Villa rica de la Vera Cruz (reiche Stadt vom wahren Kreuz) löste beide Probleme prächtig. Nach altem spanischem Recht beschloß die Versammlung der Offiziere und Soldaten die Gründung der Stadt, erklärte sich von Cuba unabhängig, wählte höchst demokratisch Alkalden, Ratsherren, Richter und Sekretäre und einen Kolonialverwaltungsrat, die zwar noch durch den König bestätigt werden mußten – doch das war reine Formsache und verzögerte keineswegs den sofortigen Amtsantritt der Gewählten. Damit unterstand Vera Cruz nur noch der spanischen Krone und war von Cuba und seinem Gobernador unabhängig. Für Cortés hatte die Sache freilich einen Haken, denn mit der Gründung der Stadt war auch er als Generalkapitän abgesetzt, doch – o Wunder – kaum eine halbe Stunde nach seiner Absetzung fand er sich als neugewählter Generalkapitän und Oberrichter von Vera Cruz wieder.

Natürlich gab es später bissigste Kommentare zu diesem »Verrat«, und gewiß ist die Gründung von Vera Cruz damals auf dem Strand von San Juan de Ulúa nicht ohne geschicktes Intrigieren, Taktieren und Lavieren gelaufen, aber juristisch war die Sache völlig legal und moralisch nicht allzu zweifelhaft, denn schließlich hatte die Hauptlast der Kosten für die Expedition Cortés aus eigener Tasche bezahlt – wer wollte ihm allzu übel nehmen, daß er auch ernten wollte, wo er gesät hatte?

Die Gründung von Villa rica de la Vera Cruz hatte freilich zunächst nur auf dem Papier stattgefunden, denn die moskitoverseuchte Küste von San Juan de Ulúa war als Standort der neuen Stadt denkbar ungünstig, und so segelte alsbald Francisco de Montejo mit zwei Schiffen nordwärts, um einen geeigneteren Platz zu finden.

Auch mit den Indios kam man in näheren Kontakt. Der Stamm nannte sich Totonaken, ihre Hauptstadt Cempoal und war kürzlich erst von den Azteken völlig unterworfen worden. Ihr Häuptling lud die Spanier herzlich zu sich ein.

Das war in zweifacher Hinsicht höchst angenehm. Zum einen wurde Cortés klar, daß das Reich von Anáhuac keineswegs ein monolythischer Machtblock war, sondern sich zum überwiegenden Teil aus gewaltsam unterjochten Stämmen und Städten zusammensetzte, zum anderen lag jener von Montejo ausgekundschaftete Platz zum Bau von Vera Cruz im Gebiet eben jener Totonaken.

Der Empfang in Cempoal hätte nicht herzlicher sein können. Der Häuptling, ein recht umfangreicher Herr, dessen Namen die Geschichte verschweigt und den wir nur unter der Bezeichnung »der dicke Kazike« kennen, bewirtete die Spanier vortrefflich, und zum Zeichen innigsten Einvernehmens erhielt Cortés die Nichte des Dicken zum Geschenk, die er *»mit guter Miene«* entgegennahm, obwohl sie Bernal Diaz *»außerordentlich häßlich«* nannte.

Um es kurz zu machen: Binnen weniger Wochen ließ sich der dicke Kazike samt seinem Volk taufen, warf die Oberherrschaft Moteczumas ab, erklärte sich zum Vasallen der spanischen Krone und schickte Tausende seiner Landsleute als Hilfskräfte zum Aufbau der neuen Stadt Vera Cruz.

»Cortés begann als erster, auf seinem Rücken Steine und Erde zu schleppen und die Baugrube auszuheben«, berichtete Bernal Diaz. Natürlich hatte die Kirche den Vorrang, dann kamen Marktplatz, Kapitelhaus und Gefängnis an die Reihe, ferner *»das Zeughaus, der Speicher, das Schlachthaus und andere Bauten, die dem guten Regiment und als Schmuck einer Stadt dienlich sind«*.

Nach wie vor aber lag knapp unter dem Horizont Cuba und sein habgieriger Gobernador. Für Cortés wurde es Zeit, seine Stellung endgültig zu festigen. Am 26. Juli 1519 ging sein bestes Schiff ostwärts unter Segel. An Bord befanden sich die Vertreter der Gemeinde von Vera Cruz, Alonso Hernández Puertocarrero und Francisco de Montejo. Sie sollten eine Denkschrift nach Madrid bringen, die die bisherigen Ereignisse erzählte, samt der Gründung von Vera Cruz und der Ernennung von Cortés zum Generalkapitän und Oberrichter, *»bis Eure Majestät entscheiden, was für Dero Dienst das Beste ist«*, und mit der dringlichen Bitte schloß, die Ernennungen zu bestätigen, bis *»das ganze Land befriedet ist«*. Als gewichtigstes Argument wurden die goldene Sonne, der silberne Mond und alle anderen Schätze, die man bisher ergattert hatte, auf das Schiff geladen, und Cortés brachte seine Männer sogar dazu, auf den ihnen zustehenden Beuteanteil vorläufig zu verzichten, um den immerwährenden Goldhunger Seiner Katholischen Majestät desto besser stillen zu können.

Cortés hatte befohlen, durch den Bahama-Kanal direkt nach Spanien zu fahren und vor allem nicht cubanischen Boden zu betreten. Natürlich hielt man sich nicht an diese Anweisung, da Montejo nach seinen Gütern sehen wollte, und so erfuhr Velázquez, was er wohl als letzter erfahren sollte, daß Hernán Cortés mittlerweile tatsächlich seinem unmittelbaren Zugriff entglitten war.

Überhaupt war ja das Thema Cuba für den alten und neuen Generalkapitän keineswegs ausgestanden. Eine ganze Reihe seiner Leute sehnte sich zurück nach Frauen, Kindern und Gütern. Eine Meuterei wurde aufgedeckt, zwei Männer daraufhin gehängt, einem die Füße abgehackt, zwei ausgepeitscht, obwohl Cortés vielen Schuldigen gegenüber ein Auge zudrückte, *»weil ihn die Umstände nötigten, die Besseren zu begnadigen«*.

Und derlei konnte sich jeden Tag wiederholen. *»Nun gab es«*, schrieb Cortés später an seinen Kaiser und König, *»außer den Freunden und Gefolgsleuten des Velázquez, noch manche, die das Land verlassen wollten. Ich überlegte mir, daß sie, ließ ich die Schiffe zurück, sich auflehnen und abreisen und mich allein lassen würden. Darum erreichte ich unter dem Vorwand, die Schiffe seien nicht mehr seetüchtig, daß sie auf den Strand gesetzt wurden. Dadurch verloren die Männer die Hoffnung, sie könnten das Land verlassen, und ich machte mich mit größerer Sicherheit auf den Weg.«*

Juan de Escalante, der die Operation durchführte, scheint freilich kein Genie gewesen zu sein. Anstatt alle zehn vorhandenen Schiffe gleichzeitig auf den Strand zu werfen, waren es zunächst nur fünf, ein paar Tage später vier, die Männer begannen das Manöver zu durchschauen und schlugen lautstark Krach. Cortés blieb keine andere Wahl, als seinen Soldaten die Wahrheit zu sagen, freilich in so flammender und brillanter Rede, daß er es sich leisten konnte, am Schluß den Hasenherzen das letzte Schiff zur Heimfahrt anzubieten – samt seiner Verachtung.

Die Soldaten lehnten beides mit wildem Gebrüll ab. Daraufhin setzte Cortés auch noch das letzte Schiff auf den Strand.

So von jeder Rückkehrmöglichkeit abgeschnitten, gab es für die Spanier nur noch: Vorwärts, *»um zu ergründen, was für ein Ding der große Moteczuma denn nun wirklich sei«*.

Das Bündnis mit Tlaxcala

Am 16. August 1519 brach Hernán Cortés an der Spitze seiner Truppe auf, die etwa 400 Spanier, 13 Pferde, sieben leichte Geschütze und 1000 totonakische Träger für Proviant und Munition umfaßte. Über schwer begehbare Pässe kletterten sie ins Hochland und überschritten am 31. August die Grenze von Tlaxcala.

Seine neuen Freunde und Verbündeten in Cempoal hatten dem Generalkapitän dringend geraten, sich mit den Tlaxcalteken in Verbindung zu setzen. Sollte es ihm gelingen, mit diesem wilden Bergstamm ein Bündnis zu schließen, so könnte ihm in ganz Anáhuac niemand mehr widerstehen.

Eigentlich waren die Tlaxcalteken eine Untergruppe der Azteken und hatten ursprünglich nach der Besetzung Mexicos nördlich des Tetzcoco-Sees gesiedelt. Allerdings galten sie als noch rauflustiger und unverträglicher als der Hauptstamm, und nachdem es ihnen in kürzester Frist gelungen war, sich mit all ihren Nachbarn zu überwerfen, zog sich der Stamm in die Berge zurück und gründete seinen eigenen Staat mit der Hauptstadt Tlaxcala. Den Azteken war es trotz gut 200jährigem pausenlosem

Die Reiherstandarte von Tlaxcala. Die Indio-Krieger trugen auf den Rücken geschnallte hölzerne Gestelle mit aus Federn, Gold und Silber gefertigten Abzeichen mit nationalen Symbolen oder Emblemen ihres Ranges.

Krieg niemals gelungen, die Tlaxcalteken zu besiegen oder gar zu unterwerfen. Auch wenn sie zu den gleichen Göttern beteten, die gleichen blutigen Opferriten vollzogen, die gleiche Sprache sprachen, blieben Azteken und Tlaxcalteken geschworene Todfeinde, und wer immer den einen bekämpfte, mußte dem anderen ein willkommener Verbündeter sein.

Doch so willkommen waren die Spanier in Tlaxcala keineswegs. Der stolze und kriegerische Stamm fertigte die Gesandten des Generalkapitäns hochmütig ab: *»Kommt ruhig alle nach Tlaxcala, wo wir Frieden schließen werden, indem wir eure Herzen und Blut den Göttern opfern und uns selbst von euren Leibern einen Festschmaus halten werden.«*

Dann gingen sie zum Angriff über. Drei schwere, blutige Schlachten mußten die Spanier durchstehen, und die Tlaxcalteken waren andere Gegner als die Tabascoaner oder die friedlichen Totonaken. Ein Augenzeuge berichtete später: *»Ihre Anführer tragen kittelähnliche Überröcke, die unseren Kettenpanzern entsprechen, nur sind ihre aus Gold oder vergoldetem Silber, und die Stärke dieser federgeschmückten Gewänder entspricht der Durchschlagskraft ihrer Waffen, sie widerstehen Speeren und Pfeilen, selbst dem Schwert. Als Kopfschutz tragen sie Köpfe von Schlangen, Tigern, Löwen und Wölfen, wobei die Kiefer der Bestien den Kopf des Kriegers zu verschlingen scheinen.*

Diese Köpfe sind aus Holz gefertigt und haben einen Überzug aus Federn oder Gold und Edelsteinen und sind herrlich anzusehen.

Sie haben Schilde aus starkem Schilfrohr, bespannt mit schwerem Baumwollstoff und geschmückt mit Federn und runden Platten aus Gold. Diese Schilde sind so stark, daß man nur mit einer guten Armrust hindurchschießen kann, mit Pfeilen kann man sie nicht durchdringen.

Die Angriffswaffen sind Bogen und Pfeile sowie Speere, für die sie eine andere Stange als Schleuder benutzen. Die Speerspitzen sind aus hartem Stein oder einer starken, sehr scharfen Fischgräte angefertigt, manche Speere haben sogar drei Spitzen. In derselben Weise haben ihre Keulen drei Spitzen, so daß jeder Schlag drei Wunden verursacht. Ihre Schwerter ähneln Pallaschen [lange gerade Kavalleriesäbel], *nur sind die Griffe länger und drei Finger breit. Diese Schwerter, die Maquahuitl genannt werden, sind aus Holz mit Steinschneiden, die in Nuten stecken und so scharf sind wie eine Toledaner Klinge. Eines Tages sah ich, wie ein Indio im Kampf sein Schwert einem Pferd in die Brust stieß und es auf der Stelle tötete. An demselben Tag sah ich, wie ein Indio ein Pferd mit einem einzigen Schwertstreich auf den Hals zu Boden streckte.*

Sie besitzen Schleudern, die sehr weit tragen, und viele, wenn nicht alle Krieger tragen all diese Waffen im Kampf. Es ist gewiß einer der herrlichsten Anblicke der Welt, wenn sie in Schlachtordnung vorrücken. Unter ihnen gibt es außergewöhnlich tapfere Männer, die dem Tod mit äußerster Entschlossenheit ins Auge sehen.

Ihre Schreie und ihre Wildheit erschrecken jeden, der ihnen zum ersten Mal gegenübersteht. Im Krieg sind sie die allergrausamsten Menschen, die es gibt, denn sie verschonen weder Brüder noch Verwandte, Freunde oder selbst die schönsten Frauen; sie töten alle und essen sie auf. Wenn sie ihre Feinde ausgeplündert haben und nicht alle Beute mitschleppen können, verbrennen sie alles.«

Dreimal gelang es Cortés und seinen Männern mit größter Mühe und letztlich nur durch die Wirkung ihrer »Götterwaffen« wie Kanonen, Arkebusen und Reitern, sich gegen die nach Zehntausenden zählende Übermacht unter dem jungen Kriegshäuptling Xicontencatl zu behaupten. Ob sie freilich noch eine vierte Schlacht durchgestanden hätten, ist mehr als fraglich, und wenn Cortés eine Gesandtschaft nach Tlaxcala schickte mit dem Ultimatum, entweder die Indios würden binnen zwei Tagen Frieden schließen, oder die Spanier würden nach der Hauptstadt marschieren, sie dem Erdboden gleichmachen und alle Einwohner erschlagen, so war das nur noch der verzweifelte Versuch, weiterhin eine göttergleiche Stärke zu demonstrieren, von der kaum noch etwas übrig war.

Doch gerade dieses Ultimatum wirkte. In prunkvoller Prozession erschienen die Häuptlinge und Priester von Tlaxcala mit reichen Geschenken im spanischen Lager, und Maxixcatzin, der älteste Häuptling, erklärte feierlich: *»Wir haben alles getan, um dich und deine Begleiter zu töten, aber unsere Götter vermögen nichts gegen dich. Deshalb wollen wir deine Freunde sein und dir dienen. Komm in unsere Stadt Tlaxcala und erhole dich von den Mühen, die wir dir bereitet haben.«*

Am 23. September zogen die Spanier, bestaunt und umjubelt, in Tlaxcala ein. Wenig

Die tlaxcaltekische Gesandtschaft vor Cortés. Dieses und etliche der folgenden Bilder entstammen einer tlaxcaltekischen Bilderhandschrift, die zu den besten Quellen der Ereignisse um die Eroberung Anáhuacs zählt und besonders den Anteil der Tlaxcalteken herausstreicht.

später wurde ein offizielles Bündnis geschlossen, die tlaxcaltekischen Stammesfürsten ließen sich taufen und die Häuptlinge gelobten dem Generalkapitän und seinem fernen König und Kaiser ewige Treue – sie haben sie gehalten.

Wie vorher in Tabasco und Cempoal wurden Frieden und Freundschaft mit der Übergabe einer Reihe von jungen Häuptlingstöchtern besiegelt. Darunter war eine Schwester des Kriegshäuptlings Xicontencatl, die in der Taufe den Namen Luisa erhielt und Pedro de Albarados Gefährtin wurde. Darin lag keine Mißachtung des Generalkapitäns, aber bei den Indios herrschte die Einehe, und Cortés hatte ohnehin schon zwei Frauen, die häßliche Tochter des dicken Kaziken und seit der Abreise Puertocarreros nach Spanien auch Doña Marina, die unschätzbare Dolmetscherin. Eine Ehe im christlichen Sinne waren diese Heiraten zwischen Spaniern und Indio-Häuptlingstöchtern zwar nicht, doch erwuchsen daraus den Frauen und ihrem halbblütigen

Das offizielle Bündnis zwischen Hernán Cortés und den Häuptlingen von Tlaxcala.

Nachwuchs kein Nachteil. Albarados und Doña Luisas Tochter, Doña Leonor, wurde später die Frau des Don Francisco de la Cueva, eines Vetters des Herzogs von Albuquerque, und Don Martín Cortés, der Sohn des Generalkapitäns mit Doña Marina, wurde in den berühmten und hochvornehmen Santiago-Ritterorden aufgenommen.

Das Blutbad von Cholula

Der Generalkapitän hatte in den Tlaxcalteken unschätzbare Verbündete gewonnen, hervorragende Krieger, die seine kleine spanische Truppe nunmehr zu einem recht ansehnlichen Heer machten, und eine Nachschubbasis, die ihm und seinen Leuten zumindest einmal das Leben retten und schließlich den Sieg über Tenochtitlán ermöglichen sollten. Cortés konnte mit diesem Bündnis rundherum zufrieden sein!

Und die Tlaxcalteken? Offenbar hat sich nie jemand die Mühe gemacht zu fragen, was sich die Häuptlinge von Tlaxcala von diesem Bündnis versprachen. Hat Cortés wirklich die Tlaxcalteken vor seinen Wagen gespannt – oder haben die Tlaxcalteken Cortés vor ihren Karren geschirrt und die unbesiegbaren weißen Götter zum Stoßtrupp ihres Rachefeldzuges gegen ihre aztekischen Erbfeinde gemacht? Daß die Spanier Mexico überhaupt erobern konnten, verdankten sie weitestgehend den Tlaxcalteken, doch die teilweise außerordentlich blutige Form, in der diese Eroberung stattfand, trug ebenfalls nur zu häufig das Siegel der Krieger aus Tlaxcala ...

Das Bündnis und die eifrig betonte Freundschaft zwischen den weißen Göttern und den Tlaxcalteken hatte noch eine andere Wirkung: Der Uei Tlatoani Moteczuma machte in seiner Haltung eine radikale Kehrtwendung. Da die Warnungen seiner Gesandten, die nach wie vor beständig zwischen der Hauptstadt und dem spanischen Lager hin und her wechselten, vor den schlimmen, verräterischen Tlaxcalteken nichts fruchteten, erschien plötzlich eine Delegation vor Cortés mit der höflichsten und liebenswürdigsten Bitte, doch ja nicht länger zu verweilen, sondern so bald als möglich nach der Hauptstadt zu kommen, wo sie bereits sehnsüchtig von Moteczuma erwartet würden!

Die tlaxcaltekischen Häuptlinge witterten Verrat. Cortés solle doch auf seinen Zug nach Tenochtitlán verzichten oder zumindest eine 10000 Mann starke Armee aus Tlaxcala mitnehmen. Der Generalkapitän lehnte beides ab, und die Spanier machten sich am 13. Oktober, von etwa 500 Totonaken und 600 bis 2000 Tlaxcalteken (die Angaben schwanken wie üblich beträchtlich) begleitet, erneut auf den Weg.

Ihr nächstes Ziel war das uralte und heilige Cholula, mit seinen 160 000 Einwohnern eine der größten Städte Anáhuacs. Natürlich wurde Hernán Cortés dringend von seinen neuen Freunden vom Besuch der Stadt abgeraten: Die Cholulteken seien von jeher geborene Lügner, Heuchler und Verräter gewesen, überall – so wollte man erfahren haben – seien Fallgruben mit spitzen Pfählen ausgehoben worden, die Straßen vermauert und verbarrikadiert, auf den flachen Dächern der Häuser lägen Stapel von Wurfsteinen, Pfeilen und Speeren, und ganz in der Nähe lauere eine aztekische Armee – die Stadt sei eine einzige große Falle!

Sei es, *»um keine Schwäche an den Tag zu legen«*, wie Cortés später seinem König schrieb, daß er trotzdem nach Cholula zog, oder war es ganz einfach die Tatsache, daß Quetzalcoatl nicht umhin konnte, den Hauptort seiner Verehrung zu besuchen. Cholula war längst ein religiöses und kulturelles Zentrum der Olmeken gewesen, ebenso wie der Tolteken, ehe die ersten Azteken aus dem Norden in das Land eingefallen waren. Quetzalcoatl soll hier auf seiner Wanderung zur Küste 20 Jahre geweilt haben, um die toltekischen Bewohner in den Künsten zu unterrichten und ihnen seine sanfte Religion zu predigen, deren einzige Opfer Blumen und Früchte waren. 360 Tempel umringten den riesigen, uralten Teocalli Quetzalcoatls, der sich mit seinen 80 Metern Höhe und 470 Metern Basislänge selbst mit den gewaltigsten ägyptischen Pyramiden messen konnte.

Zunächst schien alles gutzugehen. Der Empfang in Cholula war durchaus höflich und ehrenvoll, zumal Cortés seine tlaxcaltekischen Verbündeten in einem Lager vor der Stadt zurückgelassen hatte, um die Cholulteken nicht durch den Anblick dieser alten Feinde zu provozieren. Doch schon in den nächsten Tagen mehrten sich die unheilvollen Anzeichen. Totonakische Späher berichteten von einer Gesandtschaft aus Tenochtitlán, die heimlich und eifrig mit den Häuptlingen der Cholulteken verhandelte, Tlaxcalteken meldeten: *»Gestern abend haben die Cholulteken sieben Menschen, darunter fünf Kinder, dem Huitzilopochtli geopfert, und jetzt schicken sie ihre Kleider, Frauen und Kinder aus der Stadt weg.«* Und Diego de Ordás hatte die Straßensperren und Barrikaden beim Einzug selbst gesehen: *»Das Aussehen dieser Leute gefällt mir* *nicht im geringsten, und ich glaube, daß ich mich da nicht täusche.«* Als auch Doña Marina eine eindeutige Warnung erhielt, daß ein Überfall geplant sei, beschloß Cortés zu handeln. Er befahl den Häuptlingen von Cholula, in sein Quartier zu kommen, und als sie mit 2000 als Träger maskierten Kriegern im Hof standen, ließ er von seinen Soldaten die Eingänge besetzen.

Dann hielt er den Indios offen ihren geplanten Verrat vor. Erschreckt gaben die Cholulteken alles zu, schoben freilich die Schuld allein auf Moteczuma. Ohne auf ihre Entschuldigungen einzugehen, gab Cortés seinen Männern den Befehl zum Einhauen, weil *»solcher Verrat nicht ungestraft bleiben dürfe und er ein für alle Mal ein Exempel statuieren müsse, daß die Kunde davon bis an die fernsten Grenzen von Anáhuac dringe«.*

Zwei Stunden tobte der Kampf, dann brachen als Verstärkung mehr als 6000 Tlax-

Das Blutbad von Cholula, bei dem sich zumal die tlaxcaltekischen Verbündeten durch hemmungslose Mordlust auszeichneten.

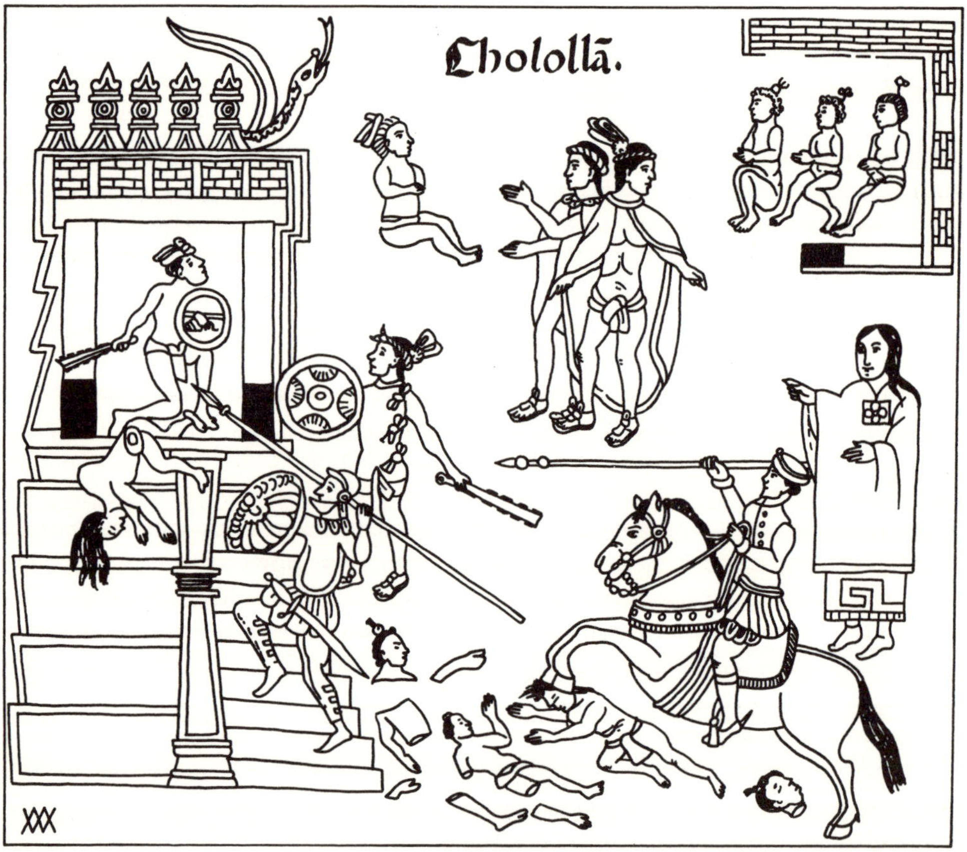

calteken mordend und plündernd in die Stadt. Wie viele Menschen in den nächsten eineinhalb Tagen, ehe Cortés seine Verbündeten wieder einigermaßen in der Hand hatte, starben, ist ungewiß, 6000 waren es bestimmt, vielleicht auch mehr.

Man mag das überaus harte Vorgehen des Generalkapitäns als »militärische Notwendigkeit« erklären – vielleicht war sie das sogar. Man mag die Hauptschuld an dem Gemetzel den rachelüsternen Tlaxcalteken anlasten – immerhin war es recht seltsam, daß es ihrer plötzlich über 6000 waren, obwohl doch nur 600 bis 2000 die Spanier offiziell begleitet hatten. Man mag die eifrigen Bemühungen des Generalkapitäns, nachher Frieden zwischen Tlaxcala und Cholula zu stiften, zu seiner Entlastung werten: Das Blutbad von Cholula bleibt der vielleicht dunkelste Punkt im Leben des Generalkapitäns – auch wenn es feststeht, daß eine Verschwörung stattfand und die Cholulteken bewaffnet waren, wie aus den Berichten der Franziskanermönche, die wenig später den Vorfall untersuchten, eindeutig hervorgeht, und die Behauptungen Sahagúns und Las Casas', daß *»die Cholulteken Waffen weder für den Angriff noch für die Verteidigung hatten«* und *»keinerlei Verrat beabsichtigt hätten«*, eindeutig dem Wunsch entsprungen waren, die Conquistadoren anzuschwärzen, wo immer sich dazu eine Möglichkeit zu bieten schien.

Der Einzug in Tenochtitlán

Sollte einer der Spanier noch daran gezweifelt haben, wer wirklich hinter dem geplanten Anschlag von Cholula stand, so beseitigte die nächste Gesandtschaft aus Tenochtitlán jeden Zweifel: Der Uei Tlatoani Moteczuma, der eben Quetzalcoatl-Cortés noch dringend aufgefordert hatte, über Cholula weiterzumarschieren, wollte nun plötzlich nichts mehr von einem Besuch in der Hauptstadt wissen. Sollte der weiße Gott umkehren, so bot er ihm sogar reichste Gold- und Silbertribute an, die er alljährlich an der Küste abliefern wolle.

Doch Cortés erklärte, er sei nun so weit marschiert und habe so viele Mühen und Gefahren erdulden müssen, daß er nicht wieder umkehren könne, ohne den Uei Tlatoani gesehen und ihn zum Freund gewonnen zu haben. In den letzten Oktobertagen setzte sich das Heer erneut in Bewegung – Tenochtitlán lag nunmehr noch rund 150 Kilometer entfernt.

Moteczuma hatte die Spanier zwar vor einem Weitermarsch gewarnt mit dem Hinweis, daß das Land nahezu unzugänglich sei – was für einen Spanier ein unbekannter Begriff ist –, doch hätten sie vielleicht tatsächlich ihr Ziel nie erreicht, denn die Straßen, über die sie ihre aztekischen Führer dirigierten, wurden zunehmend schlechter und unwegsamer, während andere Straßen durch gefällte Bäume und Geröllhaufen völlig unpassierbar schienen.

In dieser ungemütlichen Lage rettete Diego de Ordás seinen Generalkapitän und das Heer. Der Anblick der beiden gewaltigen Vulkankegel des Popocatepetl (Rauchender Berg) und des Ixtaxihuatl (Weiße Frau) hatte die unstillbare Neugier nach allem

Außergewöhnlichen und Geheimnisvollen in diesem Don Quijote erregt. *»Am Ende des Augustmonats haben die beiden Berge noch so viel Schnee, daß nichts anderes von ihrem Gipfel als eben der Schnee sichtbar bleibt. Und aus dem höchsten dringt häufig, bei Tag und Nacht, starker Dampf hervor und erhebt sich über die Spitze des Berges gegen die Wolken, gerade wie ein Pfeil. Und so groß ist anscheinend die Gewalt, mit der er hervorbricht, daß ihn selbst der starke Wind, der stets auf dem Berge weht, nicht zu beugen vermag.«* Ritter Ordás bat den Generalkapitän, mit zehn Mann den Popocatepetl besteigen zu dürfen, um das Geheimnis der Dampfwolke zu ergründen. Ob die Spanier nur einen Gas-, Wasser- und Schwefeldämpfe spuckenden Nebenkrater erreichten, wie manche Historiker behaupten, oder, was sogar wahrscheinlicher ist, tatsächlich den Hauptgipfel mit seinen 5450 Höhenmetern, auf jeden Fall entdeckte Diego de Ordás noch etwas anderes: Eine nur auf den ersten Meilen versperrte, dann aber gute und bequeme Straße hinab in die Hochebene, deren Mittelpunkt ein gewaltiger Salzsee bildete, der sich rund 66 Kilometer nach Norden erstreckte, umringt von einem Kranz blühender Städte und Gemeinden. Vor den Westufern des Tetzcoco-Sees leuchtete, wie Venedig mitten ins Wasser gebaut und nur über drei Dammwege mit dem Festland verbunden, Tenochtitlán.

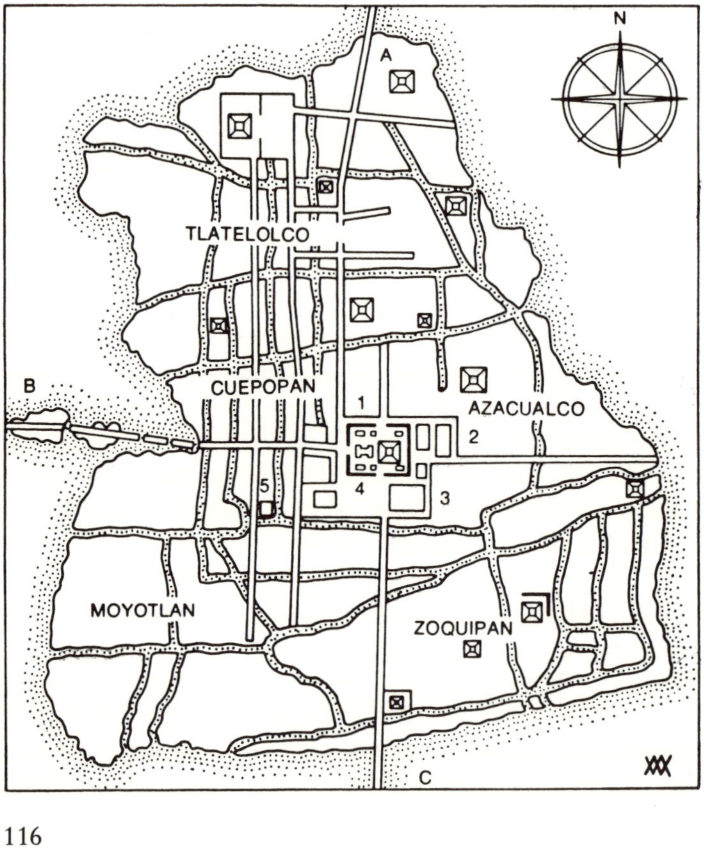

Tenochtitlán.
A: Damm nach Tepeyac,
B: Damm nach Tacuba,
C: Damm nach Itzapalapa.
1: Teocalli des Huitzilopochtli,
2: Axayacatl-Palast,
3: Palast Moteczumas,
4: Marktplatz (Tianquiztli),
5: Palast Cuauhtemocs.

Bernal Diaz schrieb: *»Wie wir so viele Städte und Ortschaften auf dem Wasser erblickten, auf dem Land aber weitere große Ansiedlungen und dazu den Straßendamm, der so gerade und eben nach Mexico führte, waren wir voller Bewunderung und sagten, das alles gleiche Zauberei: die großen Türme und Tempel und Bauten, die alle aus Mauerwerk auf dem Wasser errichtet waren. So gab es einige unter uns, die sogar fragten, ob all das, was wir sahen, nicht nur ein Traum sei.«*

Doch es war ein gefährlicher Traum, und die geübten Soldatenaugen sahen auch dies. Tenochtitlán, die Stadt im See, war nicht nur eine fast uneinnehmbare Festung, wenn man die leichten Holzbrücken über den zahllosen Dammdurchstichen entfernte, sie konnte aus dem gleichen Grund zur unentrinnbaren Falle werden für den, der wieder heraus wollte. Die Stimmung der Spanier schwankte zwischen begeistertem *»Dies ist das Gelobte Land!«* bis zum entsetzten *»Es heißt Gott versuchen, wenn wir uns auf diese Gefahr einlassen – so wenige inmitten einer solchen Menge!«*, und Bernal Diaz faßte zusammen: *»Und wie wir solch wunderbare Dinge sahen, wußten wir nicht, was wir dazu sagen sollten, und ob das, was wir sahen, wahr sei. Dazu sahen wir die Fülle der Kanus und den Damm von vielen Brücken unterbrochen, vor uns aber die große Stadt Mexico. Wir waren jedoch kaum 400 Männer und trugen in unseren Herzen das Gerede und die Warnungen aus Cempoal und Tlaxcala und vieler anderer, die uns gewarnt hatten, nach Mexico zu ziehen, weil jene uns töten würden. Es würden hier so viele Menschen leben, daß zunächst 100 000 gegen uns kämpfen würden, denen, falls jene getötet würden, noch einmal so viele folgen würden. So werden sie zu Hunderttausenden sterben, wir aber, mögen wir auch unbesiegbar sein, würden nach so langem Kampf an Erschöpfung sterben. Der neugierige Leser möge erwägen, ob es nicht bei dem, was ich hier beschreibe, viel zu bedenken gab, und ob die Welt jemals Männer sah, die soviel gewagt haben.«*

Am Morgen des 8. November rückten die knapp 400 Spanier und ihre 2000 tlaxcaltekischen Verbündeten über Itzapalapa hinaus auf die große Dammstraße nach Tenochtitlán vor.

Es war, wie bei der Landung in San Juan de Ulúa, ein seltsamer Zufall oder berechnete Absicht, daß Hernán Cortés gerade an diesem Tag die Hauptstadt der Azteken betrat. Der 8. November war für die Indios der zweite Tag im Monat Quecholli in ihrem bürgerlichen und astrologischen Kalender, der achte des Zeichens Ehecatl im religiösen und astronomischen Kalender, der *»dem Machtanspruch Quetzalcoatls unterstand«*. Cortés-Quetzalcoatl betrat Tenochtitlán an dem ihm geweihten Tag!

Vor dem mächtigen Bollwerk, das den Zusammenschluß der Dammwege von Itzapalapa und Coyocán bewachte, begrüßte ehrerbietig eine 1000köpfige Menge angesehener Bürger die weißen Götter, indem sie ihre Hände küßten, nachdem sie den Boden berührt hatten, und gaben ihnen das Geleit in die Stadt.

»Zwei Reihen mexicanischer Herren kamen ihnen entgegen. Sie hielten sich an den Rändern der Straße, hatten die Blicke gesenkt und gingen, wiewohl sie in reiche und bunte Gewänder gekleidet waren, alle barfuß. Sie schritten dem Uei Tlatoani voraus, dessen von Edelknaben getragene Sänfte in der Ferne zu sehen war, wie sie unter dem

Panier aus grünem Federtuch in feierlichem Schritt näher kam. Moteczuma war wie immer sehr reich gekleidet und trug an den Füßen Sandalen mit goldenen Sohlen. Als die Sänfte in der Nähe des Ortes, wo Cortés wartete, angekommen war, stieg Moteczuma auf kostbare Baumwolltücher, die für ihn ausgebreitet worden waren, und ging auf seinen Gast zu. Vor ihm schritten einige Höflinge, die sorgsam den Boden fegten, darauf wieder andere Höflinge, welche Baumwolltücher ausbreiteten, um seine Füße vor jeder Berührung mit dem Boden zu bewahren. Danach drei Herolde mit hoch erhobenen Goldstäben, einem Wahrzeichen seiner Macht. Schließlich kam ernst und feierlich der Uei Tlatoani zwischen seinen beiden Verwandten geschritten: König Cacama von Tetzcoco zu seiner Rechten und Cuitlahuac, Herr von Itzapalapa, zu seiner Linken. Ihm folgten die Herren von Tlacopan und Coyocán. Alle vier waren reich gekleidet, aber barfuß.«

Cortés stieg vom Pferd und ging mit ausgebreiteten Armen dem Uei Tlatoani entgegen, ihn zu umarmen, doch die beiden Fürsten streckten die Hände aus, um ihn daran zu hindern: Der Herrscher war zu heilig, als daß man ihn berühren durfte. Dann beugten sie sich nieder, berührten den Boden und küßten ihre Hände, und auch der Uei Tlatoani Moteczuma bot Quetzalcoatl-Cortés diesen Gruß tiefster Ehrerbietung.

»O unser Gebieter«, erklärte Moteczuma feierlich, *»seid willkommen. Ihr seid in Euer Land gelangt, zu Eurem Volk und Eurem Haus Mexico. Ihr seid gekommen, auf Eurem Thron und Eurem Sessel zu sitzen. Das alles habe ich etliche Tage in Eurem Namen zu eigen besessen, und andere Gebieter, die jetzt tot sind, hatten es vor mir. Wir alle haben auf unseren Schultern Euren Staat getragen. Die Toten können nicht mehr sehen noch wissen, was jetzt geschieht. Ich wünschte, daß einer von ihnen am Leben wäre, so daß diese Dinge, die in meinem Beisein geschehen, unter ihnen geschehen würden. Unser Gebieter, mit meinen Augen sehe ich Euer Antlitz und Eure Person. Seit Tagen habe ich darauf gewartet. Seit Tagen blickt mein Herz in die Richtung, aus der Ihr gekommen seid. Ihr kommt aus Wolken und Nebel, aus Ländern, die allen verborgen sind. Das ist fürwahr, was uns die Könige der Vorzeit berichtet haben: daß Ihr in dieses Land zurückkehren und es beherrschen, daß Ihr auf Eurem Thron und Sessel sitzen werdet. Willkommen denn! Auf Eurer langen Reise müßt ihr viele Entbehrungen erduldet haben. Ruht jetzt aus! Hier ist Euer Haus, hier sind Eure Paläste! Nehmt sie hin und ruht darin mit Euren Gefährten aus.«*

Hernán Cortés winke Doña Marina heran: *»Sage Moteczuma, er soll getrost sein und sich nicht fürchten, denn ich liebe ihn, und desgleichen tun alle, die mich begleiten. Niemand will ihm ein Leid antun. Wir sind sehr glücklich, daß wir ihn nun sehen und kennenlernen, weil wir uns das lange gewünscht haben und dieser Wunsch nun erfüllt wird. Wir sind nach Mexico in sein Haus gekommen. Wir werden ihn in Ruhe sehen und sprechen.«*

Dann löste er eine Kette aus Glasperlen, die auf Goldfäden aufgezogen waren und mit Moschus parfümiert, von seinem Hals und legte sie Moteczuma um. Der Uei Tlatoani revanchierte sich mit zwei Halsketten, *»die aus roten Muscheln bestanden, welche sie hoch schätzten; an jeder Kette hingen acht goldene Krebse herab, die meh-*

Moteczuma Xocoyotzin, der 9. Uei Tlatoani des Reiches von Anáhuac.

rere Zoll maßen und vollendet schön waren«. Diese Halsketten waren die Insignien Quetzalcoatls.

Zu Fuß kehrte man in die Hauptstadt zurück. Voran Moteczuma mit seinem Neffen Cacama, dahinter Cortés, Hand in Hand mit Cuitlahuac, dem Bruder Moteczumas, *»der keinem, mochte er Kastilier oder Indio sein, erlaubte, sich ihm zu nähern, und das war die größte Ehrung, die Moteczuma Cortés erweisen konnte«.*

Als Quartier wurde den weißen Göttern ein weitläufiger Gebäudekomplex im Zentrum der Stadt angewiesen. Er hatte dem Vorgänger Moteczumas, Axayacatl, als Residenz gedient, war prachtvoll eingerichtet und erstaunlich gut befestigt.

Moteczuma führte Cortés in die mittlere Halle, gegenüber einem weiten Hof, und ließ den Gast auf einem aus Gold und Edelsteinen gefügten Stuhl Platz nehmen: *»Ihr seid in Eurem Haus. Eßt, ruht und unterhaltet Euch. Ich werde bald wiederkehren.«* Dann geleitete Cortés den Uei Tlatoani zum Tor und verabschiedete sich mit einer tiefen Verbeugung. Kaum war freilich der Aztekenherrscher verschwunden, ließ der Generalkapitän zunächst das ganze Gebäude von seinen Leuten inspizieren, verteilte die Wachen, brachte die Geschütze in Stellung und befahl allen größte Vorsicht und stete Kampfbereitschaft. *»Und so vollzog sich unser kühner Einzug in die großmächtige Stadt Tenochtitlán.«*

Kopf eines Adlerkriegers – der Überlieferung nach ein Porträt des jungen Kriegshäuptlings und letzten Uei Tlatoani Cuauhtemoc.

Herr von Anáhuac

Die Spanier müssen sich in der Tat gefragt haben, ob sie nicht träumten. Moteczuma, der sich so heftig und lange geweigert hatte, sie zu empfangen, war die Liebenswürdigkeit in Person. Der Axayacatl-Palast war mit allem Luxus einer hochstehenden Zivilisation ausgestattet: »*Von vier Straßen, die ihn umgrenzten, führten 20 Tore hinein. Drei größere Höfe gaben ihm Licht und Luft, und von einem schön verzierten Brunnen aus wurde die gesamte Wasserversorgung geregelt. Es gab viele große Säle, 100 Zimmer von je acht bis neun Metern im Quadrat und 100 Bäder. Das Holzwerk war sehr kunstvoll, aber ganz ohne Nägel verarbeitet. Die Wände bestanden aus gewöhnlichem Stein oder Marmor, aus Jaspis, Porphyr, weißem Gestein oder Alabaster, die Decken aus Zeder, Zypresse, Palme, Kiefer oder anderen Hölzern, immer kunstvoll geschnitzt und mit Tieren und anderen Gestalten verziert. Die Zimmer waren gestrichen und mit Teppichen ausgelegt, die Wände mit kostbaren Tüchern aus Baumwolle, Kaninchenhaar oder Federn bespannt.*« Ganze Scharen von Dienern und Mägden sorgten für das leibliche Wohl der Gäste, und fast täglich trafen reiche Geschenke des Herrschers für Hernán Cortés und seine Männer ein, wenn Moteczuma im Axayacatl-Palast erschien, um sich nach dem Wohlbefinden seiner Gäste zu erkundigen, oder wenn Cortés und seine Offiziere zum Palast Moteczumas hinüberritten, um mit dem Uei Tlatoani zu plaudern.

Es gab freilich auch andere Dinge, die Vorsicht und Mißtrauen des Generalkapitäns niemals ganz einschlafen ließen. Wie freundlich Moteczuma im Augenblick auch immer sein mochte, die beinahe tödliche Falle von Cholula war keineswegs vergessen, und Tenochtitlán mochte noch weit gefährlicher werden, wenn die Stimmung des Uei Tlatoani aus irgendwelchen Gründen wieder umschlug. Zudem ragte genau gegenüber dem Axayacatl-Palast die riesige Tempelpyramide des Huitzilopochtli und des Tetzcatlipoca, der »große Teocalli«, in den Himmel, und die Spanier mußten tagtäglich entsetzt zusehen, wie Scharen von Gefangenen dort hinaufgeschleppt wurden, die Priester den Opfern das Herz aus der Brust rissen und die Leichname die Treppen wieder in den Hof hinunterschleuderten. Mehr als einmal versuchte Cortés diesen grausigen Opferriten durch Moteczuma Einhalt gebieten zu lassen, doch in religiösen Dingen war der Uei Tlatoani unbeugsam. Der Versuch des Generalkapitäns gar, ihn von der christlichen Lehre zu überzeugen, scheiterte restlos. Moteczuma hörte sich zwar höflich die Predigt seines Gastes an, doch dann erklärte er kategorisch: *»Ich kenne das, was Ihr über die drei Götter und das Kreuz zu sagen habt, von meinen Dienern und anderen Leuten, denen Ihr es erklärt habt. Wir jedoch verehren unsere Götter und halten sie für gut, was eure fraglos auch sind. Daher braucht Ihr Euch nicht zu bemühen, auf diese Sache zurückzukommen.«*

Moteczuma war keineswegs Wachs in den Händen des weißen Gottes und etliche seiner Fürsten, an ihrer Spitze Moteczumas Bruder Cuitlahuac, Fürst von Itzapalapa, und Moteczumas Neffe Cacama, König von Tetzcoco, ließen die Spanier recht deutlich ihre Ablehnung merken. Zwar leise, doch systematisch begannen sie das Volk gegen Quetzalcoatl aufzuhetzen, zusammen mit den Priesterschaften und dem jungen Kriegshäuptling Cuauhtemoc (Herabstoßender Adler). Dieser war zwar erst 18 Jahre alt, doch sein Ruf übertraf bereits den, den Moteczuma einst gehabt hatte. Zudem stammte er aus der Herrscherfamilie – sein Vater war Ahuizotl, der Vorgänger Moteczumas, gewesen, seine Mutter Tlillacapantzin, die ihren Stammbaum auf den ersten Herrscher Anáhuacs, Acamapitl, zurückführte.

Und dann kam eine Nachricht aus Vera Cruz, die recht nachdrücklich deutlich machte, daß Moteczuma keineswegs nur der liebenswürdige Gastgeber war. Cortés hatte in Vera Cruz unter dem Kommando des Juan de Escalante etwa 70 Spanier zurückgelassen, hauptsächlich Seeleute, Kranke und Invaliden, die er für seinen Zug ins Landesinnere nicht gebrauchen konnte. Diese hatte Quauhpopoca, der aztekische Häuptling der Küstenprovinzen, angegriffen. Zwar war es den Spaniern gelungen, die Indios zurückzuschlagen, doch Escalante und etliche andere waren dabei gefallen.

Die Sache gab dem Generalkapitän zumindest den Vorwand, einen Plan auszuführen, der in seiner Verwegenheit wohl einzigartig war: die Gefangennahme des Uei Tlatoani Moteczuma.

Mehr als ein Geschichtsschreiber hat über diesen »Vorwand« feierliche Moralpredigten gehalten. Der eine schreibt. *»Um sein eigenes Gewissen zu täuschen«*, ein anderer: *»Die schamloseste Tat versucht sich hinter einem Anschein von Anständigkeit zu verbergen.«* Doch Cortés brauchte keine moralische, nur eine politische Rechtfertigung, und diese legte er selbst seinem König und Kaiser offen dar: *»Ich dachte, es sei im Interesse des Königs und unserer Sicherheit ratsam, daß jener Fürst in meiner Gewalt und nicht völlig frei sei, damit er nicht die von ihm bekundete Absicht und Bereitwil-*

ligkeit, Eurer Hoheit zu dienen, ändere. Außerdem würden, wenn ich ihn in der Hand hätte, alle ihm untertänigen Länder schneller bereit sein, Euer Majestät anzuerkennen und zu huldigen.«

So erschien der Generalkapitän mit fünf seiner Offiziere und etwa 30 Mann vor dem Uei Tlatoani, nachdem er die Garnison in Alarmbereitschaft versetzt und die wichtigsten Straßen und Kreuzungen zwischen dem Axayacatl-Palast und dem Palast Moteczumas von seinen Männern hatte besetzen lassen.

Zunächst verlangte Hernán Cortés, Quauhpopoca und seine Mitschuldigen unverzüglich nach Tenochtitlán zu beordern, um dem Zwischenfall auf den Grund zu gehen. Moteczuma willigte ein und schickte eine Gesandtschaft mit dem entsprechenden Auftrag los. Dann setzte ihm der Generalkapitän auseinander, daß er ihn bitten müsse, bis zur Aufklärung der Angelegenheit in den Axayacatl-Palast umzusiedeln. Moteczuma war entsetzt: *»Meine Person ist nicht dazu geschaffen, ins Gefängnis zu gehen; und selbst wenn ich es wollte, mein Volk würde es nicht dulden!«*

Cortés widersprach. Von Gefängnis könne keine Rede sein, der Uei Tlatoani würde sich vollkommener Freiheit erfreuen und in der Ausübung seiner Herrschaft nicht im mindesten behindert werden. Moteczuma bot drei seiner Kinder als Geiseln an, doch Cortés blieb unerbittlich. Vier Stunden zogen sich die Verhandlungen hin. Dann gab Moteczuma nach. Die Herren seines Hofes hoben ihn in eine Sänfte und trugen ihn weinend in sein neues, aufgezwungenes Quartier.

Man hat Moteczuma diese Nachgiebigkeit als Schwäche ausgelegt, allenfalls durch blanke Todesfurcht zu entschuldigen – Velázquez de León hatte ja laut genug gebrüllt: *»Er möge mitkommen, oder wir werden ihn aufspießen!«* Das ist natürlich rein europäisch gedacht. Für einen religiösen Azteken – und Moteczumas Tragödie bestand ja eben darin, daß er tief gläubig war – hatte ein gewaltsamer Tod nichts schreckhaftes, im Gegenteil, das Paradies wurde nur dem zuteil, der im Kampf oder auf dem Opferstein starb. Moteczumas »Schwäche« war, daß er als Mensch in einen Götterkrieg geraten war und zugleich auch noch die gesamte Verantwortung für sein Volk tragen mußte. Er konnte zwar durch seine Untergebenen wie Quauhpopoca und die Häuptlinge von Cholula gegen Quetzalcoatl etwas unternehmen, aber einem persönlichen, unmittelbaren Befehl des Gottes durfte er sich nicht widersetzen. Und das galt nicht nur für den Uei Tlatoani, sondern auch für sein ganzes Volk. Wenn sich Cuitlahuac, Cacama und Cuauhtemoc gegen die Spanier stellten, so nicht, weil sie an deren Göttlichkeit zweifelten, sondern weil sie sich voll dem Dienst Huitzilopochtlis und Tetzcatlipocas und damit dem Kampf gegen Quetzalcoatl geweiht hatten – und doch wagten weder Cuitlahuac noch Cacama noch einer der Hohenpriester eine Widerrede, als sie wenig später in den Axayacatl-Palast beordert wurden, und obwohl sie wußten, daß sie eine weit härtere Gefangenschaft erwartete als den Uei Tlatoani, zögerten sie keinen Augenblick, dem Befehl Quetzalcoatls zu gehorchen.

Die Gefangenschaft Moteczumas war in der Tat recht leicht, und die Spanier taten alles, um ihm den Aufenthalt im Axayacatl-Palast so angenehm als möglich zu machen, so daß *»er sich daran gewöhnte, ein Gefangener zu sein, ohne deshalb Kummer an den*

Tag zu legen«. Cortés gab strikten Befehl, den Uei Tlatoani mit der größten Hochachtung zu behandeln, *»und hierin gab er selbst das beste Beispiel, denn wann immer er ihn besuchte, verneigte er sich viele Male bis tief zum Boden, was jenem große Erleichterung zu bereiten schien«.* Moteczumas Hofhaltung war im Axayacatl-Palast ebenso prachtvoll wie vorher: seine Frauen, seine Bäder, seine umfangreichen Mahlzeiten, sein Gefolge von Höflingen, seine Audienzen, alles blieb unverändert. Einen spanischen Soldaten, der sich dem Uei Tlatoani gegenüber rüpelhaft aufgeführt hatte, rettete nur die Fürbitte Moteczumas selbst vor dem Galgen, freilich nicht vor 100 Peitschenhieben, die ihm Cortés für sein schlechtes Betragen aufzählen ließ. Selbst den Gottesdienst im großen Teocalli durfte Moteczuma weiter besuchen, und die paar spanischen Offiziere und Soldaten, die ihn zum Tempel begleiteten und dort wieder abholten, waren nicht mehr als eine Ehrenwache – hätte sich der Aztekenherrscher geweigert, in den Axayacatl-Palast zurückzukehren, niemand hätte ihn dazu zwingen können.

Der Uei Tlatoani Moteczuma, begleitet von seinen Höflingen, unterhält sich mit Cortés, hinter dem Doña Marina als Dolmetscherin steht; im Vordergrund Geschenke für Cortés.

Trotzdem braucht man nicht zu betonen, daß Moteczuma an dem Tag, da er in den Axayacatl-Palast übersiedelte, seine Autorität verloren hatte. Von jenem Tag an hieß – trotz aller Zwischenfälle, die der Spanier noch harrten – der wirkliche Herrscher Anáhuacs Hernán Cortés.

Wider jede Klugheit

Wie sehr Hernán Cortés bereits Herr von Anáhuac war, zeigte sich drei Wochen nach diesen Ereignissen bei Prozeß und Hinrichtung Quauhpopocas, seines Sohnes, und 15 seiner Würdenträger.

Moteczuma hatte nach einer kurzen Unterredung den Häuptling der Küstenprovinz an die Spanier ausgeliefert. Spanische Chronisten gaben als Grund an, daß der Uei Tlatoani erzürnt gewesen sei, daß Quauhpopoca ihn als den eigentlichen Urheber des Überfalls auf Vera Cruz angegeben hatte – was der Häuptling in Wirklichkeit nie tat. Weit glaubhafter klingt die Version Salvador de Madariagas – auch wenn er betont, daß er diese Szene frei erfunden habe –, denn sie entspricht entschieden eher aztekischem Denken. Danach habe Moteczuma seinem Untertanen etwa folgendes gesagt: *»Ich danke dir, daß du jene Spanier gefangen und zumal, daß du mir ihre Köpfe geschickt hast. Ich möchte dich dafür belohnen. Da nun der Weiße Bärtige wütend über uns ist und wahrscheinlich seinem Zorngott ein Opfer darbringen will, habe ich beschlossen, daß du die Ehre haben sollst, um meinetwillen zu sterben«*, und fügt hinzu: *»Daraufhin dürfte Quauhpopoca, von Dankbarkeit überwältigt, den Saal verlassen haben, in der Bereitschaft, für einen so großmütigen Herrscher zehn Tode zu sterben.«*

Cortés ließ Quauhpopoca und seinen Begleitern den Prozeß machen, und da die Indios die Tat offen zugaben, zum Tod auf dem Scheiterhaufen verurteilen. Die Todesart hatte freilich nichts mit dem Verbrechen des Häuptlings, sondern mit den gewaltigen

Moteczuma wird während der Hinrichtung Quauhpopocas in Ketten gelegt.

Waffenvorräten in der Hauptstadt zu tun. Cortés *»ließ alle Waffen, die aufzutreiben waren, aus den Zeughäusern holen, im ganzen mehr als 500 Wagenladungen, und ließ sie verbrennen, mit ihnen aber Quauhpopoca; er sagte, er verbrenne jene, um diesen zu verbrennen«*, schrieb Andrés de Tapia, einer von Cortés' Soldaten, später.

Die Stadt nahm das Schauspiel schweigend hin – sie hätte es vielleicht nicht getan, wenn sie von den Geschehnissen innerhalb der Mauern des Axayacatl-Palastes gewußt hätte. Während der Hinrichtung Quauhpopocas hatte der Generalkapitän die Füße des Uei Tlatoani in Eisen schließen lassen – eine fast unglaubliche Kühnheit dem Mann gegenüber, dem sein eigenes Volk vor Ehrfurcht nicht ins Gesicht zu blicken wagte und den zu berühren selbst Quetzalcoatl vor wenigen Wochen noch verwehrt worden war.

Nach dieser unmißverständlichen Machtdemonstration war Cortés wieder ganz Liebenswürdigkeit. Er besuchte den gedemütigten Uei Tlatoani, befreite die königlichen Füße eigenhändig aus den entehrenden Fesseln, umarmte Moteczuma, nannte ihn seinen Bruder und bot ihm sogar an, wieder in seinen eigenen Palast zurückzukehren. Moteczuma lehnte das Angebot ab und beruhigte selbst seine Höflinge und Verwandten mit dem Hinweis, *»es gefalle ihm, aus freien Stücken einige Tage bei uns zu verbringen; sie sollten sich nicht aufregen oder bekümmern, da alles, was geschehe, Huitzilopochtli willkommen sei«*.

Unter diesen Umständen wird es somit niemanden mehr verwundern, daß noch im Dezember 1519 – der Tag ist nicht genau festgehalten – der Uei Tlatoani Moteczuma in aller Form und mit großem Zeremoniell die Oberhoheit Karls, König von Spanien und Kaiser des Heiligen Römischen Reiches Deutscher Nation, anerkannte und den Lehenseid schwor.

Im übrigen waren die folgenden Wintermonate ruhig. Cortés festigte seine Stellung, schickte Soldatengruppen aus, um das Land zu erforschen und diplomatische Beziehungen zu den keineswegs immer aztekenfreundlichen Stämmen und Städten des Umlands anzuknüpfen, und pflegte eine sich unbestreitbar ständig bessernde Freundschaft mit seinem Gefangenen Moteczuma.

Trotzdem war sich der Generalkapitän durchaus im klaren darüber, daß das Fundament seiner Macht denkbar schmal war. 400 Spanier, ein paar Prophezeiungen und ein paar tausend Tlaxcalteken (die nur mit größter Vorsicht einzusetzen waren, denn wie Cholula gezeigt hatte, war es höchst schwierig, sie, einmal losgelassen, wieder in die Hand zu bekommen). So war Cortés klug genug, nach der Demonstration bei der Hinrichtung Quauhpopocas alles zu vermeiden, was die Azteken irgendwie provozieren konnte. So hatte er für seine Soldaten während der ganzen Monate, die sich die Spanier in Tenochtitlán aufhielten, eine totale Ausgangssperre verhängt. Nur zu offiziellen Anlässen, in geschlossenen Trupps und unter den wachsamen Augen ihrer Offiziere kamen die Soldaten aus dem Axayacatl-Palast heraus, ansonsten blieb ihnen nur der Blick von den flachen Dächern ihres Quartiers, um das bunte Leben und Treiben etwa auf dem Tianquitzli, dem großen Marktplatz, zu bestaunen. *»Jedes Handwerk und jede Ware hatte ihre besondere Gasse oder Straße. Gold- und Silberwaren, Feder-*

und Baumwolltuch und Sklaven wurden dort auf dem Markt verkauft, und zwar brachte man sie an Halsbändern, die an lange Pfähle gebunden waren, damit sie nicht weglaufen konnten, andere aber gingen ungebunden. Ferner Kakao, Seile, Süßholz zum Essen, Felle von Tigern, Löwen, Ottern, Schakalen, Hirschen, Hamstern, Wildkatzen und anderen Tieren, gegerbt und ungegerbt, Bohnen, Safran und andere Gemüse, Hühner, Truthühner, Kaninchen, Hasen, Rehwild, Gänse, kleine gemästete Hunde, Früchte, gekochte Speisen jeder Art, Töpferwaren von großen Tonnen bis zu kleinen Krügen, Honig und Honigwaben wie andere Süßigkeiten, darunter Nußkuchen, ferner Holz, Bretter, Keile, Balken und Bänke, Feuerholz – was soll ich noch sagen«, erzählte Bernal Diaz. *»Aber bei aller Hochachtung, sie verkaufen Kanuladungen menschlicher Exkremente, um Salz zu machen oder Leder zu gerben, weil es ohne das nicht gut sei. Weiter Papier, kleine Röhren mit Storax oder Tabak, andere mit gelben Salben gefüllt, Koschenille, Kräuter aller Arten, Salz, Fische, Obsidianmesser und Äxte aus Kupfer.«* Es gab aber auch Stände, wo menschliche Arme und Beine zum Verkauf ausgestellt waren, *»ganz wie bei uns Schweine oder Hammel«*, wie der Chronist angewidert vermerkte.

Dieser Kannibalismus und die zahllosen Menschenopfer, die sie beständig auf dem großen Teocalli Huitzilopochtlis und Tetzcatlipocas unmittelbar dem Axayacatl-Palast gegenüber zu beobachten gezwungen waren, verloren auch über die Wochen und Monate hinweg nicht von ihrem Schrecken und ihrer Widerwärtigkeit. Zumal Cortés konnte bei ihrem Anblick all seine sonstige Vorsicht und kühle Klugheit verlieren. Schon einmal, das war während der ersten Tage in Tenochtitlán, wäre es beinahe zum Eklat gekommen. Cortés hatte sich, von einigen Offizieren und Soldaten begleitet, mit Moteczuma auf dem großen Teocalli getroffen und auch die Erlaubnis erhalten, die Kapellen des Huitzilopochtli und des Tetzcatlipoca zu betreten.

Bernal Diaz berichtete: *»Auf jedem Altar standen zwei riesenhafte und sehr dicke Standbilder. Das erste zur Rechten war dasjenige des Huitzilopochtli, ihrem Kriegsgott, mit sehr breitem Gesicht und ebensolcher Stirn, fürchterlich verzerrten Augen und so viel angekleistertem Gold, Perlen und Perlensplittern, daß Kopf und Körper ganz damit bedeckt waren; um den Leib wanden sich große Schlangen aus Gold und Edelsteinen, und in den Händen trug er Bogen und Pfeile. Dicht neben ihm stand ein kleinerer Götze, den sie seinen Pagen nannten. Dieser hielt ihm den Speer und einen kostbaren Schild aus Gold und Juwelen. Um den Hals aber trug Huitzilopochtli Gesichter und Herzen von Indios, teils aus Gold, teils aus Silber und mit blauen Steinen besetzt. In vielen Kohlenbecken brannte ihr Weihrauch, nämlich Kopalharz, und außerdem die Herzen von drei Indios, die an diesem Tag geopfert worden waren. Wände und Fußboden der Kapelle waren von verkrustetem Blut schwarz und stanken widerwärtig.*

Das andere große Götzenbild, das so groß wie Huitzilopochtli war, hatte ein Bärengesicht und leuchtende Augen, die aus ihren Tetzcat genannten Spiegeln bestanden. Sein Körper war wie bei Huitzilopochtli mit kostbaren Steinen übersät. Sie sagten, die beiden seien Brüder, und dieser Tetzcatlipoca herrsche über die Seelen der Mexicaner.

Der große Teocalli: Oben der alte Tempel Huitzilopochtlis, darunter der neue Doppeltempel Huitzilopochtlis und Tetzcatlipocas, darunter der Raucheraltar. Es folgen das Schädelgerüst und der kultische Ballspielplatz. Alles umgibt die sogenannte Schlangenmauer.

Tonmodell des großen Teocalli. Sehr schön zu sehen die große Doppeltreppe, die Opferplätze und dahinter die Sanktuarien des Huitzilopochtli und Tetzcatlipoca.

Nahe bei sich hatte er ein paar Gestalten, die wie kleine Teufel mit schlangenförmigen Schwänzen aussahen. An den Wänden aber so viel Blut, und auf dem Fußboden ebensoviel Blut, daß der Gestank in Kastiliens Schlachthäusern nicht schlimmer sein konnte.

Im obersten Teil des Tempels befand sich ein drittes, reichgeschnitztes und vergoldetes Götterbild. Dies war der Gott von Saat und Ernte. Sein Bild, halb Mensch, halb Eidechse, war aus allen Sämereien des Landes und aus Menschenblut geknetet. Außerdem stand dort eine große Trommel, welche, wenn man darauf schlug, einen so widerlichen Ton von sich gab, daß man dieses wahre Hölleninstrument zwei Leguas [11 km] *weit hören konnte.«*

Spontan war Cortés herausgeplatzt: »*Herr, ich kann nicht begreifen, wie ein so großer Fürst und weiser Mann, wie Ihr es seid, noch nicht auf den Gedanken gekommen ist, daß diese Bilder nicht Götter sind, sondern Teufel! Damit Ihr sie nun als solche erkennen mögt und damit alle Eure Priester es deutlich wahrnehmen, gewährt mir die Gunst, daß ich hier oben auf dem Turm ein Kreuz errichte. Dann werdet Ihr sehen, welche Furcht über diese Götter kommt.«*

Moteczuma und die Priester waren über diesen Vorschlag empört gewesen, und der Generalkapitän hatte sich zurückgezogen. Voll Wut und Abscheu mag Cortés in den nächsten Wochen und Monaten oft zu der Tempelpyramide hinübergeschaut haben, wo seiner Überzeugung nach Satanas persönlich über der Stadt thronte.

Als Cortés im Frühling des Jahres 1520 wieder auf der obersten Plattform des großen Teocalli stand, ging das Temperament mit ihm durch. Ehe die Priester oder gar seine eigene Klugheit ihn daran hindern konnten, hatte er eine schwere Stange in den Händen und schmetterte sie Huitzilopochtli ins Gesicht, daß Goldplatten und Edelsteine flogen. Dann wuchtete er die Standbilder der beiden Götter von ihren Podesten und ließ sie die große Treppe des Teocalli hinunterstürzen. *»Danach«*, berichtete er selbst, *»ließ ich die Kapellen, in denen sie gestanden hatten, reinigen; denn sie starrten von dem Blut der darin geopferten Menschen. Im Inneren ließ ich die Bilder Unserer Lieben Frau und der Heiligen aufstellen.«*

Gelähmt vor Entsetzen hatten die Azteken die Schändung ihres Nationalheiligtums angesehen. Doch jeder Schlag, der Huitzilopochtli und Tetzcatlipoca traf, traf auch zutiefst ihr religiöses Empfinden, zerschmetterte alles, was der Generalkapitän in Monaten mit Kühnheit, Zähigkeit, Vorsicht und Klugheit aufgebaut hatte. Quetzalcoatl hatte offen den Göttern Anáhuacs den Krieg erklärt und damit das Volk von Anáhuac gezwungen, endgültig Stellung zu beziehen – und sie bezogen sie auf seiten ihrer angestammten Götter.

Die Szene auf dem großen Teocalli gehört politisch zu den größten Dummheiten, aber trotzdem zu den sympathischsten Zügen im Charakter des Generalkapitäns Hernán Cortés.

Der Rächer aus Cuba

Gobernador Don Diego de Velázqeuz hatte vor Wut geschäumt und blutige Rache geschworen, als er durch den Ungehorsam Montejos allzu früh davon erfuhr, daß sich Cortés tatsächlich selbständig gemacht hatte. Eine Sonne aus purem Gold und einen Mond aus Silber, beide groß wie Wagenräder, dazu zahllose andere Schätze hatte das Schiff an Bord gehabt – Don Diegos ohnehin nicht geringe Habgier wuchs ins unermeßliche. Dieses Land mußte er ganz einfach haben!

Diesmal beschloß der Gobernador die Sache gründlich zu machen: 19 Schiffe, über 900 Soldaten, darunter 80 Arkebusiere, 80 Pferde und 20 Kanonen umfaßte die Streitmacht, die Cortés samt seinen »abtrünnigen« Offizieren tot oder in Ketten nach Cuba bringen sollte. Zu seinem Rächer hatte der Gobernador Pánfilo de Narváez ausersehen, der ein ordentlicher Soldat, aber viel zu phantasielos war, um Don Diego den gleichen Streich zu spielen wie dieser verfluchte Cortés.

Mitte April fielen vor San Juan de Ulúa die Anker der cubanischen Flotte, der Kontakt zum dicken Kaziken der Totonaken war rasch hergestellt, und wenig später lagerte Narváez mit seinen Leuten im ehemaligen Haupttempel von Cempoal.

Wie nicht anders zu erwarten, erfuhr Moteczuma binnen weniger Tage von der Landung, und Narváez konnte sich bald schmeicheln, daß ihn der Uei Tlatoani hinter dem Rücken des Generalkapitäns Cortés flehentlich um Hilfe bat und diese Bitte durch reiche Goldgeschenke unterstützte.

Damit endete aber sein Glück. Wenn er gehofft hatte, ein Teil der Armee des Generalkapitäns würde zu ihm überlaufen, so sah er sich gründlich getäuscht. Weder der Verwandte des Gobernadors von Cuba, Juan Velázquez de León, noch der ehemalige Wachhund Diego de Ordás ließen sich blicken. Gonzalo de Sandoval – seit einer Weile Alkalde und Befehlshaber von Vera Cruz – ließ gar die Boten Narváez' gefangennehmen und als wohlverschnürte Bündel auf dem Rücken von Indio-Trägern nach Tenochtitlán bringen zu seinem Generalkapitän, ehe er die kleine Garnison von Vera Cruz zusammenraffte und sich ebenfalls in Richtung Hochland in Marsch setzte.

Wäre Narváez ein Mann der Tat gewesen, er hätte jetzt ebenfalls nach dem Hochland von Anáhuac aufbrechen müssen, so aber blieb er ruhig in Cempoal sitzen und wartete zunächst ab, ob Cortés freiwillig die Waffen streckte. Doch statt des Degens zum Zeichen der Übergabe erschien im cubanischen Lager nur der Feldgeistliche Fray Olmedo, der es ebenso gut verstand, Narváez falsche Hoffnungen auf die Unterwerfung des Generalkapitäns zu machen, wie Gerüchte und Goldstücke unter den Soldaten in Umlauf zu bringen, so daß Narváez, ohne es zu merken, bald die Hälfte seiner Armee eingebüßt hatte.

Während Fray Olmedo die Verhandlungen an der Küste hinschleppte, handelte Cortés. Etwa 140 Spanier, seine ganze Artillerie und ein großer Teil der Tlaxcalteken sollten in Tenochtitlán bleiben. Sie wurden dem Kommando des Pedro de Albarado unterstellt, den die Azteken wegen seiner rotblonden Haare, seiner Körpergröße und gewaltigen Stärke lange schon Tonatiuh (Sonne) nannten. Mit den anderen Soldaten eilte der Generalkapitän in Gewaltmärschen zur Küste.

Als Cortés vermutlich am 26. Mai bei Einbruch der Dunkelheit vor Cempoal ankam, lagerte Narváez noch immer in der Stadt, und weil es regnete, hatte er sogar seine Vorposten zurückgezogen. Nicht einmal der dicke Kazike konnte ihn aufrütteln: *»Warum bist du so sorglos? Denkst du, daß es Cortés ebenfalls ist? Verlaß dich darauf, er kennt deine Lage genau. Wenn du es am wenigsten träumst, wird er über dich herfallen!«*

Cortés nimmt Pánfilo de Narváez gefangen.

Cortés griff im Schutz der Dunkelheit an. Die Schlacht war kurz. Während Narváez von den Geschenken Moteczumas seinen Soldaten *»nicht einmal ein Gewand gegönnt hatte«*, dämpfte das reichlich verstreute Gold des Generalkapitäns den Kampfgeist der cubanischen Soldaten beträchtlich. Nur das Hauptquartier des Narváez leistete ernsthaften Widerstand, und auch der brach zusammen, als Narváez schreiend *»Heilige Maria, sie bringen mich um! Ich bin ins Auge getroffen!«* davonlief.

Das Morgengrauen fand Narváez in Ketten, sein Heer führerlos und durch die Bestechungsgelder geneigt, fortan für Cortés zu kämpfen. Damit umfaßte seine Armee nun 1300 Mann, 90 Pferde, 30 Kanonen, etliche tüchtige Offiziere mehr wie Francisco de Morla und den tüchtigen Schiffsbaumeister Martín López. Vorsorglich ließ Cortés die Schiffe abtakeln und auf Grund setzen.

»Was meinen Sieg über Euch betrifft, so sehe ich in ihm eine meiner geringsten Taten, seitdem ich in dieses Land gekommen bin!« hatte Hernán Cortés hochmütig seinem geschlagenen Gegner geantwortet, als dieser meinte, welch großes Glück er doch mit diesem Sieg gehabt habe.

Der Generalkapitän hatte es leicht, in diesem Augenblick hochmütig zu sein. Eine dreimal so große spanische Truppe als bisher, die Tlaxcalteken als Nachschubbasis und stets bereit, Tausende von Kriegern zu stellen, Moteczuma, der angesichts des überzeugenden Sieges schnell die Hoffnungen auf Narváez begraben und sich der Freundschaft mit Quetzalcoatl-Cortés würde erinnern müssen, als Faustpfand: nun konnte er darangehen, dieses Land, das ja bereits offiziell seinem König und Kaiser den Lehenseid geschworen hatte, endgültig in ein christliches Mexico unter Spaniens Krone zu verwandeln.

Das Massaker von Tenochtitlán

In diese erfreulichen Zukunftsaussichten platzte die Katastrophenmeldung: Ganz Tenochtitlán tobte gegen die Spanier. Teile der Quartiere waren von wütenden Azteken niedergebrannt worden; Albarado mit seiner kleinen Truppe im Axayacatl-Palast eingeschlossen und verbissen belagert; sieben seiner Leute tot, zahlreiche verwundet.

Cortés hastete mit seiner neuen Armee nach der Hauptstadt zurück. Niemand behinderte ihn, niemand stellte sich ihm in den Weg. Kein Indio ließ sich blicken, kein Kanu auf der weiten Wasserfläche, als sie über den Dammweg nach der Hauptstadt vorrückten. Tenochtitlán selbst lag wie ausgestorben. Erst als sie in den Axayacatl-Palast einrückten, wurde die Szene zwischen den teilweise rußgeschwärzten und zerstörten Gebäuden wieder lebendig. Die zurückgebliebenen Kampfgefährten begrüßten den Generalkapitän jubelnd als Retter.

Was war eigentlich geschehen? Was hatte diesen totalen Umschwung in der Stimmung der Azteken ausgelöst? Pater Diego Duran schildert den Anlaß in seiner »Geschichte des neuspanischen Indien« höchst eindringlich und drastisch: *»Die Indios wollten das Fest Toxcatl feierlich begehen, bei dem das Standbild des Huitzilopochtli* *von einem Ort zum anderen getragen wurde. Die Eingeborenen kamen jeden Tag heraus, um sich mit Tänzen auf das Fest vorzubereiten, und Cortés bat Moteczuma, ihm die Bedeutung des Tanzes zu erklären. Dann bat ihn Cortés, er möge ihm zu Gefallen anordnen, daß alle Herren und Edelleute der Provinzen sich im Hof des Tempels zum Tanz versammeln mögen, zusammen mit den tapfersten Kriegern; er wollte dem Adel Mexicos zuschauen. Doch dies war alles nur eine List, um die Indios niederzumetzeln.*

Als der Tag anbrach, kamen die Azteken arglos herbei, ihren Abgott zu verehren und Mexicos Größe zu demonstrieren. Angetan mit all ihrem Schmuck, formten sie einen Kreis von 8000 oder 10 000 erlauchten Männern ...

Cortés befahl zehn anderen, sich den Trommelschlägern zu nähern, bei denen sich die bedeutendsten Herren versammelt hatten. Diese Soldaten sollten die Trommler töten und alle in ihrer Nähe. Auf diese Weise griffen die Verkünder des Evangeliums – oder besser: die Jünger des Bösen – die unglücklichen Indios an, die bis auf einen Baumwollmantel nackt waren und nichts in den Händen trugen als Blumen und Federn. Alle diese wurden ermordet, und als die Azteken das sahen und zu den Toren flohen, da wurden sie von den Wachen erschlagen. Andere suchten in den Räumen des Tempels Zuflucht vor diesen Dienern des Teufels. Aber man erschlug auch sie, und der Boden war durchtränkt vom Blut der Unglücklichen. Überall lagen Eingeweide, mehrere Köpfe, Hände und Füße. Einige Männer liefen herum, denen hingen nach Messer- und Lanzenstichen die Därme heraus. Wahrlich, es war ein grauenhafter Anblick!

Die ganze Stadt verfiel dem Wahnsinn, die schrecklichen Schreie der Frauen und Kinder hallten von den Bergen wider und hätten Steine zu Tränen gerührt. 8000 oder 10 000 Männer, der Adel und die Blüte Mexicos, waren im Tempel umgebracht worden!

All dies habe ich in den Berichten entdeckt, die dies als die abscheulichste Tat schildern, die in jenem Land begangen wurde: das Ende der Blüte und des Adels von Mexico.«

Unbestreitbar »*die abscheulichste Tat*« – falls der Bericht stimmt. Doch so farbig er auch ist, Diego Duran schrieb ihn viele Jahre später, verwechselte Cortés mit Albarado (!) und war überhaupt eben ein eifriger Anhänger des Las Casas, die es alle mit der Wahrheit nicht allzu streng nahmen.

Pedro de Albarado selbst stritt die Schlächterei unter den Azteken keineswegs ab. Von den 8000 bis 10 000 Hingemetzelten blieben in seiner Version freilich nur etwa 600 übrig – eine durchaus glaubwürdige Zahl, denn der Offizier hatte nicht den mindesten Grund, sie zu über- oder zu untertreiben. Der Anlaß für das Massaker sei folgender gewesen: Man habe ihm hinterbracht, daß die Azteken auf dem Fest einen Generalangriff auf die Spanier planten, um sie bis zum letzten Mann ihrem blutdurstigen Huitzilopochtli zu schlachten. So wäre er mit seinem Angriff dieser Entwicklung lediglich zuvorgekommen – wirkungsvoll, wie er betonte.

Jahre später kam es deshalb auch zu einer Gerichtsverhandlung gegen Albarado. Eine lange Reihe von Zeugen marschierte auf – das Ergebnis blieb gleich, wenn auch die indianischen Gewährsleute des Hauptmanns, die ihm die Warnung zugespielt hatten, den heftigen Verdacht aufkommen lassen, die treuen Tlaxcalteken hätten bei diesem Massaker unter ihren aztekischen Erbfeinden die Finger im Spiel gehabt und die Abwesenheit des besonneneren Generalkapitäns benutzt, einen ihrer Rachepläne durchzuführen.

Cortés jedenfalls stellte sich in seinem Schreiben nach Madrid voll hinter seinen Hauptmann – und legte die Angelegenheit zu den Akten. Das war das Klügste, was er tun konnte, denn daß er an einen so wichtigen Platz einen Offizier gestellt hatte, der bei der ersten Krisensituation die Nerven verlor, das hätte auch auf ihn kein sonderlich gutes Licht geworfen – und genau das war passiert.

Das Toxcatl-Fest war eines der wichtigsten im aztekischen Jahreslauf, und es wurde auch mit Tänzen gefeiert. Aber wer da tanzte, waren nicht irgendwelche harmlosen Leute, sondern der junge Kriegsadel, und was die Tänzer in Händen hatten, das waren nicht *»Blumen und Federn«*, sondern Schwerter, Lanzen, Bogen und Schilde, und sie waren nicht *»nackt«*, sondern voll gewappnet, und was da getanzt wurde, das waren Kriegstänze.

Ob tatsächlich ein Angriff auf die Spanier geplant war oder nicht, wird sich nie mehr feststellen lassen. Pedro de Albarado war zwar nicht der Typ, dem das Morden um seiner selbst willen Spaß machte, aber zweifellos löste er Probleme lieber mit dem Schwert als mit dem Verstand. Auf jeden Fall wußte der Hauptmann nur zu gut, daß Feste des Huitzilopochtli mit Strömen von Menschenblut gefeiert zu werden pflegten. Er wußte, daß es eine starke Kriegspartei in Tenochtitlán gab, angeführt von dem jungen Cuauhtemoc, und da war eben auch das fatale Beispiel Cholula.

Das Massaker von Tenochtitlán, der folgenschwere Fehler Albarados.

Als nun im Hof des großen Teocalli das Stampfen und Schreien der jungen Azteken-Krieger, das Blöken der Muschelhörner, das Hämmern der Trommeln, das Waffenschwingen und Brüllen der Menge immer lauter wurde und immer bedrohlicher klang, da verlor Albarado die Nerven und gab den verhängnisvollen Feuerbefehl. Wie verhängnisvoll, das wurde weder Cortés noch seinem Hauptmann je voll bewußt.

Das Massaker von Tenochtitlán riß eine Kluft zwischen Spaniern und Indios auf, die nie mehr überbrückt werden konnte. Die weißen Götter verloren ihren Nimbus und wandelten sich zu weißen Teufeln, die es mit allen Mitteln zu vertreiben und zu vernichten galt. Und aus diesem fanatischen Haß der Indios leiteten wiederum die Spanier ihr Recht zu deren totaler Unterwerfung ab. Die Schüsse von Tenochtitlán setzten einen Teufelskreis in Bewegung, der mit der vollständigen Vernichtung einer der beiden Gruppen enden mußte.

Mit dem Toxcatl-Fest des Jahres 2-Feuerstein begann die eigentliche Conquista, die »Eroberung« Amerikas durch die Europäer. Seit diesem Tag stand fest, daß es niemals ein erträgliches Nebeneinander oder gar Miteinander geben würde, sondern nur ein Gegeneinander bis zum bitteren Ende. Daß der riesige Doppelkontinent nur einem allein gehören konnte: entweder dem roten oder dem weißen Mann, niemals aber beiden gemeinsam.

Der Tod Moteczumas

Tenochtitlán, die Stadt im See, war nicht nur eine fast uneinnehmbare Festung, wenn man von außen kam, sie war auch eine fast ausbruchssichere Falle, wenn man in ihr saß.

Azteken-Krieger schließen die Spanier im Axayacatl-Palast ein.

Cortés war sich dieser Tatsache voll bewußt – schon bei seinem ersten Einmarsch. Um so mehr muß man sich fragen, warum er überhaupt nach Tenochtitlán zurückkehrte, in eine Stadt, die sich jeden Augenblick in einen tobenden Hexenkessel gegen die Spanier verwandeln konnte. War es das Vertrauen auf die Überlegenheit der spanischen Waffen? Oder war es das zusammengeraffte Gold, das noch in der Stadt lag und das die Conquistadoren keinesfalls aufgeben wollten? Oder war es Moteczuma, dieses überaus wichtige Faustpfand, mit dessen Hilfe Cortés hoffte, sich die Azteken vom Hals halten zu können? Oder war es ganz einfach so, daß er Albarado und seine Leute heraushauen mußte, wenn er sich das blinde Vertrauen seiner Soldaten und Verbündeten erhalten wollte – und sei es durch eine militärische Dummheit?

Einen schweren, wenn auch verständlichen Fehler machte der Generalkapitän bei seiner Rückkehr auf jeden Fall: Er vertraute noch immer der Macht und dem Einfluß Moteczumas. Daß in Tenochtitlán inzwischen die radikale Kriegspartei die Macht übernommen hatte und der junge Prinz Cuauhtemoc den Azteken-Herrscher ganz offen einen Feigling und Verräter nannte, konnte Cortés nicht wissen. So verspielte er die wenigen Stunden, die er vielleicht zu einem zwar überstürzten, jedoch einigermaßen sicheren Rückzug gehabt hätte, ehe die Falle zuschnappte.

»Am nächsten Tag«, berichtete Cortés später selbst, *»schickte ich einen Boten nach Vera Cruz, um dort die Nachricht zu verkünden, daß ich in der Stadt angekommen sei. Der Bote kam jedoch schon nach einer halben Stunde zurück, völlig zerschlagen und verwundet. Er verkündete mit großem Geschrei, daß die Indios der Stadt heranrückten und alle Brücken bereits abgebrochen hätten. Hinter ihm sahen wir dann auch wirklich eine solche Menschenmasse von allen Seiten heranstürzen, daß man die Straße und die flachen Dächer vor lauter Volk nicht mehr sehen konnte, und sie kamen mit so großem Geschrei und einem so entsetzlichen Gebrüll heran, wie man es sich in der Welt nur denken kann. Und der Steine, die sie uns mit Schleudern in die Festung warfen, waren so viele, daß es aussah, als regneten sie vom Himmel. Und die Pfeile und Wurfgeschosse kamen in solchen Mengen, daß alle Hofräume damit gefüllt wurden und wir uns darin fast nicht mehr rühren konnten. Ich machte an mehreren Punkten einen Ausfall gegen die Feinde, aber sie hielten sich sehr tapfer.«*

Nicht nur, daß Cortés kaum etwas gegen die Massen der Indio-Krieger ausrichten konnte, die Azteken zündeten sogar ein Stück des Axayacatl-Palastes an, und die Spanier hatten alle Mühe, mit Kanonen und Büchsenschützen den Angriff zurückzuschlagen und das Feuer zu löschen. *»So kämpften wir den ganzen Tag hindurch bis tief in die Nacht. Während der Nacht ließ ich die durch das Feuer entstandenen Breschen ausbessern, bestimmte die Mannschaften für die Ausfälle am nächsten Tag und ließ die Verwundeten verbinden, die mehr als 80 zählten.*

Sobald der Tag begonnen hatte, unternahmen die Scharen unserer Feinde einen weit heftigeren Angriff als tags zuvor. Sie erschienen in solcher Menge, daß unsere Artilleristen gar nicht zu zielen, sondern aufs Geratewohl mitten in die Haufen der Indios hineinzuschießen brauchten.«

Doch was half es? *»Weder Kanonen noch Arkebusen noch Armrüste zeigten Wir-*

kung noch der Kampf Mann gegen Mann noch daß wir mit jedem Schuß 30 oder 40 töteten; ihre Reihen blieben so dicht wie zu Beginn, ihre Energie ließ nicht nach . . .«

Gegen die Massen der Azteken-Krieger war einfach kein Durchkommen. Zudem waren die Straßen immer wieder von Kanälen und Einbuchtungen des Sees unterbrochen, und die kleinen Brücken, die über die Kanäle führten, waren weggeschafft worden, so daß die Conquistadoren oft bis zu den Hüften durch das Wasser waten mußten, während sie von den Hausdächern mit Steinen, Pfeilen und Speeren überschüttet wurden.

Schließlich gab Cortés den Befehl, Brände in die Häuser neben der Straße zu werfen, doch auch damit hatte er kaum Erfolg. *»Und während wir den ganzen Tag kämpften, fochten sie nur stundenweise, indem sie sich ablösten. Auch an diesem Tag verwundeten sie 50 oder 60 Spanier, obgleich keiner starb. Wir kämpften, bis es dunkel wurde, und zogen uns völlig ermüdet in die Festung zurück.«*

So konnte es ganz einfach nicht weitergehen. Man hatte zwar noch genug Pulver und Vorräte, aber für wie lange? Die Spanier mußten die Stadt räumen – wenn sie es noch konnten . . .

Der Generalkapitän verlegte sich aufs Verhandeln. Er sei bereit, die Stadt zu verlassen, ja sogar die aufgehäuften Schätze zurückzulassen, wenn man ihm freien Abzug zugestehe. Als Zeichen seines guten Willens ließ er eine seiner prominentesten Geiseln frei, Cuitlahuac, den Bruder Moteczumas und Fürsten von Itzapalapa, und schickte ihn als Botschafter zu den Führern der Azteken. Der Erfolg war niederschmetternd. Das Angebot des Generalkapitäns wurde nicht nur mit Hohn- und Wutgeschrei zurückgewiesen, Cuitlahuac stellte sich auch noch unverzüglich an die Spitze der Kriegspartei und ließ sich an Stelle seines Bruders Moteczuma zum Herrscher der Azteken ausrufen.

Jetzt konnte nur noch einer – vielleicht – helfen, Moteczuma selbst. Im vollen Ornat seiner Würde brachten ihn die Spanier am nächsten Tag auf das flache Dach des Axayacatl-Palastes. Fast augenblicklich verstummte der Kampflärm, denn noch immer gebot seine Anwesenheit respektvolles Schweigen.

»Warum sehe ich mein Volk hier in Waffen gegen den Palast meiner Väter? Ist es, weil ihr glaubt, euer Herrscher sei ein Gefangener, und weil ihr ihn zu befreien wünscht? Wäre dem so, so hättet ihr richtig gehandelt. Ihr irrt jedoch! Ich bin kein Gefangener. Die Fremden sind meine Gäste. Ich bleibe ganz aus freier Wahl bei ihnen und kann sie verlassen, wenn es mir beliebt. Seid ihr gekommen, um sie aus der Stadt zu vertreiben? Das ist unnötig. Sie wollen aus eigenem Antrieb fortgehen, wenn ihr ihnen den Weg freigebt. Kehrt deshalb nach Hause zurück. Legt eure Waffen nieder. Zeigt mir Gehorsam, auf den ich ein Recht habe. Die weißen Männer werden in ihre Heimat zurückkehren, und alles wird wieder seine alte Ordnung haben.«

Als Moteczuma sich als Freund der Fremden bezeichnete, lief ein Murren durch die Reihen der Azteken-Krieger, und als er davon sprach, man solle ihnen freien Abzug gewähren, gellte ein Schrei aus der Mitte der Indio-Führer: *»Feigling! Weib! Verräter!«* Nach vielen Berichten war es Prinz Cuauhtemoc selbst, der zum Dach des Axayacatl-Palastes hinaufschrie: *»Wir haben einen neuen Uei Tlatoani, deinen Bruder*

Die Conquistadoren, in ihrer Mitte Doña Marina, werden von den Azteken im Axayacatl-Palast belagert. Die Indios legen verschiedentlich Feuer, auch die Kapelle brennt. Oben im Bild versucht Moteczuma sein Volk zu beruhigen und wird mit Steinen beworfen.

Cuitlahuac! Wir werden diesen Krieg beenden, wie wir ihn begonnen haben, und nicht eher die Waffen niederlegen, bis der letzte der Eindringlinge erschlagen ist. So haben wir Huitzilopochtli und Tetzcatlipoca geschworen!«

Im gleichen Augenblick prasselte ein Hagel von Steinen und Pfeilen auf das Dach nieder. Moteczuma wurde von einem Pfeil in der Magengegend und drei Steinen getroffen, einer verletzte ihn an der Schläfe.

Erschreckt deckten die Spanier Moteczuma mit ihren Schilden und brachten den blutenden Uei Tlatoani in Sicherheit.

Drei Tage nach diesem Vorfall war Moteczuma tot. Wie er freilich starb, das gehört zu den zahlreichen, heftig umstrittenen Ereignissen der Eroberung Amerikas.

Die Indios beschuldigten die Spanier wütend, sie hätten Moteczuma kaltblütig ermordet, als er ihnen nichts mehr nützen konnte, und Las Casas und die Jesuiten haben diese Version später überall verbreitet. Sogar den Namen des Mannes, der Moteczuma im Auftrag des Generalkapitäns erdrosselt haben soll, wird genannt: Cristóbal de Olid.

Die Spanier ihrerseits machten natürlich die Steinwürfe der Azteken für den Tod ihres Herrschers verantwortlich, und Cortés selbst schrieb in seinem Bericht an Kaiser Karl V.: *»Einer seiner eigenen Untertanen schlug ihm mit solcher Gewalt auf den Kopf, daß er innerhalb von drei Tagen starb.«*

Es gibt noch eine dritte Version. Bernal Diaz berichtete: *»Die Leute um Moteczuma drangen in ihn, daß er seine Wunden pflegen lasse und etwas esse. Obwohl sie freundlich auf ihn einredeten, lehnte er ab. Dann meldeten seine Wärter zu unserer Überraschung, er sei tot.«*

Von seinem eigenen Volk niedergebrüllt, mit Steinen beworfen zu werden, muß für das extrem entwickelte Ehrgefühl des Indios ein entsetzlicher Schock gewesen sein. Ihn, der zum höchsten Kriegsadel Mexicos, den Quachictin, gehörte, hatte man als Weib und Feigling beschimpft. Diejenigen, die vor wenigen Tagen noch ihren Blick zu Boden gewendet hatten, als könnten sie das Strahlen aus dem Gesicht eines Gottes nicht ertragen, hatten ihn gesteinigt. Moteczuma konnte und wollte diese Schande nicht überleben. Er weigerte sich zu essen oder seine Wunden versorgen zu lassen, riß ebenso oft die Verbände ab, wie sie ihm angelegt wurden – das bestreitet keine der Darstellungen –, und starb, weil er sterben wollte.

Huitzilopochtlis Tempel brennt

Man kann den spanischen Conquistadoren vieles vorwerfen, aber bestimmt nicht Feigheit. Cortés samt seinen Offizieren gehörten durchweg zu jenem Menschenschlag, der auch in den übelsten Situationen nicht gern davonläuft. Jetzt aber, nach den verheerenden Mißerfolgen ihrer Verhandlungsversuche, war ihnen allen klar, daß sie nur noch die Wahl hatten, entweder um ihr Leben zu rennen und sich nach Tlaxcala durchzuschlagen, oder sich auf einem aztekischen Opferstein das Herz herausreißen zu lassen.

So war das Diskussionsthema des Kriegsrates, der sich am fünften Abend der Belagerung im Axayacatl-Palast versammelte, keineswegs mehr das »ob«, sondern nur noch das »wie« des Ausbruchs.

Das Hauptproblem war und blieb einmal der Marsch durch die Stadt und zum anderen die Dammwege zum Festland. Es wäre schon schlimm genug gewesen, daß man auf den Dämmen völlig ungeschützt marschieren mußte, während die Wasserflächen rechts und links mit den Kanus feindlicher Krieger bedeckt waren, doch noch gefährlicher würden die zahlreichen Dammdurchstiche werden, von denen die Indios längst die Brücken entfernt hatten, und die es irgendwie zu überwinden galt.

Sandoval und Ordás plädierten für den südlichen Damm nach Itzapalapa, den die

Spanier bisher stets benutzt hatten; da an ihm die Wasserleitung in die Stadt führte, die Tenochtitlán mit Süßwasser versorgte, wies er die wenigsten Durchstiche auf, und die Süßwasserleitung selbst konnte im Notfall als eine Art Behelfsbrücke dienen. Als Gegenargument mußten sie sich freilich vorhalten lassen, daß dieser Damm über elf Kilometer lang war – also elf Kilometer Spießrutenlaufen zwischen vor Haß rasenden Horden aztekischer Krieger.

Die beiden anderen Dämme, der nördliche nach Tepeyac und der westliche nach Tacuba, waren etwa gleich lang – runde drei Kilometer –, der nördliche mit fünf, der westliche mit acht Durchstichen. Nach langem Hin und Her beschloß der Kriegsrat, den Ausbruch über den Tacuba-Damm zu wagen. Er war der schmalste, und da er acht Durchstiche hatte, würden die Indios hier am wenigsten mit einem Ausbruchversuch rechnen. Zudem lag er dem Axayacatl-Palast am nächsten.

Am folgenden Morgen brachen die Conquistadoren erneut aus. Voran rollten drei Holztürme, vom tüchtigen Martín López zusammengezimmert, die jeweils 20 Büchsenschützen etwas Deckung gegen Pfeil- und Steinhagel bieten sollten. Cortés berichtete weiter: *»Die Maschinen gingen voran, hinter ihnen vier Kanonen, dann viel anderes Volk mit Armrust und Tartsche und über 3000 Indios aus Tlaxcala, die mit mir gekommen waren. An einer Brücke angelangt, rückten wir die Maschinen an eine Mauer, dazu einige Leitern, die wir zu ihrer Ersteigung mitgebracht hatten. Aber die Steine, die man von oben herabwarf, waren so zahlreich und groß, daß unsere Maschinen unbrauchbar gemacht, ein Spanier getötet und mehrere verwundet wurden, ohne daß wir ihnen einen Schritt Boden abgewinnen konnten. Wir kämpften vom Morgen bis zum Mittag und kehrten ziemlich betrübt nach unserer Festung zurück.*

Nun wuchs ihnen der Mut, so daß sie fast bis an die Tore nachrückten und uns den Haupttempel [den Teocalli] *abnahmen. Da sie uns von dort viel Schaden zufügten, weil unsere Festung recht nahe lag, wurde der Turm zwei- oder dreimal von den Spaniern angegriffen und zu erstürmen versucht, aber er war sehr hoch und der Aufstieg schwierig, denn er hatte 100 und mehr Stufen. Sooft die Spanier hinaufkletterten, so kamen sie Hals über Kopf wieder herunter.«*

Damit war die Lage für die Belagerten fast unhaltbar geworden, denn von der hohen Tempelpyramide aus hatten die Indios völlig freies Schußfeld auf den Axayacatl-Palast hinunter.

»Ich fiel nun aus der Festung aus, obgleich ich die linke Hand wegen einer tags zuvor erhaltenen Wunde noch nicht wieder gebrauchen konnte. Die Tartsche am Arm festgebunden, begab ich mich mit einigen Spaniern nach dem Turm und ließ ihn unten ganz umstellen. Die Posten hatten es sauer genug, da sie auf allen Seiten mit dem Feind kämpfen mußten. Ich begann nun die Treppe des Turmes hinaufzusteigen, hinter mir einige Spanier. Und obschon der Aufgang tapfer verteidigt und drei oder vier Spanier wieder hinabgestürzt wurden, gelangten wir doch endlich hinauf.

Einmal aber dort oben abgelangt, bekämpften wir die Feinde so hart, daß sie Not genug hatten, vom Turm herab auf einige ihn umgebende Terrassen zu springen, einige aber stürzten ganz hinunter und wurden von den Spaniern getötet, die um den Turm

Spanier und Tlaxcalteken stürmen den großen Teocalli.

postiert waren. Die Feinde aber, die sich auf den Terrassen gehalten hatten, kämpften so tapfer, daß wir drei Stunden brauchten, um sie sämtlich niederzumachen. Wenn Gott ihnen nicht die Flügel knickte, so reichten 20 Spanier aus, um 1000 Feinden den Aufstieg zu verwehren. Bei alledem fochten sie sehr tapfer bis zum letzten Atemzug.«

Wehe dem, der auf den steilen Stufen während dieses Kampfes ausglitt oder über die Ränder der Plattform gedrängt wurde, er stürzte unweigerlich in die Tiefe und blieb zerschmettert liegen. Cortés selbst ereilte um ein Haar dieses Schicksal. Erst als Sandoval Feuer in die obersten Tempelräume werfen ließ und die Spanier mit vereinten Kräften das Standbild Huitzilopochtlis von seinem Altar herunterstemmten, schwieg der Kampflärm. Entsetzt und wie betäubt beobachteten Abertausende von Indios, wie das Standbild ihres Kriegs- und Nationalgottes über den Rand der Tempelplattform geschoben wurde und dann polternd, splitternd und berstend über die Treppe in die Tiefe stürzte, während Flammen aus den Tempeldächern prasselten.

Cortés nutzte den Augenblick der Lähmung, um sich mit seinen Leuten fluchtartig in den Axayacatl-Palast zurückzuziehen.

Der Brand der Tempelpyramide des aztekischen Staatsgottes und der Sturz seines Standbilds hatten unter den Indios heftige Bestürzung ausgelöst. *»Sie verloren etwas von ihrem Übermut, daß sie sich auf mancherlei Weise schwächer zeigten«*, wie der Generalkapitän richtig bemerkte. Aus dieser Situation versuchte er nochmals zu verhandeln. Doch die Antwort der Azteken-Führer war vielleicht noch wütender als bisher: Es sei ihnen gleichgültig, ob die Spanier die Stadt zerstörten, und wenn 25 000 gefallene Azteken-Krieger auf nur einen toten Spanier kämen, so wären die Eindringlinge doch zuerst am Ende!

Ein nächtlicher, vom Flammenschein des brennenden Teocalli beleuchteter Ausfall der Spanier brachte den ersten greifbaren Erfolg. Es gelang ihnen bis zum Tacuba-Damm vorzustoßen, entlang der Straße 300 Häuser in Brand zu setzen und sich ohne Verluste in den Axayacatl-Palast zurückzuziehen. Diesen Vorteil galt es, am nächsten Morgen auszunutzen. Die Indios hatten allerdings mittlerweile Barrikaden aus Steinen und Lehm über die Straßen gezogen, so daß sie gegen den Beschuß der Artillerie und der Arkebusiere einigermaßen gesichert waren. Auch die reparierten fahrbaren Türme blieben schon nach wenigen Dutzend Schritten stecken. So mußten die Conquistadoren erneut ohne Schutz in den offenen Straßen kämpfen, sich von Haus zu Haus durchschlagen, standen wieder nur Stahlharnisch gegen Baumwollpanzer, Eisenrontardsche gegen Federschild, Toledanerklinge gegen Maquahuitl. Doch der Anblick der immer noch rauchenden, rußgeschwärzten Tempelpyramide des Huitzilopochtli, die das Kampfgeschehen im Hintergrund überragte, hatte ihre Wirkung auf die Kampfmoral der Azteken-Krieger noch nicht eingebüßt.

Zum zweiten Mal gelang es den Spaniern und Tlaxcalteken, zum Tacuba-Damm durchzubrechen, *»und einige unserer Reiter verfolgten die fliehenden Indios bis zum Festland«*. Cortés war soeben dabei, die ersten vier Durchstiche des Dammes mit dem Schutt der Barrikaden auffüllen zu lassen, als Albarado und Sandoval die Straße heruntergesprengt kamen: Eine Abordnung der Indios wäre vor dem Axayacatl-Palast erschienen und bitte um Frieden. Man sei bereit, die Belagerung aufzuheben, die Brücken wieder aufzulegen und die Dämme auszubessern; die Spanier könnten sodann mit all ihrem zusammengerafften Gold abziehen, oder auch friedlich und unbelästigt in der Stadt bleiben, wie sie wollten. Einzige Bedingung: Der Generalkapitän möge ihnen einen der Hohenpriester, den Teotecutli, der sich in seiner Gefangenschaft befinde, herausgeben.

Sonst nichts? – Nein, sonst nichts.

Cortés ließ den Priester holen. *»Er kam, redete mit ihnen und stiftete eine Vereinbarung zwischen ihnen und mir, worauf sie Boten an die Befehlshaber ihrer verschiedenen Stellungen mit dem Befehl absandten, den Angriff auf die Festung und den ganzen Kampf einzustellen. Damit verabschiedeten wir uns, und ich ging in unser Quartier, um zu Mittag zu speisen.*

Ich hatte aber kaum angefangen, als man in großer Eile mir zu melden kam, die In-

dios hätten die ihnen abgenommenen Brücken zurückerobert und einige Spanier getötet. Gott weiß, welchen Schrecken mir dies verursachte!«

Das Friedensangebot der Azteken war nichts weiter als eine Finte gewesen, um den Teotecutli herauszubekommen, dessen priesterlicher Dienst zur Krönung Cuitlahuacs erforderlich war.

Wieder warf sich der Generalkapitän aufs Pferd, fegte mit einer Schar seiner Eisenreiter die Straßen und den Damm hinunter und wurde, da sein ermüdetes Fußvolk dem stürmischen Ritt nicht folgen konnte, abgeschnitten, schlug sich ein zweites Mal durch die Massen der Azteken-Krieger, focht einige Minuten völlig allein gegen die erdrükkende Übermacht, um seinen Männern den Rückzug zu decken, mußte schließlich mit seinem Pferd über eine gut zwei Meter breite Dammlücke springen und schaffte es, wenigstens die ersten vier zugeschütteten Dammdurchstiche zu behaupten, und *»da wir gut gepanzert waren, kamen wir unverwundet davon, jedoch ziemlich mürbe gebleut«.*

Moteczumas Gold

Noch einmal hatten die Conquistadoren einen Sieg über die Azteken erfochten: Der Zugang zum Tacuba-Damm samt den ersten vier Brücken war in ihrer Hand. Für den Generalkapitän hieß es daher »jetzt oder nie«, wenn er aus dieser tödlichen Falle entkommen wollte, *»und da auch all meine Gefährten mich inständig baten abzuziehen und da viele, ja die meisten so schwer verwundet waren, daß sie nicht mehr kämpfen konnten, beschloß ich, noch an diesem Abend auszubrechen«.*

Spanier wie Tlaxcalteken atmeten erleichtert auf, als ihnen der Beschluß des Generalkapitäns bekanntgegeben wurde. Es hätte der Berechnungen des Astrologen Botello nicht bedurft, der seit vier Tagen jedermann klarzumachen versuchte, daß die Nacht des 30. Juni die letzte Gelegenheit zur Rettung sei – auch wenn sie seinen eigenen Tod bringen würde. Vor allem die Leute, die mit Narváez gekommen waren, standen ohnehin kurz vor einer Meuterei – sie hatten sich Cortés angeschlossen in der Hoffnung auf Gold und reiche Beute, nicht, um sich von wütenden Indios totschlagen zu lassen.

Der Entschluß auszubrechen brachte für Cortés freilich noch ein zweites Problem neben dem militärischen: Was sollte man mit dem herrlichen Schatz Moteczumas anfangen? Er konnte ihn zurücklassen, was militärisch zweifellos das richtige gewesen wäre. Der Ausbruch und der Marsch nach dem befreundeten Tlaxcala würden kein Sonntagsspaziergang werden und waren nur mit leichtestem Gepäck zu bewältigen. Oder er konnte versuchen, dieses kleine Gebirge aus Gold und Edelsteinen mitzuschleppen auf die Gefahr hin, sein Ziel nie zu erreichen.

Der Generalkapitän wählte einen Mittelweg, den Madariaga in seinem Buch »Cortés« trotzdem hart einen *»seiner folgenschwersten Fehler«* nennt. Aber was sollte der Generalkapitän tun? Würden seine Soldaten und später der Kaiser Verständnis auf-

Aztekische Krieger. Oben in Kojote-, Jaguar- und Huaztekenausrüstung, in der unteren Reihe trägt der linke Krieger die Maske eines Dunkelheitsdämons, der rechte gehört zu den Quachictin, den »Geschorenen«, dem höchsten Kriegeradel, kenntlich an dem bis auf einen Sichelkamm geschorenen Kopf. Die prunkvollen Standarten sind Abzeichen persönlicher Tapferkeit.

bringen, wenn er ihnen das, wonach sie alle so sehr lechzten, das so lange gesuchte und endlich gefundene Gold der Neuen Welt, aus militärischen Gründen vorenthielt?

Beachtlich war die Geschicklichkeit, mit der sich Cortés der Verantwortung für das kaiserliche Fünftel der Beute entledigte. Er ließ den gesamten Schatz in einen Saal des Palastes bringen, sonderte säuberlich den kaiserlichen Anteil ab und übergab ihn offiziell den kaiserlichen Beamten Alonso Dávila und Gonzalo Mexía – mochten die sehen, wie sie damit zurecht kamen. *»Sämtliche Offiziere und andere Leute ersuchte ich um Beistand, daß alles gerettet werde, und ich selbst gab noch eine mir gehörende Stute dazu her. Dann bestimmte ich einige Spanier als Eskorte für das Euer Hoheit gehörende Gold«*, schrieb Cortés später seinem Herrscher. Welch rührende Sorgfalt und Vorsicht, möchte man sagen, wenn man nicht wüßte, daß der Generalkapitän außer seiner Stute für den Abtransport des kaiserlichen Goldes nur *»sieben verwundete, lahme Pferde und 80 tlaxcaltekische Träger«* bewilligte und damit von Anfang an diesen Teil des Moteczuma-Schatzes abschrieb.

Doch auch für den Rest des Goldes und der Edelsteine gab es keine brauchbare Transportmöglichkeit. Hernán Cortés gab ihn seinen Männern zur Plünderung frei – mochte jeder nehmen, was und wieviel er wollte.

Salvador de Madariaga beschreibt die Szene: *»Man kann sich ausmalen, wie es in jener Nacht zuging, die für viele von ihnen die letzte Nacht ihres Lebens sein sollte: die bleichen Gesichter, tief ausgehöhlt vom Mangel an Nahrung und Schlaf, größtenteils in Binden eingehüllt, jäh errötend in Erwartung alsbaldigen Reichtums. Fiebrige Augen, Juwelen und Goldbarren verschlingend. Gierige Hände, nach märchenhaften Reichtümern langend. Berstende Taschen. Hemden, Helme und Panzer gefüllt.«*

Cortés mag das kalte Grausen gekommen sein, wenn er manche seiner Leute unter dem Gewicht der Beute schwankend aus dem Goldsaal torkeln sah. Zumal die Leute des Narváez waren derart mit Schätzen ausgestopft und beladen, daß manche *»kaum noch gehen konnten«*. Ein wenig beruhigt mag es ihn haben, daß seine alten Veteranen, die Elite seiner Armee, mehr Verstand bewiesen und sich mit kleineren, leichten, freilich erlesenen Stücken zufrieden gaben wie Bernal Diaz: *»Vier kostbare Edelsteine verbarg ich rasch zwischen Brust und Panzer, die mir später sehr dienlich waren, um meine Wunden zu heilen und ihren Wert aufzuessen.«*

La noche triste

Es war eine dunkle Nacht. Feiner Regen stäubte auf die menschenleeren Straßen von Tenochtitlán und dünne Nebelschwaden zogen über das Wasser des Sees.

Wenige Minuten nach Mitternacht – man schrieb unterdessen den 1. Juli 1520 – öffnete sich leise das große Tor des Axayacatl-Palastes. Ein einzelner Reiter tauchte aus dem finsteren Torweg auf, die lange Lanze über den Sattelknopf gelegt, trabte bis in die Mitte des großen Platzes, dem Teocalli des Huitzilopochtli gegenüber, hielt an. Ein Trupp Reiter und ein halbes Hundert tlaxcaltekischer Krieger waren ihm langsamer gefolgt, rückten nach allen Seiten sichernd vor, verharrten einige Minuten. Nichts. Stille. Tenochtitlán schlief. Der einzelne Reiter, es war Diego de Ordás, hob zum Zeichen seine lange Lanze.

Die Soldaten setzten sich erneut in Bewegung: Stets 20 bis 30 Schritte voran Ritter Ordás. Dann Gonzalo de Sandoval mit 20 Reitern und rund 200 Mann als Vorhut. Ihm folgten 40 Spanier unter dem Befehl des tüchtigen Martín López, die die schweren Balken und Bretter einer zerlegbaren Sturmbrücke schleppten, mit welcher man die noch offenen Dammlücken überdecken wollte. Nun kam das Gros des Heeres. Die Hauptmasse der Tlaxcalteken war hier versammelt, dazu das Gepäck, die schweren Geschütze und der Goldschatz. Eine eigene Abteilung bewachte die Gefangenen, unter ihnen ein Sohn und zwei Töchter Moteczumas und Cacama, der Herrscher von Tetzcoco, sowie Doña Marina und Doña Luisa, die Gefährtin Albarados. Mit Cristóbal de Olid, Alonso Dávila, Francisco de Morla und einer Schar von 100 seiner erfahrensten und zuverlässigsten Veteranen hatte Cortés unter seinem eigenen Befehl eine Truppe gebildet, die überall dort eingesetzt werden sollte, wo es die Umstände erforderten. Die Nachhut stand unter dem Befehl von Pedro de Albarado und Juan Velázquez de León, die über den Großteil der ehemaligen Soldaten des Narváez und fast die gesamte leichte Artillerie geboten.

Wie ein Zug von Gespenstern hasteten die Conquistadoren an der Schlangenmauer entlang durch die Straßen zum Tacuba-Damm hinunter. Die Pferdehufe, die Räder der Wagen und Geschütze hatte man dick mit Stroh und den Fetzen kostbarer Baumwoll- und Federmäntel umwickelt, so daß nur das leise Klappern der Harnische, da und dort das Schnauben eines Pferdes, das tausendfache, gedämpfte Trappeln der Füße zu hören war.

Unbehelligt erreichten sie das Ufer des Sees, hasteten den Damm hinaus über die ersten vier zugeschütteten Durchstiche. Dann standen sie vor dem ersten offenen Kanal. Martín López winkte seine Leute vor. In fliegender Eile legten die Zimmerleute die Balken zum nächsten Dammstück hinüber, begannen die Brücke mit Brettern abzudecken.

Da gellte hinter ihnen die Stimme einer Frau. Was sie schrie, konnten die Spanier nicht verstehen, doch die Antwort ließ nicht auf sich warten. Auf den Teocalli der Stadt flammten die Feuer auf. Die Muschelhörner begannen zu blöken, die große Kriegstrommel dumpf zu grollen und zu hämmern. Tenochtitlán war erwacht.

Sandoval betrat als erster die fertige Brücke, prüfte ihre Stärke, ritt hinüber. Ein kurzes Kommando, der Zug setzte sich erneut in Bewegung.

Noch rollten Wagen und Geschütze, hasteten Reiter und Fußvolk über die Sturmbrücke, als vom See her die ersten Pfeile und Speere heranschwirrten. Minuten später war das Wasser rechts und links des Dammes von Kanus mit heulenden und brüllenden Azteken-Kriegern dicht bedeckt und Wolken von Geschossen prasselten auf die Fliehenden herunter. Die Indios steuerten ihre Boote mit solcher Wucht gegen den Damm, *»daß sie dabei zersplitterten«*, sprangen an Land und warfen sich auf den Feind. Mit Stoßdegen und Gewehrkolben trieben die Spanier die Angreifer zurück,

La noche triste: Die Nachhut unter Albarado.

doch auch mancher von ihnen wurde von den Wurfschlingen erfaßt und ins Wasser gerissen, wo ihn gierige Hände als willkommenes Schlachtopfer für die Götter in die Kanus zerrten. Binnen Augenblicken war entlang der gesamten Marschkolonne ein wütender Kampf entbrannt, zischten Toledanerklingen durch Baumwollpanzer und Federbüsche, knirschten die Obsidianspitzen der aztekischen Keulen und Maquahuitl über Stahlrontardschen und Harnische, stachen Lanzen und Helmbarten in phantastisch aufgerissene Krokodil- und Jaguarfratzen, brachen Pferde getroffen unter ihren Reitern zusammen, brüllten Offiziere Befehle, die in dem Tumult keiner hörte, haute, schoß und stach ein jeder um sich und nach einem Gegner, den er im diffusen Licht einiger Fackeln und den aufblitzenden Feuergarben der Geschütze mehr ahnte als sah.

Ordás und Sandoval hatten mit der Vorhut den zweiten offenen Durchstich erreicht. Ritter Ordás stocherte mit seiner langen Lanze im Wasser herum und fand keinen Grund. Wo blieb die Sturmbrücke? Boten hasteten zur Nachhut zurück.

Und dann lief ein Schreckensschrei über den Damm: Die Sturmbrücke saß fest! Wie sehr sich Martín López und seine Männer auch mühen mochten, das Gewicht der vielen Menschen, Pferde, Wagen und Geschütze hatte die Balken der Brücke so fest miteinander und zwischen die Dammenden verkeilt, daß sie nicht mehr von der Stelle zu bewegen war. Fast eine Stunde versuchten die Zimmerleute, im Pfeil-, Speer- und Steinhagel die Brücke doch noch zu retten – vergeblich.

Die Masse der Fliehenden drängte sich inzwischen an dem offenen zweiten Damm-

Das große Sterben an der zweiten Dammlücke.

durchstich. Sandoval, Ordás und etliche Reiter warfen sich ins Wasser und erreichten mit ihren Pferden mühsam schwimmend das andere Ufer. Doch das Gros des Heeres konnte ihnen auf diese Weise unmöglich folgen.

Spätere Generationen haben immer wieder gefragt, warum Cortés nicht zwei oder drei Sturmbrücken habe bauen lassen, die furchtbaren Verluste der Conquistadoren, das »große Sterben« gerade an diesem zweiten Dammdurchstich wäre vermieden worden. Die Frage ist berechtigt, und der Generalkapitän wird sie zweifellos Martín López vor dem Ausbruch ebenfalls vorgelegt haben. Doch auch der tüchtige Zimmermann und Schiffbauer konnte keine Wunder vollbringen, sei es, daß es ihm an Zeit für die Herstellung weiterer Sturmbrücken mangelte, sei es, daß im Axayacatl-Palast einfach nicht mehr brauchbare Balken und Bretter für mehr als eine Brücke aufzutreiben waren.

Die Lage der Fliehenden erschien hoffnungslos. Da befahl Cortés: *»Gepäck vor!«* Mit Wagen, mit Gold, schlimmer noch, mit Geschützen und Munition, schließlich mit den Leichen der gefallenen Spanier, Azteken und Tlaxalteken begann man die Lücke des Dammes zu schließen, bis endlich nach fast zwei Stunden ein notdürftiger Übergang geschaffen war.

Nach wenigen 100 Metern standen die Conquistadoren erneut vor einem Dammdurchstich, dem dritten und weitesten. Cortés stürzte sich mit seinem Pferd in das schwarze, gurgelnde Wasser – es reichte ihm eben bis zum Sattelgurt, einem Fußsoldaten kaum bis zur Brust, und der vierte Kanal war schmal und seicht genug, um ihn problemlos durchwaten zu können. Die Azteken hatten ihre Angriffe auf diesen Teil des Dammes noch nicht ausgedehnt, und so standen Cortés, Sandoval, Ordás und die Vorhut wenig später am rettenden Ufer von Tacuba.

Das erste Grau des Morgens brach an und ließ das Chaos erkennen, das bis dahin die Finsternis der Nacht verhüllt hatte. Man sah nun die dunkle Masse der Kämpfer, die sich über die letzten Teilstücke des Dammes hinzog, während über den stadtwärts gelegenen Teil bereits tausende Indios herbeieilten, um in den Kampf einzugreifen. Und man sah die Fläche des Sees, den, so weit das Auge reichte, die Kanus der aztekischen Krieger bedeckten.

In diesem Augenblick erreichte den Generalkapitän ein dringender Hilferuf seiner Nachhut: *»Generalkapitän, wartet! Sie sagen, wir liefen davon und ließen sie auf den Dämmen sterben!«* brüllte ein Bote. Die Azteken hatten nämlich die Wut ihres Angriffes nun auf den dritten, weitesten Durchstich konzentriert und Albarado mit seiner Nachhut am jenseitigen Dammende abgeschnitten.

»Auch wir sind nur durch ein Wunder entkommen!« fluchte Cortés, warf sein Pferd herum und stürzte sich nochmals, von Ordás, Sandoval, Olid und einer Handvoll Reiter begleitet, in den Kampf, durchschwamm den vierten Durchstich und preschte den Damm bis zu der verhängnisvollen Stelle zurück. Ihr Angriff stellte für kurze Zeit das Gleichgewicht wieder her, doch die Lage der Nachhut war verzweifelt. Albarado, verwundet und zu Fuß, versuchte mit wenigen anderen den Rückzug seiner Männer gegen den Ansturm der Indios zu decken. Das Häufchen um ihn schmolz mehr und mehr, brach tödlich getroffen zusammen oder wurde gefangen fortgeschleppt. Und von denjenigen, die sich ins Wasser wagten, um ans andere Ufer zu schwimmen, tauchten viele nicht wieder auf – die Nachhut bestand vorwiegend aus ehemaligen Soldaten des Narváez, die sich so dick mit Gold ausgestopft hatten, daß sie jetzt von dem verhängnisvollen gelben Metall hoffnungslos auf den Grund gezerrt wurden.

Eine neue Angriffswelle der Indios fegte die letzte Ordnung beiseite. Einen Augenblick stand Albarado am Rand des Kanals und starrte ins Wasser. Die Verzweiflung gab ihm fast übermenschliche Kräfte. Er stieß seine Lanze zwischen Leichen und feindliche Kanus in den Grund des Kanals, schleuderte sich vorwärts und – übersprang den weiten Durchstich!

Spätere Historiker haben die Möglichkeit dieses Sprungs bestritten, viele Zeitgenossen, auch solche, die den Platz genau kannten, haben ihn nie angezweifelt. Bis heute heißt diese Stelle »Salto de Albarado«.

Mit dem kläglichen Rest der Nachhut holte Cortés das, was von seiner vor acht Tagen noch so stolzen Armee übriggeblieben war, in Tacuba ein. Zerfetzt, durchnäßt, blutbesudelt fand er seine Leute auf dem Marktplatz zusammengeknäuelt, *»nicht wissend, wo aus und ein«*. Doch die Stadt bot keinen Schutz, im Gegenteil, es war fast ein Wunder, daß die Indios noch nicht angegriffen hatten. Rücksichtslos trieb der Generalkapitän seine Männer aus Tacuba hinaus und zu einem nahen Teocalli, der vorläufig als Festung dienen mochte. Erst jetzt fühlte er sich einigermaßen sicher und konnte eine erste Bilanz dieser Nacht der Schrecken ziehen: *»Von den 24 Pferden, die uns blieben, konnte nicht ein einziges mehr laufen, noch konnte ein Reiter den Arm erheben oder ein Infanterist sich regen ... Und zu essen gab es nicht einmal im Traum.«*

Etwa 500 Spanier, an die 2000 Tlaxcalteken, sämtliche Geiseln, darunter die drei Kinder Moteczumas und Cacama, waren tot, von den Offizieren lagen Juan Velázquez de León und Francisco de Morla als menschliche Füllung in der Lücke des zweiten Dammdurchstichs. Kein Geschütz, keine Arkebuse, kein Gramm Pulver hatte gerettet werden können. *»Ich vergaß aber zu schreiben«*, fügte Bernal Diaz seinem Bericht hinzu, *»wie glücklich wir waren, als wir sahen, daß Doña Marina und Doña Luisa am Leben waren, und dazu auch Maria de Estrada, die einzige Frau aus Kastilien, die wir in Mexico hatten.«* Sie hatte sich wie ein Mann mit Stoßdegen und Rontardsche den Weg in die Freiheit erkämpft. Auch der zweite Dolmetscher, Aguilar, war dem Gemetzel entkommen und zur größten Freude des Generalkapitäns der tüchtige Martín López, der in seinen weiteren Plänen eine hervorragende Rolle spielen sollte.

Dieser 1. Juli 1520 sollte die schwerste Niederlage bleiben, die spanische Waffen je in der Neuen Welt erlitten. Das Volk nennt diese Nacht noch heute »La noche triste« (die traurige Nacht).

Die Schlacht bei Otompan

Um Mitternacht befahl Hernán Cortés den Weitermarsch. Die Lagerfeuer ließ man brennen, um den Gegner wenigstens für kurze Zeit zu täuschen.

Sechs Tage lang schleppten sich die Conquistadoren, von Hunger und Durst gequält, immer wieder von Angriffen der Indios belästigt, um das Nordufer des Sees. Soweit die Verwundeten gehen oder wenigstens humpeln konnten, marschierten sie in der Mitte, die anderen wurden auf Bahren oder den Pferden transportiert. Wer einigermaßen kampftüchtig war, deckte die Flanken. Cortés war in einem der Gefechte am Kopf verwundet worden, doch er fühlte diese Verletzung weniger schmerzlich als den Verlust eines Pferdes, *»denn nächst Gott verdankten wir unsere Sicherheit nur unseren Pferden«*. Der Marschweg war gesäumt mit Toten und Sterbenden, die an Hunger und Erschöpfung zusammengebrochen waren, aber auch mit Goldklumpen und Edelsteinen – unter Lebensgefahr durch die noche triste gerettet und nun als überflüssiger Ballast weggeworfen. Einem Soldaten, dem es gelungen war, seinen Goldschatz im Wert von 3000 Castellanos d'oro über den Dammweg zu retten, hatte der Generalkapitän gesagt: *»Der Teufel soll dein Gold holen, wenn es um dein Leben geht!«*

Am 7. Juli standen sie auf dem Paß von Otompan und blickten auf die Ebene hinunter. Sie schien von Schnee bedeckt. Doch es war kein Schnee, es waren die weißen Baumwollpanzer unzähliger Azteken-Krieger, die sich hier versammelt hatten, um den Eindringlingen den endgültigen Todesstoß zu versetzen.

Wie üblich schwanken die Zahlenangaben der Chronisten beträchtlich. Die einen sprechen von 50 000, die anderen gar von 200 000 Azteken. Wie auch immer, eine ungeheure Kriegermasse, so daß man Cortés gern glaubt, wenn er schrieb: *»Wir meinten angesichts der Übermacht, unser Jüngster Tag sei gekommen, da wir fast alle verwundet und durch Hunger geschwächt waren.«* Nicht einmal über Geschütze und Arkebusen, die bislang ihre Feinde so verwirrt hatten, verfügten die Spanier mehr. Und doch gab es für Hernán Cortés und seine Männer nur eine Lösung: »Angriff! Besser auf dem Schlachtfeld als auf dem Opferstein sterben!«

Huitzilopochtli erwies sich auch in diesem Augenblick als der beste unfreiwillige Verbündete der Conquistadoren, da die Angst vor seinen bluttriefenden Altären die Männer noch einmal zur Mobilisierung ihrer letzten Kraftreserven aufpeitschte. Die zusammengeschmolzene Truppe des Generalkapitäns stürzte sich in den Strudel von bunten Schilden und leuchtenden Federbüschen, ragenden Feldzeichen, obsidianblinkenden Waffen und furchterregenden Helmen und schien lange Stunden in ihm zu ertrinken.

Dann sah der Generalkapitän die Sänfte mit einem Häuptling in kostbarer Kriegstracht, umgeben von einer Leibwache erlesener junger Krieger. Über den Kopf des Mannes ragte eine Standarte wie ein aus Gold gewirktes Netz mit einem hohen Busch grüner Quetzal-Federn: Ciuacoatl, der Tlacatecatl (Oberbefehlshaber) des aztekischen Heeres.

Mit Sandoval, Olid, Albarado, Dávila und einem jungen Ritter namens Juan de Salamanca griff Cortés an. Die Lanze des Generalkapitäns warf Ciuacoatl aus der Sänfte, Juan de Salamanca sprang aus dem Sattel, stieß dem Gestürzten den Degen durch die

Die Schlacht bei Otompan. Cortés ist wie ein Indiokrieger mit dem eroberten Feldzeichen des Tlacatecatl auf dem Rücken dargestellt.

Kehle, riß ihm das Feldzeichen von den Schultern und überreichte es mit höfischer Verbeugung Cortés.

Vom Tod ihres Anführers erschreckt, floh die Leibwache, trug Schrecken und Verwirrung in die Reihen der nächsten, die die Panik weiter verbreiteten, und binnen Minuten stob das ganze gewaltige Aztekenheer in blindem Entsetzen auseinander. Cortés hatte nach der schwersten Niederlage einen der glänzendsten Siege spanischer Waffen in Lateinamerika erfochten.

Am folgenen Tag betraten die Conquistadoren wieder das Gebiet der Tlaxcalteken bei Hueyotlipan und erreichten am 12. Juli die Hauptstadt Talxcala. Der Empfang hätte nicht herzlicher sein können. Daß die weißen Männer der vereinten Macht der Azteken so lange widerstehen und sich aus Tenochtitlán befreien konnten, der unglaubliche Sieg von Otompan gar, sei Beweis genug für ihre hervorragende Tapferkeit.

»Wir haben gemeinsame Sache miteinander gemacht«, erklärte der alte Maxixcatzin feierlich, *»und müssen gemeinsam erlittene Kränkungen rächen. Mag die Zukunft Glück oder Unglück bringen – seid davon überzeugt, daß wir uns als treue, redliche Freunde erweisen werden und euch bis in den Tod hinein beistehen werden.«*

Die Belagerung von Tenochtitlán

Die Flucht der Spanier war der Auftakt zu einem kurzen Bürgerkrieg in Tenochtitlán gewesen, der für alle Quetzalcoatl-freundlichen Atzeken auf dem Opferstein endete. Cuitlahuac wurde in aller Form zum Uei Tlatoani gekrönt und Cuauhtemoc zum Hohenpriester Huitzilopochtlis berufen. Die Feiern zu diesen Anlässen hätten nicht prachtvoller sein können, zumal man eine Fülle spanischer Gefangener opfern konnte. Die Köpfe der Opfer wurden anschließend auf Pfähle gespießt, wobei jeweils der Kopf eines Christen mit einem Pferdekopf abwechselte – dadurch sollten die Pferde, falls sie je wiederkamen, abgeschreckt werden. In Wirklichkeit rechnete niemand in Tenochtitlán mit ihrer Rückkehr, sondern man erwartete, daß Quetzalcoatl wie schon vor undenklichen Zeiten einmal, zur Küste zurückkehren und über den Ozean verschwinden würde.

Das allerdings war ein großer Irrtum. Cortés dachte nicht im Traum daran aufzugeben, sondern machte sich mit der ihm eigenen Zähigkeit und von den Tlaxcalteken eifrig unterstützt ans Werk, um Tenochtitlán und damit ganz Anáhuac endgültig zu unterwerfen. Es war eine unglaubliche Kühnheit, an derlei überhaupt zu denken: Seine Truppen und Pferde waren auf jene Zahl zusammengeschmolzen, die er bei seinem ersten Marsch ins Hochland zur Verfügung gehabt hatte, allerdings fehlten ihm nun Geschütze, Arkebusen und Pulver vollständig; sein göttlicher Nimbus war dahin. Doch widersetzte sich Cortés hartnäckig der Idee, sich bis Vera Cruz zurückzuziehen. *»Ich aber bedachte«*, schrieb er an Karl V., *»daß die Indios, falls wir in ihrem Beisein geringeren Mut zeigen, uns nur um so eher verlassen und sich gegen uns wenden würden. Weiter bedachte ich, daß das Glück immer nur dem Kühnen hilft. So vertraute ich*

Gottes großer Güte und Gnade und entschloß mich, um keinen Preis über die Pässe zum Meer hinunterzuziehen. Vielmehr ließ ich alle Gedanken an die Prüfungen und Gefahren, die uns bedrohen könnten, beiseite und sagte ihnen, daß ich dieses Land niemals unverrichteter Dinge verlassen würde; denn solches würde ich nicht nur als schändlich für mich und gefährlich für uns alle, sondern als großen Verrat an Eurer Majestät ansehen.«

Und das Glück half dem Kühnen tatsächlich. In Vera Cruz wurde es lebendig: Einzelne Abenteurer, kleine Expeditionsflotten des Gobernadors von Jamaica, Francisco de Garay, und – Ironie des Schicksals – Hilfssendungen Don Diego de Velázquez' aus Cuba, die für Narváez gedacht waren, segelten in erfreulicher Regelmäßigkeit, vollgestopft mit Soldaten, Waffen und Pferden, in den Hafen, und Gonzalo de Sandoval, der wieder als Alcalde von Vera Cruz amtierte, hatte zumeist kaum Schwierigkeiten, Offiziere und Mannschaften für seinen Generalkapitän zu begeistern und nach Tlaxcala hinaufzuschicken.

Mit den neuen Soldaten kam noch etwas anderes: die Pocken. In knapp zwei Monaten raste die Seuche vom Atlantik bis zum Pazifik, und nach dem Zeugnis Sahagúns war *»die Zahl derer, die an dieser Krankheit starben, so groß, daß es nicht möglich war, die Toten zu bestatten. In Mexico wurden die Toten in die damals mit Wasser gefüllten Kanäle geworfen, bis die Luft von dem Gestank der verfaulenden Körper vergiftet war.«* Eines der ersten Opfer der Seuche, die die Azteken Teozahuatl (göttliche Flekken) nannten, war nach nur 80 Tagen Regierung der Uei Tlatoani Cuitlahuac.

Zum neuen Uei Tlatoani wurde der junge Cuauhtemoc gewählt; er bestieg am Neujahrstag des Jahres 3-Haus als elfter und letzter Herrscher der Azteken den Thron von Anáhuac. Bernal Diaz schilderte ihn als *»einen Jüngling von etwa 20 Jahren, der für einen Indio ungewöhnlich gut aussah und sehr tapfer war; er gab sich so furchterregend, daß seine Leute vor ihm zitterten«.*

Cuauhtemoc, der »herabstoßende Adler«, war der letzte Uei Tlatoani der Azteken. Den ungeheuren Opfermut, den er von seinem Volk verlangte, war er selber nicht zu teilen bereit.

Indio-Träger schleppen aus den Küstenstädten Geschütze, Speere und anderes Kriegsgerät – rechts oben sogar einen Spanier – nach Tlaxcala.

Der neue Uei Tlatoani machte sich keine Illusionen über die Absichten der Spanier. Er ließ sein Volk bis zum letzten Mann bewaffnen, und um jede Opposition aus den eigenen Reihen von Anfang an auszuschließen, heiratete er nicht nur die letzte Tochter Moteczumas, Tecuichpoch, sondern ließ auch ihren Bruder Axopacatzin umbringen.

Viel Zeit blieb Cuauhtemoc nicht. Schon im Spätsommer und im Herbst waren die Spanier wieder aktiv geworden, hatten eine Reihe wichtiger Städte erobert, so Tepeaca, Cuauhquechollan, Ocuituco und Itzocan, die Azteken von diesen vorgeschobenen Posten vertrieben und dem Ruhm spanischer Waffen neuen Glanz verliehen. Am 26. Dezember musterte der Generalkapitän in Tlaxcala seine neue Streitmacht und am 30. Dezember brach das Heer auf gegen Tenochtitlán mit dem festen Vorsatz und dem Versprechen, das Land nur als Sieger zu verlassen. *»Solchermaßen entschlossen, zogen wir alle weiter, als gelte es ein fröhliches Unternehmen.«*

Das erste Ziel war Tetzcoco. Widerstand gab es nicht, und so zogen die Spanier und Tlaxcalteken unter den Freudenrufen »Kastilien und Tlaxcala! Lang lebe unser Herrscher, der Kaiser!« in die Stadt ein. Tetzcoco war deshalb ausgewählt worden, weil es die erste Stadt am See war, wenn man von Tlaxcala kam. Von hier aus sollte die »Geheimwaffe« des Generalkapitäns starten. Diese Geheimwaffe waren 13 Brigantinen, leichte und kleine Galeeren (trotzdem immer noch bedeutend größer als die Indio-Kanus), die wahlweise gerudert oder gesegelt werden konnten, jeweils mit einer Kanone und einem Dutzend Armrustern oder Arkebusieren bemannt waren und mit ein bis zwei Dutzend Matrosen zum Rudern.

Diese Schiffe waren die Antwort des Generalkapitäns auf die bittere Lehre der noche triste: Nur wer den See beherrschte, konnte Tenochtitlán jemals überwinden. Der Schiffsbaumeister Martín López hatte die 13 Brigantinen in Tlaxcala gebaut. Taue, Blöcke und anderes Takelmaterial hatte man von den auf Grund gesetzten Galeonen und Karavellen aus Vera Cruz herangeholt. Dann hatte der Schiffsbaumeister die Fahrzeuge wieder zerlegt, die Teile fein säuberlich numeriert und auf die Rücken von Indio-Trägern geladen. 8000 Tlaxcalteken, bewacht von 20 000 Kriegern, schleppten die Schiffe über das Gebirge nach Tetzcoco hinunter, wo sie wieder zusammengesetzt und in ihr eigentliches Element entlassen werden sollten. *»Es war ein wunderbares Unternehmen«*, begeisterte sich Cortés selbst, *»wie es nur wenige jemals gesehen oder von dem sie auch nur gehört haben – dieser Transport von 13 Kriegsschiffen auf Menschenschultern beinahe 20 Laguas* [110 km] *weit über das Gebirge hinweg«.*

Cortés begrüßte die Indios herzlichst. *»Wir kommen«*, brüllten die Tlaxcalteken, *»um unter deinem Banner zu kämpfen. Wir wollen für unsere gemeinsame Sache Rache nehmen oder an deiner Seite fallen!«*

»Wartet, bis ihr euch ausgeruht habt, dann sollen eure Hände genug zu tun bekommen«, versuchte der Generalkapitän den Übereifer seiner Verbündeten zu bremsen, doch die Tlaxcalteken wollten kämpfen, und so beschloß man, Itzapalapa anzugreifen. Während Spanier und Indios in die Stadt eindrangen, bemerkte Cortés einige Azteken, die an jenem Damm arbeiteten, der diesen Teil der Lagune gegen den höher gelegenen See zu abriegelte. Doch im nächsten Augenblick hatte er in der Hitze des Gefechts den Damm wieder vergessen. *»Mehr als 6000 von ihnen starben, darunter Männer, Frauen und Kinder; denn als unsere tlaxcaltekischen Freunde sahen, welchen Sieg Gott uns schenkte, wollten sie nichts als rechts und links töten.«* Doch dann *»war es, als habe der Herr mir durch eine Eingebung das Bild jenes Dammes ins Gedächtnis gerufen, den ich beim Eindringen in die Stadt gesehen hatte«*. Es blieb eben noch Zeit, sich hastig zurückzuziehen. Einige Indios ertranken samt ihrer Beute, doch den meisten gelang die Flucht noch rechtzeitig, ehe die Wassermassen herangeschossen kamen und die Stadt unter sich begruben. *»Wir aber kehrten nach Tetzcoco zurück«*, berichtete Bernal Diaz, *»und schämten uns ein wenig der Kriegslist, mit der die Wasser auf uns losgelassen worden waren.«*

Während in Tetzcoco Martín López die Fertigstellung der Brigantinen überwachte, eroberten die Spanier und ihre Indio-Verbündeten eine Ortschaft, eine Stadt nach der anderen rund um den See. Wer sich freiwillig ergab – und das waren nicht wenige – wurde freundlich aufgenommen und von allen Kriegslasten verschont, wer sich weigerte, nach oft langen und blutigen Kämpfen niedergeworfen und der Ort zerstört.

Beim Kampf um Xochimilco wäre die Laufbahn des Generalkapitäns um ein Haar zu Ende gewesen. Wären die Azteken nicht so versessen darauf gewesen, für Huitzilopochtli lebende Gefangene zu machen – stets einer ihrer größten Nachteile im Kampf mit den Spaniern –, es wäre dem Soldaten Cristóbal de Olea kaum noch gelungen, seinen Befehlshaber unter dem gestürzten Pferd hervorzuzerren und in Sicherheit zu bringen, wofür er drei schwere Wunden einstecken mußte. Cortés aber *»ritt weiter, wiewohl er am Kopf ernstlich verwundet war«*.

Am Sonntag, dem 28. April 1521, wurden unter donnernden Salutschüssen die 13 Brigantinen zu Wasser gelassen. Dann teilte Cortés seine Streitmacht auf. Er verfügte nun über 13 Schiffe, 86 Reiter, 118 Armrust- und Büchsenschützen, etwas über 700 Spanier mit Stoßdegen und Rontardsche, drei große eiserne Kanonen, 15 kleine Bronzegeschütze, zehn Zentner Pulver und 100 000 bis 150 000 Indios, vor allem aus Tlaxcala, aber auch aus Cholula, Cempoal, Otompan und einer Reihe anderer Städte, die sich ihm unterworfen hatten. Albarado wurde nach Tucuba geschickt, Olid nach Coyocán, Sandoval nach Itzapalapa und sollte, sobald der Zusammenschluß der Dammwege von Itzapalapa und Coyocán erobert war, nach Tepeyac überwechseln. Dann brach die Armee von Tetzcoco zum anderen Seeufer auf.

»Als ich sah, wie aufsässig die Männer in der Stadt waren und wie entschlossen, zu

Tenochtitlán – symbolisiert durch den großen Teocalli im See – wird von den spanischen und tlaxcaltekischen Truppen eingeschlossen.

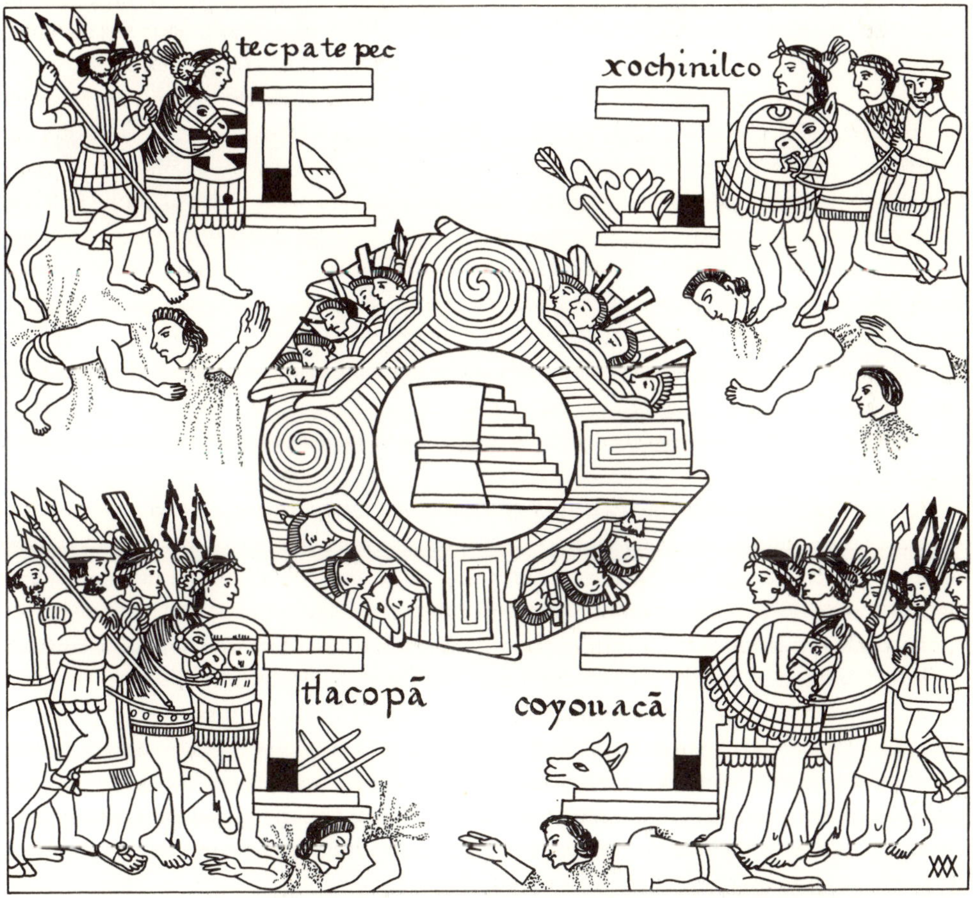

Einer der zahllosen Sturmangriffe über die Dammwege.

sterben oder sich zu wehren, wurden mir zwei Dinge klar: Einmal, daß wir von den Reichtümern, die sie uns genommen, wenig oder gar nichts würden zurückerobern können; zum anderen, daß sie uns veranlassen und zwingen würden, sie zu vernichten. Dies zweite aber betrübte meine Seele besonders.«

Am 26. Mai begann die Belagerung mit der Zerstörung der beiden Wasserleitungen, die von Chapuktepec aus Tenochtitlán mit Süßwasser versorgten.

In der Stadt feierte man den Beginn der Belagerung mit der Opferung etlicher spanischer Gefangener und etwa, wie Torquemada angibt, 4000 gefangenen Tlaxcalteken. *»In Cuauhtemoc«*, meint Madariaga, *»hatten die Mexicaner einen Führer von unbezähmbaren Mut, auch von militärischer Klugheit gefunden, die derjenigen seines Feindes kaum nachstand. Die Verteidigung Mexicos gegen die Spanier war ein Meisterstück an überwältigender Tapferkeit und Hingabe, an zäher Hartnäckigkeit, immer neuer*

Initiative und Anpassungsfähigkeit angesichts neuer Verhältnisse, an technischer Geschicklichkeit, taktischer Begabung und unübertrefflicher Führungskunst. Der Führer leitete die Abwehr vom Turm des Teocalli mittels eines Systems von Winkzeichen, das außerordentlich brauchbar gewesen zu sein scheint.«

Am gleichen Tag noch wagten Olid und Albarado einen ersten Sturmangriff über den Tacuba-Damm. Sie wurden von den Mexicanern mit einem Hagel menschlicher Arme und Beine der Geopferten zurückgetrieben. Szenen dieser Art, die Drohung mit Opfertod und Kannibalismus, verliehen der ganzen Belagerung einen grausigen Anstrich, obwohl sie ohnedies unerbittlich war, Tag und Nacht nicht aufhörte und auf beiden Seiten mit unglaublicher Tapferkeit und Hartnäckigkeit ausgefochten wurde. Wieder und wieder schickte Cortés Friedensangebote an Cuauhtemoc, doch der ließ die Boten zurückjagen oder unverzüglich für Huitzilopochtli schlachten.

Zweieinhalb Monate dauerte der gnadenlose Kampf. Olid über den Coyocán-Damm, Albarado über den Tacuba-Damm, Sandoval über den Tepeyac-Damm, Cortés zumeist von Bord einer Brigantine, oft auch an der Spitze der Truppen Olids oder Sandovals, stürmten gegen die Stadt an, schütteten Dammdurchstiche zu, die im Gegenstoß von den Azteken wieder aufgerissen wurden, brannten Häuser nieder, zerstörten Barrikaden, die am nächsten Tag wieder aufgerichtet waren, legten Brücken über Kanäle, die Stunden später wieder in Flammen aufgingen. Cuauhtemoc entwarf raffinierte Pläne, um die Brigantinen in Fallen zu locken und zu versenken; aber obwohl im Lauf der Kämpfe zwei Schiffskapitäne fielen, ging keine Brigantine verloren, im Gegenteil, sie waren bald fast uneingeschränkt Herr über die salzigen Wasserflächen des Tetzcoco-Sees.

Mitte Juli war der Tianquitzli, der große Marktplatz, samt den umliegenden Palästen und dem großen Teocalli fest in der Hand der Belagerer. Und damit die Groteske im Grausen nicht fehlte, erbot sich ein gewisser Sotelo, ein gewaltiges Katapult zu bauen, um die Azteken zu beschießen, denn langsam wurde das Pulver knapp. Tagelang bastelte der in »italienischer Ingenieurskunst« erfahrene Mann an seiner Maschine. Dann endlich wurde ein gewaltiger Steinbrocken auf die Schleuder gewuchtet, das komplizierte Triebwerk begann zu laufen, der Felsbrocken wurde mit ungeheurer Kraft in die Luft geschleudert, senkrecht, um dann genau dort herunterzufallen, von wo er gekommen war, und die Maschine zu zersplittern.

Anfang August hielt sich Cuauhtemoc nur noch im nördlichsten Stadtteil Tlateloco. Längst waren die Vorräte der Belagerten aufgebraucht, und der Hunger hielt unter den Azteken-Kriegern eine fast noch größere Ernte als die Kämpfe, obwohl ihnen der Uei Tlatoani befohlen hatte, alle *»unnützen Personen«* wie Verwundete, Kranke, Alte, Frauen und Kinder aufzuessen, um bei Kräften zu bleiben.

Cuauhtemoc blieb unbeugsam: *»Wir können zumindest wie Krieger sterben! Hinfort werde ich jeden töten, der mir noch vom Frieden spricht!«* donnerte er einmal seinen verzagten Kronrat an, während Cortés den jungen Uei Tlatoani förmlich anflehte, endlich nachzugeben: *»Es sei jetzt alles geschehen, was tapfere Männer für die Verteidigung ihres Landes tun könnten. Den Mexicanern bliebe keine Aussicht auf Rettung* *mehr. Ihre Vorräte seien erschöpft, ihre Vasallen von ihnen abgefallen – selbst ihre Götter hätten sie verraten. Es gäbe keinen anderen Ausweg für sie, als die sofortige Kapitulation. Cuauhtemoc möge doch Mitleid mit seinen tapferen Untertanen haben, die Tag für Tag vor seinen Augen dahinstürben, und Mitleid mit der schönen Stadt, deren stolze Bauten in Trümmer sänken. ›Kehre zu dem Lehenseid zurück, den du einmal dem Herrscher von Kastilien geschworen hast. Das Vergangene soll vergessen sein. Person und Eigentum, kurz, alle Rechte der Azteken sollen geachtet werden, und Spanien wird deine Stadt noch einmal unter seinen Schutz nehmen!‹«*

Drei Tage wartete der Generalkapitän auf dem Tianquitzli, von Botschaftern immer wieder vertröstet, auf den Azteken-Herrscher – doch Cuauhtemoc kam nicht, ließ die Spanier statt dessen mit den Köpfen ihrer geopferten Kameraden bewerfen.

Am 13. August 1521 führte Hernán Cortés seine Truppen zum letzten Sturmangriff. Noch einmal bot er Cuauhtemoc Frieden an, um der Stadt die letzte Katastrophe unter Beteiligung zehntausender wütender Tlaxcalteken zu ersparen. Cihuacoalt, einer der höchsten aztekischen Würdenträger, rief dem Generalkapitän die Antwort des Uei Tlatoani zu: *»Cuauhtemoc ist bereit zu sterben, wo er sich befindet. Er will jedoch keine Unterredung mit dem spanischen Befehlshaber! Ihr mögt handeln, wie es euch beliebt!«*

Cortés gab das Zeichen zum Angriff. Albarado von Tacuba aus, Cortés selbst über den Tianquitzli, Sandoval vom Wasser aus, drangen nach Tlateloco ein. An allen Straßenecken hatte Cortés Spanier postiert, um die Indio-Hilfstruppen zu hindern, die Zivilisten zu töten, *»und doch konnten wir nicht verhindern, daß über 15 000 Menschen ermordet wurden«*. In diesem Augenblick offenbarte sich, daß nicht die Indios Hilfstruppen der Spanier, sondern die Spanier Hilfstruppen der Tlaxcalteken waren, die nun den Höhepunkt ihres Rachefeldzugs in einer Blutorgie feierten. *»Man vermochte nicht den Fuß aufzusetzen, ohne den Leichnam eines Indios zu berühren. Das jämmerliche Geschrei der Kinder und Frauen genügte, um einem das Herz zu brechen«*, schrieb Cortés selbst.

Während so Tenochtitlán starb, gedachte der Uei Tlatoani Cuauhtemoc keineswegs, das Schicksal seiner Hauptstadt und seines Volkes zu teilen, wie er bei seinen traditionell üppigen Mählern auch deren Hunger nicht geteilt hatte; der große Krieger, auf dessen Befehl hin Hunderttausende gestorben waren, entpuppte sich im Augenblick der Wahrheit als jämmerlicher Feigling, dem auch die Gefangenschaft weit erstrebenswerter erschien als ein ehrenvoller Tod an der Spitze seiner Untertanen.

Gracía Holguín, dem Kommandanten einer Brigantine, fiel ein großes Kanu auf, das hastig dem Festland zustrebte, und er jagte dem Boot nach. Doch ehe der erste Schuß fiel, erhob sich ein Mann in reicher Kriegstracht in dem Kanu und rief: *»Schießt nicht! Ich bin Cuauhtemoc! Führt mich zu Cortés, ich bin sein Gefangener!«*

Am Abend standen sich dann Cortés und Cuauhtemoc gegenüber, und der geschlagene Uei Tlatoani verbeugte sich tief: *»Ich habe alles getan, was zur Verteidigung meiner Stadt ich verpflichtet war. Da ich nun als Gefangener zu Euch komme, nehmt den Dolch von Eurem Gürtel und tötet mich.«*

»Fürchte nichts«, antwortete Cortés, *»du sollst mit allen Ehren behandelt werden. Du hast deine Hauptstadt wie ein tapferer Krieger verteidigt. Ein Spanier weiß den Mut auch bei seinem Gegner zu achten!«*

Das Ende des Krieges. Cuauhtemoc, mit einer prachtvollen Standarte auf dem Rücken, doch ohne Waffen, wird von einem Tlaxcaltekenhäuptling gefangen vor Cortés geführt.

Pedro de Albarado

Guatemala 1523 bis 1525

»Cortés ließ sich Häuser und Paläste bauen, die so groß waren und so viele Höfe zählten wie das Labyrinth auf Kreta.«

Das neue Mexico

Zweifellos war es Bewunderung – vielleicht mit einem leisen Unterton von Spott vermischt –, die Bernal Diaz diese Zeilen schreiben ließ.

Kaum war der Schlachtlärm der Eroberung von Tenochtitlán verklungen, als sich Cortés auch schon mit der gleichen Energie, mit der er Anáhuac erobert hatte, auf seine neue Aufgabe stürzte, dieses Land einerseits fest in das Gefüge des spanischen Reiches einzubinden, andererseits die Wunden des Kriegs schnell zu heilen, die Wirtschaft wieder in Gang zu bringen, zu ordnen und aufzubauen. Binnen Stunden wandelte sich

Die Ereignisse der Jahre 1519 bis 1521 in indianischer Darstellung. Jahr 1-Schilfrohr: Die Spanier als Botschafter des Hl. Geistes, d. h. des wahren Glaubens, kommen. Jahr 2-Feuerstein: oben die Pocken und ein Mumienbündel; unten der Brand des großen Teocalli, Moteczuma als Mumienbündel, Cuitlahuac als Uei Tlatoani und dann ebenfalls als Mumienbündel. Jahr 3-Haus: Cuauhtemoc als Uei Tlatoani, Tenochtitlán wird eine christliche Stadt – ein Kreuz auf dem Teocalli.

Sofort nach der Eroberung bauten die Spanier überall prachtvolle Kirchen und Kathedralen, oft auf den Plätzen der alten Tempel.

Hernán Cortés vom erfolgreichen Kriegsmann zum nicht minder erfolgreichen Landesvater. Die Macht lag nun zwar in spanischen Händen, doch er war klug genug, die Indio-Fürsten keineswegs auszuschalten, sondern in sein System einzubauen – selbst Cuauhtemoc, den er zum Fürsten von Tenochtitlán ernannte. Tenochtitlán – oder Mexico, wie man nun zu sagen pflegte – wurde zum Mittelpunkt von Cortés Bemühungen, und auf den Trümmern der alten Metropole wuchs bald schon eine neue, spanische Stadt mit Kathedrale und dem Palast des Generalkapitäns in der Mitte empor.

Gleichzeitig bemühte er sich, durch die Unterwerfung der umliegenden und keineswegs immer friedlichen Stämme sein Herrschaftsgebiet abzurunden und die Grenzen zu sichern. Noch 1521 marschierten Cortés und Sandoval an der Küste nach Norden und unterwarfen die Huazteken. Albarado und Olid zogen im gleichen Jahr nach Westen und konnten bald die Eingliederung der Tarasken und Chichimeken melden. 1523 besetzte Sandoval das Gebiet der Zapoteken und Albarado das Land der Mixteken im Südwesten von Anáhuac.

Albarados Auftrag ging freilich noch weiter. Mit seiner Truppe von 170 Infanteristen, 130 Armrust- und Büchsenschützen, 120 Reitern mit 160 Pferden und 3000 Tlaxcalteken sollte er an der Pazifikküste entlang nach Süden vorstoßen und versuchen, den Anschluß an die Gebiete herzustellen, die Don Pedro Arias Dávila von Panama aus unterdessen nordwärts erobert hatte.

Im Februar 1524 überschritt Albarado die Grenze zu Guauhtemallan (Ort zwischen den Holzhaufen) – Guatemala, und betrat damit das Gebiet der Maya.

Das Land der Maya

Unter allen Zivilisationen der Neuen Welt nahmen die Maya wohl den höchsten Rang ein. Sie besiedelten seit etwa 2300 v. Chr. das Gebiet von Yucatan, Guatemala und Südmexico. Ihren Höhepunkt erreichten sie zu einer Zeit, als sich Europa noch tief im Mittelalter befand. Während ihrer klassischen Periode von etwa 350 n. Chr. bis ins 9. Jahrhundert, errichteten die Maya mehr als 100 Stadtstaaten in den Hochländern von Guatemala und Honduras, in Südmexico und Yucatan. Diese Städte dienten weniger dem Wohnen, sondern waren in erster Linie Mittelpunkte des religiösen und staatlichen Lebens.

Die außergewöhnliche Fruchtbarkeit des Landes erlaubte es den Maya früh, sich der Wissenschaft, Kunst und Religion zu widmen. Die Maya waren tief religiös, ohne deshalb zu Exzessen wie die Azteken zu neigen. Ihren Göttern zu Ehren erbauten sie gewaltige Tempel, Pyramiden und Opferplätze, auf denen freilich nur selten Blut floß, auch wenn ihnen Menschenopfer nicht ganz fremd waren, die sich unter dem Einfluß der Azteken in der letzten Periode ihrer Geschichte etwas vermehrten, und Kannibalismus – einzigartig in der Neuen Welt – eine seltene und rein kultische Ausnahme gewesen zu sein scheint. Sie studierten die Bewegung der Sterne, damit sie die Aussaat und Ernte, die Opfer und die anderen religiösen Rituale an den Tagen vornehmen konnten, die den Göttern am meisten zusagten. Ausgehend von diesen astronomischen Beobachtungen entwickelten sie ihren Kalender, der im Jahr nur um 17 Sekunden (!) von dem abwich, was heutzutage mit modernsten wissenschaftlichen Methoden und Meßgeräten nach vielen Mühen ermittelt wurde. Zwischen den Göttern und Menschen standen die Priester, deren Aufgabe es war, die Wünsche der Gottheiten zu deuten. Außerdem oblag ihnen neben Astronomie, Astrologie, Zeitrechnung und Pflege der Schrift, die Fürsorge der Künste – Architektur, Bildhauerei und Malerei.

Architektur und Kunst der Maya erreichten ihren Höhepunkt im 8. Jahrhundert. Wenig später brach das Reich aus bis heute ungeklärten Gründen zusammen, im Jahr 964 hatte es sich völlig aufgelöst. Erdbeben, Seuchen, Revolution, Invasion fremder Stämme, Klimawechsel – das Geheimnis wird so lange bestehen bleiben, bis man in der Lage ist, die Schriftzeichen auf den Pfeilern und Wänden der Tempel zu entziffern. Diese Arbeit wird durch den Übereifer des Mönches Diego de Llanda ungemein erschwert, der im 16. Jahrhundert die alte Maya-Bibliothek verbrennen ließ, weil er der Überzeugung war, die Bücher *»enthielten nichts als Aberglauben und Lügen des Teufels«*. Von den Tausenden von Büchern, die auf Rindenpapier gemalt waren, blieben nur drei fragmentarische Exemplare erhalten.

Die sogenannte »mexicanische Periode« des Maya-Reiches, von etwa 1000 bis ins 15. Jahrhundert, begann im nördlichen Yucatan, wo sich die drei Stadtstaaten Chichén Itzá, Uxmal und Mayapán zusammenschlossen. Doch auch dieses Reich hatte keinen Bestand. Zwischen 1441 und 1461 brach in Mayapán ein Aufstand los. *»Unter den Nachfolgern des Hauses Cocom gab es einen, der hochmütig und ein Epigone Cocoms war. Er schloß erneut ein Bündnis mit Tabasco und stationierte weitere Mexicaner in der Stadt. Dann begann er mit einer Gewaltherrschaft und unterjochte das Volk. Aus diesem Grund verbündeten sich die Fürsten mit den Anhängern des Tutul Xiú, der wie seine Vorfahren ein großer Häuptling war, und sie beschlossen, Cocom zu töten. Und so geschah es; sie töteten alle seine Söhne bis auf einen, der war abwesend. Und sie plünderten seine Häuser und besetzten seine mit Kakao und anderen Früchten bepflanzten Güter, und damit zahlten sie zurück, so sagten sie, was er ihnen geraubt hatte.«* Mayapán wurde zerstört und verlassen, und *»ein jeder ging in sein Land«*.

Vielleicht war es der Umstand, daß sich die Maya aus zu vielen unterschiedlichen Stämmen zusammensetzten – den Olmeken, Putunes, Pipiles, Tolteken und Itzás, um nur die wichtigsten zu nennen –, vielleicht waren sie auch zu starke Individualisten, um sich, wie Griechen oder Italiener, auf Dauer in einem größeren Staatsverband eingliedern zu können und zu wollen. Zur Zeit der Conquista war das Land der Maya in 16 größere und viele kleine, zumeist untereinander zerstrittene Kleinstaaten zersplittert, und doch waren es gerade die Maya, die sich neben den Araukanern im südlichsten Chile am längsten gegen die fremden Eroberer zur Wehr setzten, obwohl es auch in ihrer Religion einen weißen, bärtigen Gott gab, den sie Kukulcán nannten, und der mit Quetzalcoatl bis in kleinste Details identisch gewesen zu sein scheint.

Die Conquista des Maya-Reiches dauerte über 20 Jahre, im Inneren Guatemalas setzten sich die Indios noch jahrhundertelang erfolgreich gegen die Spanier zur Wehr.

Schnelle Siege

1499 hatte der aztekische Uei Tlatoani Ahuizotl den ersten Vorstoß in das Gebiet der Maya unternommen und an der Pazifikküste die Kolonie Soconusco errichtet. Es war eigentlich nur noch eine Frage der Zeit, wann die Azteken die Eroberung fortsetzen würden. Doch statt ihrer kamen 1524 die Spanier.

Am 6. Dezember 1523 war Pedro de Albarado mit seiner Streitmacht von Mexico aufgebrochen, hatte die aztekische Kolonie Soconusco kampflos besetzt, die Grenze Guatemalas im Februar überschritten, ebenso kampflos das Fürstentum Xuchiltepec unterworfen und sich der Stadt Xelanjú bemächtigt.

Am 3. April 1524 stellte sich in der Ebene von Xelanjú zum ersten und einzigen Mal ein Maya-Heer unter dem Feldherrn Tecún Umán den Spaniern unter Albarado entgegen. Die Schlacht und vor allem der Feldherr Tecún Umán ging in die Legende der Indios ein: *»Dann begann die Schlacht zwischen den Spaniern und den 12 000 Indios, die der Feldherr Tećun Umán mitgebracht hatte. Drei Stunden kämpften sie, und die Spanier töteten viele Indios. Unzählige Indios töteten sie; kein einziger Spanier wurde getötet, nur die Indios des Feldherrn Tecún, und es floß viel Blut unter ihnen, die die Spanier töteten, und das geschah in Pachah. Da erhob sich der Feldherr Tecún in die Luft und kam herangeflogen, verwandelt in einen Adler, bedeckt mit Federn, die aus ihm hervorwuchsen und nicht künstlich waren. Flügel wuchsen aus seinem Körper hervor, und er trug drei Kronen, eine aus Gold, eine aus Perlen und eine aus Diamanten und Smaragden. Der Feldherr Tecún kam in der Absicht, Albarado zu töten, der auf seinem Pferd daherritt, und er schlug auf das Pferd ein, um den Adelantado* [Albarado] *zu treffen, und er schlug mit seiner Lanze dem Pferd den Kopf ab. Die Lanze war aber nicht aus Eisen, sondern aus Obsidiansplittern; durch Zauber vollbrachte der Feldherr diese Tat. Und als er sah, daß er den Adelantado nicht getötet hatte, sondern das Pferd, schwang er sich zum zweiten Mal in die Luft, um herabzustürzen und den Adelantado zu töten. Aber der Adelantado erwartete ihn mit seiner Lanze und durchbohrte ihn in der Mitte, den Feldherrn Tecún Umán. Und als die Indios sahen, daß die Spanier ihren Feldherrn getötet hatten, da ergriffen sie die Flucht. Der Adelantado Albarado sagte aber, als er die Indios des Feldherrn Tecún fliehen sah, daß auch sie sterben müßten. Und so machten sich die Spanier auf die Fersen der Indios, holten sie ein und töteten sie, und keiner von ihnen blieb übrig. So viele Indios waren es, die die Spanier töteten, daß ein Fluß aus Blut entstand, der sich in den Olintepeque ergoß. Deshalb nannte man ihn*

Namenszug Albarados.

Don Pedro de Albarado, Eroberer und Adelantado von Guatemala. Die Indios nannten in ehrfürchtig »Tonatiuh«, die Sonne.

Quiquel, denn all sein Wasser war in Blut verwandelt, und auch der Tag färbte sich rot wegen des vielen Blutes, das an diesem Tag floß.«

Von nun an gab es kaum noch Widerstand. Die Könige Oxib Queh und Beleheb Tzy vom Stamm der Quichés lockten die Spanier zwar in ihre Hauptstadt Cumarcaah, um sie dort samt der Stadt zu verbrennen, doch Albarado wurde gewarnt, ließ die Könige hinrichten und die Stadt dem Erdboden gleichmachen. In Iximché, der Hauptstadt der mit den Quichés verfeindeten Cakchiqueles, wurde Albarado herzlich empfangen. *»Die Könige Belehe Quat und Cahi Ymox gingen sogleich, um den Adelantado willkommen zu heißen. Sein Herz war den Königen wohlgesonnen, als er in die Stadt kam. Es hatte keine Schlacht gegeben, und der Adelantado Pedro de Albarado war erfreut, als er in Iximché ankam. So kamen die Kastilier vor Jahren her, o Söhne. Sie flößten wahrhaftig Furcht ein, als sie kamen. Ihre Gesichter waren uns fremd und die Könige hielten sie für Götter.«*

Das ebenfalls mit den Cakchiqueles zerstrittene Königreich der Tzutuhiles fiel nach kurzem Widerstand als nächstes in die Hände der Conquistadoren. Albarado stieß weiter durch das Gebiet der vor Schreck erstarrten Pipiles bis ins heutige San Salvador vor, und konnte seine Eroberung bereits am 5. Juli 1524 mit der Gründung der Stadt Santiago de los Caballeros de Guatemala und ein Jahr später mit der Gründung der Stadt San Salvador krönen.

Cristóbal de Olid

Yucatan und Honduras 1523 bis 1525

»Der Hauptmann sagte ihnen, daß wir nichts als Gold wollten, und sie erwiderten, sie würden es herbeischaffen. Am folgenden Tag brachten sie Goldbarren, und der Hauptmann sagte ihnen, sie sollten mehr davon bringen. Am nächsten Tag kamen sie mit einer herrlichen goldenen Maske, einer Männerfigur mit Halbmaske aus Gold und einer Krone aus goldenen Perlen mit Juwelen verschiedener Farben. Man glaubt, daß es in diesem Land sehr viel Gold gibt. Die Indios schmelzen es in einem Gefäß direkt an der Fundstelle, wobei sie statt eines Blasebalgs Schilfrohre benutzen, um das Feuer anzufachen. Ich weiß nicht, was ich sonst noch berichten soll, den vieles von dem, was wir sahen, kann man kaum glauben.«

So beschrieb der Chronist Juan Diaz Yucatan und das Auftreten Cristóbal de Olids in diesem Land.

Aufstand und Ende Olids

Diesen Hauptmann, von dem Bernal Diaz schrieb – wir erinnern uns –: *»Wäre er so klug und bedächtig gewesen, wie er zu Fuß und zu Pferd kühn und mutig war, so wäre er ein vortrefflicher Mann gewesen«*, hatte Cortés ausgeschickt, die Südwestküste Yucatans und das Gebiet des Golfs von Honduras und des Golfo Dulce zu erobern und zu besetzen, wenn möglich auch das sagenhafte »El Dorado« zu finden. Mit Schiffen und einer ansehnlichen spanisch-indianischen Streitmacht ausgerüstet, gelang der erste Teil des Auftrags ohne sonderliche Schwierigkeiten. Im Mündungsgebiet des Rio Ulúa gründete Olid seine erste Siedlung namens Triunfo de la Cruz (Triumph des Kreuzes); den Phantasmen des Diego de Ordás, wie El Dorado, nachzujagen, war der Hauptmann allerdings zu nüchtern.

Die leichte Eroberung stieg Olid in den Kopf: Er sagte sich in aller Form von Cortés los und errichtete seine eigene Herrschaft – daß es eine blutige Schreckensherrschaft war, wie später Chronisten behaupteten, ist freilich unwahr. Olid gab sich zwar gerne fürchterlich, *»er redete mit etwas belegter, furchtgebietender Stimme«*, war aber viel zu lebenslustig und großzügig, um einen echten Despoten abzugeben.

Cortés war über diesen Treuebruch seines Hauptmanns empört und schickte Francisco de Las Casas, *»einen Mann, der es mit allen aufnahm«*, samt einer beträchtlichen Streitmacht zu einer Strafexpedition aus, und mußte einige Zeit später erfahren, daß die Flotte Las Casas' an der Küste von Honduras in einem Sturm gescheitert war, wo Männer und Material eine leichte Beute des abtrünnigen Olid geworden waren. Mehr noch, der ehemalige Hauptmann hatte auch einen gewissen Gil Dávila, der von Trujillo aus unabhängig am Golf von Honduras operiert hatte, geschlagen und gleichfalls gefangengenommen.

Cristóbal de Olid verführten diese schnellen Erfolge vom Mut zum Leichtsinn. Er hatte seine beiden Gefangenen zwar entwaffnet, ansonsten ließ er sie aber ganz nach Belieben kommen und gehen, lud sie sogar an seine Tafel. Als Francisco de Las Casas ihn halb scherzend, halb im Ernst warnte: *»Herr Hauptmann, nehmt Euch gut in acht, denn eines Tages werde ich versuchen, Euch zu töten!«* lachte Olid schallend. Er hätte diese ritterliche Warnung ernster nehmen sollen, denn wenig später fielen ihn Las Casas und Dávila tatsächlich mit geschliffenen Brieföffnern an, verwundeten ihn am Hals, entfesselten mit dem Ruf: *»Mit König und Cortés gegen diesen Tyrannen!«* einen Aufstand, brachten genug Männer auf ihre Seite, nahmen den Hauptmann gefangen, hielten Gericht über ihn und ließen Cristóbal de Olid auf dem Marktplatz von Naco enthaupten.

Ein verhängnisvoller Fehler

Von diesen letzten Ereignissen wußte Cortés nichts. Trotzdem war es ein verhängnisvoller Fehler, daß er beschloß, selbst auszuziehen, um den Abtrünnigen zu bestrafen. *»Er ließ seinen eigenen Posten im Stich: Generalgobernador* [dieser Titel war ihm vom König inzwischen verliehen worden] *und Schöpfer eines neuen Landes«*, schreibt Ma-

Cristóbal de Olid, ein tüchtiger, doch allzu sorgloser Soldat und Offizier, der sich gerne fürchterlich gab und sich für kurze Zeit zum Gobernador von Honduras aufschwang.

dariaga. »*Er ließ sich zu Olid herab, anstatt auf dem Gipfel seiner Macht zu bleiben, von wo aus er jenen durch einen seiner Hauptleute bestrafen oder ihm sogar verzeihen konnte. Er nährte das Feuer, das seine Feinde in Spanien gegen ihn entfachten, weil er ihnen die Möglichkeit gab, zu behaupten, daß er immer noch ein Abenteurer sei und bleiben werde. Schließlich setzte er sich Gefahren und Entbehrungen aus, die seine Gesundheit stärker mitnehmen sollten, als es bisher die ganze Eroberung getan hatte.*«

Gewiß, Cortés gab eine Reihe guter Gründe an für seinen Zug nach Honduras: »*Da mich all diese Dinge bekümmerten, entschloß ich mich, auf dem Landweg dorthin zu ziehen, wo Cristóbal de Olid war oder sein mochte, um die Wahrheit zu ergründen und, falls die Berichte zuträfen, ihn der gerechten Strafe zuzuführen.*« So schrieb er selbst an seinen König und Kaiser, und stürzte sich in ein Abenteuer, zu dessen Erledigung der treue Gonzalo de Sandoval oder auch Diego de Ordás ausgereicht hätten.

Ein Unglück kommt selten allein, sagt ein altes Sprichwort; man könnte es auch auf Fehler anwenden. War es schon verhängnisvoll, sich selbst an die Spitze einer Strafexpedition zu stellen, so war die Wahl seiner Stellvertreter in Mexico geradezu verheerend. Alonso de Estrada, Rodrigo de Albornoz und Alonso Zuazo waren bei allen Streitigkeiten miteinander in einer Sache gleicher Meinung: den Generalgobernador in Madrid nach Kräften anzuschwärzen, um selbst Posten, Macht und Reichtümer an sich zu reißen. Und die Herren Salazar und Chirino, die Cortés von Espiritu-Santo aus nach Mexico zurückschickte, um seinen drei Vertretern auf die Finger zu sehen, vermehrten nur noch die Intrigen, so daß die Behauptung, Cortés könne zwar ein Land erobern, nie aber ordentlich verwalten, allzu offensichtlich bewiesen schien – und so ganz aus der Luft gegriffen war diese Behauptung ja tatsächlich nicht.

Und noch einen dritten Fehler machte er: Er trennte sich während des Zuges nach Honduras von Doña Marina. Zweifellos war es eine Trennung im Guten, denn Cortés schenkte ihr reiche Landgüter und verheiratete sie mit einem seiner besten Offiziere, Don Juan Jamarillo, der später das Amt des königlichen Bannerträgers in Mexico bekleidete. Doch warum sich Cortés zu diesem Schritt überhaupt entschloß, weiß niemand. Am Zutreffendsten scheint wohl die Erklärung, daß sich auch Doña Marina gegen den Zug nach Honduras ausgesprochen hatte, denn obwohl sie die gesamte Expedition noch begleitete, wurde immer deutlicher, daß Cortés sehr zu seinem Schaden nicht mehr auf den Rat dieser klugen und treuen India zu hören gewillt war.

Das Heer, mit dem der Generalgobernador von Mexico aufbrach, umfaßte 140 Spanier, ebenso viele Pferde und gut 3000 Indios. Hernán Cortés selbst reiste mit dem Prunk eines Renaissance-Fürsten. Zu seinem Gefolge gehörten Gonzalo de Sandoval, Don Juan Jamarillo und natürlich Bernal Diaz, ferner als Befehlshaber der Indio-Truppen Cuauhtemoc, Fürst Cuanacoch von Tetzcoco, der Tlacatecatl (Kriegshäuptling) Tomilatzin und Fürst Tetlepanquezal von Tacuba und Tlacopan, alles Herren, die nicht nur den Glanz seines Auftretens erhöhten, sondern auf die Cortés auch stets ein wachsames Auge haben wollte. Zu seinem persönlichen Hofstaat gehörten außerdem ein Haushofmeister, zwei Zeremonienmeister, ein Vorschneider, ein Konditor, ein Vorratsverwalter, ein Aufseher für das goldene und silberne Tafelgeschirr, ein

Kammerherr, ein Arzt, ein Chirurg, eine Reihe von Pagen, drei Köche, acht Reitknechte, zwei Falkner, fünf Musiker und zwei Gaukler. Eine riesige Schweineherde, die dem Heer nachgetrieben wurde, diente als wandelnde Vorratskammer.

Bis Espiritu-Santo, am südlichsten Punkt des Golfs von Campeche gelegen, glich die Strafexpedition einem Triumphzug. Die Bevölkerung der Städte und Dörfer, Spanier wie Indios, empfingen Cortés mit lautem Jubel, und die Indios waren gerne bereit, eine Landkarte von Yucatan auf ein großes Baumwolltuch zu malen. Dieser geographische Versuch der Eingeborenen wurde Cortés zum Verhängnis, denn er bestätigte seinen – damals weit verbreiteten – Irrtum, daß die Landbrücke, welche Yucatan mit dem Festland verbindet, knapp 100 Kilometer breit sei; in Wahrheit beträgt die Strecke gut das Fünffache. Zudem war das Gebiet durch verfilzte Tropenwälder, ein Gewirr von Flüssen und Seen, dampfende Sümpfe und schroffe Gebirgsketten nahezu unpassierbar.

Schon zu Anfang, als das Heer noch an der Küste durch das verhältnismäßig gangbare Gebiet von Copilco marschierte, mußten Flüsse und Sümpfe in Kanus überquert oder Brücken gebaut werden, eine davon mehr als 1500 Meter lang, *»ein Ding, märchenhaft anzuschauen«*. Insgesamt waren es ihrer schließlich mehr als 50, wie Cortés selbst schrieb, nur um bei Copilco etwa 80 Kilometer sumpfigen Landes zu durchqueren.

Das Heer bog nun südöstlich, später südlich auf Zaguatan ab, und die Conquistado-

Der Zug nach Honduras. An der Spitze der Truppen Hernán Cortés und zum letztenmal Doña Marina, von der er sich auf diesem Zug trennte.

Köpfe und Schilde von Indio-Kriegern.

ren, die bislang Brücken gebaut hatten, mußten nun eine Straße durch den Dschungel schlagen. Immer wieder versank man bis zum Gürtel in Sümpfen, die Pferde gerieten so tief in den Morast, *»daß sie beinahe lebendig darin begraben wurden und es nur unter großen Mühen gelang, sie wieder herauszuziehen, indem man Laub und Zweige auf den Boden häufte, damit sie wieder Tritt fassen konnten«*, oder man stand hilflos vor breiten Flüssen mit trügerischen Sandbänken. Das verfilzte Laubwerk warf so dichte Schatten, daß die Soldaten, wie Cortés schrieb, nicht erkennen konnten, wohin sie den Fuß setzten, und die Schwierigkeiten wurden noch dadurch erhöht, daß die Indio-Führer desertierten und die Nahrungsvorräte aufgebraucht waren, so daß man sich mit Nüssen, Beeren oder Wurzeln, die man aus dem Boden grub, behelfen mußte. Manchmal suchten die Conquistadoren bis zu 20 Tage nach einem Ausweg aus diesem Labyrinth aus schlammigem Wasser und wuchernder Vegetation. Einer der Flüsse war so schwierig zu überwinden, daß selbst der Generalgobernador daran gedacht zu haben scheint, nach Mexico zurückzukehren, doch dann ließ er die nächste Brücke bauen und arbeitete, um seinen murrenden Spaniern ein Beispiel zu geben, selber mit. Dieses Wunder indianischer Geschicklichkeit bestand aus mehr als 1000 Balken, deren kleinste so dick wie ein Mensch und neun bis zehn Faden (etwa 18 Meter) lang waren, wie Cortés in seinem Bericht an Karl V. schrieb. *»Ich versichere Eurer Majestät, nirgend jemand werde auf verständlichere Weise schildern können, wie diese Fürsten von Tenochtitlán mit ihren Indios diese Brücke gebaut haben; sie zählt zu den seltsamsten Dingen, die man je gesehen hat, und sie ist so gut gebaut, daß nur Feuer imstande wäre, sie zu zerstören.«* Diese »Brücke des Cortés« blieb noch viele Jahre lang ein bestauntes Denkmal für die Energie und Zähigkeit des Generalgobernadors.

Endlich erreichte man das Gebiet von Acalan, *»das Überfluß an Nahrung und gutem Honig hatte«*, und konnte sich in den Mauern der Hauptstadt, deren Namen freilich nicht überliefert wurde, einigermaßen erholen. Eine Stelle im Bericht des Generalgobernadors läßt aber auf die Stadt Itzamkanac, dem wichtigsten Heiligtum des Maya-Stammes der Putunes, schließen, das der Mondgöttin Ixchel geweiht war, vor der offenbar hier die Rede ist: *»Ich erfuhr von ihnen, daß einer dieser Tempel der bedeutendste war und einer Göttin geweiht, die sie sehr verehrten, und daß sie dieser Gottheit nur Mädchen opferten, die jungfräulich und sehr schön waren, und wenn sie dies nicht waren, die Göttin sehr zornig wurde, und daß sie deshalb jene immer mit großer Sorgfalt aussuchten, damit sie zufriedengestellt sei. Sie erzogen sie, die sie dafür geeignet fanden, von klein an für diese Aufgabe.«*

Ende Oktober 1524 war das Heer in Mexico aufgebrochen, nun schrieb man Ende Februar 1525, und Ort und Zeitpunkt mögen deshalb von gewisser Bedeutung sein, weil hier in Itzamkanac der letzte Akt der Eroberung von Tenochtitlán spielte.

Die Verschwörung Cuauhtemocs

Die Ereignisse in Itzamkanac gehören zu den umstrittensten der ganzen Conquista. Versucht man die Geschehnisse aus dem Wust von gehässiger oder liebedienerischer Propaganda herauszulösen, dürfte sich in etwa folgendes abgespielt haben:

Eines Nachts erschien Coztemexi, ein Indio-Häuptling, bei Cortés und berichtete, Cuauhtemoc und einige andere Häuptlinge hätten eine Verschwörung angezettelt mit dem Ziel, Cortés und seine Offiziere zu ermorden, sodann Olid niederzuwerfen, einen allgemeinen Aufstand zu entfesseln und schließlich alle Spanier in Anáhuac umzubringen und das alte Reich wiederzuerrichten. Er, Coztemexi, sei der Überzeugung, daß Cuauhtemoc und seine Mitverschwörer durchaus in der Lage wären, Cortés und seine Leute zu ermorden, vielleicht auch Olid zu töten und einen Aufstand zu entfesseln, doch niemals die Spanier wieder aus Mexico zu vertreiben. Der ganze Plan des ehemaligen Uei Tlatoani sei letztlich nur dazu geeignet, ein furchtbares Strafgericht auf die Häupter aller Indios herunterzuzerren, weshalb er den Generalgobernador rechtzeitig warnen wolle.

Cortés handelte rasch wie immer und ließ Cuauhtemoc, Cuanacoch von Tetzcoco, Tetlepanquetzal von Tacuba, den Tlacatecatl Tomilatzin und etliche andere Häuptlinge verhaften und einzeln verhören, wobei jedem gesagt wurde, die anderen hätten bereits gestanden. Ob Cuauhtemoc und Tetlepanquetzal, die sich in diesen Verhören sehr schnell als die Hauptverschwörer herausstellten, zu den Vorwürfen schwiegen, wie einige Chronisten behaupteten, oder ob sie jede Schuld leugneten, die Aussagen der übrigen Inhaftierten ließen an ihrer Schuld keinen Zweifel.

Cuauhtemoc und Tetlepanquetzal wurden verurteilt und gehängt. Die anderen verhafteten Indios ließ Cortés frei, *»denn die Untersuchung ergab, daß sie jenen lediglich zugehört hatten, wiewohl auch das ihren Tod gerechtfertigt haben könnte«.*

Der Streit um die Hinrichtung Cuauhtemocs hält bis heute an. *»Ich wußte, was es bedeutet«*, soll Cuauhtemoc vor seiner Hinrichtung gesagt haben, *»deinen falschen Versprechungen zu trauen! Ich ahnte, daß du mich zu diesem Schicksal bestimmt hattest, weil ich nicht selbst Hand an mich legte, als du meine Stadt Tenochtitlán erobertest. Warum tötest du mich nun so ungerecht?«*

Die Hinrichtung Cuauhtemocs in Itzamkanac. Obwohl im Recht, wurde Cortés für diese Tat heftig angegriffen.

Wäre es wirklich denkbar, daß Cortés sich auf diese Weise für den hartnäckigen Widerstand bei der Belagerung Tenochtitláns gerächt hat? Wenn er das gewollt hätte, hätte es bequemere Wege gegeben. »Kriegsverbrecherprozesse« haben zu allen Zeiten nie ihre Beliebtheit verloren. Auf das Verhalten des Siegers bis zu jenem Februartag des Jahres 1525 paßt eher die Meinung Gómaras, Cortés hätte Cuauhtemoc *»gepflegt wie Gold in einem Taschentuch als bestes Denkmal seiner Siege«.*

Oft wird auch der Satz des redlichen Bernal Diaz zitiert: *»Die Hinrichtung Cuauhtemocs war höchst ungerecht und wurde von uns allen so angesehen.«* Nur ist dieser Satz aus dem Zusammenhang gerissen. Was Bernal Diaz als so »ungerecht« betrachtete, war nicht das Urteil über Cuauhtemoc, sondern die Tatsache, daß der letzte Uei Tlatoani auf diese Weise umkommen mußte, zumal seine »Schuld«, die Vertreibung und Vertilgung der fremden Eroberer zu planen – so unrealistisch sie gewesen sein mag –, für ihn ein moralisches »Muß« dargestellt hatte.

Wenn William H. Prescott meint, die letzte Chance der Indios auf Selbständigkeit sei – wieder einmal – durch den Verrat eines Indios vereitelt worden, so ist dies unsinnig. Coztemexi war kein »Verräter«, er war nur realistischer als sein ehemaliger Herrscher und wußte, daß man ein Reich, das dem Ansturm einiger Hundert Fremder erlegen war, nicht gegen den Widerstand etlicher Tausend dieser Fremden, die mittlerweile in Mexico lebten, wieder würde errichten können, daß man mit einem Aufstand allenfalls ihre Rache herausfordern würde.

Ähnlich scheint auch Cuauhtemocs Gattin, die schöne Prinzessin Tecuipoch, die Tochter Moteczumas, gedacht zu haben. Sie überlebte den Tod des letzten Aztekenherrschers lange genug, um nacheinander vier Spaniern edelster Abstammung ihre Hand zu geben.

Doch zurück nach Itzamkanac. Einigermaßen erholt setzten die Conquistadoren ihren Zug weiter fort und erreichten nach einem leichten Marsch den Petén-See und die Hauptstadt der Itzá, eines Maya-Stammes, die auf einer Insel im See lag. *»Sie glänzte mit ihren Häusern und hohen Teocalli so hell in der Sonne, daß man sie aus der Entfernung von zwei Leguas* [11 km] *sehen konnte.«*

Die Spanier wurden freundlich aufgenommen und versorgt, und als Cortés wieder aufbrach, ließ er eines seiner Pferde zurück, das sich am Fuß verletzt hatte. Das brave Tier wurde zum Symbol der »weißen Götter«, die aus dem Urwald mit schier übermenschlicher Macht gekommen und in ihm wieder verschwunden waren. Als 1618 zwei Franziskanermönche in dieses Gebiet kamen – das damals die Spanier kaum besser kannten als zu Cortés' Zeiten –, fanden sie auf dem Hauptteocalli der Stadt über einem prachtvollen Grabmal die Statue eines Pferdes, das die Indios als Gott des Donners und Blitzes verehrten.

Die Aufzählung aller Strapazen und Gefahren, welche die Spanier auf ihrem Wei-

Götter der Maya.

termarsch zu bestehen hatten, wäre nur ermüdend. Die Überquerung der Sierra de los Pedernales (Feuerstein-Gebirge) erforderte allein zwei Wochen für knappe 40 Kilometer. Die messerscharfen Steine zerschnitten die Hufe der Pferde, und als die Conquistadoren die andere Seite erreicht hatten, waren 68 der wertvollen Tiere verloren, die übrigen dienstunfähig. Jetzt hatte auch die Regenzeit eingesetzt. Güsse, die Tag und Nacht herunterprasselten, durchweichten die Männer und ließen die Flüsse so anschwellen, daß der Bau von Brücken unmöglich wurde. Gewaltige Baumstämme, die man von einem Ufer zum anderen stürzte, ergaben notdürftige Übergänge, doch *»der Unglückliche, den bei dem Übergang Schwindel packte, stürzte unfehlbar hinunter und ertrank. Mehr als 20 solch schrecklicher Passagen waren zu bewältigen. Als wir schon alle Hoffnungen aufgegeben hatten, weil wir keine Führer hatten und die Kompaßnadel inmitten der wildesten Berge, die wir je gesehen, nutzlos war und weil es keine Straßen gab, die uns irgendwohin geführt hätten – da gefiel es dem Herrn, daß wir einen 15jährigen Knaben trafen, welcher sagte, er könne uns zu einer Ortschaft in Taniha bringen; das aber ist ein Ort, den wir, wie ich wußte, passieren mußten.«*

Zwei Tage später waren sie in Naco und unter Spaniern und erfuhren auch das Ende Olids, den zu bestrafen sie ausgezogen waren.

Man schrieb nun den Mai 1525. Sieben Monate hatte der Marsch durch den Süden Yucatans gedauert, der jedem Conquistador zu höchstem Ruhm gereicht wäre, nur eben Cortés nicht, der damit »sein« Neuspanien dem Chaos überantwortet hatte.

Spanische Stoßdegen. Mit ihnen wurde ein Weltreich erobert.

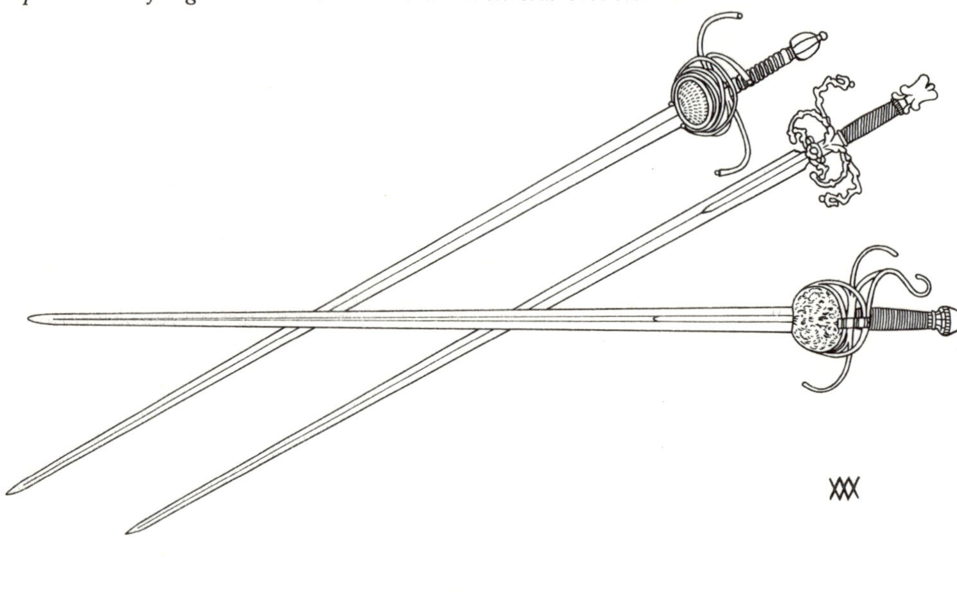

Pánfilo de Narváez

Florida und Mississippi 1527 bis 1528

»Und also hat sich der Teufel auch seine Seele geholt!« vermerkte Bartolomé de Las Casas die Nachricht vom Tod des Pánfilo de Narváez.

Kein Eroberer

Narváez freilich war für Las Casas kein sehr geeignetes Objekt, denn dieser Conquistador – wenn man ihn überhaupt so nennen will – war weder ein großer Schurke noch ein großer Eroberer, sondern nur ein Versager und ein Pechvogel dazu. Seine Glanzzeit war die Eroberung von Cuba gewesen, bei der er als die rechte Hand des dicken Don Diego de Velázquez fungiert und sich persönlich nebenher einen recht beachtlichen Besitz an Dörfern, Bergwerken und Indio-Sklaven zusammengegrapscht hatte. Als Sklavenherr und Großgrundbesitzer war er nicht besser oder schlimmer als 1000 andere Spanier auch, und dabei hätte er es auch belassen sollen. Doch wie so viele Menschen, die ausgerechnet das am meisten anstreben, was sie am wenigsten können, dürstete Narváez nach dem Ruhm eines großen Entdeckers und Eroberers.

Schon sein erster Versuch gegen Cortés, 1520, war jämmerlich fehlgeschlagen, und Narváez konnte von Glück sagen, daß er sich nach der nächtlichen Schlacht von Cempoal nur mit Ketten an Händen und Füßen und nicht mit einem Strick um den Hals wiederfand. Cortés war ein höchst großmütiger Sieger, und die zwei Jahre Haft in Vera Cruz verdienten kaum diesen Namen. Gonzalo de Sandoval, der Alkalde von Vera Cruz, hatte zwar ein scharfes Auge darauf, daß der geschlagene Generalkapitän des Gobernadors von Cuba nicht etwa eine Verschwörung anzettelte, doch ansonsten versorgte er seinen unfreiwilligen Gast reichlich mit Speise und Trank, eigenem Haus, Dienerschaft und einer Indio-Mätresse, und Narváez fehlte zu einem rundherum gemütlichen und erfreulichen Leben nichts als die Freiheit, nach Cuba zurückzukehren.

1522 ließ ihn Cortés zu sich kommen. Narváez war vom Anblick Tenochtitláns, obwohl nur noch Reste der einstigen Herrlichkeit zu sehen waren, von der Lagune und dem Kranz blühender Städte ringsum überwältigt. Der siegreiche Generalkapitän empfing den unterlegenen Generalkapitän liebenswürdig. Narváez fiel auf die Knie und versuchte Cortés die Hand zu küssen, doch der ließ ihn aufstehen, *»umarmte ihn und erwies ihm viel Liebe«.*

»Jetzt, Herr General«, soll Pánfilo de Narváez gesagt haben, *»sage ich wahrhaftig, daß mich zu besiegen eine Eurer geringsten Taten war, selbst wenn ich eine stärkere Streitmacht mitgebracht hätte; denn nun habe ich so viele Städte und Länder gesehen,*

die Euer Gnaden erobert und Gott und dem Kaiser untertan gemacht haben, daß Euer Gnaden sich wohl höher schätzen dürfen als die berühmtesten Männer der Welt!« Worauf Cortés erwidert haben soll: *»Wir sind nicht groß genug, um all das getan zu haben, was wir taten; aber Gottes Gnade und das Glück unseres Kaisers haben uns allezeit geholfen.«*

Ein Jahr später setzte Cortés, auf Bitten des Francisco de Garay, Narváez auf freien Fuß, ließ ihn nach Cuba zu seiner reichen Frau, seinen Gütern, Bergwerken und Indios zurückkehren und überreichte ihm als Abschiedsgeschenk sogar noch Gold im Wert von 2000 Pesos d'oro. *»Narváez dankte Cortés sehr demütig und versprach ihm immer wieder, er werde stets sein Diener sein«*, berichtete Bernal Diaz.

»Nun haben die Spanier mancherlei schöne Charaktereigenschaften«, meint Salvador de Madariaga, *»aber sie sind mit einem der traurigsten Übel der menschlichen Seele geschlagen: Sie ertragen keinen Erfolg – bei anderen. Der Spanier ist in fast allen Dingen das Gegenteil des Deutschen. Der Deutsche wird gewöhnlich von Schadenfreude verfolgt, von der Lust am Sturz des Nächsten; der Spanier leidet an der Trauer über seines Nächsten Aufstieg.«* Wen wundert es da, daß Narváez zum erbitterten Feind (wenn auch nur recht kleinen Formats) des siegreichen Cortés wurde, gerade um dessen Großzügigkeit willen?

Doch wenn Narváez auf die tatkräftige Unterstützung seines alten Gönners Velázquez gehofft hatte, so sah er sich auch hierin getäuscht. Der Gobernador von Cuba war 1522, wie viele meinten »aus Gram« verstorben. Gewaltige Dinge hatte Don Diego ins Werk zu setzen versucht: die Eroberung Yucatans, die Eroberung Anáhuacs – und

Pánfilo de Narváez. Für den Ruhm, als großer Entdecker und Eroberer zu gelten, hätte er gern den Ruf eines großen Schurken in Kauf genommen – beides blieb ihm verwehrt.

hatte nichts als Fehlschläge geerntet. Freilich hatte Velázquez Dinge vereinen wollen, die ihrer Natur nach unvereinbar waren. Andere sollten für ihn die Schlachten schlagen, deren Lorbeeren ihm zufallen sollten, andere die Entdeckungen machen, deren Früchte er ernten wollte. Doch wer liefert schon errungene Lorbeeren gutwillig ab? Allenfalls so schwache Persönlichkeiten wie Juan de Grijalva oder Pánfilo de Narváez, die allerdings eben auch zu schwach waren, sie überhaupt zu erringen. *»Cortés Ernennung zum Befehlshaber war kaum ein größerer Fehler gewesen als die spätere Ernennung von Narváez. Velázquez' ganzes Leben bestand aus einer Kette von Irrtümern«*, meint William H. Prescott, und er mag damit durchaus recht haben.

Narváez versuchte sich, kaum nach Cuba zurückgekehrt, an einer Expedition nach Honduras – und scheiterte. Die folgenden Jahre saß er grollend und gegen Cortés intrigierend auf seinen Gütern, doch 1527 hielt es ihn nicht mehr.

Juan Ponce de León hatte bereits 1513 nördlich von Cuba den Jungbrunnen gesucht, gefunden hatte er, wie wir uns erinnern, nur Florida. Diese »Insel« steuerte nun auch Narváez an, und wenn er auch den Jungbrunnen nicht finden sollte, so erhoffte er sich doch wenigstens reiche Ausbeute an Gold. Es war eine beachtliche Streitmacht, mit der Narváez von Santiago de Cuba aus in See ging: sechs Karavellen, fast 400 Mann, reichlich Pferde, Geschütze, Waffen und Proviant. In der Bucht des heutigen Tampa auf Florida gingen zwei Drittel der Mannschaft samt dem Generalkapitän an Land und stießen ins Landesinnere vor. Doch außer dem Appalachendorf Tallahassee fanden sie nichts, das der Erwähnung wert gewesen wäre, auch von Gold keine Spur. Narváez kehrte enttäuscht zur Küste zurück. Doch da, wo seine Schiffe auf ihn warten sollten – war nichts. Die Flotte, des Wartens überdrüssig, war nach Cuba zurückgesegelt.

Narváez war starr vor Schreck, unfähig, noch einen klaren Gedanken zu fassen. Wochenlang hockte der Gestrandete am Ufer, betete und beriet, was zu tun sei, ohne sich zu einem Entschluß durchringen zu können. Schließlich ergriffen der Schatzmeister der Expedition, Alvar Nuñez Cabeza de Vaca, und einige andere Offiziere die Initiative und ließen fünf große Boote bauen, mit denen man in zunächst nordwestlicher, dann in westlicher Richtung an der Küste entlangsegelte – irgendwo, so hoffte man,

Namenszug Narváez'.

würde man schon wieder auf spanisches Gebiet stoßen. Doch was man schließlich fand, war das Gewirr an Inseln, Flußarmen, Sümpfen und Sandbänken des Mississippi-Deltas.

Und dann kam der Sturm. Das Boot mit Pánfilo de Narváez wurde aufs offene Meer hinausgetragen und nie wieder gesehen.

Alvar Nuñez Cabeza de Vaca

Während drei der fünf Boote in Sturm, Gischt und Regenschauern verschwanden, konnten sich zwei Boote unter dem Kommando des Schatzmeisters Cabeza de Vaca und des Hauptmanns André Dorantes einigermaßen in der Nähe des Ufers halten. Wenn das Boot des Hauptmanns schließlich auch kenterte, so konnte sich doch ein Teil der Mannschaft in das Boot Cabezas retten oder zumindest, an den Bordwänden des überfüllten Fahrzeuges hängend, den Sturm überstehen und endlich ans rettende Ufer gelangen.

Es mögen 60 bis 70 Spanier gewesen sein, die nun zerlumpt, ohne Waffen und Proviant südwärts an den Küsten der heutigen US-Staaten Louisiana und Texas dahintrotteten, sich mit Stöcken und Steinen gegen angreifende Indios verteidigten, sich ein wenig Nahrung in den Eingeborenendörfern stahlen oder dann und wann ein Wild erlegten. Und ihre Zahl schrumpfte immer mehr zusammen. Einer nach dem anderen blieb krank oder restlos erschöpft am Wegrand liegen, wurde von Indios gefangen davongeschleppt oder verschwand des Nachts, um in einem der Indiodörfer – und sei es nur als Sklave – Unterschlupf zu finden.

Daß die letzten vier schließlich von einem freundlichen Indio-Stamm gefangen wurden, der sie mehr als Gäste denn als Gefangene behandelte, war eigentlich ein ungeheurer Glücksfall, zumal ein gewisser Estevanico, der Negerdiener Cabeza de Vacas, sich bald des Rufes eines höchst angesehenen und verehrten Zauberers und Medizinmanns erfreute.

Fast acht Jahre zog Cabeza de Vaca mit seinen Begleitern Estevanico, Hauptmann Alonso de Castillo und Hauptmann André Dorantes kreuz und quer durch den Südwesten Nordamerikas. Sie kamen bis ins heutige Arizona, im Norden bis Colorado, ehe sie durch reinen Zufall 1536 am Sinaloa-Fluß, mehr als 3000 Kilometer von ihrem Ausgangspunkt entfernt, von Spaniern aufgegriffen und »gerettet« wurden.

Pascual de Andagoya Dávala

Birú-Fluß 1522

»Eine halbe Meile vom Meer entfernt gäbe es wohl gute und gesunde Plätze, wo man von Anfang an die Stadt hätte anlegen können«; schrieb der Soldat und Chronist Cieza de León über Panama, *»aber weil die Häuser einen großen Wert haben und ihr Bau viel kostet, hat man die Stadt trotz der offensichtlichen gesundheitlichen Schäden, die jeder gewärtigen muß, der an einem so schlechten Ort wohnt, nicht verlegt. Die Bürger denken nicht daran, dort länger zu bleiben, als bis sie reich geworden sind. So gehen die einen, die anderen kommen, und wenige oder niemand schaut auf das Gemeinwohl.«*

Der Fluß Birú

Panama lag an der schmalsten Stelle des Isthmus, ein Stück weiter nördlich als jener Punkt, von dem aus Balboa zum ersten Mal das »Mar del Sur« gesehen hatte.

Das Interesse des Gobernadors Don Pedro Arias Dávila, der Panama gegründet hatte und seit 1518 auch dort residierte, war vor allem nach Norden in Richtung Nicaragua, Guatemala und Yucatan gerichtet; der Süden, der gleich zu Beginn seiner Amtszeit die Expedition Becerras verschluckt hatte, interessierte ihn kaum.

Gewiß, auch Don Pedro waren all jene Gerüchte und Schilderungen der Eingeborenen über ein märchenhaft reiches und hochzivilisiertes Land im Süden zu Ohren gekommen, doch brachte er den Indio-Erzählungen ein durchaus gesundes Mißtrauen entgegen – im Prinzip sehr zu recht, im speziellen Falle sehr zu unrecht.

Zudem waren Vorstöße nach Süden außerordentlich schwierig. Der Landweg war von undurchdringlichen Dschungeln, Sümpfen, Bergen und feindlichen Indios versperrt, und auch der Seeweg hatte seine Tücken, wie Garcilaso de la Vega aus eigener Anschauung beschrieben hat: *»Man muß wissen, daß die Seefahrt von Panama nach Süden mit großen Mühen verbunden war wegen der vielen Meeresströmungen, auch weil an jener Küste ständig Südwind weht. Deshalb waren die Schiffe gezwungen, vom Hafen aus 30 oder 40 Meilen weit aufs Meer hinauszusteuern und dann wieder Kurs aufs Land zu nehmen. So immerfort kreuzend, arbeitete man sich die Küste entlang. Wenn nun ein Schiff nicht gut am Wind segelte, so konnte es geschehen, daß es bei diesen Manövern noch hinter den Ausgangspunkt zurückfiel.«*

Trotz dieser Schwierigkeiten erbot sich Pascual de Andagoya Dávala, ein junger und reicher Mann aus der Umgebung des Gobernadors, ehemaliger Mitstreiter Balboas und Mitbegründer Panamas, auf eigene Kosten einen Vorstoß nach Süden zu wagen. 1522 segelte er von Panama ab und erreichte den Fluß Birú. 20 Jahre später, nachdem andere Peru und sein Gold entdeckt hatten, nach Einkerkerung durch neidische Konkurrenten in Columbien, verfaßte Andagoya einen Bericht seiner damaligen Fahrt:

»Im Jahr 1522 brach ich von Panama zu einer Inspektion des östlich gelegenen Landes auf [Nordcolumbien und der Birú-Fluß liegen von Panama gesehen im Südosten]*; ich besuchte eine Provinz namens Chochama, die von cueva-sprechenden Indios dicht bevölkert war. Hier erfuhr ich, daß immer zu Vollmond fremde Leute mit Kanus übers Meer kämen, die Bewohner überfielen und in solche Angst versetzten, daß sie sich nicht mehr zum Fischen aufs Meeer hinaustrauten, und die Leute von Chochama baten mich, ihnen gegen die Fremden beizustehen. Da sandte ich nach Panama und erbat Verstärkung, um die bis dahin unentdeckten Landstrecken zu erkunden.*

Ich nahm den Häuptling und seine Kundschafter und Dolmetscher mit und marschierte sechs oder sieben Tagesreisen bis zu jener Provinz Birú, Piru oder Peru, und dort 20 Meilen einen großen Fluß aufwärts, wo ich viele Häuptlinge und Ortschaften und an einer Flußgabelung eine starke Grenzfestung mit Garnison vorfand, die sich hartnäckig verteidigte. In jener Provinz erfuhr ich durch Berichte der Häuptlinge, auch durch Händler, näheres über die ganze Küste und über alles, was man später bis nach Cuzco zu sehen bekam, selbst Einzelheiten über die verschiedenen Provinzen und deren Einwohner.

Mit dem Häuptling und seinen Dolmetschern kehrte ich zum Meer zurück. Die Schiffe fuhren weiter draußen die Küste entlang; ich suchte in einem Kanu dieselbe nach Häfen ab. Dabei fiel ich ins Meer und wäre beinahe ertrunken, wenn der Häuptling mich nicht wieder ins Kanu gehoben hätte. Über zwei Stunden mußte ich ausharren, bis auch die anderen gerettet waren. Infolge des Wassers, das ich geschluckt hatte, und des kalten Windes, erwachte ich am nächsten Morgen mit einem schweren Rheuma und konnte mich nicht mehr rühren. Ich sah ein, daß ich selber auf die weitere Entdekkung der Küste verzichten mußte; das Unternehmen wäre verloren gewesen. So kehrte ich mit dem Häuptling und seinen Dolmetschern nach Panama zurück.

Angesichts dieser Neuigkeiten und auf die Versicherung des Arztes hin, daß es mit meiner Heilung gute Wege haben werde, legte Pedrarias es mir nahe, die Unternehmung Pizarro, Almagro und dem Padre Luque zu übertragen; sie würden mir meine Kosten ersetzen. Ich willigte ein; was die Bezahlung betraf, so wollte ich davon nichts hören, weil ihnen dann nichts mehr geblieben wäre, um die Sache in Angriff zu nehmen. So machte Pedrarias mit den dreien eine Kompanie zu viert, und sie begannen die Unternehmung mit Hilfe der Indio-Dolmetscher und meiner Reisebeschreibung, einem Schiff und zwei Booten.«

Bliebe nachzutragen, daß Pacual de Andagoya Dávala seine Großzügigkeit schlecht vergolten wurde. Er erhielt von all den ungeheuren Schätzen, die Francisco Pizarro und Diego de Almagro sich in Peru aneigneten, nicht ein Gramm Gold.

Südamerika

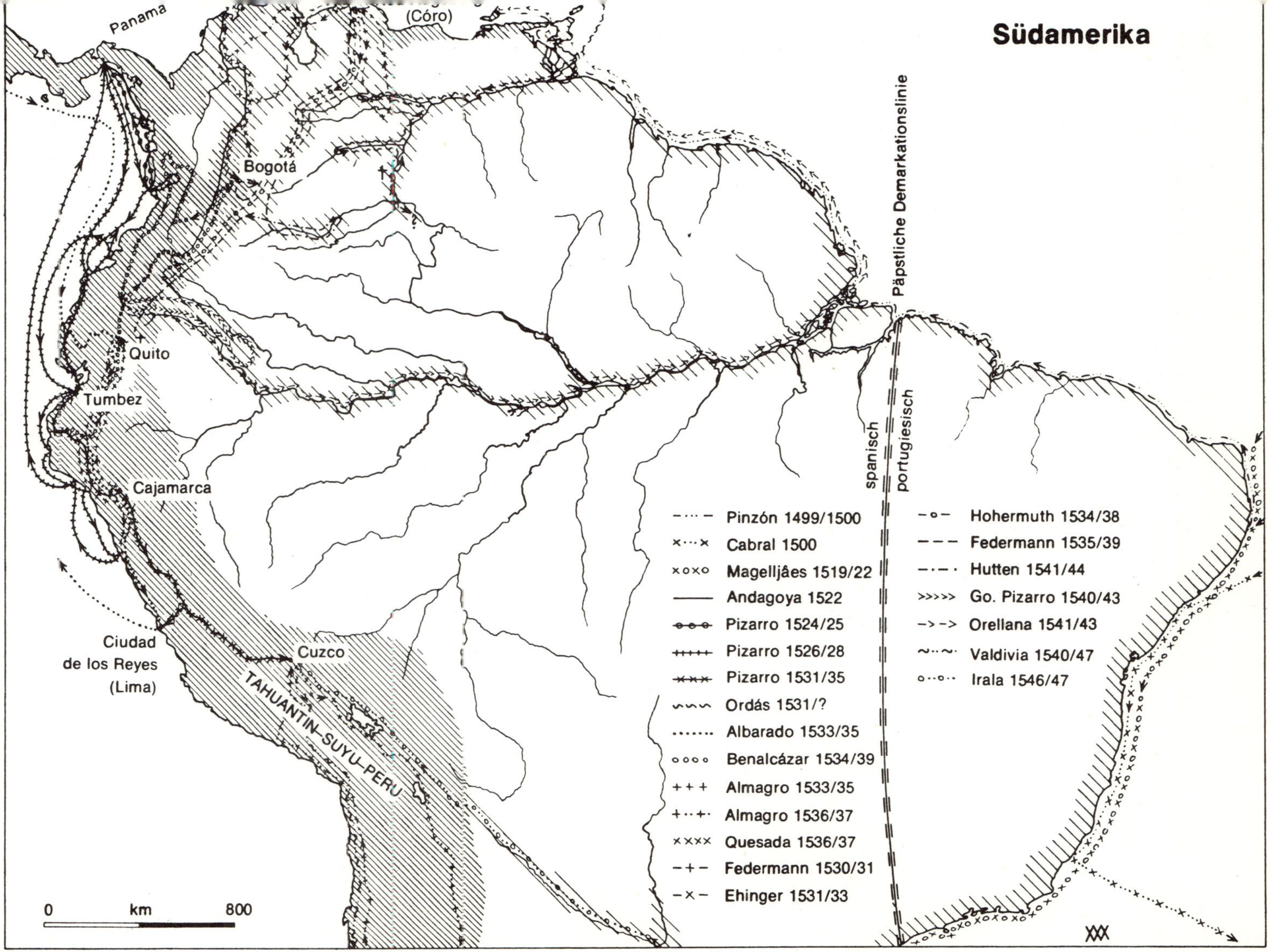
Panama
(Córo)
Bogotá
Quito
Tumbez
Cajamarca
Ciudad de los Reyes (Lima)
Cuzco
TAHUANTIN-SUYU-PERU
Päpstliche Demarkationslinie
spanisch
portugiesisch
0 km 800
Pinzón 1499/1500
Cabral 1500
Magelljâes 1519/22
Andagoya 1522
Pizarro 1524/25
Pizarro 1526/28
Pizarro 1531/35
Ordás 1531/?
Albarado 1533/35
Benalcázar 1534/39
Almagro 1533/35
Almagro 1536/37
Quesada 1536/37
Federmann 1530/31
Ehinger 1531/33
Hohermuth 1534/38
Federmann 1535/39
Hutten 1541/44
Go. Pizarro 1540/43
Orellana 1541/43
Valdivia 1540/47
Irala 1546/47

Die Vierzehn von der Hahneninsel

Küste von Columbien, Ecuador und Peru 1524 bis 1528

»Jedermann, der dies Schriftstück liest, soll wissen, daß einerseits ich, Don Fernándo de Luque, Vikar der Heiligen Kirche von Panama, und andererseits Hauptmann Francisco Pizarro und Diego de Almagro, Bürger dieser Stadt Panama, erklären: Wir haben vereinbart und abgemacht, eine Gesellschaft zu bilden, die fest und gültig sein soll für immer, dieser Art: Nachdem wir Genannten vom Herrn Gobernador Pedro Arias Dávila die Genehmigung besitzen, zu entdecken und zu erobern die Länder und Provinzen der Peru genannten Königreiche, wir aber nicht Geld und Mittel haben für die Fahrt, Schiffe, Mannschaft und Ausrüstung, und Ihr, genannter Don Fernándo de Luque, das Geld dazu gebt, um diese Gesellschaft in gleichen Teilen zu gründen, sind wir dessen zufrieden und einig, ohne daß es für keinen von uns einen Sondervorteil geben dürfe in allem, was wir entdecken, gewinnen und erobern oder siedeln in den genannten Königreichen Perus. Zur größeren Bekräftigung dieser Schrift schwören wir vor Gott und legen die Hand auf das Meßbuch und machen das Kreuzzeichen darauf. Ich, Hauptmann Francisco Pizarro, und ich, Diego de Almagro. Amen.«

Die Gesellschaft der Narren

In der Tat war es eine seltsame Versammlung von Männern, die sich bald nach der Gründung von Panama zusammenfanden, um die Reiche und Länder an der Westküste Südamerikas zu erobern und unter sich zu teilen.

Francisco Pizarro, Diego de Almagro und Don Fernándo de Luque schlossen eine »Compañia«, eine Arbeits- und Kampfgemeinschaft, eine »Hernandad«, wie man

Unterschrift Francisco Pizarros. Da Pizarro Analphabet war, sind seine »Unterschrift« die beiden großen Schnörkel, den Namen setzte ein Schreiber dazwischen.

auch gerne sagte, eine »Bruderschaft«, wie sie in jener Entdeckerzeit, wo zwar die Aufträge von der Krone kamen, nicht aber die Mittel, zwischen unternehmungslustigen Soldaten und Kolonisten üblich war. Die Pläne dieser drei schienen freilich so phantastisch, daß kastilischer Witz bald mit dem Namen Luque das bissige Wortspiel von der »Compañia de Locos«, der »Gesellschaft der Narren« machte.

Francisco Pizarro: Geboren 1475 (oder 1478) in Trujillo in Estremadura. Sein Vater war der Oberst Don Gonzalo Pizarro el Largo el Tuerto (der Lange, der Einäugige). Francisco war das Ergebnis einer »desuedo« (Unachtsamkeit), wie die Spanier höflich sagen, mit der Bauernmagd Francisca González. Don Gonzalo Pizarro sollte wenigstens noch bei zwei weiteren Gelegenheiten »unachtsam« sein, woraus Gonzalo und Juan Pizarro entsprangen. Er hatte auch einen legitimen Nachkommen, den stolzen Don Hernándo. Daß Francisco Pizarros Mutter eine Prostituierte gewesen sei, daß er in einer Kirche ausgesetzt und von einem Schwein gesäugt worden sei, sind Märchen. Don Gonzalo kümmerte sich nicht um seinen illegitimen Nachwuchs, verleugnete ihn aber auch nicht. Schulbildung hatte Francisco keine, konnte bis zum Ende seines Lebens nicht einmal seinen Namen schreiben. Zunächst hütete er in Trujillo die Schweine, schleppte dann als einfacher Soldat seinen Spieß durch Italien, arbeitete als Matrose seine Überfahrt nach der Neuen Welt ab, ging wieder als einfacher Soldat mit Alonso de Hojeda nach Darién und machte endlich, etwa 36jährig, Karriere als Hauptmann der Hungerkolonie von San Sebastián. Sein zwielichtiges Spiel, erst gegen Enciso für Balboa, dann gegen Balboa für Pedrarias Dávila brachte ihn zu Wohlstand und Einfluß. *»Francisco Pizarro besaß in Panama, als einer der angesehensten Bürger des Landes, sein Haus und seine Güter mitsamt den Dienstindios und lebte in gesicherter Ruhe, als er mit dem Ehrgeiz, der Krone einen ausgezeichneten Dienst zu erweisen und sein großes Ziel zu verfolgen, von Pedrarias die Erlaubnis erbat, jene Küste des Südmeeres zu erforschen«*, schrieb sein späterer Sekretär Francisco de Jérez.

Diego de Almagro: Er war etwa gleich alt wie Francisco Pizarro, und hatte, wenn überhaupt möglich, noch weiter unten angefangen als dieser. Er soll in der Kirchenhalle in Malagon, unweit von Ciudad Real in La Mancha, gefunden worden sein, vielleicht war es auch eine andere Kirche. Bauern zogen den Findling groß, und wie Pizarro durchlief er die Stationen eines Viehhirten, Soldaten, Matrosen, kam nach der Neuen Welt und arbeitete sich geschickt und tapfer zu Ansehen und Wohlstand empor. Auch er war Analphabet, ehrgeizig, dabei aber nicht ohne Charme, konnte sogar sanftmütig sein, wenn er es wollte. Bei Pizarro war das nie der Fall, seine eiserne Faust ließ nie locker, außer gegen Ende seines Lebens, wo er sich den Luxus gestattete, zwar nicht milde zu sein, aber wenigstens so zu erscheinen.

Don Fernándo de Luque: Er war 1495 geboren und also halb so alt wie die beiden Conquistadoren. Er stammte aus guter Familie und war nach seiner Priesterweihe in die Neue Welt gekommen, wo er sich als Domherr und Rektor der Schule in Panama niederließ. Don Fernándo war nicht nur ein gründlich gebildeter Mann, seine Priestersoutane hinderte ihn auch nicht, in Gelddingen eine recht glückliche Hand zu haben, und von den drei Compañeros war er ohne Zweifel der Wohlhabendste.

Zunächst mag es mehr eine Spielerei gewesen sein, eine vergnügliche Unterhaltung abends beim Wein, wenn sich die beiden alten Haudegen und der junge Domherr die Eroberung der Goldländer im Süden ausmalten, doch mit der Rückkehr Pascual de Andagoyas wurde aus dem Spiel plötzlich Ernst. Sie schlossen die berühmte Compañia. Alle drei wollten ihr Vermögen solidarisch zusammenwerfen und versprachen sich dafür gleichen Gewinnanteil. Im einzelnen sollte Pizarro die militärische Führung, Almagro die Organisation und den Nachschub, Luque die Verbindung zum Gobernador und die weitere Finanzierung übernehmen. Auch ihre Posten – sollte die Eroberung gelingen – hatten sie bereits unter sich verteilt: Pizarro sollte die höchste militärische, Almagro die höchste zivile und Luque als Bischof die höchste kirchliche Gewalt erhalten.

Gobernador Don Pedro Arias Dávila war von den Ideen der »Compañia de Locos« freilich weniger überzeugt und betraute zunächst einen eigenen Mann mit der Aufgabe, Juan de Basurto, der allerdings noch mitten während der Vorbereitungen in Nombre de Dios verstarb.

So erteilte Don Pedrarias doch den drei Narren die notwendige Genehmigung, allerdings nur unter der Bedingung, daß er, obwohl er keinen Maravedí beisteuerte, mit einem Viertel am Ertrag beteiligt sei. Natürlich haben spätere Historiker dieses »Geschäft« scharf verurteilt und eifrig darauf hingewiesen, daß Dávila ein erst kurz zuvor zum Katholizismus konvertierter Jude gewesen sei. Der jüdische Historiker Siegfried Teitlbaum meinte dazu: *»Es mag schon stimmen, daß es ›jüdisch‹ war, so in das Geschäft mit Pizarro und Almagro einzusteigen, doch als Pedrarias wenig später seinen Anteil um billiges Geld an Espinosa abtrat, schlug offenbar das Taufwasser durch.«*

Der Hungerhafen

»Voriges Jahr, 1525, brachen die Hauptleute Pizarro und Almagro auf mit zwei Schiffen von 70 und 40 Tonnen und einer kleinen Brigantine, 112 Spaniern und einigen Indios für Dienstleistungen, dazu Matrosen und Steuerleute. Sie fuhren die Küste entlang bis zu der besagten Provinz und fanden dort dicht am Meer einige kleine Dörfer mit friedlich gesinnten Bewohnern vor und erfuhren, daß landeinwärts, jenseits einer Kette von hohen Bergen, sich ein trockenes Land erstrecke mit vielen Ansiedlungen, wo reichlich Gold zu finden sei.«

Schwere Stürme, sintflutartige Wolkenbrüche und Gegenwind zwangen Pizarro und seine Leute, denen die Vorräte auszugehen drohten, an der Mündung des Birú-Flusses vor Anker zu gehen. Drei Tage durchstreiften sie das sumpfige Dschungelgelände ohne Ergebnis – keine Menschen, keine Lebensmittel. *»Ringsum nichts als Berge, Felsen, Wald und Sumpf und unaufhörlich Wasser vom Himmel. Sie warteten nur noch auf den Tod. Denn für eine Rückfahrt nach Panama fehlten ihnen die Lebensmittel. Den meisten hätte es auch ihre Ehre verboten, heimzusegeln, ohne eine würdige Tat vollbracht zu haben.«*

Vor ihrer Ausfahrt zur Entdeckung Perus segnet Fray Fernándo de Luque seine beiden Freunde und Compañeros Francisco Pizarro und Diego de Almagro.

So beschloß man, Hauptmann Montenegro nach der Perleninsel um Lebensmittel zu schicken. *»In sieben Tagen könnt ihr wieder zurück sein«*, sagte Pizarro zum Abschied. Es wurden 47 Tage daraus. Als der ersehnte Nachschub endlich kam, waren 27 Mann gestorben. Man gab der Bucht den Namen »Puerto de Hambre« (Hungerhafen).

Versorgt mit den neuen Vorräten segelten die Spanier weiter nach Süden, doch das Küstenbild blieb gleich: undurchdringlicher, von Regen triefender Dschungel. Bei der zweiten Landung fand man ein Dorf. Die Indios flohen so schnell in den Urwald, daß noch die Feuer in den Hütten brannten. Die Conquistadoren entdeckten größere Mengen an Mais, eßbaren Wurzeln und Fleisch – menschliche Arme und Beine. Auch hier Kannibalen! Immerhin beschloß Pizarro, eine Weile zu bleiben, bis sich die Kranken erholt hatten, doch kaum wurden die Spanier ein wenig unachtsam, griffen die Indios an, erschlugen die Kranken und verwundeten Pizarro mit sieben Pfeilen.

Schweren Herzens entschloß man sich zur Umkehr.

Diego de Almagro war inzwischen mit dem versprochenen Ersatz und Proviant unter Segel gegangen, vorbei am Rio Melón, den sie so nannten, weil auf seinem Wasser eine Melone daherschwamm, vorbei am Rio Beaza, den sie so nannten, weil dort ein Soldat dieses Namens ertrank. In einem Gefecht mit den Eingeborenen verlor Almagro ein Auge. *»Seine Soldaten zeigten große Teilnahme, denn er war freundlich und großzügig.«* Endlich fand er Pizarro in Chicamá bereits auf dem Rückzug.

Finanziell war diese erste Expedition für die Compañia ein Totalverlust, und an Erkenntnissen hatte man so gut wie nichts gewonnen.

Die Isla del Gallo

In Panama hatte sich die Szene unterdessen grundlegend geändert. Fernández de Oviedo war es endlich gelungen, seinen alten Feind Don Pedrarias ablösen und als Gobernador nach Nicaragua abschieben zu lassen. Der neue Mann heiß Don Pedro de los Rios.

Dávila regierte noch sechs Jahre in Nicaragua, ehe *»sich am 6. März 1531 diese wachsamen, mißtrauischen Augen schlossen, die einst die Eroberung des maurischen Granada und zuletzt die Gründung von Neu-Granada in Nicaragua gesehen hatten. Als gefürchtetem Gobernador in Westindien hat man ihm den Beinamen ›Furor Domini‹* [Schrecken des Herrn] *gegeben. Er hat harte Kritiker gefunden, wie Fernández de Oviedo, und ebenso milde Richter, denn das Soldaten- und Kolonistenvolk, das er zu regieren hatte, konnte nur durch Härte in Ordnung gehalten werden.«*

Trotz dem Mißerfolg der ersten Fahrt waren die Geldmittel der Compañia keineswegs erschöpft, und sie hatten noch einen beträchtlichen Teil jener 15 000 Pesos Eigenkapital und 6000 Pesos Kredit, mit denen man begonnen hatte, und nun sprang auch Gaspar de Espinosa, der Bürgermeister von Panama, als neuer Teilhaber ein, dem Don Pedrarias seinen Anteil um 1000 Pesos verkauft hatte.

Am 10. März 1526 brachen Francisco Pizarro und Diego de Almagro zum zweitenmal auf. Sie verfügten über 160 Mann, fünf Pferde, zwei Schiffe und den hervorragenden Kapitän und Piloten Bartolomé Ruiz.

Dessen überragendes Können machte sich auch sogleich bemerkbar. Ohne größere Schwierigkeiten brachte er die Conquistadoren an die Mündung des Smaragd-Flusses, wo sie wenig landeinwärts auf eine Siedlung und Gold im Wert von 15 000 Castellanos d'oro stießen, ein Betrag, der immerhin einen guten Teil ihrer bisherigen Auslagen deckte. Doch man brauchte Verstärkung. Pizarro schickte also Almagro mit dem Gold als Lockmittel nach Panama zurück, während Ruiz mit dem anderen Schiff die Küste weiter erforschen sollte. Er selbst wollte an der Mündung des Smaragd-Flusses auf ihre Rückkehr warten. *»Innerhalb einer Frist von zwei Monaten sollte Bartolomé Ruiz die Küste auskundschaften, soweit er käme. Er entdeckte eine gute Bucht, die er San Mateo nannte; am Ufer lagen drei große Ortschaften. Mit Gold geschmückte Indios und drei Vornehme mit Diademen kamen zu ihm und luden den Steuermann ein, sie zu begleiten. Er gab ihnen einen Mann namens Bocanegra mit. Dieser brachte zwei Tage mit ihnen zu und sah sie mit Gold geschmückt herumlaufen; sie gaben ihm etwas Gold und begleiteten ihn mit großem Gefolge zum Schiff zurück.«*

Ruiz entdeckte weiter zwei Inseln, die Isla del Gallo (Hahneninsel) und Gorgona (Gorgoneninsel, so genannt wegen ihrer vielen Schlangen), den Landstrich Coaque, wo die Sage von El Dorado, dem Vergoldeten, entstanden sein soll, und überquerte als erster Europäer den Äquator des Pazifik. Die Küste wurde immer besser und schien auch dichter besiedelt. Auf 3,5 Grad südlicher Breite kehrte Ruiz schließlich um.

Auf der Rückfahrt kam es zu einer geradezu sensationellen Begegnung: »*Sie brachten ein Schiff mit etwa 20 Mann Besatzung auf; drei behielt der Steuermann zurück, die restlichen setzte er an der Küste ab und ließ sie laufen. Jene drei aber nahm er als Dolmetscher mit und behandelte sie sehr gut. Sie lernten unsere Sprache sehr schnell.*« Von den zurückgehaltenen Indios würde einer, der in der Taufe den Namen Filipillo erhielt, noch im Laufe der Ereignisse zu trauriger Berühmtheit kommen. Ruiz schilderte das Indio-Schiff, genauer gesagt Balsa-Floß: »*Das gekaperte Schiff hatte schätzungsweise 30 Tonnen. Der Schiffskörper bestand aus Rohr, stark wie Pfähle, zusammengebunden mit Stricken aus Henequén-Fasern, so etwas wie Hanf. Auf einem darüber liegenden zweiten Deck aus dünnem Rohr wurden Waren und Mannschaft trokken befördert. Nur das untere Deck wurde vom Wasser umspült. Es hatte Masten und Rahen aus sehr feinem Holz und Segel aus Baumwolle von der gleichen Form wie unsere Schiffe, und sehr gute Takelung aus dem erwähnten Henequén und eine Art von Mühlstein als Anker. Sie führten mit sich viel Silber- und Goldschmuck, zum Tauschhandel bestimmt, darunter Kronen, Diademe, Gürtel und Armreifen; Brustharnische und Pinzetten, Schellen, Ketten, Bündel von Perlen, rote Schminke, versilberte Spiegel, Becher und andere Trinkgefäße; sie hatten auch Woll- und Baumwollgewebe, Hemden und noch viele andere, zum größten Teil kunstvoll gestickte Kleidungsstücke in Rot, Blau, Gelb und allen übrigen Farben, mit Vogel-, Tier-, Fisch- und Blumendarstellungen in den verschiedensten Techniken. Sie hatten winzige Gewichte, so ähnlich wie die römischen Goldwaagen, und viele andere Dinge, kleine Smaragde und Kristalle, die sie gegen Muscheln eintauschten, die sie zur Herstellung von roten und weißen Ketten brauchten. Das ganze Schiff war schon fast voll davon.*« Als Heimathafen nannten sie Tumbez, und ihre Erzählungen von einem großen, mächtigen, wohlorganisierten Reich von ungeheurer Ausdehnung, Macht und Reichtum erschienen bei der Ladung dieses Kaufmannfloßes keineswegs mehr unwahrscheinlich.

Wie abgemacht kehrte Ruiz und fast gleichzeitig auch Almagro mit Verpflegung und 46 Mann an die Mündung des Smaragd-Flusses zu Pizarro zurück. Voller Zuversicht setzte man Segel nach Süden und erreichte trotz Sturm und Gegenwinden die Stadt Tacámez. Doch der Empfang war alles andere als freundlich. Die Mauern der Stadt wimmelten von Kriegern, ein Boot mit Unterhändlern, das Pizarro schickte, wurde mit einem Hagel von Pfeilen und Steinen empfangen, und »*mit vielen Indios an Bord fuhren 14 große Kanus auf die spanischen Schiffe zu. Zwei waren mit Gold und Silber geschmückt. Sie machten eine Runde um unsere Schiffe herum, um uns ihre Macht zu zeigen.*«

Man stand vor dem Tor des gesuchten Reiches, aber das Tor war verschlossen. Noch einmal sollten Almagro und Ruiz, diesmal mit den beiden Schiffen, nach Panama zurück, um Verstärkung zu holen. Francisco Pizarro und das Gros der Soldaten würden, vor Überfällen der Eingeborenen geschützt, auf der Isla del Gallo, der Hahneninsel, warten.

Pedro de Candia, einer von Pizarros treuesten Soldaten, schrieb später folgendes dazu: *»Der Hunger zwang uns unterwegs, wiederholt zur Nahrungssuche an Land zu gehen; wir mußten, um uns Mais zu verschaffen, dessen wir schon überdrüssig waren, unter großen Gefahren mit den Beibooten die Flüsse hinauffahren und Pfahlbauten ersteigen. In Atacames griffen uns die Indios in großer Zahl und guter Ordnung an, so daß wir nur wie durch ein Wunder heil davonkamen. Da setzte ich die Artillerie ein, und mit ihrer Hilfe drangen wir in das Dorf ein. Von den acht Tagen, die wir dort verbrachten, verging keiner, an dem wir nicht zweimal angegriffen wurden. Die Feinde waren so zahlreich, daß wir genötigt wurden, uns auf die 60 Meilen* [nach anderen Angaben 25] *weit entfernt gelegene Isla del Gallo zurückzuziehen. Sechs Monate warteten wir auf die Erlaubnis zur Fortführung der Entdeckung und Nachschub aus Panama; wir hatten keine andere Nahrung als etwas Mais und Seemuscheln, und viele Kameraden starben an Hunger.«*

Der Großteil der Soldaten hatte freilich längst genug von dieser Fahrt. Mit der Ankunft Diego de Almagros erreichte den Gobernador de los Rios auch ein heimlich an Bord geschmuggelter Brief der Unzufriedenen, in dem sie sich bitter über ihre Leiden, das sinnlose Sterben und ihre »Gefangenschaft« beklagten und den Gobernador bei der Barmherzigkeit Gottes anflehten, ein Schiff zu schicken, das sie aus den Händen dieses entsetzlichen und starrsinnigen Pizarro rette.

Don Pedro ließ Almagro und Ruiz wissen, er könne nicht umhin, Mut und Ausdauer Pizarros zu achten, der von seinen Soldaten nichts verlange, was er nicht selbst auf sich nehme; er aber, als Gobernador, trage die Verantwortung für das Leben dieser

Auf dieser – von englischen Spionen kopierten – Karte sind vor der Küste Perus die Isla del Gallo und Gorgona zu sehen, auf denen Pizarro fünf Monate festsaß.

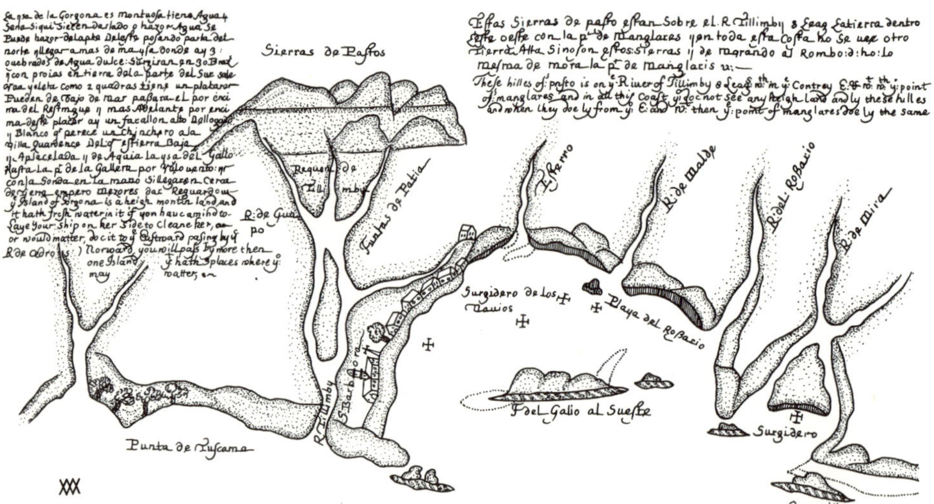

Menschen, die an ihn appelliert hatten. Er verbiete daher die Fortführung der Expedition. Hauptmann Juan Tafur werde mit einem Schiff die Überlebenden heimholen.

Wie sehr sich auch Almagro und Luque bemühten, der Entschluß des Gobernadors stand fest, und den beiden Freunden gelang es nur noch, eine Botschaft auf das Schiff Tafurs zu schmuggeln, das Pizarro bat auszuharren, *»und wenn ihr krepieren müßtet«*, das letzte Wort sei noch nicht gesprochen.

Auf der Isla del Gallo wurden Tafurs Schiff und die Nachricht Don Pedros begeistert gefeiert, und unter Lachen und Weinen fielen die Soldaten den Matrosen um den Hals.

Francisco Pizarro weigerte sich freilich, an Bord zu gehen. Mehr noch, er rang Juan Tafur, der zwischen Befehl und Bewunderung vor solch unbezähmbarem Willen schwankte, die Erlaubnis ab, daß jeder, der in dieser Lage bereit sei, weiter bei ihm auszuharren, nicht daran gehindert werden solle.

»Glückauf also zu eurer Heimfahrt«, rief Pizarro seinen Soldaten zu, *»wenn ihr solche Sehnsucht habt nach Armut und Spott! Mir tut es leid, daß ihr auf diese Weise die Frucht eurer unermeßlichen Strapazen preisgebt in einem Augenblick, wo auch die Indios aus Tumbez bestätigen, wie nahe Reichtum und Ruhm vor uns liegen. Geht denn, aber sagt nie, daß euer Hauptmann nicht in all euren Nöten und Gefahren als erster dabei war, stets um euch mehr als um sich selbst besorgt!«*

Dann ergriff er sein Schwert und zog eine Linie von Ost nach West in den Sand.

»In dieser Richtung, nach Süden, geht es nach Peru, in Hunger und Entbehrung für heute, in Reichtum und unvergänglichen Ruhm für morgen. Dorthin, nach Norden, geht es nach Panama, zum bitteren Brot der Geschlagenen. Es wähle, wer ein rechter Spanier ist, was ihm am besten zusteht!«

Als erster überschritt er die Linie nach Süden.

Für lange Augenblicke stand er ganz allein. Dann rührte sich eine der Gestalten. Es war Francisco de Villafuerte, der als nächster den Strich überschritt. Dann noch einer und noch einer. Alfonso Briseño, Juan de Torre und Francisco de Cuelar, aus Kastilien gebürtig; Alonso de Trujillo, ein Landsmann Pizarros; Cristóbal de Peralta aus Baeza und Alonso de Molina aus Úbeda; Nicolás de Ribera und Gracía de Jérez aus Andalusien stammend; Pedro de Candia, ein Grieche; schließlich de Soria Luce, Pedro Alcón und Martín de Paz, *»die so, angesichts von Beschwerden, für die die Geschichte kein Beispiel bietet, eher Tod als Reichtum in Aussicht, doch alles eher wählten, als ihre Ehre aufzugeben, und die ihrem Hauptmann treu blieben und damit ein Beispiel für künftige Geschlechter lieferten«*.

Ihre Namen gingen in die Geschichte ein als »Los Trece de la Fama« (Die berühmten Dreizehn) oder als »Los Trece de la Isla del Gallo« (Die Dreizehn der Hahneninsel). Drei Jahre später wird ihnen Kaiser Karl V. bestätigen, daß ein jeder von ihnen ein Hidalgo, ein Edelmann ist.

Von jenen aber, die ihn damals verließen, hat nicht einer Peru gesehen, solange Pizarro lebte. Die sich wieder an ihn drängten, wies er ab, zwei, die trotzdem nach Peru kamen, ließ er aufhängen.

Die reiche und große Stadt Tumbez

»Bleibt, und wenn ihr krepieren müßtet!«

Sie blieben. Fünf lange Monate. Von der Isla del Gallo wechselten sie auf einem Floß nach Gorgona hinüber. Es gab dort zahllose Schlangen, aber auch Hasen, Fasane, Fische und Schildkröteneier. Herrera schrieb von der Insel zwar, *»die sie gesehen haben, verglichen sie mit der Hölle«*, doch war sie immer noch besser als die öde Hahneninsel, und wenigstens würde man dort nicht verhungern.

Und dann, als selbst der unbeugsame Pizarro zu fürchten begann, daß sie für immer auf Gorgona gestrandet seien, erschien das rettende Segel am Horizont mit dem getreuen und tüchtigen Bartolomé Ruiz am Steuer. *»Die Dreizehn trauten ihren Augen nicht und konnten sich vor Freude nicht fassen.«*

Diego de Almagro, Fernándo de Luque und der höchst einflußreiche Gaspar de Espinosa hatten beim Gobernador schließlich doch noch eine Frist von sechs Monaten erwirkt, die Pizarro Zeit haben sollte, den Beweis zu erbringen, daß sein angestrebtes Ziel die hohen Verluste an Menschenleben und Material rechtfertige. Sechs Monate also für die Entdeckung Perus!

Mit dem Eintreffen der Karavelle unter Ruiz wandte sich auch das Schicksal Pizarros und seiner Gefährten völlig; alles, was ihnen die launische Glücksgöttin bislang verweigert hatte, warf sie ihnen nun mit vollen Händen in den Schoß.

Schon bald nach dem Aufbruch von Gorgona gerieten die Conquistadoren in eine Flotte von Balsas, wie sie Ruiz schon kennengelernt hatte, diesmal freilich nicht auf den Wegen des Handels, sondern auf denen des Krieges. Die Besatzungen waren schwer bewaffnet und, wie sie erklärten, auf einem Feldzug gegen die Insel Puná. Die Ankunft der Spanier freilich war so bedeutend, daß die Indios den Bug ihrer Flöße wandten und das fremde Schiff zu ihrer eigenen Stadt Tumbez begleiteten. *»Sie sahen viele mit Zinnen umgebene Städte, ebenes Land, und Indios mit viel Gold- und Silberschmuck am Leibe, Edelsteine, Schafherden* [Lamas] *und gut gekleidete Menschen. Sie kamen zum Hafen der Stadt Tumbez, und Pizarro schickte Candia, als einen weisen und klugen Mann, mit Alonso de Molina und zwei Matrosen an Land. Sie eilten in die Stadt, hielten sich dort zwei Tage auf und brachten einen Bericht. Candia malte auf ein Tuch den Plan der Stadt und der Festung. Es war immer Candia, der an Land sprang, die Städte betrat und die Berichte machte. Hierin und als Artillerist und bei anderen Gelegenheiten hat er mehr geleistet als alle.«*

Der Empfang in Tumbez war herzlich, ja geradezu überschwenglich. Der Kuraka, der Stadtherr, wetteiferte mit einem Indio-Fürsten, der zu Besuch in Tumbez weilte, darin, die Fremden zu ehren und zu bewirten. Dieser Fürst gehörte zu der Schicht der Hatun Rincriyoc (Großohren); zum Zeichen ihres Ranges trugen sie in den durchstochenen, erweiterten Ohrläppchen große goldene Scheiben als Sinnbild der Sonne.

Und immer wieder fiel der Name »Viracocha«. Es war im Grunde die gleiche Legende wie in Mexico und Yucatan: Viracocha, der höchste Gott des Landes, hatte Berge und Menschen erschaffen und war eines Tages über die Wellen wandelnd entschwunden. Er ließ die Weissagung zurück, am Ende des Reiches, das nun anhub, werde er über dasselbe Meer zurückkommen. Und wie Quetzalcoatl und Kukulcán war Viracocha von weißer Hautfarbe und trug einen Bart.

Von Tumbez segelten die Conquistadoren weiter nach Süden. In der Nähe des 10. südlichen Breitengrades schickte Pizarro einen Matrosen namens Bocanegra an Land. Bald brachten Indios die Nachricht, Bocanegra gefiele es so gut, daß er bleiben wolle. Juan de Torre, der den Deserteur aufsuchte, vermochte nicht, ihn umzustimmen. Er selbst sei in einer Sänfte ins Landesinnere getragen worden und habe dort eine reiche Landschaft vorgefunden. Überall habe er Herden von Lamas inmitten ausgedehnter Felder gesehen. Bocanegra blieb, man hat nie wieder von ihm gehört.

Die von Gobernador Don Pedro de los Rios gesetzte Frist war längst abgelaufen, und Pizarro gab Ruiz den Befehl, das Steuer nach Norden, zurück nach Panama, zu wenden.

Auf der Rückfahrt erreichte sie die dringende Einladung einer Indio-Fürstin, einer »Capullana« (genannt nach ihrer mit einer Kapuze versehenen Tracht). *»Jene Capullanas«*, vermerkte der Chronist, *»verheirateten sich, wie es ihnen paßte; wenn ein*

Silberfiguren eines Lamas, Alpakas und Menschen aus Peru.

Nach ihrer Tracht nannten die Spanier die peruanischen Fürstinnen »Capullana«, ihr richtiger Titel war Mama va Cocoja.

Ehemann sie nicht mehr zufriedenstellte, verstießen sie ihn und verheirateten sich mit einem anderen.«

Pedro de Candia berichtete über jenen Besuch in der Nähe der Mündung des Anta-Flusses, südlich des späteren Trujillo: *»In den Gewässern des nachmaligen Santa Cruz kam Alonso de Molina von einem Landbesuch. Die Indios luden Francisco Pizarro im Namen einer Señora, die Capullana hieß, ein, an Land zu kommen, in einem Hafen etwas gegen Norden hin. Molina erzählte große Dinge über das, was er gesehen hatte: das Land sei sehr fruchtbar, es regne dort nie, große Strecken an der Küste würden künstlich bewässert, und die Indios berichteten Großartiges von Cuzco und seinem König Huayna Capac. Balsas fuhren ihnen entgegen mit Lebensmitteln und fünf Lamas als Willkommen der Häuptlings-Frau, die sich bereit erklärte, damit der fremde Capitán Vertrauen fasse, als erste selbst auf sein Schiff zu kommen. Auf dem Schiff empfing Pizarro die Fürstin und ihre Begleitung mit ausgesuchter Höflichkeit; ebenso hielten es alle Spanier; denn sie waren angehalten worden, beste Erziehung und Gesittung zu zeigen. An einem Morgen, noch vor Sonnenaufgang, umrundeten mehr als 50 Balsas das Schiff. Zwölf Indios von vornehmem Stand kamen an Bord und blieben als freiwillige Geiseln. Pizarro ging an Land, und auf dem Schiff bei den Indios blieben nur die Matrosen, sonst kein Spanier. Die Fürstin ging ihnen zum Willkommen entgegen mit großem Gefolge in strenger Ordnung. Die Indios hielten grüne Zweige und Maiskolben in den Händen. Sie hatten eine Halle aus Ästen errichtet und innen Sitze* *für die Spanier und etwas abseits für die Indios. Es gab Fleisch und Fisch, auf verschiedene Arten zubereitet, viele Früchte, Wein und Brot nach Art des Landes. Während der Mahlzeit tanzten und sangen die vornehmen Indios zusammen mit ihren Frauen, um die Gäste zu ehren. Die Spanier waren sehr erstaunt, wie gesittet sich jene benahmen.*

Als das Fest zu Ende war, sprach Francisco Pizarro zu ihnen mit Hilfe der Dolmetscher. Er dankte zunächst für die Gastfreundschaft und hielt eine Rede im Sinne des Requerimientos. Alle müßten nun den König von Kastilien, den jetzigen Kaiser der Christenheit und mächtigen Herrscher, als Herrn anerkennen. Er reichte ihnen eine Fahne hin und bedeutete ihnen, sie mögen diese als Zeichen des Gehorsams erheben. Die Indios nahmen die Fahne und erhoben sie dreimal.«

So gerieten die Capullana und ihr Volk, ohne es zu ahnen, unter die Herrschaft Kaiser Karls V., König Karls I. von Kastilien und Aragon.

In Tumbez blieben Alonso de Molina zusammen mit einem Matrosen namens Ginés auf die Bitte hin, in Peru bleiben zu dürfen, zurück. Auch von diesen beiden hat man nie mehr wieder gehört.

Anfang des Jahres 1528 lief die Karavelle Pizarros in Panama ein. Man hatte ihn und seine Männer längst verloren und tot geglaubt, denn statt der zugestandenen sechs Monate waren sie nahezu eineinhalb Jahre fort gewesen. Gobernador Pedro de los Rios grollte zwar wegen des Ungehorsams, jetzt freilich fragte niemand mehr nach solchen Formalitäten. Die Expedition, in deren Verantwortung sich Pizarro und Bartolomé Ruiz teilten, hatte glanzvoll ihr Ziel erreicht, mit einem Minimum an Aufwand und zu einem Zeitpunkt, wo das Unternehmen bereits abgeschrieben war.

Auf dieser Vasenmalerei empfängt ein Hatun Rincriyoc, ein peruanischer Fürst, seine siegreich von einem Feldzug heimkehrenden Krieger.

Núño de Guzmán

Mexico 1523 bis 1535

»Von all den Spaniern, die den Indios an Leib und Leben, an Hab und Gut, an Freiheit und Ehre furchtbares Unrecht getan haben, hat keiner so schrecklich gewütet wie Núño de Guzmán. Was immer irgendeinen Wert besaß, raubte er, jeden Indio, den er antraf, ermordete oder versklavte er, jedes Dorf, das er entdeckte, ließ er in Flammen aufgehen. Verglichen mit ihm müssen sogar Männer wie Cortés, Albarado oder Olid tugendhaft erscheinen. Dabei kann dieser Tyrann nicht einmal in Anspruch nehmen, ein Land oder eine Stadt für die Krone erobert zu haben, denn er machte sich nur in den Eroberungen anderer breit, zuerst in Neuspanien, später in Neugalicien, und plünderte sie auf seine Weise aus.«

Cortés verliert Mexico

Wir wissen, mit welcher Vorsicht derartige Aussagen Las Casas' aufzunehmen sind, doch im Falle Guzmáns hat der Apostel der Indios zweifellos die volle Wahrheit gesagt, wie wir den Berichten des Bernal Diaz und etlicher anderer entnehmen können. Guzmán war in der Tat eine der übelsten Gestalten, die Kastilien je auf die Neue Welt losgelassen hat, ein Paradebeispiel für all jene, die Spanien im allgemeinen und den Conquistadoren im besonderen etwas am Zeug zu flicken wünschten – zumal Madrid und Sevilla diesen Mann wider besseres Wissen über ein Jahrzehnt lang stützten und ihm zum Gobernador von Neugalicien (dem Gebiet des heutigen Nordmexico und Arizona) ernannten, nachdem er in Mexico untragbar geworden war. Und die Begründung dafür hieß schlicht, man brauche Núño de Guzmán als »Gegengewicht gegen Cortés«.

Undank ist der Lohn der Könige – insbesondere derer von Spanien. So absurd die Vorwürfe gegen Cortés sein mochten, die Argumente, die 25 Jahre früher schon gegen Colombo gewirkt hatten, fielen auch diesmal auf fruchtbaren Boden. Also schickte man Bevollmächtigte und Untersuchungskommissionen, die Cortés auf Schritt und Tritt überwachten.

Vielleicht wäre es dabei geblieben, denn juristisch war die Stellung des Generalgobernadors kaum zu erschüttern: Gobernador war er zwar von Gnaden des Königs, doch Generalkapitän immer noch auf Grund der demokratischen Wahl jener »Volksversammlung« in Vera Cruz, die nun de jure ganz Neuspanien beherrschte und gegen deren Entscheidung selbst der Kaiser und König nur schwer etwas auszurichten vermochte.

Doch Cortés hatte den Gipfelpunkt seines Glücks bereits überschritten. Zu groß war inzwischen der Chor der Neider, der Habgierigen und Machthungrigen, die sich nun auch ein möglichst großes Stück des neuspanischen Kuchens abschneiden wollten. Und nicht zuletzt war da eben auch der Kaiser, der mißtrauisch über den Atlantik schaute, ob jene, deren Tüchtigkeit, Mut und Geld er all diese Länder und Reichtümer verdankte, nicht ein Endchen der Macht, ein Körnchen Gold für sich zurückbehielten, das ihm, dem Kaiser, zustand für die Gnade, die er jenen Männern erwies, indem er sie für sich riesige Länder zu erobern erlaubte.

Zwei unglückliche Todesfälle in der unmittelbaren Umgebung des Generalgobernadors, dessen Feinde schon bald von Mord munkelten, gaben den amtlichen Untersuchungskommissionen den nötigen Vorwand, wie ein Heuschreckenschwarm in Mexico einzufallen.

Der erste dieser Todesfälle betraf Doña Catalina Xuárez, die Gattin des Generalgobernadors. Sie war im Sommer 1522 nach Mexico gekommen und richtete sich darauf ein, die Herrscherin von Neuspanien zu spielen. Das Verhältnis der Ehegatten war von Anfang an kühl und verschlechterte sich im Lauf der Wochen rapid. Doña Catalina verübelte es Cortés, daß er sie nicht die Rolle der Herrin von Mexico spielen ließ, wie sie sich das vorstellte.

Das Zerwürfnis gipfelte bei einem festlichen Bankett, als Doña Catalina erklärte: *»Ich verspreche, daß ich in wenigen Tagen dafür sorgen werde, daß sich niemand mehr in meine Angelegenheiten mischt!«* Als Cortés sie zu beruhigen versuchte, begann sie hysterisch zu kreischen: *»Laß mich allein, ich möchte am liebsten sterben!«*

Zwei Stunden später lag Doña Catalina tot in ihrem Bett, *»eine Kette aus goldenen Perlen, die sie getragen hatte, war zerrissen, und auf ihrem Hals zeigten sich ein paar dunkle Flecken«.* Ob die zur Schau gestellte Trauer ihres Gatten echt war oder nicht, bleibe dahingestellt, das Gerücht, er habe sie erwürgt, kam auf jeden Fall erst eine Weile später in Umlauf. Niemand hat jemals öffentlich Anklage gegen Cortés erhoben, wohl ganz einfach deshalb, weil die vorhergegangene Aufregung und Auseinandersetzung für eine Person, die nachweislich ihr Leben lang unter Atembeschwerden litt, in der Höhenluft von Mexico nur zu wahrscheinlich zu einem natürlichen Tod ohne fremde Nachhilfe führen konnte.

Der zweite »mysteriöse« Todesfall war Francisco de Garay, der an der Küste Neuspaniens mit einer kleinen Armee landete, um seine Besitzansprüche auf Mexico anzumelden. Geschickte Verhandlungen, eine Flut von Dokumenten, großzügige Versprechungen, versteckte Drohungen und geschickt verteilte Bestechungsgelder brachten binnen kürzester Zeit einen freundschaftlichen Vertrag zwischen Cortés und Garay zustande, in dem dem Gobernador von Jamaica das Gebiet des Rio de las Palmas überlassen wurde, wofür er ab diesem Augenblick Cortés in seinen Briefen mit *»Sehr großmütiger Fürst«* anzureden pflegte. Wenige Wochen später war auch er tot, verstorben an einer Lungenentzündung, die er sich am Weihnachtsabend nach einem ausgiebigen Saufgelage bei Cortés zugezogen hatte, während er nur mit Hemd und Hose bekleidet heimgetorkelt war – eine Kostümierung, die auf den Tropeninseln der Ka-

Don Hernán Cortés, Marqués de Valle Oaxaca, zweifellos der größte der Conquistadoren – noch seine Mißerfolge hätten anderen zum Ruhme gereicht. Der Undank seines Königs und Kaisers stand im umgekehrten Verhältnis zu seinen Leistungen.

ribik, nicht aber im rauhen Hochland angemessen sein mochte. Jeder wußte das, trotzdem war bald von Gift die Rede, das Cortés seinem »Rivalen« verabreicht haben sollte.

Über den nächsten, verhängnisvollen Fehler des Generalgobernadors von Neuspanien war bereits ausführlich die Rede: sein Zug gegen Cristóbal de Olid nach Honduras. Was dieses unsinnige Unternehmen endgültig zur Katastrophe machte, war, daß Cortés keinen zuverlässigen Verwalter in Mexico zurücklassen konnte. Von der Garde seiner bewährten Offiziere war nur Gonzalo de Sandoval geblieben. Olid war in Honduras und hatte sich von ihm losgesagt, Albarado verfolgte in Yucatan und Guatemala eigene Ziele, Ordás jagte in Nicaragua Hirngespinsten nach, und Alonso Dávila befand sich als sein Botschafter und Sachwalter am Hof in Madrid. So blieb die Macht in Mexico in den Händen einer intriganten, machthungrigen und habgierigen Clique, die sich zwar gegenseitig bis aufs Messer bekämpfte, jedoch gegen Cortés wie Pech und Schwefel zusammenhielt.

Als Hernán Cortés gut 20 Monate nach seinem Aufbruch zu seiner unglückseligen Honduras-Expedition wieder in Vera Cruz landete, ging es im Land drunter und drüber. Es würde zu weit führen, all die Intrigen dieser Zeit zu beschreiben, wer sich mit wem verbündete, um ihn bei nächster Gelegenheit im Stich zu lassen, wer wen unter welchem Vorwand ins Gefängnis steckte oder gar in Ketten nach Spanien zur Aburteilung verschickte – auch den tüchtigen Francisco de Las Casas hatte dieses Schicksal ereilt –, mit welchen Mitteln man Cortés für tot erklärte, um sich in aller Ruhe sein Haus und seine Güter anzueignen und sich selber als neue Gobernadores feiern zu lassen ... Es genügt zu bemerken, daß aus diesem Durcheinander ein Kleeblatt hervorging, das sich die Macht teilte. Alonso de Estrada, Rodrigo de Albornoz und Núño de Guzmán.

Mochte sich Cortés auch noch so oft über die Federfuchser vom Königshof, die Kommissare und Beauftragten, die Untersuchungsbeamten und die Richter der »Audiencia«, des königlichen Gerichtshofs in Neuspanien, geärgert haben, in der Situation, die er nach seiner Rückkehr in Mexico antraf, muß ihm der neue königliche Oberrichter, Luis Ponce de León, wie ein Engel des Himmels erschienen sein. Der Oberrichter galt als strenger Mann, aber auch als absolut gerecht und unbestechlich.

Cortés atmete auf – da starb Luis Ponce de León. Und wieder zischelte man von Gift, obwohl 30 Begleiter des Oberrichters an der gleichen Krankheit gestorben waren.

Sein Nachfolger war Marcos de Aguilar, ein *»alter, von Syphilis zerfressener Mann, der Leib und Seele dadurch zusammenhielt, daß er an der Brust einer Frau Muttermilch trank«.* Seine besondere Ernährungsweise erschwerte es auch, seinen baldigen Tod Cortés in die Schuhe zu schieben. Immerhin wußte man von einem Stück Speck zu berichten, das bei einer der Diener Aguilars heftigen Durchfall erzeugt hatte und *»daß der unglückselige alte Mann, wenn er davon gegessen hätte, er das Schicksal des Luis Ponce de León geteilt haben würde«.*

Durch den vorzeitigen Tod der beiden Oberrichter hatten die »amtierenden« Go-

Maske des aztekischen Regengottes Tlaloc, aus Holz geschnitzt und fast überreich mit Gold und Halbedelsteinen beklebt und geschmückt.

bernadores Estrada und Guzmán erneut Oberwasser, und sie beschlossen nun ihrerseits, zum Angriff überzugehen. Eine umfangreiche Anklageschrift flatterte nach Spanien: Cortés habe seine Gemahlin, Francisco de Garay, Luis Ponce de León und wohl auch Marcos de Aguilar ermordet. Er lege es darauf an, unabhängiger Herrscher zu werden, denn er lasse Kanonen gießen, die man bekanntlich gegen Indios gar nicht brauche. Er habe alles Gold, das dem Kaiser zustehe, unterschlagen usw., usw.

Cortés forderte unverzüglich, daß *»eine strenge Untersuchung gehalten werde, damit ich mich über die Zeichen der Ungnade beschweren kann, die mir aufzuerlegen Eurer Majestät gefallen hat!«*

Ein Sondergerichtshof wurde tatsächlich eingesetzt und – Núño de Guzmán zu seinem Oberrichter bestellt, zusammen mit zwei Kreaturen namens Matienzo und Delgadillo, die ihre Ernennung zunächst einmal mit der Konfiszierung eines erheblichen Teils von Cortés Vermögen feierten, Cortés offiziell das Betreten der Hauptstadt Mexico verboten, ja ihm sogar mit der Ausweisung aus Neuspanien drohten.

Cortés in Spanien

Das Maß war voll. Wenn sich Cortés jetzt nicht energisch zur Wehr setzte, würde er sich bald als Angeklagter in Ketten vor dem Audienzgericht wiederfinden.

In Tlaxcala trug ihm eine Delegation spanischer Siedler und Indio-Häuptlinge die Königswürde von Mexico an – Cortés lehnte schroff ab. Diego de Ordás schlug vor, er solle sich in Zukunft wenigstens »Fürst« und »Fürstliche Gnaden« nennen lassen und seinen Sessel unter einen Thronhimmel stellen – auch diese Idee wies Cortés von sich. Im festen Vertrauen auf die Gerechtigkeit »seines« Kaisers und Königs wollte er da sein Recht suchen, wo er es allen Widrigkeiten zum Trotz zu finden erwartete: Bei seinem Kaiser und König.

Am 17. März 1528 trat er die Reise nach Spanien an. *»Er landete in Palos mit einem imposanten Gefolge, an dessen Spitze Gonzalo de Sandoval stand. Allen, die ihn begleiten wollten, hatte er freie Reise und Verpflegung zugesagt, woraus sich der Umfang seines Gefolges erklärte. Er hatte auch mehrere Indio-Fürsten bei sich, darunter einen Sohn Moteczumas mit Namen Don Martín. Außerdem hatte er eine schwimmende Ausstellung neuspanischer Merkwürdigkeiten und Raritäten tierischer, menschlicher und unbeseelter Art bei sich, von Storaxharz bis zu seltenen Ölen und exotischen Vögeln, von Raubkatzen bis zu männlichen und weiblichen Albinos, ferner Zwerge und Gaukler, die mit den Füßen einen Stock in rasende Drehung versetzen konnten, Gold als Barren, als Tischgerät und als Schmuck, Edelsteine von unerhörter Größe und unglaublich kunstfertig geschnitten, Kleider, Federn und Kostüme von barbarischer Farbenpracht ...«*

Die Rückkehr in seine Heimat wurde vom Tod seines treuesten Freundes überschattet. Gonzalo de Sandoval, *»der alle Mühsal und Kämpfe und Entbehrungen unverletzt überstanden hatte, um nun, eben in seine Heimat zurückgekehrt, durch*

Erschöpfung des Leibes und Schwäche den Tod zu finden. Der Verlust dieses treuen Freundes und hervorragenden Offiziers schmerzte Cortés so tief, daß er für lange Zeit nur schwarze Kleidung trug«, schrieb Bernal Diaz. Es war kein gutes Omen.

Es dauerte fast ein halbes Jahr, ehe Cortés von seinem Kaiser empfangen wurde, ein halbes Jahr, das seine Karriere endgültig ruinierte. Schuld daran waren drei Frauen. Doña Maria de Mendoza war nach der Kaiserin die wohl mächtigste Frau in Spanien, denn ihr Gemahl, Francisco de los Combos, Komtur von León, war als erster Staatssekretär für Inneres und Finanzen in Kaiser Karls spanischer Kanzlei ein nahezu allmächtiger Mann, und sie hätte es wohl gerne gesehen, wenn der berühmte Eroberer von Mexico ihre schöne Schwester Doña Francisca de Mendoza geheiratet hätte. Cortés war denn auch die Liebenswürdigkeit in Person, überschüttete die beiden Damen mit kostbaren Geschenken, und die beiden Schwestern Mendoza wurden zu seinen feurigen Fürsprecherinnen am Hof. Als man jedoch offiziell von Heirat zu sprechen begann, erklärte Cortés, daß er bereits mit Doña Juana de Zuñiga, der Nichte des Herzogs von Béjar, verlobt sei und auch zu seinem Wort stehen müsse. Die Damen Mendoza fühlten sich beleidigt, und Bernal Diaz verbürgt sich dafür, daß sie es nun waren, die die Ernennung von Cortés zum Vizekönig von Neuspanien verhinderten.

So allmächtig war Francisco de los Combos zwar nicht, daß er eine Begegnung zwischen Karl V. und Cortés hätte verhindern können, doch die Ehrungen für den Eroberer fielen, als er im Herbst des Jahres 1528 endlich seinem Kaiser gegenüberstand, doch beträchtlich geringer aus, als dieser es sich erwartet hatte – so viel geringer, daß er sogar überlegte, die Gnadenbeweise insgesamt zurückzuweisen.

Karl V. ernannte Cortés zum Marqués del Valle Oaxaca (Markgrafen des Tals Oaxaca im südlichen Mexico). Und wie Colombo in der spanischen Geschichtsschreibung einfach der »Admiral« ist, so wurde Cortés der »Marqués« oder der »Markgraf vom Tal«. Er erhielt ein standesgemäßes Wappen und das Recht, sich Don zu nennen, riesige Ländereien mit 23 000 Untertanen in Mexico, über die er ausgedehnte Lehensrechte besitzen sollte, und den Titel eines »Generalkapitäns von Neuspanien«. Außerdem wurde er zum Ritter des »Ordens des heiligen Jakob vom Schwert« (Santiago-Orden) ernannt, doch spätestens hier reagierte Cortés äußerst empfindlich – er hat diesen Titel später auch nie geführt –, denn er hatte zumindest mit der Kommandeurswürde gerechnet, was insofern verständlich war, als diese kurz vorher Pedro de Albarado *»für seine Verdienste bei der Eroberung von Mexico«* verliehen worden war; Albarado war freilich mittlerweile mit einer nahen Verwandten des allmächtigen los Combos verheiratet...

Cortés *»bat um die Gobernadorswürde von Mexico, und der Kaiser gab sie ihm nicht. Ebenso verfuhr König Fernándo mit Christoforo Colombo und mit Gonzalo Hernández de Córdoba, dem großen General und Eroberer von Neapel«*, bemerkte Gómara und reihte Cortés – durchaus zu Recht – damit gleichzeitig unter die größten Figuren der spanischen Geschichte ein, denen allen der Undank ihrer Könige gewiß war, so sehr gewiß, daß man fast die Größe des Verdienstes um Spanien an der Größe des königlichen Undanks zu ermessen vermag!

Karl V. Der Kaiser auf dem Höhepunkt seiner Macht, gemalt von Tizian. Wenig später verzweifelte er an der selbstgestellten Aufgabe, dankte ab und trat in ein Kloster ein.

Fast zwei Jahre verbrachte Don Hernán Cortés in Spanien, immer noch auf weitere Gnadenbeweise seines Kaisers hoffend, immer mehr hin und her geschoben von den Intrigen und Positionskämpfen des Los-Combos-Clans und des Béjar-Clans – dem er durch die Heirat mit Doña Juana de Zuñiga nun angehörte –, ehe er sich im Frühling 1530 entschloß, nach Mexico zurückzukehren.

Núño de Guzmán in Neuspanien

In Mexico herrschten mittlerweile chaotische Zustände. Das Kleeblatt Guzmán-Matienzo-Delgadillo plünderte schamlos nicht nur die Indios aus, sondern auch die spanischen Siedler, erfüllte die Hauptstadt Nacht für Nacht mit dem Gegröl seiner Sauf-, Freß- und Sexorgien, zündete mehrfach zum reinen Spaß Häuser an, verprügelte die Einwohner, und wer gegen dieses Treiben etwas einzuwenden wagte, fand sich am nächsten Tag vor der königlichen Audiencia wieder, wo er froh sein mußte, wenn er von den drei edlen Herren Richtern nur zu Kerker oder Zwangsarbeit verurteilt wurde. Wäre Fray Juan de Zumárraga, der erste Bischof von Mexico, ein in seiner moralischen Autorität und seiner Wahrheitsliebe kein so unangreifbarer Mann gewesen, könnte man manchmal an seinen empörten Berichten zweifeln, wenn er etwa schrieb: *»Da ich meine, daß Eurer Majestät nichts verborgen bleiben sollte, berichte ich, daß die Häuptlinge von Tatelulco hier in der Stadt tränenüberströmt zu mir kamen, so daß ich großes Mitleid mit ihnen empfand. Sie beklagten sich darüber, daß der Präsident*

[Guzmán] *und die Richter ihre Töchter und Schwestern und sonstige hübsche Frauen aus ihrer Verwandtschaft verlangt hätten; ein anderer Häuptling berichtete mir, Pilar – der Dolmetscher des Audienzgerichts – habe von ihm 80 hübsche Mädchen für den Präsidenten verlangt.«* Die Verzweiflung und der tiefe Abscheu des Bischofs werden um so verständlicher, wenn man weiß, daß Núño de Guzmán, wie Zumárraga an anderer Stelle berichtete, seine Orgien mit besonderer Vorliebe im Folterkeller seines Amtssitzes feierte, wo er ein Mädchen nach dem anderen langsam vor seinen Augen zu Tode quälen ließ.

Im Hochgefühl ihrer Macht legten sich die drei Herren des Audienzgerichts auch mit Albarado an, der, soeben aus Spanien zurückgekehrt, auf der Durchreise nach Guatemala war. Er hieß nun Don Pedro de Albarado, war Adelantado von Guatemala und hatte Doña Francisca de la Cueva geheiratet, eine Dame von hohem Stand, die mit dem mächtigen Francisco de los Combos verwandt war. Zunächst ließen Guzmán und Genossen den gesamten Besitz Albarados beschlagnahmen bis zu dem Pferd herunter, mit dem er zum Gericht geritten war, *»dann ließen sie ihn, ohne seiner Stellung zu achten, zu Fuß zurückkehren«.*

Ein paar Tage später kam die Nachricht, Cortés komme als Generalkapitän von Neuspanien zurück. Ein gewisser Salazar, eine der Kreaturen Guzmáns, brüllte daraufhin: *»Ein König, der uns einen Cortés schickt, ist ein Ketzer und kein Christ!«* In das betroffene Schweigen von mehr als zwei Dutzend Herren schallte Guzmáns Gelächter. Am nächsten Tag erschien Albarado vor der Audiencia und bat um Erlaubnis, Salazar zum Duell zu fordern *»wegen jener Worte, die er verruchterweise gegen den Kö-*

Núño de Guzmán, die wohl widerwärtigste Gestalt der gesamten Conquista.

Überfall Guzmáns auf Indios im Norden Mexicos.

nig geäußert hatte«. Doch der Oberrichter von Neuspanien, Núño de Guzmán, fällte folgende Entscheidung: *»Pedro de Albarado lügt als ein gemeiner Ritter, falls er ein Ritter ist, denn Salazar sagte nichts dergleichen, sondern ist ein guter Diener Seiner Majestät, weshalb er dergleichen nicht gesagt haben kann«,* und er ließ Albarado mit Ketten an den Füßen ins Gefängnis werfen. Albarado ließ später die Ketten vergolden und zeigte sie stolz vor *»als im Dienst um die Ehre Seiner Majestät des Königs erworben«.*

Das Erscheinen des neuen Audienzgerichts Anfang des Jahres 1531 setzte schließlich dem wüsten Treiben ein Ende. Guzmán entwischte nach Nordmexico, schaffte es, nicht allzuviel später zum Gobernador von Neugalicien ernannt zu werden und verlegte sich nun hauptsächlich auf Sklavenjagden. Nochmals dauerte es mehr als fünf Jahre, ehe die Audiencia in Mexico ein Gerichtsverfahren gegen ihn eröffnen konnte.

»Als Gonzalo López schon 14 Tage fort war«, sagte Gracía del Pilar, einer der Zeugen, aus, *»schickte mich Núño de Guzmán mit zehn Reitern aus, ihn zu suchen und ihm*

zu sagen, er solle sich mit den Indios beeilen, denn ohne sie würde er nicht mehr über genug Geldmittel verfügen. Nach wenigen Tagen fand ich López in Ahuacatlan mit etwa 1000 Indios, die er in Ketten hatte legen lassen. Mit seinen Reitern verwüstete und brandschatzte er die Gegend. Er hatte einen großen Platz eingezäunt und hielt dort eine große Zahl Indios, Männer, Frauen und Kinder, gefangen; die Männer trugen Fesseln um den Hals, die Frauen waren in Gruppen zu zehn aneinandergebunden, einige in Ketten, andere in Halseisen, die kleinen Kinder zu fünfen zusammengebunden. So marschierten wir ab.

Nach zwei Tagen erreichte López die Provinz Zacualpa. Da ich ihn nicht begleitete, erlebte ich nicht, was dort geschah, sondern sah nur, daß er etwa 500 Gefangene mitbrachte. Als ich die Spanier, die dort gewesen waren, fragte, wie es ihnen ergangen sei, sagten sie: ›Als der Häuptling und die Edlen friedlich zu uns herauskamen, umzingelten wir sie und nahmen sie gefangen; später töteten unsere Indio-Verbündeten [in der Hauptsache immer noch Tlaxcalteken] *mehr als 2000 Menschen. Doch das Schrecklichste von allem waren die Kinder, die wir sterbend am Weg zurückließen ...‹*

Dann wurden all diese Indios mit Brandmalen versehen, einige unter die Spanier verteilt. Wir fesselten die anderen und nahmen sie mit. Auf dem Marsch, der zehn oder zwölf Tage dauerte, starben alle Kinder der gefangenen Mütter und auch viele andere Indios. Alonso Gómez und zwei andere gingen voraus und sie schnitten die Leichen der Indios von den Bäumen ab, die sich aus Verzweiflung selbst erhängt hatten. Meiner Meinung nach waren es mehr als 500, und wir entfernten sie, damit die Indios in unserer Begleitung bei ihrem Anblick nicht davonliefen. So erreichten wir Chiametla ...

Dann wurden die Indios, die wir mitgebracht hatten, zu viert und zehnt unter die Spanier verteilt. Jeder Spanier fesselte die seinen, die Indios wurden auch unter ihnen verkauft, und für jeden Sklaven zahlte der Empfänger einen Peso an die Krone. Die schönsten Mädchen und Frauen aber forderte Núño de Guzmán für sich, und mancher Spanier vergoß Tränen bei dem Gedanken an das Schicksal, das sie erwartete. Andere Spanier versuchten Indio-Frauen, die ihnen besonders gefielen, von Guzmán loszukaufen, dieser verlangte aber mindestens 50 bis 100 Pesos für eine von ihnen.

Als wir die Provinz verließen, war sie verwüstet wie nach einem Krieg.«

Núño de Guzmán wurde verurteilt, entzog sich wiederum durch die Flucht nach Norden und verschwand auf Nimmerwiedersehen in den Weiten des nordamerikanischen Kontinents.

Francisco de Montejo

Yucatan 1526 bis 1549

»Im Jahr 1526 wurde ein weiterer erbärmlicher Mensch Gobernador für das Königreich Yucatan, aufgrund von Lügen und Falschheit, die er äußerte, und Angeboten, die er dem König machte, so wie es die übrigen Tyrannen bisher getan haben, damit man ihnen Ämter und Würden überträgt, die sie zu Räubereien mißbrauchen. Dieser Tyrann begann mit 300 Männern grausame Kriege gegen jene gütigen und unschuldigen Menschen, die friedlich in ihren Hütten lebten. Unter 150 Mädchen, eines hübscher als das andere, ließ er jeden das auswählen, das ihm gefiel, für ein paar Liter Wein, Öl oder Essig oder für ein Stück Speck. Einen Knaben gab er für einen Käse weg und 100 andere für ein Pferd.«

Kriege, Aufstände und wenig Gewinn

Natürlich war es Las Casas, der diese Zeilen schrieb, und der also geschmähte *»erbärmliche Mensch«* war Francisco de Montejo. Noch vor der eigentlichen Eroberung

Francisco de Montejo. Als Adelantado von Yucatan rangen er und sein Sohn fast 20 Jahre mit wechselndem Erfolg um diese Halbinsel.

Anáhuacs von Cortés in offizieller Mission nach Spanien geschickt, blieb er dort sieben Jahre hängen und kehrte erst 1527 zurück mit dem Titel eines Adelantado von Yucatan und der Erlaubnis, das Land auf seine eigenen Kosten für die Krone erobern zu dürfen. Da seine eigenen Mittel nicht ausreichten, *»trat er in Verbindung zwecks Heirat mit einer Frau aus Sevilla, einer reichen Witwe, und konnte so 500 Männer zusammenbringen, die er auf drei Fahrzeugen einschiffte«.*

Im September 1527 betrat Montejo in Xelhá Yucatan und nahm es *»im Namen Gottes und für den König von Kastilien«* in Besitz. Er ließ unter Hauptmann Alonso Dávila eine Garnison in Xelhá zurück, eine zweite in Polé und rückte dann an der Küste entlang nach Norden. Als er ein halbes Jahr später zurückkehrte, hatte er zwei schwere, wenn auch siegreiche Schlachten gegen die Indios von Ecab und Aké hinter sich, doch Krankheit und Überfälle hatten von den 40 Mann Dávilas eben noch 12 übriggelassen, und die Besatzung von Polé war bis zum letzten Mann von den Indios niedergemacht worden. Mit seiner auf 100 Mann zusammengeschmolzenen Truppe erkundete Montejo die Ostküste Yucatans bis zum südlichsten Punkt des Golfes von Honduras und kehrte 1528 zunächst enttäuscht nach Neuspanien zurück.

Seinen zweiten Versuch, Yucatan zu erobern, unternahm Montejo 1531 zusammen mit Alonso Dávila und seinem Bastardsohn Francisco Montejo el Mozo (dem Jüngeren). Ausgangsbasis war diesmal Campeche an der Westküste. Zunächst schien diesmal alles besser zu gehen. König Tutul Xius von Mani, einer der mächtigsten Herren Yucatans, unterwarf sich freiwillig und El Mozo eroberte ohne nennenswerten Widerstand das Königreich Cupul und konnte 1532 in Chichén Itzá eine Ciudad Real (Stadt des Königs) gründen. *»Und so forderte der Sohn des Adelantado Arbeiter, um die Häuser von Chichén Itzá zu bauen, und in kurzer Zeit errichtete er eine Stadt. Und er sah, daß die Indios ihren Dienst ohne Widerrede versahen. Er ließ die Bevölkerung zählen, die sehr groß war, und er teilte die Dörfer unter den Spaniern auf. Man sagt, daß jeder von ihnen mindestens 2000 bis 3000 Indios zugeteilt bekam; und so fing er an, den Indios vorzuschreiben, wie sie der Stadt zu dienen hätten, was den Indios mißfiel, doch sie täuschten vorläufig Bereitwilligkeit vor.«*

Dann brach der Aufstand los, Montejo el Mozo kam knapp mit dem Leben davon und mußte sich nach Campeche zurückziehen. Auch seinem Vater erging es nicht besser, wenn auch aus anderen Gründen. Ihm desertierten seine Soldaten in hellen Haufen, als die goldglänzenden Nachrichten aus dem eben von Francisco Pizarro eroberten Peru eintrafen. 1535 mußten die beiden Montejos zum zweiten Mal Yucatan aufgeben.

1540 kam El Mozo wieder. Und diesmal gelang die Eroberung dank der Zwistigkeiten und Kriege der Indios untereinander: *»Als die Spanier Yucatan verlassen hatten* [1536], *gab es kein Wasser im Land, und weil man während der Kämpfe gegen die Eindringlinge sorglos allen Mais aufgebraucht hatte, kam eine große Hungersnot über das Land. Da entschlossen sich die Xuies, die Herren von Mani, wegen dieser Hungersnot den Göttern ein feierliches Opfer darzubringen und Sklaven und Sklavinnen in den heiligen Brunnen von Chichén Itzá zu werfen. Da sie aber auf ihrem Weg nach Chi-*

chén Itzá an der Hauptstadt ihrer größten Feinde, der Cocomes, vorbei mußten und sie befürchteten, daß die alten Kämpfe wieder ausbrechen könnten, schickten sie einen Boten, der die Cocomes bitten sollte, die Durchreise durch ihr Land zu erlauben. Die Cocomes sagten dies auch zu, doch als sie dann alle in einem großen Haus bewirteten, zündeten sie es an und ermordeten alle, auch die, die fliehen konnten. Und dieser Verrat führte zu blutigen Kriegen.« So wurde König Tutul Xius von Mani zum zuverlässigsten Verbündeten der Spanier, und mit seiner Hilfe unterwarfen sie den Westteil der Halbinsel und gründeten 1542 in Tiho die spätere Hauptstadt Yucatans, Mérida.

Die Aufstände und Kämpfe gingen freilich weiter. *»Aufgestachelt durch die schlechte Behandlung durch die Spanier, verschworen sich die Indios, die Spanier zu töten, als diese aufbrachen, die Abgaben einzutreiben. An jenem Tag töteten die Indios 17 Spanier und 400 ihrer Diener; und sie schickten deren Arme und Beine durch das ganze Land, um zu zeigen, was sie gewagt hätten, damit sich auch die anderen erhoben gegen die Spanier. Doch diese wagten es nicht, und so gelang es dem Adelantado, den Spaniern zu Hilfe zu kommen und die Indios zu bestrafen.«* Wenig später kam es zu einem letzten großen Aufstand unter dem Indio-Häuptling Lempira, in Honduras: *»Und als der Adelantado das ganze Land für befriedet hielt, da erhob sich ein tapferer Indio mit Namen Lempira, was ›Herr der Berge‹ bedeutet. Er rief alle Fürsten und Krieger zusammen, so daß sich ihrer 30 000 versammelten. Er forderte sie auf, sich ihre Freiheit wieder zu erringen, denn es sei schmachvoll, daß so viele und tapfere Krieger, in ihrem eigenen Land, sich der unwürdigen Knechtschaft so weniger Fremder beugten.«* Doch mit dem Tod Lempiras brach auch diese Erhebung zusammen. Die Häuptlinge zerstritten sich. Die Tapferen zogen sich in die Dschungel zurück, wo sie ihren Widerstand gegen die Spanier fortsetzten; die anderen flohen teils zu Montejo, teils

Tempelruinen auf dem Gelände von Chichén Itzá, vorne das sogenannte Observatorium.

Kopf eines Mayafürsten, der in Palenque gefunden wurde. Eines der eindrucksvollsten Zeugnisse der Mayakunst.

nach Guatemala, um sich gegenseitig für den Ausbruch des Aufstandes zu denunzieren und an den Galgen zu bringen.

Man hat Francisco de Montejo und vor allem Pedro de Albarado, seinem südlichen Nachbarn in Guatemala, immer wieder ihre Grausamkeit gegen die Indios vorgeworfen: *»13 Monate nach der Ankunft Albarados wurde der König Ahpozotzil Cahi Ymox gehängt. Am Tage 13 Ganel* [26. Mai 1540] *wurde er gehängt zusammen mit Quiyavit Caok. 14 Monate nachdem der König Ahpozotzil gehängt worden war, hängten sie Chuuy Tziquinú, den Fürsten der Stadt. Am Tage 4 Can* [27. Februar 1541] *hängten sie ihn in Paxayá. Sie nahmen ihn und hängten ihn an einem verborgenen Ort. 17 Tage nachdem der Fürst gehängt worden war, am Tag 8 Iqu* [16. März 1541], *wurde der Fürst Chichal gehängt, zusammen mit Nimabah Quehchún, wurde er gehängt, aber dies wurde nicht von Albarado getan, der schon nach Xuchipallan abgereist war. Sein Stellvertreter hängte ihn.«* Immerhin ebbte nach 1541 die Welle der Aufstände dank solch drastischer Maßnahmen ab, und man sollte auch nicht vergessen, daß es fast immer Indios waren, die als Ankläger den Tod dieser Fürsten und Häuptlinge forderten. Das obige Zitat ist – nebenbei bemerkt – eine propagandistische Meisterleistung, indem es bei fünf Hingerichteten das Wort »gehängt« genau zehnmal verwendet ...

Bis 1549 konnte sich Francisco de Montejo einigermaßen in Ruhe damit beschäftigen, das Land in das spanische Kolonialreich einzubauen, ehe er auf Betreiben Las Casas' wegen *»Amtsmißbrauch und Mißwirtschaft«* als Gobernador abberufen wurde. 1551 reiste er nach Spanien zurück und starb – noch ehe sein Fall entschieden war – 1553 in seinem Geburtsort Salamanca.

Bliebe der Eroberung von Yucatan und Guatemala nachzutragen, daß hier die einzige weibliche Gobernadorin der ganzen spanischen Herrschaftszeit regierte. Doña Beatriz de la Cueva, Nichte des Herzogs von Albuquerque, war die zweite Frau Don Pedro de Albarados. Als sie vom Tod ihres Gatten erfuhr, ließ sie die Wände des Gobernadorpalastes in Santiago de Guatemala mit schwarzer Farbe bestreichen und mit schwarzem Tuch verhängen. Dann ließ sie sich selbst am 9. September 1541 vom Rat der Stadt zur Nachfolgerin ihres Mannes wählen.

Sie regierte allerdings nur einen Tag. In der Nacht vom 10. zum 11. September wurde Santiago von einem Erdbeben und einer dadurch ausgelösten Flutwelle restlos zerstört: *»Und zu dieser Zeit waren schwere Regengüsse niedergegangen. Von der Höhe des Vulkans, der sich über die Stadt erhebt, stürzten plötzlich solche Wassermassen, die riesige Steine und eine Unmenge Holz und Bäume mit sich rissen, auf die Stadt herunter, daß alle Häuser einstürzten. Das Haus des Adelantado wurde, noch ehe die Steine kamen, unglaublich schnell überflutet. Bald schon gab es in dem Haus keinen Menschen mehr; das Wasser hatte alle getötet oder fortgerissen. Nur Doña Beatriz de la Cueva und ihre Dienerinnen lebten noch. Sie erhob sich in ihrem Nachtgewand, rief ihre Dienerinnen zusammen und stieg mit ihnen zu einer Kapelle empor, die vor kurzem erst auf dem Dach errichtet worden war, und sie kletterte auf den Altar, die Tochter des Adelantado auf dem Arm haltend und Gott anrufend. Das Wasser stieg unaufhaltsam, bis es mit ungeheurer Gewalt und den vielen Steinen, die es mit sich trug, gegen die Kapelle brandete, so daß diese über jenen, die sich in ihr befanden, zusammenstürzte, und so kamen alle darin um.«*

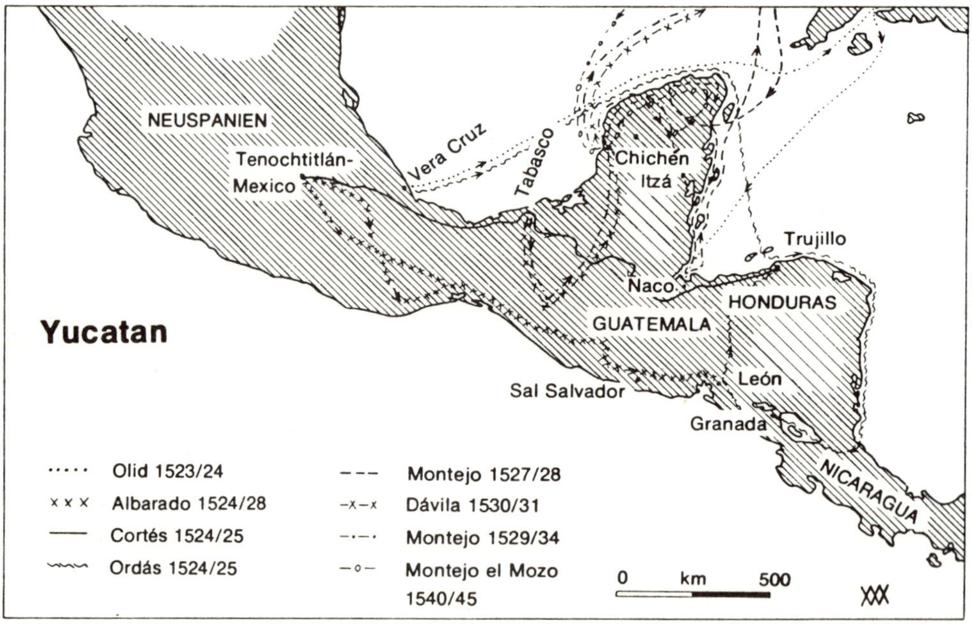

Diego de Ordás

Mexico, Arizona, Nicaragua, Florida, Orinoco 1519 bis 1531

»Und so zog denn Don Quijote de la Mancha, der Ritter von der traurigen Gestalt, fürbaß, neuen Abenteuern entgegen.«

Großohren und Hundeköpfe

Die Welt des frühen 16. Jahrhunderts war voller Wunder. Während unser Jahrhundert mit ein paar UFO-Nauten vorlieb nehmen muß, begann damals die Welt des Erstaunlichen, Unerklärlichen schon in Indien. Und gar die Länder östlich davon waren bevölkert von Wesen, auf deren Erfindung moderne Science-fiction-Autoren mit Recht stolz sein könnten. Da gab es Zyklopen, Sirenen und Lotophagen, Leute, die keinen Kopf hatten, sondern ihr Gesicht auf der Brust trugen, Menschen mit Hundeköpfen und die Großohren, deren Gehörorgane so gewaltig entwickelt waren, *»daß sie sich völlig darin einhüllen, und deren Ohren so widerstandsfähig sind, daß sie weder Armrust noch Büchsenschuß zu durchdringen vermag«*, Wesen, die sich springend auf nur

Diego de Ordás wäre wohl als einer der größten Entdekker in die Geschichte eingegangen, hätte er sich nur die Mühe gemacht, seine »Mißerfolge« schriftlich niederzulegen.

Ordás besteigt während des Marsches nach Tenochtitlán den Popocatepetl.

einem einzigen Bein fortbewegten, andere, die ihre Städte auf dem Grund von Seen erbauten, und die berühmten Amazonen. Meerjungfrauen und Schiffe verschlingende Seeschlangen waren fast alltäglich, und der Jungbrunnen, das Wasser des ewigen Lebens, El Dorado, der Vergoldete, die Sieben Städte von Cibola oder die Stadt Manoa, in der selbst die Straßen mit Goldplatten gepflastert waren, harrten nur ihrer Entdecker.

Der Mann, der sein Leben all diesen Wundern gewidmet hat, war Diego de Ordás.

Wir kennen ihn bereits als einen der zuverlässigsten Offiziere im Heer des Generalkapitäns Cortés, als den Mann, der den Popocatepetl erstieg, als den furchtlosen Vorreiter der Spanier in den Schrecken der noche triste – Karl V. verlieh ihm dafür als Anerkennung den berühmten Santiago-Orden. Die eigentliche Eroberung von Tenochtitlán versäumte er freilich, denn Cortés hatte ihn von Tlaxcala aus als seinen persönlichen Botschafter und Sachwalter nach Spanien geschickt, eine Aufgabe, die er mit erstaunlichem Geschick meisterte und die mit dem Sturz von Cortés gefährlichstem Gegner, dem hochfahrenden Bischof Juan Rodriguez de Fonseca, endete.

Das Jahr 1522 sah Ordás wieder in Neuspanien. Cortés hätte diesen unerschrockenen Offizier nur zu gerne wieder ganz an sich gebunden, doch solch zivile Dinge wie der Wiederaufbau von Tenochtitlán-Mexico oder die Organisation von Verwaltung und Handel im entstehenden Neuspanien waren diesem Abenteurer von Geblüt zu langweilig. Und so erinnerte er sich an jenen Artikel des Vertrags zwischen Velázquez und Cortés aus dem Jahr 1518, der den Generalkapitän beauftragte, *»die Beschaffenheit der Menschen zu erkunden, denn es heißt, es gebe dort Menschen mit großen, brei-*

ten Ohren und andere mit Hundeköpfen, auch festzustellen, wo die Amazonen wohnen, welche den euch begleitenden Indios zufolge dort in der Nähe leben«.

Mit fünf Spaniern und knapp 100 Indios, vorwiegend aus Tlaxcala, ritt Ordás nach Norden – und blieb für über ein Jahr verschollen. Durch welche Gebiete er zog, mit welchen Indio-Stämmen er Kontakt aufnahm, welche Naturwunder er entdeckte – unsere Hinweise darauf sind reichlich spärlich. Ordás war kein Mann vieler Worte und schon gar nicht langer schriftlicher Berichte, zumal er selber die Expedition als völligen Fehlschlag einstufte. Was interessierte es ihn, daß er den Sinaloa-, den Yaqui- und den Sonora-Fluß entdeckte, das Colorado-Plateau bestiegen, vermutlich als erster Europäer den Grand Canyon gesehen hatte, bis in die Gegend des heutigen Santa Fé vorgestoßen war und den Rio Grande in fast seiner ganzen Länge mit Kanus bis zum Meer befahren hatte? Von Großohren, Hundeköpfen und Amazonen war nicht die leiseste Spur zu entdecken gewesen.

Ganz umsonst war die Sache freilich nicht, denn wie ihm die Indios zuverlässig berichtet hatten, lagen im Süden des Colorado-Plateaus um einen See gruppiert die »Sieben Städte von Cibola«. Er hatte sie zwar nicht selbst gesehen, doch die Schilderungen waren so plastisch, daß, verglichen mit diesen sieben Städten, selbst Tenochtitlán wie ein armseliges Bauerndorf wirkte, war doch jede dieser Städte aus einem anderen Material gebaut: die Mauern, die Türme, die Häuser, die Paläste und Tempel, ja sogar die Straßen; und zwar die erste aus Stein, die zweite aus Eisen, die dritte aus Kupfer, die vierte aus Silber, die fünfte aus Gold, die sechste aus Perlen und die siebte gar aus Diamanten.

Als Ordás nach Mexico zurückkehrte, war Cortés voll mit dem Aufstand des Cristóbal de Olid und mit seinem geplanten Zug nach Honduras beschäftigt, so daß die sensationelle Nachricht von den sieben Städten von Cibola vorläufig im allgemeinen Trubel unterging. Trotzdem nistete der Traum von Cibola hartnäckig in den spanischen Gehirnen, veranlaßte rund 16 Jahre später zwei großangelegte Expeditionen und hielt sich auf Karten der Neuen Welt zäh bis weit ins 17. Jahrhundert hinein.

El Dorado

Die Strafexpedition gegen Olid gab auch den Anstoß für das nächste Abenteuer dieses Don Quijote. Während Cortés mit seiner Armee von Norden durch Südyucatan gegen Olid vorstieß, wollte Ordás von Süden über Guatemala vorrücken und den Abtrünnigen so in die Zange nehmen. Was ihn dabei noch weit mehr faszinierte, war das Gerücht, daß sich dort in einem großen See El Dorado befinden sollte, und wenn es ihm gelang, auf seinem Zug El Dorado zu entdecken und zu erobern, so würde er seinem Generalkapitän nicht nur militärische Hilfe bringen, sondern auch unermeßliche Reichtümer zur Verfügung stellen können.

Der Traum von El Dorado war so alt wie die Entdeckung der Neuen Welt. Und man hatte sehr genaue und ausführliche Berichte:

»Der Zug, der mit Musik durch den tropischen Wald zieht, ist von fremdartiger Schönheit. Die rot, ockerfarben und blau bemalten, mit Pantherfellen gegürteten und vielfarbigen Federbüschen geschmückten Männer schlagen Gongs, blasen Hörner, Muscheltrompeten und schütteln tönende Reifen. Schwarz eingehüllte, riesengroße Priester tragen gewaltige goldene Brustplatten in Sonnenform oder goldene Kronen, von denen Smaragd-Vorhänge herunterhängen, die fast das ganze Gesicht verdecken.

Die am prächtigsten Geschmückten schreiten direkt vor einer goldenen, ebenfalls mit Sonnen geschmückten Sänfte. In ihr sitzt ein Mann ganz aus Gold – der lebende Götze, El Dorado, der Goldene. Man sieht, daß er lebt, daß er keine Statue ist, weil er sich bewegt, mit den langsamen, majestätischen Gebärden eines großen Fürsten. Aber die ganze Oberfläche seiner Haut ist vergoldet, es gibt nicht eine Faser seines Körpers, die nicht magisch glänzt und leuchtet. Sein vollkommen nackter und enthaarter Körper ist mit Goldpuder bedeckt, der mit Harz aufgeklebt ist. Manchmal stirbt dieser menschliche Gott, erstickt an diesem Überzug, noch vor der Ankunft am See.

Jedesmal zieht diese Prozession gleich langsam zum See, ein Fluß aus Musik, in dem der angsteinflößende Baß von spitzen Hörnern überlagert wird, eine heilige Schlange, auf die die Sonne durch das Laubwerk hindurch Funken sprüht. Eine unsichtbare Menschenmenge sieht den Zug vorüberziehen. Sie muß unsichtbar bleiben, jedem, der sich zeigt, durchbohren Dolche die Brust, Tausende nackter, auf die Erde ausgestreckter Indios setzen jedesmal ihr Leben aufs Spiel in der Hoffnung, wenigstens für eine Sekunde den goldenen Häuptling sehen zu dürfen.

Das lange, flache und blau bemalte Kanu wartet auf dem See, seine 20 blauen, mit Goldmasken getarnten Ruderer verharren unbeweglich. Wenn die Sänfte abgestellt ist, wird El Dorado auf Armen zum Kanu getragen, und zugleich krümmen sich die Ruderer. Eine feine Kiellinie wird wie mit dem Messer bis zur Seemitte gezogen. Vom Strand aus verfolgen die Priester und die anderen Teilnehmer der Prozession in unbeweglicher Haltung das Schauspiel; die Musik ist verstummt. Unbeweglich liegt in der Seemitte das Kanu. In seinem Heck steht El Dorado, beide Arme gen Himmel gereckt. Plötzlich taucht er ins Wasser ein.

Der Lärm der Musiker und der wie aus einer Kehle ausgestoßene Schrei scheinen den Strand und den ganzen Wald zu erschüttern. El Dorado schwimmt langsam um das Kanu herum, der Goldstaub löst sich von seiner Haut, verbreitet sich auf der Oberfläche des Sees, löst sich auf und sinkt langsam wie tausend Sterne in die Tiefe. In diesem Augenblick schreien die Teilnehmer der Prozession auf und werfen die prächtigen Schmuckstücke so weit als möglich in den See. Die Smaragde, die Goldplatten, Kronen und schweren Armbänder durchlöchern die schillernde Oberfläche des Wassers und versinken für alle Zeit – Opfergaben an die Gottheit. Markerschütternder Beifall erschallt, als der nackte, von seinem Gold abgewaschene Häuptling, der jetzt befreit und gereinigt ist, wieder in das blaue Kanu klettert, das ihn an Land bringt. Auch die Ruderer haben ihre Goldmasken in die Fluten geworfen.«

Man hat El Dorado in Florida, in Mexico, in Niedercalifornien, im Hochland von Columbien, in Peru, am Orinoco und Amazonas gesucht. Irgendwann hörte El Dorado in der Vorstellung der Spanier auf, ein Mensch zu sein, und wurde zu einem Land, dem Goldland schlechthin, und Ordás hatte sich nun fest vorgenommen, es im See von Nicaragua zu entdecken.

Mit nur einer Karavelle und einem kleinen spanischen Trüppchen segelte er um Yucatan herum, durch den Golf von Honduras zur Moskito-Küste. Dann begann die zermürbende Suche. Ordás, dessen manchmal überschäumende Phantasie mit einem durchaus klaren und logischen Verstand gepaart war, hatte sich gesagt, daß der See von El Dorado einen Abfluß haben mußte, und dieser Abfluß mündete vermutlich in den Moskito-Golf. Also wiederholte sich Woche um Woche das gleiche Schauspiel: Vor jedem noch so kleinen Flüßchen ankerte die Karavelle, und die Männer drangen teils in Booten, teils zu Fuß dem Wasserlauf folgend ins Landesinnere vor, bis sie statt vor dem ersehnten See vor einem schäbigen Quellbach standen.

Endlich war ihnen das Glück hold. Der Rio San Juan war schon an der Mündung vertrauenerweckend breit, und nach einwöchiger Paddelei breitete sich vor ihnen tatsächlich der gesuchte See aus, freilich weit, weit größer, als sie sich das in ihren kühnsten Träumen vorgestellt hatten. Fast zwei weitere Monate verbrachten Ritter Ordás und seine Männer damit, den rund 180 Kilometer langen und etwa 65 Kilometer breiten See Bucht für Bucht, Inselchen für Inselchen auf Anzeichen von El Dorado hin zu untersuchen – bis sie am Nordende des Sees auf die 1522 von Don Pedrarias Dávila gegründete spanische Siedlung Granada stießen.

Die Enttäuschung war fürchterlich! Über das ebenfalls 1522 von Dávila gegründete León zog Ordás weiter nach Norden, traf in der Fonseca-Bucht auf Soldaten Albara-

Mayakrieger aus Honduras, wie sie Ordás auf seiner Suche nach El Dorado begegneten.

dos, schlug sich dann quer durch das Land nach Trujillo durch, wo er im Januar 1526 wieder mit Cortés zusammentraf, eben rechtzeitig, um mit seinem Generalkapitän nach Neuspanien zurückzukehren.

Wasser des ewigen Lebens und Amazonen

Die nächsten zwei Jahre blieb Ordás treu an der Seite seines Generalkapitäns im Kampf gegen Núño de Guzmán und seine Kreaturen, und wenn Cortés mit den Vorschlägen zur Lösung der Probleme, die ihm Ordás in schöner Regelmäßigkeit unterbreitete, auch nicht das geringste anfangen konnte, so war es doch zweifellos eine moralische Unterstützung, diesen treuen Mann an seiner Seite zu wissen. Selbstverständlich war Ordás herzlich eingeladen, mit Cortés nach Spanien zu reisen, doch er lehnte ab. Mit seiner kostbaren Zeit wußte er besseres anzufangen, und während Cortés im März 1528 nach Spanien aufbrach, ging Ritter Ordás in Richtung Florida unter Segel.

Sein Ziel war diesmal der Jungbrunnen oder das Wasser des ewigen Lebens, das nach zuverlässigen Berichten irgendwo auf dieser Halbinsel sprudeln sollte. Das Ziel war keineswegs zufällig gewählt, oder anders gesagt, die Phantasmen dieses Don Quijote hatten durchaus System: Diego de Ordás war nun über 50 Jahre alt, und so ungebrochen sein Unternehmungsgeist war, die Jahre und die von unendlichen Strapazen angegriffene Gesundheit begannen sich bemerkbar zu machen.

Mittlerweile hatte es sich freilich auch herumgesprochen, daß die Expeditionen dieses Conquistadors nicht gerade von überwältigenden Erfolgen gekennzeichnet waren, und so verschwand Ordás, nur von einem einzigen Spanier und zwei Indios begleitet, ungefähr an der Stelle des heutigen Miami in den Sümpfen und Wasserläufen Südfloridas. Eineinhalb Jahre blieb er verschwunden.

Doch an einem schönen Oktobertag des Jahres 1529 paddelte ein Kanu mit vier Mann Besatzung in den Hafen von Habana de Cuba: Ritter Ordás mit seinen drei Begleitern, zwar nicht wundersam verjüngt, doch ansonsten gesund und wohlbehalten. Was diese vier in den eineinhalb Jahren erlebt hatten, erfuhr niemand, denn Ordás hatte

Ein Gewächs, aus dessen Frucht »ein wirkliches Tier in der Art eines Lammes« hervorkommt.

Auf dem Quellsee des Jungbrunnens »lassen die Indios ihre Boote von großen Fischen schleppen oder reiten auf diesen Fischen wie auf Pferden«.

ein neues Expeditionsziel und setzte mit seinen Vorbereitungen zu diesem Unternehmen ganz Cuba in helle Aufregung.

Die Amazonen! Jeder halbwegs gebildete Mensch wußte, daß diese weiblichen Krieger versteckt im Urwald in prachtvollen Palästen lebten und über unermeßliche Reichtümer verfügten. Und noch der Ungebildetste wußte, daß sie an den Ufern jenes gewaltigen Stromes, der den Südkontinent der Neuen Welt durchteilte, wohnten, der nach ihnen auch Amazonas genannt wurde. Die Amazonen, das war endlich einmal etwas Greifbares und Realistisches – nicht wie der Jungbrunnen, den Juan Ponce de León schon vergeblich gesucht hatte, oder die Großohren und Hundeköpfe, von denen nicht einmal feststand, ob sie am Ende nicht vielleicht bettelarm waren. Über die Amazonen wußte man Bescheid, sowohl aus den Schriften der alten Geschichtsschreiber, wie auch aus höchst zeitgenössischen Berichten:

»Diese kriegerischen Frauen haben ihre Wohnung in den großen Wäldern und auf stolzen Bergen, von denen der, der sich über die anderen erhebt und deshalb vom Wind am heftigsten umweht wird, so daß er gar keine Vegetation mehr trägt, Yacamiaba heißt. Die Amazonen sind Frauen von großer Tapferkeit und sie konnten sich immer ohne die Hilfe von Männern erhalten; und selbst wenn diese, wie es vereinbart ist, jedes Jahr in ihr Land kommen, empfangen sie sie mit Waffen in den Händen, mit Pfeil und Bogen, die sie eine Zeitlang schwingen, bis sie überzeugt sind, daß die Indios in friedlicher Absicht kommen. Dann legen sie ihre Waffen nieder und begeben sich zu den Kanus ihrer Gäste, wo sich eine jede die nächste Hängematte nimmt (dies sind die Betten,

in denen sie schlafen); diese tragen sie dann in ihre Häuser und hängen sie an einem Platz auf, wo ihre Eigentümer sie wiederfinden, diese Indios behalten sie dann einige Tage als Gäste bei sich. Danach kehren die Indios in ihr eigenes Land zurück und wiederholen diese Besuche jedes Jahr um die gleiche Zeit. Die Töchter, die aus diesem Verkehr entspringen, behalten die Amazonen bei sich und ziehen sie groß, denn sie sind bestimmt, ihre Tapferkeit zu erben und die Tradition der Nation fortzusetzen, doch was mit den Söhnen geschieht, ist nicht ganz klar. Ein Indio, der als sehr junger Bursche mit seinem Vater dieses Land besucht hat, gibt an, daß die Jungen ihren Vätern überlassen werden, wenn diese im folgenden Jahr zurückkehren. Aber andere sagen, und diese Version hat die größere Wahrscheinlichkeit für sich, da sie allgemein verbreitet ist, daß die Amazonen, wenn sie ein männliches Kind bekommen, dieses töten. Die Zeit wird die Wahrheit ans Licht bringen, und wenn dies die Amazonen der alten Geschichtsschreiber sind, dann sind in ihrem Land Schätze verborgen, die ganze Welt reich zu machen.«

Die verwegensten Haudegen drängten sich bald darum, mit Ritter Ordás zum Amazonen-Strom segeln zu dürfen. Im Sommer des Jahres 1530 lichteten fünf Schiffe mit 238 Spaniern und etwa 600 Indios an Bord die Anker und segelten nach Südwesten, wo sie nach einer ruhigen und schnellen Überfahrt in das Gewirr der Mündungsarme des Amazonen-Stromes einbogen – freilich entging den Abenteurern dabei zunächst die Tatsache, daß sie gar nicht in das Amazonas-, sondern in das Orinoco-Delta eingebogen waren. Doch auch als sie ihren Irrtum bemerkten, tat das der Begeisterung keinen Abbruch. So exakt hatten sich die alten und neuen Chronisten ohnehin nicht ausgedrückt. Fluß war schließlich Fluß, und – wie die Conquistadoren bald weniger begeistert hinzusetzten – Urwald war Urwald.

Gegen das, in was Ordás und seine Männer nun gerieten, waren die Dschungel von Yucatan und Panama freundliche Parklandschaften, und je weiter man flußaufwärts vordrang, um so schlimmer wurde es. Wenn man auch den Fluß als Weg benutzen konnte, so war es Abend für Abend schwierig genug, ein einigermaßen sicheres Plätzchen am Ufer für die Nachtruhe zu finden. Feuermachen war ein Problem, denn das nasse Holz qualmte höchstens, statt zu brennen. Die Nahrung aus seltsam aussehenden Fischen, großen Waldameisen und Affen- oder Krokodilfleisch wurde dadurch auch nicht wohlschmeckender, daß man sie zumeist roh in sich hineinwürgen mußte.

Überhaupt durchdrang die Nässe alles. Am Tag bewegte man sich wie durch eine heiße Dampfwolke, nachts schlug sich die Feuchtigkeit überall nieder. Die Kleidungsstücke verfaulten buchstäblich auf den Körpern, das Leder schimmelte, jedes Stück Eisen war in kürzester Zeit mit einer dicken Rostschicht überkrustet. Wo immer man sich dem Ufer näherte, mußte man einer Wolke von Giftpfeilen gewärtig sein. Jaguare, Vampirfledermäuse, riesige Anakondas und Boas, ja selbst Giftschlangen wurden bald zu Gefahren zweiter und dritter Ordnung herabgestuft, da sie entweder nicht allzu häufig oder wenig angriffslustig waren. Schlimmer waren da schon die Krokodile, darunter Exemplare von sechs bis sieben Meter Länge. Spätere Forscher schrieben über sie: *»Sie drängeln sich wie Würmer in den flachen Stellen des Flusses«*, und: *»Es klingt* *kaum glaublich, wenn man sagt, daß die Gewässer in der Trockenzeit so mit Kaimanen gefüllt sind wie die Tümpel in Europa im Sommer mit Kaulquappen.«*

Noch schlimmer wurde es, wenn man den Fluß verlassen und etwa Stromschnellen auf dem Landweg umgehen mußte. Nicht nur, daß sich die Conquistadoren jeden Schritt durch das verfilzte Unterholz freischlagen mußten und an manchen Tagen kaum mehr als 100 Schritt vorankamen. In Schlammlöchern – und überall gab es sie – lagen Zitteraale, die elektrische Schläge verteilten. Wenn die Stromstärke auch nur 0,5 bis 0,75 Ampere betrug, so kann ein Tier von 90 cm Länge Schläge bis zu 350 Volt, ein 1,5 Meter langes Exemplar bis zu 650 Volt produzieren, *»die selbst ein Pferd umwerfen können und viele Stunden danach noch starke Schmerzen verursachen«.* In einem anderen Bericht ist zu lesen: *»Wir kletterten jedoch weiter – jetzt stürzten wir auf stachlige Palmen, dann verwickelten wir uns in Sipós* [auch Jacitára, ›die Schreckliche‹ genannt, eine mit Dornen bewehrte Pflanze, die wie eine Liane wächst, aber zur Familie der Palmen gehört]. *Auch am Tag sind die Sipós große Hindernisse für ein Vorwärtskommen in einem unwegsamen Wald. Ein Fuß stolpert über eine kriechende Sipó – der Versuch, sie niederzutreten, gibt ihr einen zusätzlichen Schwung und wirft einen gänz-*

Die in hundert Inseln und Inselchen zergliederte Mündung des Orinoco, wo die Indios teilweise tatsächlich wegen der Nässe ihre Hütten auf Bäumen bauen.

lich um. Oder man versucht, nicht über die Sipó zu stolpern, dann verfängt man sich mit dem Kinn in einer zwischen zwei Bäumen steif herunterhängenden Schlinge einer Sipó. Einmal gerieten wir auf den Weg großer Ameisen, die sich sofort auf unseren Füßen und Beinen sammelten und uns fürchterlich stachen. Es dauerte mehrere Minuten, bis wir uns von ihnen befreien konnten. Außer den Rheumaschmerzen und der Steifheit der Glieder, durch die Feuchtigkeit hervorgerufen, waren unsere Hände, Füße und Beine zerrissen und mit Stichen bedeckt, von denen einige zu Geschwüren ausarteten. Im Vergleich hierzu war der von Bissen kleiner und großer Zecken und von den Stichen von Wespen und Ameisen hervorgerufene Ärger geringfügig und vorübergehend.«

Ohne Zweifel aber war die schlimmste Qual die Insekten: all jene Myriaden summender, pfeifender, stechender, saugender, beißender Flügelwesen, gegen die man sich ob ihrer Kleinheit und Masse unmöglich zur Wehr setzen kann. *»Die Milbe ist eine der schrecklichsten Plagen. Dieses kleine Tier von der Größe zwischen Mohn- und Leinsamen lebt in Gesellschaften und bevölkert zu Hunderten das Gras und trockenes Laub. Sobald man solch eine Pflanze berührt, dringen die Tiere durch die Kleidung auf die*

Jene Völker, die man schon in Ostasien gesucht hatte, erwartete man nun selbstverständlich in der Neuen Welt anzutreffen.

Haut, in die sie sich hineinfressen, besonders in die weicheren Teile. Hier verursachen sie ein nicht auszuhaltendes Jucken, das sich durch das unvermeidliche Reiben noch verstärkt. Am Ende entsteht eine entzündete Blase.« Oder: *»Der Versuch zu schreiben, ist wegen der Legionen von Fliegen, die einen von früh bis spät, und manchmal auch durch die ganze Nacht, plagen, mit vielen Schwierigkeiten verbunden. Die schlimmsten sind die winzigen, kleiner als ein Stecknadelkopf, fast unsichtbar, die aber stechen wie Moskitos! Wolken von diesen Fliegen sind immer gegenwärtig. Zur Plage kommen Millionen von Bienen hinzu und andere Insektenmengen. Die stechenden Schrecken gehen einem über die Hände und machen einen verrückt!«* Am schlimmsten freilich waren die Moskitos selbst: Malaria und Gelbfieber hielten schreckliche Ernte unter Spaniern und Indios.

Doch allen Gefahren und Qualen zum Trotz trieb Diego de Ordás seine Männer weiter. Irgendwo am Ende dieser Wildnis lebten die Amazonen. Sie entdeckten den Apure, den Meta, folgten ihnen ein Stück flußauf, kehrten um und zogen weiter am Orinoco entlang. Wie viele Wochen oder Monate sie bereits unterwegs waren, niemand wußte es mehr, und immer noch trieb sie der eiserne Wille ihres Hauptmanns vorwärts, bis auch er, eines Morgens vom Fieber geschüttelt, nicht mehr weiter konnte. Und dann tauchten am Rand des Urwalds braune, langhaarige Gestalten auf. Die Spanier machten erschreckt Zeichen, daß sie in Frieden gekommen waren – die Indios erwiderten die Handbewegungen, kamen näher. Wie bei vielen Stämmen im Amazonas-Orinoko-Becken waren Männer und Frauen gleichermaßen mit Blasrohren, Bogen und Pfeilen bewaffnet. Ein paar Frauen beugten sich neugierig über den Fiebernden. Da ging plötzlich ein Leuchten über das Gesicht des Sterbenden: die Amazonen! Er hatte sie doch noch gefunden!

Die goldene Stadt Manoa

1531 starb Diego de Ordás glücklich in der Nähe der heutigen Stadt Maipures. Der Rest seiner Leute zerstritt sich bald danach. Ein Teil folgte weiter dem Orinoco flußaufwärts – sie blieben für immer verschwunden. Ein anderer Teil kehrte auf dem Weg, den sie gekommen waren, zurück, doch es war schließlich nur noch ein winziges Häuflein, das Trinidad und schließlich Cumana erreichte.

Diego de Ordás war sein Leben lang Phantasiegebilden nachgejagt. Das hatte schon bei seinen Zeitgenossen – und erst recht in späteren, aufgeklärten Jahrhunderten – dazu geführt, daß man seine Expeditionen nicht so recht ernst genommen hat. Doch so phantastisch seine Ziele auch gewesen sein mögen, hätte er wie Cortés ausführliche Berichte über seine Unternehmungen geschrieben oder wenigstens wie Pizarro einen eifrigen Chronisten besessen, er würde heute als einer der größten Entdecker seiner Zeit gelten! So aber, da sich Ordás zumeist verschämt über seine »Mißerfolge« ausschwieg, schmückten sich andere mit dem Ruhm, das Colorado Plateau, den Grand Canyon, den südlichen Zugang zum Nicaragua-See gefunden, als erste den Rio Grande befahren und Südflorida erforscht zu haben. In nahezu allen Büchern über die Erforschung und Eroberung Mittel- und Südamerikas der letzten 100 Jahre wird Ordás kaum erwähnt. Marcia Willis handelt in dem recht gründlichen Werk »Urwälder am Amazonas« die beiden kurzen und wenig erfolgreichen Besuche Sir Walter Raleighs am Orinoco – es wird davon gleich noch die Rede sein – auf immerhin 15 Seiten ab, während Ordás nicht mit einer einzigen Zeile erwähnt wird ...

Dabei hatte die Orinoco-Expedition des Diego de Ordás noch zwei Nachspiele.

Das erste Nachspiel: Viele, viele Jahre nach dem Ende der Expedition stolperte ein Spanier namens Juan Martínez halbtot vor Fieber aus dem Dschungel von Guyana. Die Geschichte, die er den Soldaten, die ihn fanden, erzählte, klang fast unglaublich, doch einige wunderbar gearbeitete goldene Schmuckstücke untermauerten seinen Bericht. Er sei einst mit Ordás flußaufwärts gezogen und auf der Rückkehr von Indios gefangengenommen worden. Sie hätten ihn zu einer Stadt verschleppt, die sie Manoa nannten. Das wäre, so sagte er, die Stadt des El Dorado, die Stadt des »goldenen Königreichs«. Innerhalb der Stadtmauern seien alle Häuser und Tempel und Paläste aus purem Gold und reich mit Edelsteinen geschmückt und ausgelegt. Dazwischen gäbe es wunderbare Gärten mit glitzernden Farnen, Blumen und Kräutern. Oftmals habe er mit eigenen Augen gesehen, wie sich der König und seine Höflinge mit Öl und Goldstaub salbten, bevor sie hofhielten. Endlich habe man ihn mit verbundenen Augen im Urwald freigelassen, und man hätte ihm auch reiche Geschenke mitgegeben, doch seien ihm diese später großteils von feindlichen Indios geraubt worden.

Irgendwie gelangte die Geschichte nach England, wo kein geringerer als Sir Walter Raleigh, der zeitweilige große Favorit Königin Elisabeths I., daraufhin zweimal versuchte, El Dorado oder Manoa, 1595/96 und 1616/17, zu finden. Von seiner ersten Expedition brachte Sir Walter kaum mehr als neue Gerüchte von *»einer Art Menschen, die ihren Mund auf der Brust und ihre Augen auf der Schulter tragen«*, und von den *»Amazonen, die sich jedes Jahr in einem Monat der Menge ihrer Liebhaber hingeben«*, zurück. Die zweite Reise wurde zum totalen Fiasko. 42 Männer starben bereits auf der Überfahrt, ein unsinniger Angriff seines Freundes und Stellvertreters Keymis kostete Raleighs einzigem Sohn das Leben, Keymis beging daraufhin Selbstmord, und der erfolglose Sir Walter mußte, nach England zurückgekehrt, das Schafott besteigen.

Das zweite Nachspiel fand erst in unserem Jahrhundert statt: Colonel Percy Fawcett war ganz gewiß kein Phantast. 20 Jahre war er als Landvermesser, Geograph und Ingenieur bei der königlich-britischen Armee gewesen. Dann hatte er 15 Jahre auf Forschungsreisen, hauptsächlich im Dschungel des Amazonas, verbracht. Dort war ihm auch die Kunde einer großen Stadt mitten im Urwald zugetragen worden, die er »Z« nannte. 1925 machte er sich auf, sie zu suchen. Die Stadt sei am Ufer eines Sees erbaut worden, der in einen großen Wasserfall mündete. *»Vor dem Fall scheint sich der Fluß zu einem großen See zu erweitern, der sich entleert, ohne daß man sagen kann wohin. Unterhalb des Falles ist auf einem weißen Felsen – Quarz oder vielleicht Bergkristall – im ruhigen Wasser das Bildnis eines Mannes eingraviert, das sich im Wasser hin und her bewegt«*, schreib Colonel Fawcett an einen Freund. *»Unser Weg wird vom Lager des*

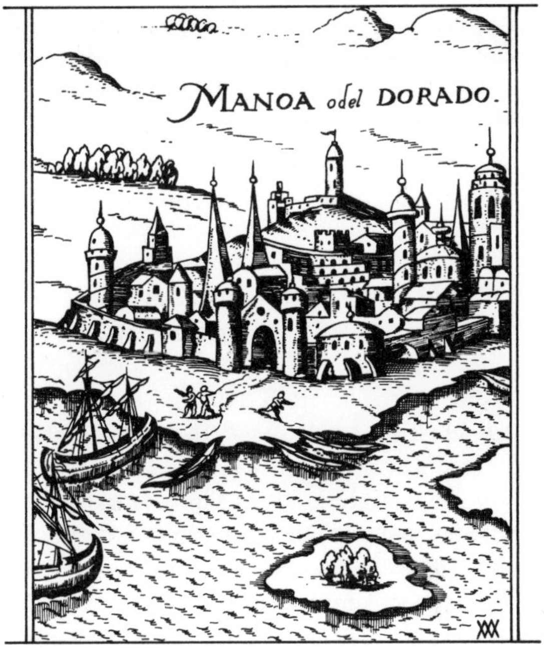

Man mag sie Manoa, Dorado oder wissenschaftlich »Z« nennen, von ihrer Faszination hat die legendäre goldene Stadt im Dschungel bis heute nichts eingebüßt.

toten Pferdes ungefähr nordwestlich zum Xingú führen, wobei wir auf dem Weg einen alten Steinturm besichtigen, der der Schrecken der umliegend wohnenden Indios ist, da des Nachts aus seinen Türen und Fenstern Licht scheint. Jenseits des Xingú werden wir in den Wald zu einem Punkt wandern, der zwischen jenem Fluß und dem Araguaya liegt. Ich schätze, mit den Indios in etwa einer Woche oder in zehn Tagen Kontakt aufnehmen zu können, wenn wir den Wasserfall erreichten, über den so viel gesprochen wurde. Du brauchst keine Furcht wegen eines Mißgeschicks zu haben ...«

Das waren die letzten Worte, die Colonel Percy Fawcett je schrieb. Man hat nie wieder von ihm gehört.

El Marqués del Valle Oaxaca

Niedercalifornien und Spanien 1530 bis 1547

»Von jetzt bis zu seinem Lebensende glückte ihm nichts, was er anfaßte, und alles geriet ihm zum Stachel«, schrieb Bernal Diaz betrübt über die letzten 17 Lebensjahre seines Generalkapitäns Don Hernán Cortés, Marqués del Valle Oaxaca.

Vizekönig Don Antonio de Mendoza

Am 15. Juli 1530 kehrte Don Hernán Cortés mit seiner Familie und seinem zahlreichen, glanzvollen Gefolge aus Spanien nach Mexico zurück. Seine Ankunft wurde allerseits als Erlösung empfunden, denn alle – Spanier wie Indios – litten unter der Tyrannei des Audienzgerichts unter Núño de Guzmán und klagten, daß Cortés sie damals schutzlos zurückgelassen habe, *»denn ohne ihn seien sie allein«*.

Die schlimmen Zustände in Neuspanien änderten sich allerdings erst grundlegend mit dem Eintreffen der neuen königlichen Audiencia, die Anfang des Jahres 1531 feierlich in Mexico einzog: hoch zu Roß, rechts und links von einem samtbedeckten Maultier, das auf seinem Rücken einen Kasten mit dem königlichen Siegel trug. Die vier neuen Richter unter dem Vorsitz des Bischofs von Santo Domingo waren hervorragende Männer. Núño de Guzmán gelang es eben noch, nach dem Norden Mexicos zu entwischen, seine beiden Kumpane Matienzo und Delgadillo wanderten ins Gefängnis, während man aus ihrem Privatvermögen all die Schäden, die sie angerichtet hatten, gutzumachen versuchte. Die neue Audiencia befreite die Indios von vielen gesetzlichen und ungesetzlichen Mißhandlungen und erklärte die Indios für ebenso frei wie die Spanier. Sie verbot Zwangsarbeit und gab den Pueblos eine Verfassung mit Indios als Alcaldes und Regidores, die auf demokratische Weise gewählt wurden. Jeder Spanier, der einen Indio als Sklaven brandmarkte, wurde mit dem Tode bedroht.

So erfreut Cortés von dieser Entwicklung war, so schwierig, ja nahezu unmöglich war es für ihn, gegen diese so offenkundig gerechten, ehrenhaften und rechtschaffenen Herren vorzugehen, wenn sie seine eigenen Macht- und Besitzansprüche, wo immer sie konnten, beschnitten und kürzten, ihm von den übertragenen Ländereien und Untertanen schließlich ein knappes Viertel herausrückten und den Rang des Generalkapitäns von Neuspanien zum bloßen Höflichkeitstitel aushöhlten.

1535 betrat dann Don Antonio de Mendoza als Vizekönig Neuspanien. *»Der hochberühmte und gute Ritter ehrwürdigen Angedenkens, Don Antonio de Mendoza«*, war nicht nur der Sproß einer der angesehensten Familien Spaniens, er war auch als Mensch und Gobernador ohne jeden Tadel: ruhig, maßvoll, klug, absolut gerecht und unbestechlich. *»Seine Regierungszeit von 1535 bis 1550 bildet ein Ruhmesblatt in der spanischen Kolonialgeschichte: die Gesetzgebung wurde reformiert, die Hauptstadt erhielt eine Universität, und durch Johann Cromberger* [einem Deutschen] *wurde 1539 in Mexico die erste Druckerei auf dem Boden der Neuen Welt eingerichtet. Auf den Vizekönig geht auch die Anfertigung der kostbaren Bilderhandschrift zurück, die seinen Namen trägt«,* urteilt William H. Prescott.

Die Lage war prekär für beide Teile. Mit dem Erscheinen des Vizekönigs war Cortés in »seinem« Land endgültig in die Rolle des »zweiten Mannes« gedrängt. Andererseits besaß der Marqués das Vertrauen der Spanier und ganz besonders das der Indios, ohne deren Mitarbeit der Vizekönig zwar Gesetze erlassen, aber nicht durchführen konnte. Ein Kampf zwischen Vizekönig und Marqués mußte letztlich zur völligen Lähmung beider Kontrahenten führen, da der eine die juristische, der andere über die praktische Macht verfügte. Doch sie waren sich tatsächlich ebenbürtig, Vizekönig und Markgraf, sowohl in der Stärke ihres Charakters, wie in dem Verantwortungsbewußtsein für das Land.

Salvador de Madariaga faßt den langen Bericht Bernal Diaz' über die Feierlichkeiten, mit denen die beiden mächtigen Männer Neuspaniens ihr stillschweigendes Bündnis feierten, so zusammen: *»Die beiden Würdenträger wetteiferten an Pracht, ja sogar an Verschwendung. Der größte Platz in Mexico wurde zu einem Wald ›mit vielen verschiedenen Bäumen so natürlich, als wären sie dort gewachsen‹, verwandelt. Darin gab es Vögel, Tiere und ›Wilde‹, die einen Kampf vorzüglich vortäuschten, worauf eine Darbietung von Negern und Negerinnen im Schmuck märchenhafter Juwelen folgte.*

Don Antonio de Mendoza, der erste Vizekönig von Neuspanien. Vor allem auch in kultureller Hinsicht gehört seine Regierungszeit zu den vorbildlichsten der spanischen Kolonialgeschichte.

Am nächsten Tag hatte man den Platz in die Stadt Rhodos verwandelt, die von 100 prächtig gekleideten Offizieren verteidigt und von einer Flotte angegriffen wurde, die Cortés persönlich kommandierte. Dann kamen die beiden Festessen. Das eine gab der Markgraf dem Vizekönig, das andere der Vizekönig dem Markgrafen. Da gab es goldenes und silbernes Geschirr und Speisen von so schlaraffischem Ausmaß, daß kein Leser auch nur ein Zehntel der Geschichte glauben würde, wäre der Erzähler nicht eben Bernal Diaz, also die verkörperte Ehrlichkeit.«

Ein neues Reich?

Doch so gut die Beziehungen zwischen Cortés und Mendoza auch sein mochten, der Marqués war nicht der Mann, der sich auf längere Zeit unterzuordnen liebte. Warum sollte es ihm nicht ein zweitesmal glücken, ein mächtiges Reich zu finden und zu erobern? Schon 1526 hatte er Karl V. angeboten, Schiffe auszuschicken, um die »Gewürzländer« und, falls es welche gebe, andere Inseln in der Nähe der Molukken, Malakkas und Chinas anzusteuern, *»und dafür zu sorgen, daß Euer Majestät die Gewürze nicht nur auf dem Handelswege, sondern zu eigen erhalten, und die Eingeborenen auf jenen Inseln Euer Majestät als ihren König und naturgegebenen Herrn anerkennen. Ich bin nämlich bereit, unter den erwähnten Bedingungen dorthin eine Armada zu entsenden, damit sie unterworfen werden.«*

Am Hof war man gnädig und schickte eine *»Kapitulation für die Entdeckung der Südsee und westlich davon«*, wofür Cortés Gobernador und Konnetabel aller entdeckten Länder auf Lebenszeit werden sollte.

Immer wieder von der Audiencia und ihren Beamten behindert, dauerte es bis 1532, ehe die ersten beiden Expeditionsschiffe unter dem Kommando des Diego Hurtado de Mendoza Acapulco verlassen konnten. Schon nach kürzester Zeit lief das Flaggschiff wieder im Hafen ein. Aus den wirren und widersprüchlichen Aussagen der Matrosen mußte Cortés schließen, daß es kurz nach dem Auslaufen zu einer Meuterei gekommen war. Näheres ließ sich allerdings nie ermitteln, denn sowohl der Kapitän wie die zweite Karavelle blieben verschollen.

Wenig später gingen zwei weitere Schiffe unter Segel, um nach dem verschwundenen Diego Hurtado zu suchen. Der Marqués hatte Diego Becerra de Mendoza zum Kommandeur ernannt und ihm als ersten Lotsen Ortuño Ximéñez mitgegeben, *»einen großen Kosmographen, welcher sie zu überaus glücklichen Ländern zu führen versprach und soviel davon redete, daß einige es sogar glaubten«*. Tatsächlich erreichten die Schiffe die Südspitze von Niedercalifornien, doch dann brach zuerst eine Meuterei aus, und Becerra wurde von einem seiner Matrosen ermordet. Sodann geriet das zweite Schiff eines Nachts vom Kurs ab, strandete an der Küste von Neugalicien und fiel Núño de Guzmán in die Hände, der es gründlich ausraubte und die Mannschaft schließlich, *»einen jeden allein nur noch mit einem kurzen Hemd bekleidet«*, nach Neuspanien zurückjagte, wo sie einige Wochen später in jämmerlichem Zustand, jedoch ohne Verlust an Menschen-

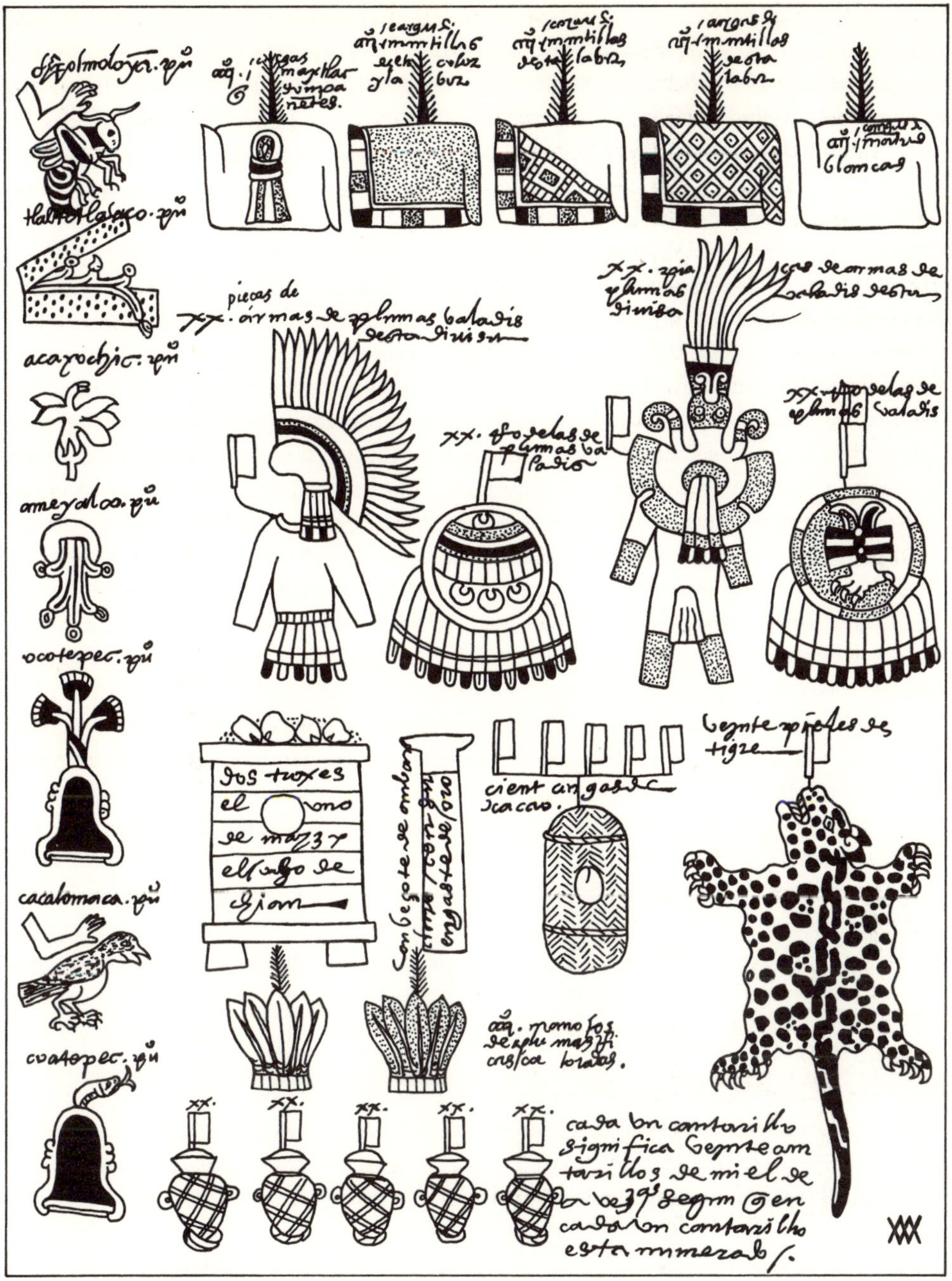

Eine Seite aus dem Codex Mendoza, einem Buch über Geschichte, Gesellschaft und Wirtschaft Anáhuacs, im alten Stil von Indios gemalt. Baumwolldecken, Federn, Kriegsrüstungen, Felle, Honig hatten die angegebenen Städte als Tribut zu entrichten.

leben anlangten. Ortuño Ximéñez war unterdessen ebenfalls zurückgekehrt, hatte sich in Wirtshäusern als großer Entdecker aufgespielt, von *»Inseln voller Perlen«* gefaselt und schließlich eine Schlägerei angezettelt, an deren Ende er zwischen Weinlachen und zerbrochenem Mobiliar mit einem Messer zwischen den Rippen liegen blieb.

»Cortés vernahm diese Nachricht mit viel Kummer«, berichtete Bernal Diaz weiter. *»Da er ein tapferer Mann war, der solchen Geschehnisen nicht untätig zuschauen konnte, beschloß er, keine Kapitäne mehr auszuschicken, sondern selbst die Fahrt anzutreten.«* Don Hernán Cortés beschaffte drei gut ausgerüstete Schiffe, dazu 320 Soldaten, 74 Pferde, 34 Frauen, eine Reihe von Handwerkern und 400 Negersklaven. Am 18. April 1535 stach er mit etwa einem Drittel seiner Leute in See, während der Rest unter Andrés de Tapia zurückblieb und mit der zweiten Ladung nachgeholt werden sollte. Nach einer ruhigen Überfahrt landete man in der Bucht des heutigen La Paz und schickte die Schiffe zurück, um den Rest der Expedition zu holen. Diese zweite Überfahrt verlief weniger glücklich: Nur ein Schiff gelangte zu Cortés zurück, das zweite wurde vom Sturm abgetrieben und scheiterte, das dritte suchte in einer unbekannten Bucht Zuflucht. Schlimm war, daß ausgerechnet jene beiden Schiffe verlorengegangen waren, die den Proviant an Bord gehabt hatten.

Mit eiserner Energie verhinderte Cortés, daß seine hungernden Kolonisten die jungen Pflänzchen ausrissen und verschlangen, sorgte dafür, daß das Saatgut unangetastet blieb, daß Hühner, Schweine und Ziegen nicht eher geschlachtet wurden, als bis sie für reichlich Nachwuchs gesorgt hatten, und versuchte, die Hoffnung auf baldige Hilfe nicht sterben zu lassen. Doch die Wochen vergingen, und kein Segel zeigte sich am Horizont. Schließlich ging der Marqués selbst mit dem letzten Schiff auf die Suche nach den verschollenen Karavellen, fand sie auch, die eine als Wrack, die andere in einem Gewirr von Klippen festsitzend. Es gelang ihm, das Schiff wieder flott zu machen und in sicheres Gewässer zu bringen, segelte dann nach Neuspanien, kaufte Fleisch und Mais für seine Leute und wurde, zurückgekehrt, von den Kolonisten stürmisch als Retter gefeiert. Wieder vergingen Wochen. Vorstöße nach Westen brachten die Spanier rasch zur anderen Küste der schmalen Halbinsel (die man für eine Insel hielt), und nach Norden zu erstreckte sich zwar sicheres Land, doch je weiter man vorstieß, um so gewisser wurde es auch, daß man hier auf keine Wunderstadt wie Tenochtitlán stoßen würde.

Wie Madariaga, Prescott und einige andere Historiker treffend bemerken, wäre für manch anderen Entdecker die Erforschung von Niedercalifornien bedeutsam genug gewesen, um ihn in die Geschichte eingehen zu lassen, für einen Cortés bedeutete dieses Unternehmen, wie seinerzeit schon der Marsch nach Honduras, einen glatten Fehlschlag. Als schließlich zwei Schiffe unter dem Kapitän Francisco de Ulloa, die die Marquésa, besorgt um das lange Ausbleiben ihres Gatten, losgeschickt hatte, aufkreuzten, brauchte es nicht allzu großer Überredungskünste, daß Cortés sich den Bitten seiner Gemahlin und des Vizekönigs fügte und nach Mexico heimkehrte.

Die kleine Kolonie in Niedercalifornien, nun unter dem Kommando des tüchtigen Francisco de Ulloa, existierte noch etliche Jahre, konnte weder leben noch sterben und versuchte nichtsdestoweniger, immer wieder in unbekannte Gebiete vorzustoßen. Sebastián Vizcaino, einer der Kapitäne, erreichte den 43. nördlichen Breitengrad im heutigen US-Staat Oregon und wurde damit zum Entdecker Californiens, doch auf seinem Schiff lebten am Ende der Reise nur noch 17 Mann, und als dann 1538 Ulloa selbst mit drei Karavellen im Norden des Golfs von Niedercalifornien verschwand, kehrten die meisten Kolonisten um etliche Hoffnungen, keineswegs aber um ihre Träume ärmer, zurück.

Abgeschoben und vergessen

300 000 Pesos d'oro hatte das Niedercalifornien-Abenteuer Cortés gekostet und nicht das mindeste eingebracht. Er hatte Geld geborgt, die Juwelen seiner Gattin verpfändet, und zusammen mit den hohen Kosten seines aufwendigen Haushalts wurden die Schulden immer erdrückender. Doch die Audiencia feilschte noch immer um jedes Maisfeld und um jede Indio-Hütte.

Dazu kamen Spannungen mit Mendoza. Im April 1536 hatten spanische Soldaten am Sinaloa-Fluß Alvar Nuñez Cabeza de Vaca, einen der vier Überlebenden der Narváez-Expedition mit seinen Gefährten gefunden, und dieser Mann erzählte nun phantastische Dinge über die sieben Städte von Cibola. Unverzüglich wollte Cortés eine neue Flotte von fünf Schiffen ausschicken, doch Vizekönig Mendoza bestand darauf, daß das Recht der Eroberung ihm allein zustände. Zunächst höflich und diplomatisch, dann zunehmend heftiger und schroffer rangen die beiden Mächtigen Neuspaniens um die sagenhaften sieben Städte.

Cortés beschloß, seine Sache dem König und Kaiser selbst vorzutragen. Im Februar 1540 verließ der Marqués mit seinem Sohn und Erben, Don Martín Cortés, von Vera Cruz aus Mexico – er sollte es nicht wiedersehen.

Der Empfang in Madrid war prachtvoll und liebenswürdig. Die Mitglieder des Indien-Rates schickten ihm eine Begrüßungsdelegation entgegen und stellten ihm ein Palais in der Stadt zur Verfügung. Wann immer er an den Sitzungen des Rates teilnahm, kamen ihm einige Räte entgegen und geleiteten ihn zu einem besonderen Ehrensessel.

Doch sonst? So wichtige Angelegenheiten, wie sie Cortés vorbrachte, wagte der Indien-Rat nicht selbst zu entscheiden – zumindest sagte er das –, dies müsse der Kaiser tun. Der Kaiser aber war in den Niederlanden, in Deutschland, und als er endlich nach Spanien kam, zählte nur noch der »Kreuzzug« gegen Algier, das übelste aller Piratennester im Mittelmeer. 500 Schiffe, 12 000 Seeleute und das Doppelte an Truppen ging Mitte Oktober 1541 schließlich gegen Algier in See und Cortés mit ihnen.

Der Feldzug wurde zur Katastrophe. Sintflutartige Wolkenbrüche schwemmten die Zelte weg, durchweichten das Pulver, verwandelten den Boden in grundlosen Morast. 150 kaiserliche Schiffe kenterten oder wurden vom brüllenden Orkan auf die Klippen geworfen. 2000 Mann fielen oder ertranken. Kaiser Karl mußte bis an die Brust durch die tobende Brandung waten, ehe er von einer Galeere an Bord gezogen wurde. Cortés

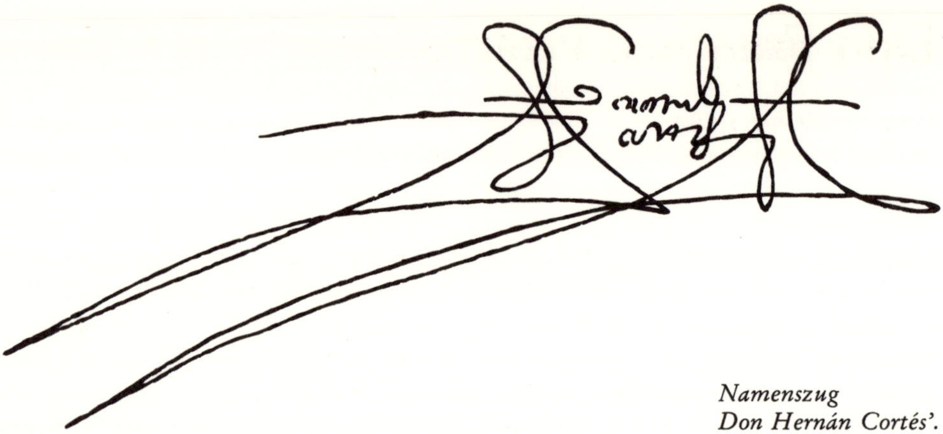

Namenszug Don Hernán Cortés'.

erreichte schwimmend ein Schiff – sein Talisman, ein riesiger Smaragd aus dem Schatz Moteczumas, den man allein auf 100 000 Castellanos d'oro schätzte, ging dabei verloren.

Nach diesem Unglückstag von Algier wurde es still um den Marqués del Valle Oaxaca. Neid, Hofintrigen und Mißgunst, vom Combos-Clan eifrig geschürt, entfremdeten zunehmend Kaiser Karl dem Eroberer von Mexico.

1544 richtete Cortés einen letzten Appell an seinen König und Kaiser: *»40 Jahre meines Lebens habe ich mit wenig Schlaf, schlechter Kost und stets mit den Waffen an meiner Seite verbracht. Ich habe mein Leben reichlich der Gefahr ausgesetzt und mein Vermögen dazu verwendet, ferne, unbekannte Gebiete zu erforschen, um den Namen meines Landesherren überallhin zu verbreiten und viele große, mächtige Völker seinem Zepter zu unterwerfen. Jetzt bin ich alt und gebrechlich; Schulden lasten auf mir. Es wäre besser für mich gewesen, wenn ich die großzügigen Absichten des Kaisers, wie sie aus seinen Schenkungen zu erkennen waren, niemals kennengelernt hätte, denn ich würde mich dann um mein Hab und Gut gekümmert haben und nicht, wie ich es jetzt tun muß, gezwungen sein, mit den Beamten der Krone zu streiten, gegen die sich zu verteidigen schwerer ist, als ein Land vom Feind zu erobern.«*

Wie auf so viele seiner früheren Schreiben, Bittgesuche, Memoranden und Briefe erhielt er auch auf dieses keine Antwort. Jahre später wurde es in einem Archiv gefunden. Auf seiner Rückseite stand der Vermerk: *»Antwort unnötig.«*

Es wird erzählt, eines Tages habe sich Cortés, als ihm keine Audienz beim Kaiser gewährt wurde, gewaltsam zur kaiserlichen Sänfte durchgeboxt. Als Karl V. fragte, wer dieser Mann sei, habe Cortés geantwortet: *»Einer, der Euch mehr Königreiche gegeben hat, als Ihr zuvor Städte besessen habt!«* Die Anekdote ist zweifellos erfunden, aber gut erfunden.

Am 2. Dezember 1547 starb Hernán Cortés, Marqués del Valle Oaxaca, nahe Sevilla im Alter von 63 Jahren.

Don Francisco Pizarro

Peru 1529 bis 1533

»Die Königin. – Nach Eurem Bericht, Hauptmann Francisco Pizarro, gegeben auch in Namen des ehrwürdigen Don Fernándo de Luque, Schuldirektor und Vikar der Kirche von Darién, sowie des Hauptmanns Diego Almagro, Bürger der Stadt Panama, habt Ihr und besagte Gefährten mit dem Wunsch, Uns und der Mehrung Unserer Krone zu dienen, vor etwa fünf Jahren es auf Euch genommen, die Küste des Südmeeres auf Eure und Eurer Freunde Kosten zu entdecken. Unter so großen Gefahren und Entbehrungen habt Ihr dann diese Entdeckung gemacht, daß Euch auf einer einsamen Insel alle Mannschaft verlassen hat bis auf 13 Gefährten. Mit diesen seid Ihr auf dem Schiff, das Euch Almagro schickte, abgefahren und habt die Länder und Provinzen Perus und die Stadt Tumbez entdeckt. Bei all dem habt Ihr und Eure Freunde mehr als 30 000 Pesos ausgegeben.
– Mit dem Wunsch, Uns zu dienen, begehrt Ihr, die erwähnte Eroberung und Besiedlung fortzusetzen auf eigene Kosten und Verantwortung, ohne daß Wir je verpflichtet wären, Eure Aufwendungen zu ersetzen.
– Erstens ermächtigen Wir Euch, den besagten Hauptmann Francisco Pizarro, in Un-

Don Francisco Pizarro. Mit grenzenlosem Ehrgeiz, Treulosigkeit und unerbittlicher Härte gegen sich und andere machte er seinen Weg vom Schweinehirten zum Gobernador von Peru.

serem Namen die Entdeckung, Eroberung und Besiedlung der genannten Provinz Peru auf eine Küstenlänge von 200 Leguas [1100 km] *bis zur Stadt Chincha fortzuführen.*
– Item versichern Wir Euch der Gnade, Euch zu Unserem Gobernador und Generalkapitän der ganzen Provinz Peru und aller Länder und Städte innerhalb der 200-Legua-Zone auf Lebenszeit zu machen.
– Item machen Wir Euch zum Adelantado besagter Provinz.
– Item ermächtigen Wir Euch, vier Festungen an geeigneten Orten zu bauen, Ihr müßt es aber auf eigene Kosten tun.
– Item schlagen Wir Don Fernándo de Luque Unserem Heiligen Vater als Bischof der Stadt Tumbez vor.
– Item belohnen Wir den Hauptmann Diego de Almagro mit dem Kommando über die vorhandene bzw. zu erbauende Festung Tumbez und erheben ihn in den Stand eines Hidalgos mit einem Jahressold von 100 000 Maravedís, die er auch erhalten soll, wenn er es vorzieht, in Panama oder sonst einer Stadt Westindiens zu bleiben.
– Item befördern Wir auf Eure Bitte den Bartolomé Ruiz zum Piloto Mayor des Südmeeres.
– Item adeln Wir die 13 von der Isla del Gallo zu Hidalgos, soweit sie das schon von Geburt sind, zu Caballeros des Espuelas [Rittern mit Sporen].
– Item gestehen wir den Kolonisten in jenem Lande zu, daß sie von dem in Minen gewonnenen Gold in den ersten sechs Jahren nur den zehnten Teil, nach deren Ablauf den neunten und jedes weitere Jahr steigend schließlich den fünften abgeben müssen, von Gold und anderen Schätzen aus Lösegeldern und Kriegsbeute aber grundsätzlich den Fünften.
– Item gestehen Wir den Kolonisten in jenem Lande zu, daß wie mit dem Gold, so auch mit allen anderen Steuern und Abgaben verfahren werde.
– Item erlauben Wir, daß Ihr besagten Siedlern Stadtgrundstücke und Land ihrem Stande entsprechend zuteilt. Ebenso ermächtigen Wir Euch, daß Ihr in Unserem Namen während Eurer Amtszeit Indio-Encomiendas schafft und dabei Unsere Verordnungen beachtet.
– Item untersagen Wir bei Strafe die Ausreise unerwünschter Personen [Ausländer, Prostituierte, Strafgefangene, Mauren, Juden und Lutheraner] *aus Unseren Königreichen.*
– Alles das gewähren Wir Euch, besagter Hauptmann Pizarro, unter der Auflage, daß Ihr binnen sechs Monaten mit Schiffen, Ausrüstung, Proviant und allem Nötigen für die besagte Reise und Kolonisation aufbrecht, mit 250 Mann insgesamt. 150 davon aus Unseren Königreichen und die restlichen 100 von den Inseln oder der Tierra Firme. Nach der Ankunft in Castilla d'oro bzw. nach dem Übergang nach Panama seid Ihr gehalten, innerhalb weiterer sechs Monate die Expedition fortzusetzen und die Entdeckung und Besiedlung durchzuführen.
– Item müßt Ihr auf dieser Reise in die neue Provinz Peru die von Uns benannten Finanzbeamten und Geistlichen auf Eure Kosten mitnehmen. Wir legen Euch sehr nahe, die Meinung der besagten Personen bei der Eroberung, Entdeckung und Besiedlung

des Landes zu berücksichtigen, und betrachten eine Mißachtung dieser Weisung als schwere Dienstverletzung.
– Item fordern Wir, daß Ihr Euch bei der Befriedung, Eroberung und Besiedlung, wie auch bei der Behandlung jener Indios an die Ordonanzas und Instroctiones haltet, die Wir zu diesem Zweck erlassen haben und Euch in einem eigenen Schreiben zuschicken werden.
– Wenn Ihr, besagter Francisco Pizarro, alles, was in diesem Asiento enthalten ist, befolgt, versprechen und versichern Wir Euch bei Unserem königlichen Wort, die Einlösung aller Konzessionen anzuordnen, die Euch und den Kolonisten und Kaufleuten eingeräumt worden sind, und zur Durchführung und Befolgung des oben Gesagten, Unsererseits die erforderlichen Briefe und Provisiones zustellen lassen. Ihr, besagter Hauptmann Pizarro, müßt Euch vor einem Notar verpflichten zur Einhaltung der Euch in diesem Asiento auferlegten Lasten.

– Toledo, den 26. Juli 1529.

ICH, die Königin.

Auf Anweisung Ihrer Hoheit: Juan Vázquez – Notar.«

Pizarro in Spanien

Dieses umfangreiche »Asiento« – ähnliche Verträge wurden zwischen den meisten Conquistadoren und der Krone geschlossen – sicherte Francisco Pizarro nicht nur die Weiterführung der Entdeckung und Eroberung Perus, es gab ihm auch die fast uneingeschränkte Macht in die Hände.

Im Sommer 1528 hatte Francisco Pizarro in Sevilla nach 20 Westindien-Jahren wieder spanischen Boden betreten. Kein Mensch konnte noch zweifeln, daß Peru tatsächlich ein großes und reiches Land sei, oder die Entdeckung von Tumbez als ein Märchen bezeichnen – die Geschenke der Stadt und der Capullana wie die Ladung des gekaperten Balsas waren zu eindeutige Beweise. Trotzdem kamen die Compañeros in Panama mit ihren Eroberungsplänen nicht weiter. Don Pedro de los Rios war kein schlechter Gobernador, in erster Linie aber war er Beamter, der zwar korrekt verwaltete, dem jedoch jeder Weitblick und Wagemut fehlten. Die Kolonie von Panama sei ohnehin zu dünn besiedelt, die Todesopfer, die eine Eroberung Perus fordern würde, zu viele. *»Ich gebe eine Kolonie nicht auf, um eine andere zu gründen!«* erklärte er, und dabei blieb es. Und dann kam eines Tages noch die Schreckensmeldung, Don Pedro Arias Dávila wolle seinerseits vom benachbarten Nicaragua aus eine Peru-Expedition starten, namhafte Truppenführer wie Hernándo de Soto, Hernán Ponce de León und Sebastián de Benalcázar seien bereits mitten in den Vorbereitungen.

Jetzt war keine Zeit mehr zu verlieren! Da Don Pedro de los Rios hartnäckig auf seinem »Nein« beharrte, gab es nur noch eine Möglichkeit: der König! Pizarro soll sich angeblich zunächst gegen diese Mission gewehrt haben, doch schon die zeitgenössischen Chronisten haben die Frage aufgeworfen, ob er sich nicht nur zu einem Auftrag nötigen ließ, den er sich im Grunde von Anfang an vorbehalten hatte. Das sei so seine Gewohnheit gewesen und habe sich später in kritischen Situationen wiederholt.

Wie dem auch sei, Anfang des Jahres 1528 segelte Pizarro in Begleitung des tapferen Pedro de Candia und einer kleinen peruanischen »Musterschau« ab und ritt nach einigen Irrungen und Wirrungen im Juli in Toledo ein. Zwar dauerte es noch fast ein halbes Jahr, ehe er endlich eine Audienz bei seinem Kaiser und König erhielt, doch dann war Karl V. äußerst interessiert, liebenswürdig und aufgeschlossen, wofür Pizarro vor allem seinem Vetter Cortés zu danken hatte, der im gleichen Jahr die Schätze und Merkwürdigkeiten Mexicos seinem Kaiser zu Füßen gelegt hatte. Die Grundzüge eines Vertrages zwischen Kaiser und Conquistador über die Eroberung und Besiedlung Perus, wie die »Merced« (Gnadenerweise) für die bisherigen treuen Mitstreiter waren bald entworfen – die Ausarbeitung konnte man getrost dem Indien-Rat überlassen. Pizarro küßte die Hände seines Herrschers und konnte über den Erfolg höchst zufrieden sein, zumal er selbst nicht nur in den Adelsstand erhoben und mit einem eigenen Wappen bedacht worden war, sondern auch zum Ritter des hochangesehenen »Ordens des heiligen Jakob vom Schwert« ernannt wurde.

Der Vertrag, das »Asiento«, wurde ein halbes Jahr später am 26. Juli 1529 von Ysabel de Portugal, der jungen Gemahlin Karls V., die in Abwesenheit des Kaisers und Königs die Regierungsgeschäfte führte, unterzeichnet.

Dieser Vertrag hat viel böses Blut gemacht und letztlich zum gewaltsamen Ende fast aller geführt, die an der Eroberung Perus beteiligt gewesen waren. Er begünstigte nämlich einzig und allein Pizarro – Don (!) Francisco Pizarro, wie man nun sagen mußte – und garantierte, daß nicht nur der ganze Ruhm der Eroberung, sondern auch künftige Ehrungen und Vorteile in erster Linie ihm zukommen würden. Gewiß, die 13 Getreuen der Isla del Gallo wurden in den Adelsstand erhoben, Don Fernándo de Luque sollte die ersehnte Bischofsmitra erhalten und der unentbehrliche Bartolomé Ruiz er-

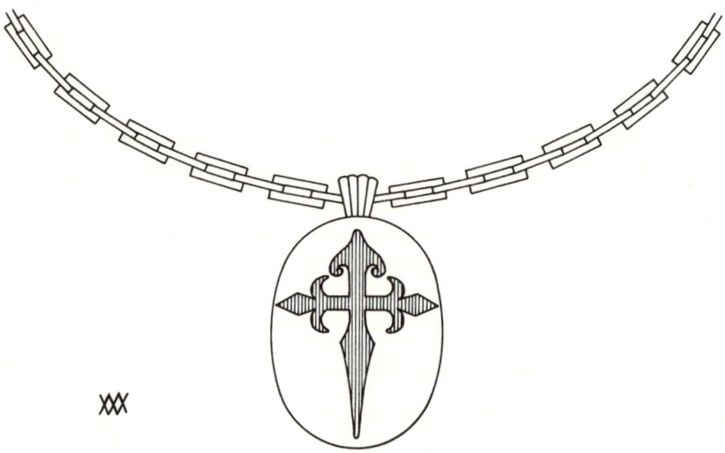

Der »Orden des hl. Jakob vom Schwert«, kurz Santiago-Orden genannt, war nach dem »Goldenen Vlies« der vornehmste Ritterorden Spaniens.

Don Diego de Almagro und Don Francisco Pizarro machen sich auf, Peru zu erobern.

hielt als Piloto Mayor des Südmeers eine Stellung, die, auf heutige Begriffe übersetzt, etwa der eines Großadmirals des Pazifik gleichkam – ihrer aller bedurfte Don Francisco Pizarro mehr denn je.

Geradezu schändlich übergangen wurde Diego de Almagro – und seiner glaubte Don Francisco wohl nicht mehr so dringend zu bedürfen; seine Rolle konnten auch andere übernehmen, die weniger hohe Ansprüche stellten. Während Pizarro als Gobernador, Adelantado und Alguacil Mayor alle militärische, zivile und polizeilich-richterliche Macht in seiner Hand vereinte, sich zudem Wappen und Santiago-Orden sicherte, fiel für Almagro nur ein mäßig besoldeter Posten als Festungskommandant ab und die Ehre, sich nun als Hidalgo ebenfalls »Don« nennen zu dürfen. Nicht einmal der Posten des Vizegobernadors blieb dem »Freund und Compañero«, mit diesem Titel kaufte sich Pizarro den reichen und als Truppenführer berühmten Hernándo de Soto. Pizarro wohlgesinnte Zeitgenossen wie spätere Historiker haben eine Reihe guter und weniger guter Gründe beigebracht, um diese offensichtliche Benachteiligung Don Diego de Almagros zu rechtfertigen. Zweifellos war Pizarro die stärkere Persönlichkeit, zweifellos war es vor allem seiner Unnachgiebigkeit und Tatkraft zu verdanken, daß der Vorstoß nach Peru nicht bereits zu Anfang scheiterte, zweifellos war es unumgänglich, wollte man ein offensichtlich gewaltiges und wohlorganisiertes Reich mit einer Handvoll Abenteurern erobern, daß die gesamte Befehlsgewalt in einer Hand konzentriert wurde. Doch daß für Almagro nicht einmal ein Wappen, der Santiago-

Orden oder sonstige königliche Gnadenerweise abfielen, läßt sich nur so erklären, daß Don Francisco die Rolle seines »Freundes« so sehr zu seinen eigenen Gunsten heruntergespielt hatte, daß Karl V. diesem Mann nicht mehr zu schulden glaubte als eben den Posten eines Festungskommandanten.

Wenn es dabei geblieben wäre, könnte man für das Verhalten Pizarros noch Entschuldigungen finden, doch seit dem Sommer 1529 in Spanien begann er systematisch eine Hausmacht gegen Almagro aufzubauen, Leute um sich zu sammeln, die ihm, nicht aber Almagro verpflichtet waren. Die berühmten Dreizehn der Hahneninsel hatte er bereits auf seiner Seite, denn die Worte, die er Almagro vor Tacámez an den Kopf geworfen hatte: *»Ihr habt leicht reden, denn Ihr verbringt eure Zeit behaglich auf den Schiffen, während wir bis über die Grenzen des Menschenmöglichen hinaus Hunger und Elend ausstehen!«* waren auf fruchtbaren Boden gefallen.

Nun brachte er seine vier Halbbrüder aus Spanien mit, *»ein jeder so hochmütig wie arm, und gerade, weil sie nichts haben, desto besitzgieriger; der eine heißt Hernándo Pizarro, der zweite Juan Pizarro, der dritte Gonzalo Pizarro und der letzte Francisco Martín. Der einzig legitime unter ihnen war Hernándo Pizarro; das merkte man an seiner besonderen Hoffart; er war groß und stark, Zunge und Lippen waren dick, seine Nase rot und fleischig. Er säte überall Zwietracht, vor allem zwischen den beiden alten Partnern Francisco Pizarro und Diego de Almagro.«* Zu diesen vier Brüdern kam ein Trupp ihrer Freunde und entfernteren Verwandten: die Vettern Juan und Pedro Pizarro, Carcimanuel de Carvajal, Núño de Chavez, Francisco de Orellana, Pedro de Hinojosa und Fray Vincente de Valverde. Und auch die Hauptleute, Hernándo de Soto, Hernán Ponce de León und Sebastián de Benalcázar, die von Nicaragua zu seiner Expedition stoßen würden, waren Pizarros, nicht Almagros Freunde.

Man hat die Schuld am Zerwürfnis der beiden ehemaligen Compañeros später Don Hernándo Pizarro in die Schuhe geschoben. Der Majoratsherr des Pizarro-Clans mag auch eine Reihe unerfreulicher Eigenschaften besessen haben, doch in diesem Falle war er schuldlos. Nur wollen es viele Historiker einfach nicht wahrhaben, daß Francisco Pizarro, der in schwierigen Situationen so gern und so viel über Treue redete, für seine Person nur Treue kannte, wenn sie ihm nützte. Hatte er denn nicht Enciso verraten? Balboa verkauft? Nun Almagro beiseite geschoben? Und es sollte noch sehr viel schlimmer kommen...

Das größte Problem, dem sich Don Francisco Pizarro vorläufig gegenübersah, war, die notwendigen Soldaten, die das Asiento vorschrieb, zusammenzubekommen – keine leichte Aufgabe in Spanien, dessen Männer für ihren Kaiser und König in Nordafrika und Ungarn gegen die Türken, in Deutschland gegen die Lutherischen kämpften und in der Neuen Welt ein ständig wachsendes Kolonialimperium aufbauten. Die vom Indien-Rat gesetzten Termine drängten, und die Aufsichtsbehörden reagierten peinlich auf Nachlässigkeiten, und bei Nichterfüllung der Vertragsklauseln verfielen die Vollmachten.

Schließlich half nur List. Am 19. Januar 1530 erteilte Don Francisco Pizarro Befehl zum Auslaufen des Flaggschiffes, ohne die Erlaubnis der Behörden abzuwarten, und

Don Hernándo Pizarro, der die folgenden Fahrzeuge befehligte, konnte sich darauf hinausreden, alles, was bei der amtlichen Untersuchung am 27. Januar als fehlend und mangelhaft beanstandet wurde, befinde sich auf dem Schiff Don Franciscos. Die Kontrollbehörde schluckte die Ausrede, und wenige Tage später liefen die Schiffe von Sanlúcar aus, um sich mit ihrem geflüchteten Kommandanten bei den Kanarischen Inseln wieder zu vereinen.

Der Empfang in Panama entsprach den Ämtern, mit denen Pizarro diesmal den Boden der Neuen Welt betrat, nur Almagro war begreiflich verärgert und *»tief betrübt, daß Pizarro in Spanien mit der Majestät nur im eigenen Interesse verhandelt hatte und mit Titeln wie Gobernador und Adelantado Mayor del Peru zurückgekehrt war, ohne seine, Almagros, Belange zu vertreten. Und dabei hatte er doch an Mühen wie an Kosten seinen großen Teil zum Gelingen der Entdeckung beigetragen.«*

»Vor dem König habt Ihr mich abgewertet und vor ganz Panama lächerlich gemacht!« tobte er, und die Compañeros Luque und Espinosa hatten ihre liebe Not, Almagro mit den Versprechen künftiger Ehrungen zu besänftigen und die unentbehrliche Zusammenarbeit wiederherzustellen. Ende des Jahres 1530 hatten alle Beteiligten sich wieder so weit beruhigt, daß der Pakt von 1526 erneuert werden konnte.

Am 20. Januar 1531 lichtete die kleine Armada die Anker und ging nach Süden unter Segel. Die Conquistadoren verfügten über drei Schiffe, 180 Soldaten, 37 Pferde, drei Mönche und ein paar kleine Kanonen.

Das Reich der Tahuantin-Suyu

Tahuantin-Suyu, die »vier Weltgegenden«, nannten die Indios stolz ihr Land, das die heutigen Staaten Ecuador und Peru sowie große Teile von Bolivien, Chile und Argentinien umfaßte. Cunti-Suyu lag im Norden, Anti-Suyu im Nordosten, Colla-Suyu nannte man den Süden und Chincha-Suyu den Südwesten. Tahuantin-Suyu, das war die Welt schlechthin, jenseits deren Grenzen es nur das Meer und dampfende Tropendschungel gab, und ganz im Süden den unbezähmbaren Stamm der Araukaner, der sich weder mit Güte noch mit Gewalt in den großen Einheitsstaat aller zivilisierten Menschen einfügen ließ – dem Staat des Sapay-Inka, des »Einzigen Inka«, des Sohns der Sonne, der in Cuzco thronte und über die Menschen der Tahuantin-Suyu wie ein gütiger Vater wachte.

Das war nicht immer so gewesen. Die rund zwölf Millionen Bewohner »der Welt« zerfielen in mehr als 500 Stämme mit höchst unterschiedlichen Sitten, Sprachen, Religionen und Herrschaftssystemen. Die heute noch bekanntesten waren die Cetschuas, die Chimus, die Schyri, die Cañaris, die Diaguitas und die Araukaner und natürlich die Inka. Von den frühen Kulturen dieser Gegend, man rechnet sie bis etwa 2000 v. Chr. zurück, ist so gut wie nichts bekannt. Wir bestaunen zahlreiche Hinterlassenschaften ihres Kunsthandwerks und ihrer Bauten, doch Geschick und Geschichte der Erzeuger liegen im Dunkel. Zumindest zwei Anden-Reiche waren vor dem Auftreten der ersten

Dämonen und Fabelwesen auf einer Vase der Mochica-Kultur des Chimu-Reiches.

Inka entstanden und wieder versunken, das von Chavin und das von Tiahuanaco. Ein ganz klein wenig lüftet sich der Schleier ab dem 4. Jahrhundert mit der Hochkultur der Chimu. Mit großartigen Bewässerungsanlagen machten sie das regenlose Land zwischen Tumbez und Lima fruchtbar. In Chan-Chan, nahe dem heutigen Trujillo, schufen sie ein gewaltiges 169 Quadratkilometer umfassendes Stadtgebiet mit nach Kastenzugehörigkeit gegliederten Quartieren und der prachtvollen Residenz des »Großen Chimu«. Spanische Schatzsucher haben in ihren schon zur Zeit der Conquista verfallenden Mauern fabelhafte Goldschätze gefunden.

Licht – wenn auch zunächst nur das der Sage – kommt in die Geschichte der Tahuantin-Suyu um das Jahr 1200 mit dem Auftreten der Inka. Sicher ist, daß sie ein kleiner, kriegerischer und wohlorganisierter Stamm aus dem Hochland der Anden waren. Sie selbst nannten sich Söhne der Sonne und bezeichneten die Sonneninsel im Titicaca-See als ihre ursprüngliche Heimat. Wahrscheinlicher – auch diese Tradition wurde überliefert – stammten sie aus der Gegend um Machu Picchu, und es ist ein merkwürdiger Kreislauf der Geschichte, daß nicht nur der erste, sondern auch der letzte Sapay-Inka den Namen Manco trug, sondern daß sich auch der geschlagene Rest seines Volkes wieder nach Machu Picchu zurückzog.

Geschichtlich nachgewiesen sind die Inka seit dem 13. Jahrhundert im Tal des Huatanay-Flusses, wo sie ihre Hauptstadt Cuzco erbauten. 200 Jahre lang waren die Inka ein unbedeutender Bergstamm wie viele andere auch, ehe sich 1438 Pachacuti-Inka aufmachte, die Welt zu erobern. Drei Generationen unter den Herrschern Pachacuti-Inka (1438–1478), seinem Sohn Topa-Inka (1471–1493) und seinem Enkel Huayna Capac-Inka (1478–1526) genügten, um die vier Weltgegenden unter dem sanften, aber unerbittlichen Joch des Sapay-Inka, des höchsten und einzigen Herrschers der Welt, zu versammeln.

Das Inka-Reich war also jung, ebenso jung wie das Reich von Anáhuac. Doch da seiner Expansionsmöglichkeit durch Meer und Dschungel natürliche Grenzen gesetzt waren, hatte es sich von Anfang an ungleich mehr auf sich selbst, auf seine innere Sicherheit und Stabilität konzentriert und das am höchsten in ganz Amerika zivilisierte Gemeinwesen geschaffen, während die Azteken immer kriegs- und eroberungslüsterne Barbaren blieben.

Als Huayna Capac-Inka 1526 starb, hinterließ er seinen Erben ein Reich, das politisch, wirtschaftlich, militärisch und religiös einen monolithischen Block darstellte. Wenn man von einigen letzten Funken des Widerstandes in den jüngst eingegliederten – die Inka vermieden peinlich das Wort »erobert« oder »unterworfen« – Stämmen der Chimu und Cañaris absah, so entsprach es absolut den Tatsachen, wenn sich Atahualpa-Inka vor Pizarro rühmte, im Inka-Staat bewege sich kein Blatt an einem Baum und fliege kein Vogel in der Luft ohne den Willen des Inka.

Kein Geschichtsschreiber, der sich mit der Eroberung Lateinamerikas befaßt hat, der nicht in laute Klagen ausgebrochen wäre über die von den Conquistadoren mutwillig zerstörten Kulturgüter: die in blindem Glaubenseifer dem Erdboden gleichgemachten Tempel und Kultstätten, die zerschlagenen Statuen, die geschleiften Städte und Paläste, die zu Barrengold eingeschmolzenen Schmuckstücke, die in Unkenntnis ihres Wertes zerstampften Edelsteine, die als »Teufelswerk« von eifrigen Mönchen verbrannten Bibliotheken – und es ist kein Trost, daß Eroberer und Missionare zu allen Zeiten (auch heute!) so zu hausen pflegen.

Weit weniger bekannt ist, daß das, was wir von jenen Kulturen überhaupt wissen, ebenfalls von den Spaniern überliefert und aufgezeichnet wurde, die oft mit erstaunlicher Geduld und Gründlichkeit versuchten, Geschichte, Staatswesen, Wirtschaft, Religion, Sitten und Gebräuche der Indios zu erforschen. So etwa der königliche Lizenziat und Richter Cristóbal Vaca de Castro, der 1542 nach Peru kam und in jahrelanger

Felipe Huaman Poma de Ayala. Sehr vieles, was wir über das Inka-Reich wissen, verdanken wir seiner reich bebilderten Handschrift. Wenn dieser Inka-Nachkomme auch manches aus der Vergangenheit seines Volkes in zu rosigem Licht sah, so bemühte er sich doch redlich um Objektivität.

Kleinarbeit landauf, landab die Dorfältesten und ehemaligen Priester, die Chronisten und Statistiker der Indios methodisch über die Vergangenheit ihres Volkes befragen ließ. Daß seine höchst umfang- und aufschlußreichen Akten bis 1892 im Indien-Archiv zu Sevilla begraben blieben, war nicht seine Schuld.

Seine Arbeit kennen freilich auch heute nicht viele, denn seine Aussagen passen oft gar nicht zum verklärten Inka-Klischee eines großen Reiches in natürlicher Humanität und Harmonie unter edlen Herrschern, das durch die finstere Barbarei spanischer Abenteurer ausgelöscht wurde. Die schöne Legende von idyllisch-kommunistischen Idealstaat des Inka verdanken wir in der Hauptsache Garcilaso de la Vega, »El Inca«, der 1540 als Sohn eines Spaniers und der Inka-Fürstin Chimpu Ocllo geboren wurde, mit 20 Jahren nach Spanien übersiedelte und 40 Jahre später seine wehmütig-romantisierenden »Comentarios reales de los Incas« (1601) in Madrid veröffentlichte. Dieses Buch war der Traum von einem Idealstaat, ähnlich der »Utopia« des Thomas Morus, den der Mestize Garcilaso nach Peru verlegte. Daß die »Comentarios« zur verbindlichen Geschichte und Kulturgeschichte Perus erklärt wurden, verdankten sie den Jesuiten, in deren proklamiertes Amerika-Bild sie geradezu ideal paßten. Sie halfen denn auch nicht wenig, sieben Jahre nach ihrem Erscheinen tatsächlich den jesuitischen »Ordensstaat« in Paraguay zu gründen.

Unterstützt wurde diese Version von Las Casas – er hat nie seinen Fuß auf peruanischen Boden gesetzt –, der einmal schrieb: *»In diesem glücklichen und ruhmreichen Königreich der Inkas hat kein Soldat gewagt, ein Huhn wegzunehmen oder auch nur ein Maiskorn, wenn er nicht wahnsinnig gewesen wäre vor Hunger«*, und der »Beichte« des ehemaligen Conquistadors Marcio Serra de Lejesama: *»Besagter Inka regierte auf solche Art, daß es im ganzen Land keinen Dieb gab, keinen unehrlichen Mann und keine verzweifelte Frau. Die Männer hatten alle eine einträgliche und ehrliche Arbeit. Die Wälder, die Minen und aller übrige Besitz war so aufgeteilt, daß jedermann wußte, was sein war* [nämlich gar nichts, alles gehörte allein dem Sapay-Inka]. *Der Inka wurde von seinen Untertanen gefürchtet und verehrt, ihm gehorchte man, da er fähig regierte; aber wir nahmen ihnen das Land fort und unterstellten es der spanischen Krone. Unser schlechtes Beispiel hat diese Menschen zerstört. Einst wußten sie so wenig von Verbrechen, daß ein Inka mit 100 000 Gold- und Silberstücken im Haus dies offen zurückließ und nur einen Stab vor die Tür hängte als Zeichen, daß der Herr nicht da war, und niemand ging hinein. All dies berichte ich Eurer Majestät, um mein Gewissen zu entlasten, damit ich nicht teilhabe an diesen Dingen. Und ich bete zu Gott um Vergebung, denn als letzter der Eroberer soll nun auch ich sterben.«*

Wenn man Staat und Staatsgewalt als etwas Gutes um ihrer selber willen betrachtet, so war das Reich des Inka tatsächlich ideal. Der Staat umfaßte alles und jeden, die Organisation war straff, lückenlos und überschaubar, persönlicher Profit fast ausgeschlossen, das Sozialgefüge perfekt und unerschütterlich, jeder gesellschaftliche Aufstieg unmöglich und damit auch jeder Ehrgeiz sinnlos, die Überwachung absolut, die Bespitzelung permanent.

Über allen thronte der Sapay-Inka, der Nachkomme des Sonnengottes Inti. Zur

Reinhaltung des heiligen Stammes war er mit seiner Schwester, der Coja, vermählt. Sein Wille war Gesetz in den Tahuantin-Suyu. Vergehen gegen den Inka in Wort oder Tat wurden mit der Auslöschung der Schuldigen und seiner ganzen Sippe geahndet.

In bedingungsloser Unterordnung unter den Sapay-Inka übte der Adel die Funktion der Staatsmacht aus. Ihre Träger waren gekennzeichnet durch die seit ihrer Mannbarkeitsweihe zum Einsetzen der sie auszeichnenden Goldscheiben ausgeweiteten Ohrläppchen und hießen daher »Großohren« – Hatun Rincriyoc bei den Indios, Orejones bei den Spaniern. Ihre höchste Kaste, die Söhne des Herrschers, wurden als Auqui bezeichnet, ihre Frauen führten den Titel Pallas. Die Mütter der Auqui waren wichtige Stammesfürstinnen oder häufiger noch die »Acllahuasi«, die »Auserwählten«, die in Inti geweihten Klöstern lebten, und denen kein Mann außer dem Sapay-Inka nahen durfte; die Acllahuasi waren nicht, wie die Spanier glaubten, »Sonnenjungfrauen«, sondern ein über das ganze Land verstreuter Harem des Herrschers. Den Auquis – nach glaubhaften Berichten nicht selten über 200 an der Zahl – waren die höchsten Staatsämter, einschließlich dem des Villac Umu (Oberpriesters) vorbehalten.

Die rangniedrigeren »Großohren« besetzten die Posten der Gauverwalter, stellten die hohen Militärs, Verwaltungsbeamten, Richter und Priester. Sie alle wurden im

Links ein »Kloster« der Acllahuasi, des über das ganze Land verstreuten Harems des Sapay-Inka. Rechts der Villac Umu, der Oberpriester, mit einem Opferlama.

Yachay-Huaso, dem »Haus des Wissens«, in Cuzco erzogen, wo sie Geschichte und politische Führung erlernten, die Kunst der Dichter und die Führung der stehenden Bereitschaftsheere, wie die Kunst, die Quipu, die Knotenschnur, zu lesen, die den Völkern der Tahuantin-Suyu die Schrift ersetzte. Eine Quipu bestand aus einem Hauptfaden, von dem andere Fäden herunterhingen. In diese Fäden waren Knoten geknüpft. Die einzelnen Fäden bezogen sich auf verschiedene Objekte, und die Art, in der sie gebündelt, geflochten und gefärbt waren, die Art und Lage der Knoten und ihre Zahl ergaben den jeweiligen Inhalt. Offizielle Quipu-Leser, die diese Kunst ihr ganzes Leben übten, konnten auf diese Weise ein Inventar einer ganzen Provinz anlegen – bis zum letzten Lama und zum letzten Scheffel Mais. Die Quipu wurde auch für die Geschichtsschreibung der Inka benutzt, die freilich die Existenz älterer Kulturen als die der Inka schlicht totschwieg.

Das ganze Reich war aufgeteilt in Gaue, über welche ein »Suyoyoc«, ein Gauverwalter, die Aufsicht führte, während die einheimischen Herren, Kurakas oder Cinches genannt, die Verantwortung für den pünktlichen Gehorsam ihrer Untertanen trugen. Die Gesamtkontrolle übte der »Tocorico« aus, der »Mann, der alles sieht und hört«.

Dieser recht dünnen Oberschicht stand die Masse des Volkes gegenüber: Bauern in

Links legt der Verwalter der Speicher dem Inka Rechenschaft ab, wobei er eine Quippu als Gedächtnisstütze verwendet. Rechts läßt der Inka überall Zwingburgen errichten.

der Hauptsache, aber auch geschickte Handwerker – Töpfer, Weber, Steinmetzen und Baumeister.

Das Volk der Tahuantin-Suyu war absolut besitzlos. Äcker, Vieh, Häuser, Werkzeug, Lebensmittel, alles gehörte allein dem Inka. *»Keiner war Herr eines Maiskolbens, einer Sandale, noch frei zu heiraten. Von Zeit zu Zeit kam ein Hatun Rincriyoc, manchmal der Inka selbst, und winkte aus den Gruppen der Unverheirateten die Paare zusammen«*, gab ein hoher Indio-Beamter den Spaniern an. Jeder Bauer erhielt ein Stück Land, »Topo«, zugeteilt, das er bei strenger Strafe nicht brach liegen lassen durfte. Die Erträge gehörten zu einem Drittel dem Staat, zu einem weiteren Drittel den Tempeln, das letzte Drittel durfte er für sich behalten. Kinder, Greise und Gebrechliche oder Kranke erhielten ihren Lebensunterhalt vom Staat und hatten diesem als symbolischen Tribut jedes Jahr nicht mehr als ein mit Insekten gefülltes Röhrchen abzuliefern.

Die Landwirtschaft in den Tahuantin-Suyu war hoch entwickelt. Man baute Terrassen an den Berghängen, verfügte über ein ausgedehntes Bewässerungssystem und erzielte auch auf schlechten Böden durch Düngen gute Erträge. In den Bergen weideten Herden von Lamas und Alpacas. In größeren Höhen, wo weder Mais noch anderes

Links vertreibt ein Wächter die Vögel von der jungen Aussaat. Rechts schleppen Bauern den Mais in die staatlichen Vorratshäuser.

Getreide gedieh, wurden Kartoffeln und ähnliche Gewächse angebaut. Auch Arzneimittel wie Chinin und Kokain wurden zuerst in Peru gewonnen.

Müßiggang galt als das schlimmste Laster, ja als Verbrechen. Eine Unzahl an Aufsehern, die ihrerseits wieder beaufsichtigt wurden, überwachte den Fleiß der Bevölkerung. Tupac Yupangui gab folgende Hierarchie der Überwachung an. *»Der Chungga-Karaka, Herr über zehn Menschen, der Pachaca über 100, der Piscapachac über 500, der Guaranga über 1000, der Unu über 10 000.«* Im übrigen sorgte der Inka dafür, daß die Arbeit »Freude machte«. Galt es, das Ackerland des Sonnengottes Inti zu bestellen, so legten die Menschen ihre Festkleider an und zogen singend aufs Feld. Festtage waren häufig, aber auch sie waren keine Ruhetage, denn Kultübungen, Tanz und Gesang zu Ehren des Inka und der Staatsmacht füllten sie aus. Im Reich des Inka war alles, auch die Muße, »gelenkt«.

Der hervorragende französische Historiker Jean Descola schreibt in seinem Buch »Les Conquistadors«: *»Die völlige Abhängigkeit, in der das Volk sich dem Staat gegenüber befand, die Tatsache, daß es ihm, und nur ihm allein seinen Unterhalt, seinen Lebenszweck, ja sein Leben verdankte, schuf eine ganze besondere Mentalität. Warum sollte der Peruaner sich um das Wohl seiner Kinder sorgen, wenn der Staat es für ihn tat und ihr Auskommen sicherte? Warum sollte er mit seiner Ernte sparsam umgehen, standen ihm im schlimmsten Fall, wenn Seuchen oder Mißernten das Land heimsuchten, die Staatsspeicher offen, die von Getreide fast überquollen? Warum hätte er sich für seine alten Tage etwas zurücklegen sollen, da ihm doch der Staat von 50 Jahren an eine Altersversorgung einräumte? Warum hätte er die Oberschicht beneiden sollen, die ihn des Denkens und Planens enthob? Was man von ihm forderte? Gehorsam, nichts anderes. Was man ihm dafür gab? Sicherheit.«*

Verbrechen war fast unbekannt, nicht wegen der strengen Strafen, sondern aus Mangel an Anreiz. *»Wozu denn jemandem etwas wegnehmen«*, meint Jean Descola, *»was man selbst zu Hause besaß oder das man vom Staat ohne Schwierigkeiten bekommen konnte? Und um zu töten, muß man begehren, lieben oder hassen; aber die Insekten dieses Ameisenstaates wußten nicht, was Leidenschaft ist.«* Verbrechen gab es eigentlich nur in Form versäumter Pflichten. Stahl etwa jemand aus Hunger, so wurde nicht er bestraft, sondern der zuständige Aufseher, der versäumt hatte, dafür zu sorgen, daß die zum Lebensunterhalt notwendigen Dinge vorhanden waren. Das Rechtswesen war streng, ja brutal. Verstöße wurden unnachsichtig geahndet, und je höher einer stand, um so härter, da man von ihm größere Einsicht verlangte, sein Fehler also schwerer wog. Sippenhaftung war allgemein üblich; mit dem Übeltäter fielen nicht nur er, sondern auch seine Frau, seine Kinder und Eltern, oft noch weit entfernte Verwandte oder sein ganzer Wohnort der gleichen Strafe zum Opfer.

In religiösen Dingen gab man sich tolerant. Sofern ein Volk nur den Sonnengott Inti als höchstes Wesen anerkannte und ehrte, durfte es daneben seine eigenen, angestammten Götter behalten. Menschenopfer – wenn auch nicht in solchen Hekatomben wie bei den Azteken – waren durchaus üblich: *»Ganz scheußlich sind auch ihre Opfer und Tempel, die ihnen so heilig sind«*, schrieb der Chronist Francisco de Jérez. *»Das*

Beste, was sie haben, bringen sie dar. Sie opfern jeden Monat einige Kinder, beschmieren mit dem Blut die Gesichter der Götzenbilder, die Türen der Tempel und sprengen es über die Grabstätten der Toten. Die zum Opfer Auserkorenen geben sich willig unter Lachen, Tanzen und Singen dem Tod hin; sie bitten sogar in dem Rausche, in den man sie versetzt, darum, bevor man ihnen die Köpfe abschneidet.«

Wie alle Systeme, die sich selbst als die besten aller Möglichkeiten betrachten, war auch das Reich des Inka von dem Wunsch erfüllt, sich über möglichst viele Länder und Völker auszubreiten. Ein stehendes Heer von mindestens 200 000 Mann sorgte für die beständige Ausbreitung von Gesittung, Ordnung und Arbeitsfleiß. Waren die eingegliederten Völker gutwillig, durften sie ihre Herrscher und Götter, wenn auch als absolute Untertanen des Inka und des Sonnengottes Inti, behalten; waren sie widerspenstig, wurden sie deportiert und, in kleinen Gruppen über das ganze Reich verteilt, neu angesiedelt. Vielleicht wäre es da und dort doch zu Aufständen gekommen, doch hatte man einerseits die eingegliederten Völker und Stämme restlos entwaffnet, zum anderen konnten binnen kürzester Zeit starke Truppenmassen in jeden Teil des Landes geworfen werden, sofern die Besatzungen der Zwingburgen, die überall im Land aufragten, mit einer Revolte nicht fertig wurden.

Eigens dafür eingesetzten hohen Beamten oblag die Instandhaltung der Verkehrswege. Links ein Straßenaufseher, rechts ein Brückeninspektor.

Die vielgerühmten Inka-Straßen dienten vor allem der schnellen Truppenbewegung, aber auch der ebenso schnellen Nachrichtenübermittlung, zudem dienten sie dem dringenden Bedürfnis des Inka, sich in monumentalen Bauten zu verewigen. Rund 20 000 Kilometer gepflasterter Straßen durchzogen das fruchtbare Land, die Wüsten, Dschungel und sogar die Hochtäler der Anden in 4500 Metern Höhe. Die längste war die Königsstraße, die sich mit über 5000 Kilometern entlang der Anden hinzog. Parallel zu ihr verlief die Küstenstraße mit 4000 Kilometer Länge. Diese beiden Hauptwege wurden durch zahllose Quer- und Seitenstraßen miteinander verbunden. Waren im Verlauf der Straßen Sümpfe, Schluchten oder andere Hindernisse zu überwinden, so baute man Brücken, die von Seilen gehalten wurden, oder führte die Straße über Pontons zum nächsten Ufer.

Hernándo Pizarro schrieb über die Inka-Straßen: *»Die Straße über die Berge ist wirklich sehenswert, denn obwohl das Gelände sehr zerklüftet ist, findet man doch in den christlichen Ländern keine vergleichbare Anlage. Der größte Teil ist gepflastert, und über jeden Fluß führt eine Brücke aus Stein oder Holz. Über einen breiten, reißenden Strom, den wir zweimal überquerten, führten Brücken aus Netzwerk. Auch die Pferde konnten sie benutzen. An jedem Übergang gibt es zwei Brücken, eine für die gewöhnlichen Leute und eine andere für die Herren des Landes. Die Zugänge sind immer verschlossen und werden von Indios bewacht, die von den Reisenden einen Brükkenzoll erheben.«* Und an anderer Stelle: *»Die Brücke über den Apurimac* [sie wurde 1530 erbaut und war 1880 noch in Betrieb], *die längste Perus, ist wenigstens 60 Meter lang und einen halben Meter breit. Solche Brücken hängen zwischen den Befestigungen immer ein wenig durch, wie sehr man sich auch anstrengen mag, die Seile straffzuziehen, und bei stärkerem Wind fangen sie an, hin und her zu schaukeln. Aus diesem Grund mag es gefährlich erscheinen, eine solche Brücke zu Fuß oder gar zu Pferd zu überqueren. Und doch habe ich gesehen, wie die Spanier im Galopp darüberritten. Diese Brücken waren in der Tat wunderbar! Zur Zeit der Inka wurden sie regelmäßig untersucht und jedes Jahr ausgebessert.«*

Nachrichten wurden von Läufern übermittelt, die etwa alle fünf Kilometer abgelöst wurden und so im Stafettenlauf eine Nachricht an einem Tag über 250 Kilometer weit befördern konnten, die Sänften eiliger Staatsbeamter schafften auf den Schultern der Läufer runde 100 Kilometer am Tag. Den Heeren dienten die alle 20 bis 30 Kilometer angelegten »Tampus« mit Lebensmitteln – meist getrocknetem Lama-Fleisch und gedörrten Kartoffeln – und Waffen als Rasthäuser und Nachschubbasen.

Und doch, bei aller Ordnung und sozialer Sicherung, gibt es deutliche Anzeichen, daß das Leben in den Tahuantin-Suyu nicht ganz so idyllisch war – zumindest nicht für das Volk, das ein Leben lang nichts anderes kannte als Pflicht und Arbeit, eingezwängt in ein System, das zwar Sicherheit bot, nicht aber den geringsten Spielraum für persönliche Entfaltung. Es ist bezeichnend, daß es im Cetschua, der einzig erlaubten Staatssprache, nicht einmal ein Wort für »Freiheit« gab.

Sarmiento de Gamboa, der vom Vizekönig beauftragt worden war, Geschichte und Sozialstruktur der Indio-Stämme in Peru zu erforschen, schrieb: *»Diese Inka logen al-*

len Völkern vor, sie seien von der Sonne zum Heil der Menschen eingesetzt. Ich aber frage: Was bedeuteten Menschen für sie? Werkzeuge, mit denen sie verfuhren, wie sie wollten. Im Inka-Reiche zählte nur der Inka. Alle anderen wurden gezählt. Bis in den letzten Winkel des Reiches kamen die Menschenzähler, und wehe, wenn herauskam, daß ein Kuraka, um Abgaben zu ersparen, auch nur ein Kind versteckt in einem Erdloch hielt. So einer wurde erbarmungslos zur Rechenschaft gezogen. Tribut wurde nicht nur in Mais und Wolle, in Lamas und Metall erhoben, auch in Menschen, aus denen Läufer oder Sänftenträger, Tempeldienerinnen oder Opfer werden sollten. Vom Inka wurde jedermann sein Platz bestimmt. Wer nicht zum Krieg, zum Straßen- oder Terrassenbau herangezogen oder samt seiner Sippe in eine fremde Gegend umgesiedelt wurde, kam lebenslang nicht los von seiner Parzelle. Lebenslang bestellte er im gleichen Dorf das Feld der Sonne, das Inkafeld, sein eigenes und das Feld des Nachbarn, der eingezogen oder krank war, trank an den Feiertagen Maisbier und spielte das Bohnenspiel – wie alle anderen. Die Frau hatte für Kinder, Lamas, Mann und Haus zu sorgen, für Feld und Wasserspeicher.

Näschereien waren dem einfachen Mann nicht erlaubt. Ein jeder hatte seine Mahlzeit bei offener Türe einzunehmen, damit zu überprüfen war, ob keiner Fleisch aß, wenn alle anderen Maisbrei aßen. Eine Hütte hatte wie die andere auszusehen, ein Bauer wie der andere. Federschmuck und schöne Kleider waren den Hochgestellten vorbehalten. Der Bauer ging in oft geflicktem Rockhemd. Mit einfachem Gerät tat er die Arbeit, für die kein Ende abzusehen war. Der Inka sorgte dafür, daß der einfache Mann stets alle Hände voll zu tun bekam. Huayna Capac-Inka sagte seinen Söhnen: ›Hättet ihr sonst nichts anderes zu tun für das Volk, so laßt es einen Berg von einer Stelle an eine andere rücken, und ihr werdet im Reich Ruhe haben.‹«

Aus diesem Käfig gab es für die Bewohner der Tahuantin-Suyu offenbar nur einen Ausweg: Alkohol. Die Indios des Inka-Reiches tranken nicht, sie soffen. Miguel Estete, einer der Hauptleute Pizarros, berichtete: »*Dann ging es ans Feiern; das Volk blieb von 8 Uhr morgens bis in die Nacht hinein, und schwelgte in Essen und Trinken. Was die Leute tranken, war zwar nur ein bierähnliches Gebräu aus Mais und Wurzeln, aber es genügte, um sie schwach im Kopf zu machen, denn sie vertragen nicht viel, und sie trinken dann unaufhörlich. Dieses Fest dauerte 30 Tage.*« Christliche Missionare klagten: »*Die Trunksucht ist ihr schlimmstes Laster, denn sie trinken, bis sie umfallen, und wenn sie sich wieder erheben können, trinken sie weiter. Die Deutschen und Niederländer saufen zwar auch, aber sie bringen sich damit nicht um, während die Trunksucht in diesem Lande ganze Regionen entvölkert hat.*« Ein Psychologe würde das Phänomen sehr knapp zusammenfassen: Flucht in den Alkohol.

Laut Las Casas war »*der Inka mild, gütig, sanft; er eroberte ganz Südamerika, ohne einen Teller zu zerbrechen*«. Das paßt wunderbar ins Inka-Klischee, leider aber nicht zur Wirklichkeit. Diese »*milden, sanften und gütigen*« Inka unterhielten zum Beispiel ein Schädelmuseum mit den aufgereihten Köpfen ihrer besiegten Gegner. Zu ihren Gewohnheiten gehorte es, aus der bei lebendigem Leib abgezogenen Haut gefangener Häuptlinge Kriegstrommeln zu fertigen und nach der Schlacht über die in den Staub geworfenen Leiber der Gefangenen hinwegzutrampeln. Dem unterlegenen Feind den Penis abzuschneiden, war allgemein üblich, und der Heerführer Chalicuchima (wir werden ihn gleich noch näher kennenlernen) rühmte sich einer Sammlung von mehreren tausend Stück, die er eigenhändig erbeutet hatte. Im Land der Cañaris erhielt ein kleiner See den Namen Yahuar-Cocha, »Blutsee«, zur Erinnerung an die Schlächterei, die Huayna Capac-Inka nach der Unterwerfung dieses Volkes vollbracht hatte. Und Atahualpa-Inka trank sein Maisbier aus der goldgeschmückten Hirnschale seines Bruders Atoc, den er gefangengenommen und grausam zu Tode hatte foltern lassen; einen Orakelpriester schlug er mit seiner Goldaxt tot, weil er ihm einen frühen Untergang geweissagt hatte, und seine Thronbesteigung kostete nach vorsichtigen Schätzungen zwei Millionen seiner Untertanen das Leben!

Der Historiker R. B. Barrenchea schreibt: *»Die Inkas erheben sich als wehrhafte Herren der amerikanischen Welt. Sie schreiten auf dem Hauptplatz von Cuzco über die Leiber der Besiegten. Sie sind stolz, mächtig und gewalttätig. ›Zu siegen wurden sie geschaffen‹, heißt es in einem offiziellen Kultgebet. Sie kennen kein Mitleid, nicht Liebe noch Furcht. Ihre Moral ist die von Herrschern und Siegern.«*

Bruderkrieg Atahualpas gegen Huáscar

Die letzten Worte großer Männer haben schon oft zu schlimmen Verwirrungen, Zwist und Krieg geführt, wenn ein ehrgeiziger Erbe in ein letztes Röcheln das hineininterpretierte, was ihm der Lebende nicht zugestanden hatte.

Dieses Schicksal traf auch den großen Huayna Capac-Inka, als er um die Jahreswende 1525/1526 in Quito an den Pocken starb, die, von den Spaniern eingeschleppt, wenige Jahre zuvor schon Anáhuac verwüstet hatten und nun auch in Peru zahllose Opfer forderten.

Die Situation war folgende: In einem zehnjährigen erbitterten Krieg hatte Huayna Capac-Inka das Reich der Schyri mit ihrer Hauptstadt Quito unterworfen und als nördlichste Provinz in sein Reich eingegliedert. Vielleicht war es die großartige Landschaft des »ewigen Frühlings« am Fuß des Cotopaxi, vielleicht auch die Notwendigkeit, die erst eroberte Provinz besser unter Kontrolle zu halten, die Huayna Capac-Inka dazu bewog, dem rauheren Cuzco den Rücken zu kehren und seine persönliche Residenz nach Quito zu verlegen. Ganz gewiß war an diesem Entschluß Prinzessin Scyri Paccha beteiligt, die Tochter des letzten Königs der Schyri, dessen Kopf inzwischen das Schädelmuseum der Inka zierte, und die der Sapay-Inka, *»um ihr Ersatz für das Verderben ihrer Eltern zu gewähren«*, unter seine Nebenfrauen aufgenommen hatte. Die schöne Scyri Paccha war bald seine Lieblingsfrau und ihr Sohn Atahualpa das bevorzugteste Kind des Herrschers.

Die Trauerfeiern um Huayna Capac-Inka wurden, wie stets, wenn ein Sapay-Inka starb, zu einer überwältigenden Orgie des Todes. Über 1000 (nach anderen Angaben über 4000) Menschen – Frauen, Diener und Beamte des verstorbenen Herrschers –

Huayna Capac-Inka. Unter seiner Herrschaft erreichte das Reich der Tahuantin-Suyu seine größte Ausdehnung. Nach seinem Tod zerfiel es unter die feindlichen Brüder Huáscar und Atahualpa.

wurden geopfert oder töteten sich selbst, um ihren Gebieter in die glänzende Wohnung der Sonne zu begleiten.

Und hier beginnt nun die Legendenbildung, die auch von heutigen Historikern fast durchweg unbesehen übernommen wird: Huayna Capac-Inka habe vor seinem Tod bestimmt, daß das Reich geteilt werde. Den großten Teil sollte sein legitimer Nachfolger Huáscar – sein Sohn mit seiner Schwester-Gemahlin Cuis Rimay-Coja – erben, aber den Norden mit Quito und etwa einem Viertel des Reiches sein Lieblingssohn Atahualpa.

Selbst wenn wir keine anderen Zeugnisse hätten, wäre diese Darstellung unglaubwürdig. Huayna Capac wurde nicht nur von allen Chronisten als sehr weiser Herrscher gerühmt, der schon aus Klugheit und Staatsraison sein Reich nicht zerrissen hätte, er war auch ein Inka, und ein Herrscher, der nicht ein reinblütiger Nachkomme des Sonnengottes Inti war, konnte in seiner Vorstellungswelt einfach nicht existieren. Zudem haben wir sehr fundierte Zeugnisse anderer Art von den spanischen Chronisten Sarmiento de Gamboa und Barnabé Cobo, die beide nicht lange nach der Conquista in Peru lebten und als profunde Kenner der Inka-Überlieferungen gelten müssen. So rangierte zu Lebzeiten Huayna Capas weder Huáscar noch sein Halbbruder Manco, der später noch eine gewichtige Rolle spielen wird, und schon gar nicht Atahualpa an der Spitze der Inka-Dynastie, sondern ein anderer Sohn des Sapay-Inka mit Cuis Rimay-Coja, Ninan Cuyuchi, galt als designierter Thronfolger. Ninan Cuyuchi starb allerdings fast unmittelbar nach seinem Vater, vielleicht an den Pocken, vielleicht aber auch mit Nachhilfe Huáscars, denn die Nachfolge im Amt des Sapay-Inka pflegte fast immer reichlich blutig zu verlaufen, ehe sich einer der Thronanwärter durchgesetzt hatte.

Im Frühjahr 1526 empfing im Sonnentempel zu Cuzco Huáscar-Inka *»von den Malkis der hingeschiedenen Inkas und Cojas«* nach altüberliefertem Zeremoniell aus der Hand des Villac Umu die Insignien des Herrschers und bestieg als 13. Sapay-Inka den Thron.

Atahualpa, damals ein etwa 30jähriger Mann von großer politischer und militärischer Energie, schickte eine Delegation nach Cuzco mit den besten Wünschen für seinen Halbbruder und der Bitte (!), ihm das Fürstentum am Äquator zu überlassen. Huáscar-Inka forderte seinen Halbbruder auf, persönlich zur Huldigung zu erscheinen, versprach ihm eine angemessene Herrschaft, nicht allerdings das Grenzland von Quito – eine kluge Anordnung im Stil der Überlieferung, denn ein Fürst in seinem Stammland drohte immer ein Herd der Unruhe zu werden.

Erst zu diesem Zeitpunkt scheint sich Atahualpa zur Rebellion gegen den Sapay-Inka Huáscar entschlossen zu haben. Atahualpas Situation war nicht ungünstig. Ein beträchtlicher Teil der hohen Beamtenschaft, die einst mit seinem Vater nach Quito übersiedelt war, stand auf seiner Seite, da sie nicht hoffen konnten, im fernen Cuzco unter einem ihnen fremden Herrscher ihre Positionen weiter bekleiden zu können. Wichtiger noch war, daß das erprobte Heer, mit dem Huayna Capac-Inka die Chimu, Cañaris und Schyri besiegt hatte, nach wie vor in der Provinz Quito stand. Fast selbstverständlich hatte Atahualpa den Oberbefehl übernommen, und die Kommandeure Quizquiz und sein Onkel Chalicuchima gehörten zu seinen engsten Vertrauten.

Atahualpa marschierte nach Süden und stürzte die Tahuantin-Suyu in einen fünfjährigen Bürgerkrieg, gegen dessen Blutigkeit und Grausamkeit selbst die schlimmsten Exzesse spanischer Conquistadoren sich höchst harmlos ausnehmen – mindestens zwei Millionen Menschen kamen in diesem Bruderkrieg um, fielen in den Schlachten oder wurden von den siegreichen Truppen niedergemetzelt, es war dies gut ein Sechstel der Gesamtbevölkerung ...

Wider Erwarten stießen die Heere Atahualpas im Gebiet der Cañaris bei Tomabamba auf starke Verbände seines Halbbruders Huáscar unter dem Befehl des Auqui Atoc, also ebenfalls eines Sohnes Huayna Capacs. Die Truppen aus Cuzco, verstärkt durch Cañari-Krieger, warfen die überraschten Soldaten Atahualpas zurück, Atahualpa selbst geriet auf der Brücke von Tomabamba in Gefangenschaft. Damit schien der Krieg zu Ende. Der Rebell wurde ins Gefängnis geworfen, und die Sieger überließen sich einem jener Saufgelage, die erst mit der völligen Erschöpfung aller nach mehreren Tagen zu Ende gingen. Doch während die Sieger tanzten und tranken, wurde Atahualpa von einer Frau eine Kupferstange zugeschoben, er brach durch die Mauer und floh nach Quito, wo er erklärte, sein Vater habe ihn in Gestalt einer Schlange befreit.

Wieder marschierte Atahualpa nach Süden und schlug die Truppen aus Cuzco vernichtend bei Amboto. 16 000 Mann sollen in der Schlacht gefallen sein, und als die

Links Atahualpa-Inka, rechts Huáscar-Inka, die um den Thron des Sapay-Inka rangen.

Spanier ein Jahrzehnt später nach Quito zogen, sahen sie noch überall die Gerippe der unbestatteten Toten in der Sonne bleichen.

Atahualpa rächte sich fürchterlich an den Unterlegenen. Seinen Halbbruder Atoc, der ihm lebend in die Hände gefallen war, ließ er pfählen und aus seinem Schädel eine goldbeschlagene Trinkschale anfertigen. Ebenso wütete er gegen die Cañaris, obwohl deren Frauen ihm mit grünen Zweigen in den Händen entgegeneilten und um Erbarmen flehten. Zu Zehntausenden ließ er die Cañaris massakrieren, ihnen die Herzen aus dem Leib reißen und auf die Felder verstreuen, *»denn er wolle sehen, was verräterische Herzen für Früchte bringen«*. Kein Wunder, daß die Cañaris bald zu treuen Verbündeten der Spanier wurden.

In Tomabamba empfing Atahualpa nun ebenfalls die Insignien des Sapay-Inka und nahm die Huldigung der Gaufürsten entgegen. Damit war sein Ehrgeiz vorläufig gestillt, und es schien so, als denke er tatsächlich daran, sich in seinem kleinen Nordreich auf Dauer einzurichten. Doch Huáscar-Inka konnte und wollte das nicht zulassen; der Titel Sapay-Inka, »Einziger Inka«, verpflichtete. Das Land kam nicht zur Ruhe. Feldzüge hin und her, Gefechte und Plünderungen, blutige Rachegemetzel unter den Zivilisten, deren Gaufürsten der jeweils anderen Partei angehörten, verwüsteten die Tahuantin-Suyu, bis 1531 der Krieg mit voller Wut wieder entflammte.

Atahualpa-Inka zog mit einem gewaltigen Heer nach Süden, und nach mehreren Schlachten, in denen sich die Truppen der beiden verfeindeten Halbbrüder nichts nachgaben, stellte sich Huáscar-Inka vor den Toren der Hauptstadt Cuzco zur Entscheidung.

»Huáscar-Inka bricht auf aus Cuzco mit einer Pracht und einer Majestät, wie man sie nie zuvor in Peru gesehen haben soll«, schrieb Curaca Pachacuti Yamqui Salcamayhua. *»Die Völker Tahuantin-Suyus beziehen, nach Provinzen geordnet, mit ihren Generalen ihre Lager und Standorte wie in einem großen Halbmond vom Ufer des Apurimac bis Ollantaytambo, und Huáscar-Inka steigt auf einen Berg hoch über dem Apurimac und schaut hierhin und dorthin, talauf und talab, und freut sich, Menschen zu sehen wie Sand am Meer und über Berge und Schluchten hinweg ein Schillern und Glitzern von Gold und Silber und Federn in tausend bunten Farben. Und es gab kein Fleckchen Erde auf einer Länge von zwölf Legua* [66 km] *und einer Breite von sechs Legua* [33 km], *auf dem sich nicht Menschen bewegten. Alle Stämme sangen ihre Kriegslieder und hatten Trommeln und verschiedene Instrumente, die sie schlugen und bliesen.«*

Vier Tage tobte die Schlacht, und Salcamayhua fuhr fort: *»Angesichts der Erschöpfung der Truppen und der Verluste von einer halben Million Menschen, sammelten Atahualpas Generale Quizquiz und Chalicuchima ihr Lager auf drei Bergkuppen und verschanzten sich dort. Am Morgen berennen sie die Truppen des Inka von allen Seiten. Quizquiz und Chalicuchima bleibt schließlich nur mehr der höchste der drei Berge. Die Soldaten des Inka legen auf allen Seiten Feuer; der starke Wind läßt es hell brennen. Die Truppen Atahualpas flohen, verbrannten oder wurden erschlagen; es war ganz*

Atahualpas Feldherr Chalicuchima im Kampf mit den Truppen Huáscars. Der Bruder- und Bürgerkrieg der beiden rivalisierenden Sapay-Inka kostete nicht nur zwei Millionen Indios das Leben, er ermöglichte auch erst die spanische Eroberung.

unmenschlich. Quizquiz und Chalicuchima sollten gerade noch mit 2300 Leuten, welche auch nicht mehr ganz heil waren, entkommen sein. Es heißt, daß bei dieser Schlacht das Blut in ganzen Strömen und Bahnen floß und allerorts Tote lagen, so daß das ganze Land nach Toten stank. Zehn Leguas vom Ort der Schlacht entfernt sammelten die beiden Generale ihre Truppen mit der Huaylla-Quepa [Kriegstrompete], *und nur eine kleine Schar von 600 Mann findet sich ein. Um die Mitternacht entzünden Chalicuchima und Quizquiz jeder in seiner linken Hand ein Stück Wachs. Das eine stellte Huáscars, das andere Atahualpas Lager dar. Huáscars Licht brannte hell und stark, Atahualpas Licht dagegen nur spärlich; schließlich, so erzählt man sich, erlosch plötzlich die helle Flamme Huáscars, während Atahualpas Licht stärker zu brennen begann. Da stimmten Quizquiz und Chalicuchima das Haylli de Quichu* [Siegesgesang] *an und gaben damit den Soldaten zu erkennen, daß alles ein gutes Ende nehmen würde.«*

Quizquiz und Chalicuchima sollten recht behalten. Es war der sechste Tag der Schlacht: *»Sorglos ließ sich Huáscar in seiner Sänfte tragen. Kaum hatte er die Schlucht hinter sich, stieß Huáscars Gruppe auf die Leichen von Leuten seiner Vorhut. Er versuchte umzukehren, denn er ahnte, daß er in eine Falle geraten war. Aber es war zu spät; er befand sich mitten unter seinen Feinden. Chalicuchimas Leute griffen ihn von hinten an, und als er die Flucht nach vorne antreten wollte, lief er Quizquiz, der etwas weiter unten schon auf ihn gewartet hatte, in die Hände. Chalicuchima, der nach Huáscar Ausschau hielt, entdeckte dessen Sänfte, legte Hand an ihn und zerrte ihn heraus.«*

Atahualpas Feldherren führen den gefangenen Huáscar ab. Voran geht Chalicuchima und bläst in eine Muscheltrompete, hinter Huáscar geht Quizquiz, der auf Befehl Atahualpas den Inka-Adel in Cuzco ausrottete.

Damit war der Krieg entschieden. Chalicuchima verlangte von Huáscar, einige der führenden Persönlichkeiten zu Verhandlungen zu rufen. Da es der Wille des Sapay-Inka war, kamen diese, wurden ebenfalls gefangengenommen und vor den Augen Huáscars enthauptet. *»Genauso wird es Huáscar ergehen«*, drohte Chalicuchima, *»wenn sich das Heer nicht auflöst und heimgeht!«* Huáscar gab den Befehl, und die Truppen, nichts anderes als Gehorsam gewohnt, lösten sich auf.

Quizquiz und ein Vetter Atahualpa-Inkas, Cuxi Yupangui, zogen in Cuzco ein, um den zweiten Teil der Befehle ihres Herrschers zu vollziehen: Ausrottung aller, die auch nur im entferntesten einen Anspruch auf den Thron des Sapay-Inka erheben und damit Atahualpa gefährlich werden konnten; keiner aus der Dynastie der Sonnensöhne sollte übrigbleiben, um ihm seine Legitimität streitig zu machen.

Die Schlächter Atahualpa-Inkas wüteten mit bestialischer Grausamkeit in Cuzco. Das gesamte Königshaus und nahezu der gesamte Adel der Inka wurde ermordet, noch den Frauen Huáscars wurden vor seinen Augen die Kinder aus dem Leib geschnitten. *»Nur wenige Frauen entgingen dem Gemetzel«*, schrieb Garcilaso de la Vega, *»sei es, daß sie keine Kinder hatten oder daß sie ihrer Schönheit wegen Atahualpa übergeben wurden.«* Garcilasos Mutter gehörte zu den wenigen, die sich wie durch ein Wunder retten konnten. *»Ach Inti, Lenker der Welt«*, soll Huáscar ausgerufen haben, *»für kurze Zeit gabst du mir Leben und Huld. Laß dem, der mir solches antut, ein Gleiches geschehen und ihn mit seinen Augen das sehen, was ich sehen muß!«*

Der sinnlose Marsch

Während die letzte große Schlacht um den Thron der Tahuantin-Suyu geschlagen wurde, während in Cuzco der Inka-Adel unter den Messern von Atahualpas Schlächtern verblutete, während sich die Gefängnistore der Festung Xauxa hinter Huáscar-Inka schlossen, empfing der Sapay-Inka Atahualpa in den Heilbädern von Cajamarca, weit über 1000 Kilometer hinter der Front, die für ihn so erfreulichen Nachrichten seiner beiden Heerführer. Cajamarca war nicht schlecht gewählt. Zum einen lag es etwa in der Mitte zwischen Quito und Cuzco, Nachrichten aus beiden Hauptstädten erreichten ihn also fast gleichzeitig. Zum zweiten befand er sich weit genug entfernt von den Kämpfen, so daß ihn das Schicksal von Tomabamba nicht noch einmal ereilen konnte. Und drittens war er nahe genug an der Küste, um laufend die neusten Nachrichten zu erhalten über Viracocha und seine bleichgesichtigen, bärtigen Götter, die wiederum an der Küste erschienen waren.

Schon die letzten Lebensmonate Huayna Capac-Inkas waren unter dem Zeichen der Wiederkehr Viracochas gestanden: *»Huayna Capac erholte sich gerade, Feste feiernd, in seinen Palästen in Tomabamba; da erreichte ihn durch Läufer seines Kuraka in Tumbez eine Botschaft, daß am Strand von Tumbez sonderbare Fremde gelandet seien, weiß im Gesicht, bärtig, von Kopf bis Fuß in Kleider gehüllt. Diese Fremden führen über das Meer in großen hölzernen Häusern. Diese könnten sie lenken und wenden* *und damit hin und her fahren und kommen und verschwinden, wohin sie wollten. Bei Nacht gingen sie aufs Meer und schliefen in dem Hause, und am Tag kämen sie wieder an Land.«*

Mit diesen Meldungen waren schreckliche Vorzeichen einhergegangen. Schwere Erdbeben, man hatte Kometen gesehen, der Mond war von verschiedenfarbigen Feuerringen eingehüllt, ein Blitz schlug in einen der königlichen Paläste und verwandelte ihn zu Asche, Orakelsprüche verkündeten schwere Erschütterungen, vielleicht sogar das Ende des Inka-Reiches nach dem Tod des 12. Sapay-Inka, eben Huayna Capacs. Dann war Viracocha für eine Weile wieder über das Meer entschwunden. Nun trafen erneut Nachrichten ein, die besagten: *»Mit einem großen schwimmenden Haus sind Menschen über das Meer gekommen, mit ungewöhnlicher Kleidung, Bärten und Tieren wie Lamas, nur größer.«* Atahualpa-Inka verfolgte die Meldungen mit größtem Interesse, erstaunt und verblüfft, denn die Ankömmlinge benahmen sich keineswegs wie Götter, sondern wie ausgemachte Narren – oder steckte gerade darin ein deutlicher Hinweis auf ihre Göttlichkeit?

Die Jahre 1531/1532 gehören zu den faszinierendsten dieser Geschichte. Von seiner Landung im Januar 1531 in der Bucht von San Mateo bis zu seinem Aufbruch nach Cajamarca im September 1532 benahm sich Don Francisco Pizarro wie der ärgste Tölpel der Neuen Welt; kein Irrtum, dem er nicht erlag, keine Dummheit, die er ausließ, keine Narrheit, die er sich nicht leistete – und am Ende, in Cajamarca kam er, als Ergebnis all dieser Fehlleistungen, genau zu jenem einzig richtigen Zeitpunkt an, der sein tollkühnes Unterfangen überhaupt möglich machte! Wenige Tage früher oder später, und sein Kopf hätte das Schädelmuseum geziert, seine Haut der Bespannung einer Kriegstrommel gedient.

Als Pizarro am 20. Januar 1531 von Panama auslief, wollte er direkt nach Tumbez segeln. In einer Rekordzeit von nur fünf Tagen erreichte man die von der zweiten Reise hinlänglich mit trostlosen Erinnerungen belastete Bucht von San Mateo – und Pizarro beschloß dort plötzlich, rund 500 Kilometer vor seinem Ziel, mit den Truppen an Land zu gehen und den Weg zu Fuß fortzusetzen. Volle sieben Monate kämpften sich die Spanier durch Dschungel, Sumpf und vermoorte Flüsse unter mörderischen Anstrengungen südwärts. Zu essen gab es oft nichts als Wurzeln, dafür *»Muchos aguaceros – endlose Wolkenbrüche«*, wie der Soldat Diego de Trujillo berichtete. *»Während wir den Tag abwarteten, regnete es dermaßen, daß ein Soldat ertrank und andere sich nur noch schwimmend retten konnten.«* Hätte Pizarro nur wenige Kilometer ins Landesinnere aufklären lassen, er wäre auf die tadellos ausgebaute, mit Rasthäusern und Vorratslagern wohlversehene Inka-Küstenstraße von Quito nach Tumbez gestoßen ...

Coaque war ein großes Dorf der Cañaris, also jenes Stammes, der alle Ursache hatte, jeden zu unterstützen, der sich nicht als Atahualpas inniger Freund auswies. Pizarro ließ das Dorf ohne Vorwarnung überfallen, plündern und die Einwohner in den Dschungel jagen. Der Erfolg: *»Anders als bisher lief jetzt das Gerücht vor ihnen her, grausame Menschen zögen Räubern gleich durch das Land mit großen Tieren, die wie der Wind dahinjagen, und scharfen Schwertern, die alles zerschnitten, wo sie träfen.«*

Immerhin fanden die Spanier in Coaque reichliche Nahrungsvorräte und Gold und Silber im Wert von 18 000 Pesos d'oro (Pedro Pizarro machte in seinem Bericht 200 000 Pesos daraus). Dies war für die erschöpften Conquistadoren zweifellos nicht unerfreulich, und eine Erholungspause hatten sie bitter nötig. Weshalb sich Pizarro allerdings volle acht Monate in diesem gottverlassenen Dschungeldorf häuslich einrichtete, bleibt wie vieles andere unbegreiflich. *»Der Gobernador* [Pizarro wurde in den Berichten nun oft so bezeichnet] *schickte Bartolomé Ruiz mit zwei der Schiffe nach Nicaragua und Panama, um für das Geld Leute anzuwerben; so blieben wir an diesem Ort mehr als acht Monate. In diesem Zeitraum starben viele Leute an verschiedenen Krankheiten wie an einem Ausschlag, der dort unter den Spaniern ausbrach.«*

Bei einem Angriff der Indios brannte Coaque fast völlig ab, und die Conquistadoren stolperten weiter durch den Dschungel, bis sie endlich den Golf von Guayaquil erreichten, an dessen Südufer Tumbez lag. In vier oder fünf Tagesmärschen um den Golf herum hätte Pizarro nun mühelos auf der Inka-Straße die Stadt erreichen können.

Aber nein! Er setzte mit seiner kleinen Armee nach der Insel Puná über, zu den geschworenen Todfeinden von Tumbez. *»Auf der Insel kamen ihnen die Einwohner, die im Rufe stehen, hinterlistig und grausam zu sein, freundlich entgegen«*, schrieb Pedro Pizarro. Vielleicht wäre tatsächlich alles gutgegangen, wenn Don Francisco nicht die sofortige Freilassung aller Kriegsgefangenen aus Tumbez verlangt hätte, und diese wußten nichts besseres zu tun, als, kaum ihrer Fesseln ledig, 16 Puná-Häuptlingen den Kopf abzuschlagen, *»von hinten her wie Rindern«*. Die unvermeidliche Folge war ein allgemeiner Aufstand, der bald in einen Dschungelkrieg überging. Drei Monate fochten die Spanier im unwegsamen Gelände mit den Kriegern aus Puná, und es wäre wohl noch eine Weile so weitergegangen, wenn nicht Hernándo de Soto und Sebastián de Benalcázar mit zwei Schiffen voll Mannschaften und Pferden aus Nicaragua eingetroffen wären. *»Darüber hatten der Gobernador und seine Freunde große Freude, sie selbst indessen gar keine, als sie die dürftige Insel erblickten, nachdem sie Nicaragua mit seinen Reichtümern verlassen hatten. Kein Silber, kein Gold. Einige, vielleicht alle, wären am liebsten umgekehrt, hätte den Hauptmann nicht seine Ehre zurückgehalten und die Soldaten der harte Gehorsam.«* Hernándo de Soto war damals schon für seine scharfe Disziplin bekannt.

Immerhin beschloß man, nun endlich nach Tumbez überzusetzen. Was auch der Grund gewesen sein mag – ein Befehl Atahualpa-Inkas oder Huáscar-Inkas oder eine weitere Ungeschicklichkeit Pizarros –, die ehemalige Freundschaft der Bewohner von Tumbez hatte sich ins krasse Gegenteil verkehrt, und die Überfahrt wurde den Spaniern beinahe zum Verhängnis: *»Die Tumbeziner«*, schrieb Pedro Pizarro später, *»boten sich, wie nachher klar wurde, in verräterischer Absicht an, die Spanier gruppenweise mit Pferden und Gepäck zu befördern. Nachdem sie Puná hinter sich gelassen, steuerten sie die Balsas auf eine kleine Insel zu und veranlaßten die Mannschaften bei Anbruch der Dunkelheit, dort auszusteigen und zu schlafen. Dann holten sie Verstärkung und fielen über die Schlafenden her. Dem Francisco Martínez, einem Bruder* *des Gobernadors, Alonso de Mesa und mir selber wäre es um ein Haar genauso ergangen, hätte Alonso de Mesa nicht noch schwer an der Warzenkrankheit gelitten, weshalb er sich weigerte, das Floß zu verlassen, während Martínez und ich ausstiegen. Auch die Indios blieben auf dem Floß. Gegen Mitternacht glaubten die Indios, Mesa sei fest eingeschlafen und machten sich daran, die ›Potala‹ zu heben, das ist ein schwerer Stein, der ihnen als Anker dient. Sie hatten die Absicht, heimlich davonzufahren, uns auf der Insel zu lassen und Mesa zu ermorden. Mesa konnte nun wegen seiner Schmerzen nicht schlafen und schrie, sobald er ihr Vorhaben bemerkte, laut zu uns herüber, worauf Martínez und ich erwachten. Wir stürmten auf das Floß, banden die hinterlistigen drei Steuerleute und hielten die ganze Nacht Wache. Am Morgen ließen wir sie frei und setzten die Fahrt nach Tumbez fort. In Küstennähe sprangen die Indios ins Meer und überließen uns auf dem steuerlosen Floß den großen Wellen. Völlig durchnäßt und halb ersäuft trieben wir an den Strand.«*

Tumbez selbst war eine entsetzliche Enttäuschung. Nichts mehr von jener reichen und glänzenden Metropole, die Alonso de Molina und Pedro de Candia gesehen hatten. Tumbez bestand nur noch aus rauchgeschwärzten Trümmern, durch die noch ein paar hundert abgerissene, halbverhungerte Indios streiften – die Krieger aus Puná hat-

Zwei Vasen in der Gestalt peruanischer Krieger.

ten etwa vor Jahresfrist im Zug des Bruderkriegs zwischen Atahualpa und Huáscar ganze Arbeit geleistet.

Schon dachte Pizarro daran, sich trotzdem in dieser Ruinenstadt festzusetzen, doch diesmal verhinderte der energische Einspruch der Hauptleute Hernándo de Soto und Sebastián de Benalcázar eine neue Torheit des Gobernadors. In einem Wochenmarsch auf der Inka-Straße nach Süden, wohlverpflegt aus den Vorratshäusern, erreichte man Ende Mai 1532 den Chira-Fluß und gründete an dessen Ufer San Miguel. *»Es war die erste von Spaniern in Peru erbaute Stadt mit ansehnlichen Bauten und wohlhabenden Bürgern.«*

Der Zug nach Cajamarca

Die Lage Pizarros in San Miguel war nicht unähnlich der seines Vetters Cortés in Vera Cruz. Er verfügte über eine zwar kleine aber hartgesottene und schlagkräftige Truppe, ein paar Schiffe, etliche hervorragende Offiziere, eine für die Größe seiner Truppe stattliche Anzahl von Pferden und ein paar kleine Geschütze. Dazu kamen leidliche Informationen über das Land, den Bruderkrieg zwischen Atahualpa und Huácsar, die Schätze und Reichtümer, aber auch über die gewaltigen Armeen, die der Sapay-Inka jederzeit in Bewegung setzen konnte.

Wie Cortés stand nun Pizarro vor der Frage: Was weiter? Und wie Cortés entschloß er sich, ins Landesinnere vorzustoßen und den Sapay-Inka aufzusuchen.

Die nun folgenden Ereignisse – eigentlich bis zum Tod Pizarros – weisen oft erstaunliche Parallelen zu Cortés und den Ereignissen in Anáhuac-Mexico auf. Durchaus kein Zufall. Ganz unvermeidlich war Cortés zum leuchtenden Vorbild nicht nur Pizarros, sondern vieler Conquistadoren geworden. Er hatte das geradezu perfekte Rezept geliefert, wie ein großes, mächtiges und kriegerisches Indio-Reich mit einer Handvoll Spanier erobert und unterworfen werden konnte, und so war es natürlich, daß sich Pizarro immer wieder daran zu orientieren versuchte, welche Entscheidung Cortés in dieser oder jener Situation getroffen hatte, und sich selber bemühte, diese, so gut es ging, zu kopieren.

So gut es ging oder so gut er es verstand. Vielleicht war es eine Frage der Bildung, vielleicht auch des Charakters, daß die Ergebnisse so verschieden ausfielen. Pizarro, der sich vom Schweinehirten aus Trujillo, der nie eine Schule von innen gesehen hatte, zum Gobernador von Peru emporarbeitete, hatte Probleme nie anders als mit dem Schwert und seiner unbestrittenen Tapferkeit, Zähigkeit und Willensstärke gelöst. In der Eroberung Anáhuacs sah er lediglich eine militärische Aktion, die er in Peru nachzuahmen versuchte, ohne je die andere, die diplomatische, politische Seite in den Taten seines Vorbildes zu begreifen. So wurde Pizarro nicht nur zu einem Cortés-Epigonen, sondern auch zu dessen brutaler und blutiger Karikatur.

Den Ausschlag für Pizarros Entschluß, ins Landesinnere vorzustoßen, hatte wohl das Gerücht gegeben, Don Diego de Almagro bereite in Panama eine eigene Expedition nach Peru vor. Tatsächlich hatte Almagro seit Monaten nichts von sich hören lassen, keinen Mann, kein Pferd, kein Gramm Pulver geschickt. Der Gobernador fühlte sich an Don Diego de Velázquez und Pánfilo de Narváez erinnert. Er ließ seine vor der Mündung des Chira-Flusses wartenden Schiffe zwar nicht verbrennen, aber er schickte sie nach Panama zurück und schnitt sich selbst damit ebenfalls die Rückzugsmöglichkeit ab. Mit den Schiffen ging ein langer Brief an Almagro, voll der Erinnerungen an die gemeinsamen Taten (die er in Toledo so geflissentlich vergessen hatte), voll der Bitten, Beschwörungen und Ermahnungen, von seinen eigenwilligen Plänen abzustehen und zu bedenken, *»wie wenig Gott und dem König mit solchem Vorhaben gedient wäre«;* er möge statt dessen die dringend benötigten Mannschaften schicken, denn die Begegnung mit dem Inka sei nicht länger aufzuschieben.

Denn auch das hatte Pizarro von seinem Vorbild gelernt: die Person des Herrschers war identisch mit der Macht über das ganze Reich; gelang es ihm, den Sapay-Inka in die Hand zu bekommen, fiel ihm alles andere von selbst zu.

Am 24. September 1532 brach Don Francisco Pizarro von San Miguel auf. Er verfügte über 110 Infanteristen, 67 Reiter und zwei Geschütze. Vorsichtig marschierte er zunächst parallel zur Küste auf der Inka-Straße, blieb vier Wochen in Serrán, um weitere Nachrichten einzuholen, und bog schließlich bei Motupe südöstlich ins Gebirge ab. *»In der Ebene waren die Straßen eingefaßt von Lehmmauern und mit Alleebäumen beschattet«*, schrieb Pizarros Sekretär Francisco de Jérez, *»Trinkwasser findet der Wanderer in Rohren, die es von weit herleiten. In Abständen von einer Tagesreise steht immer ein Rasthaus, in dem die Durchreisenden Unterkunft finden.«*

Die Nachrichten über Atahualpa und den Bruderkrieg waren spärlich, auch wenn sich Pizarro keineswegs scheute, eingefangene Indios foltern zu lassen. Entweder sie wußten tatsächlich nichts oder sie wollten nichts sagen, einer erklärte sogar, er wisse nicht einmal, daß es Atahualpa überhaupt gäbe. Auch die Gesandtschaften des Sapay-Inka, die nun gelegentlich bei den Spaniern auftauchten und die Eindringlinge mit honigsüßen Worten und versteckten Drohungen bedachten, waren nicht gerade auskunftsfreudig.

Vor dem Einstieg in die Sierra von Cajamarca zögerte die Truppe. *»Ein gewisser Francisco de Ysaga versprach, dem sein Pferd zu schenken, der ihm bei Pizarro die Erlaubnis zur Heimkehr erwirke. Er bekam sie, gab sein Pferd und kehrte glücklich heim.«*

Dann hielt Don Francisco Pizarro eine seiner berühmten Reden: *»Wir marschieren unter den wachsamen Augen der Späher. Jeden unserer Schritte melden sie in ihr Hauptquartier, wo man sich ein Bild über uns macht. Wir haben Cajamarca als Wegziel angekündigt. Jede Abweichung davon würde uns als Angst ausgelegt. Der einzig sichere Weg ist geradeaus zum Inka-Lager. Jeder fasse also sein Herz, das zu tun, was sein Kommandant von ihm erwartet. Achtet nicht auf die Zahl der Gegner!«*

»Francisco Pizarro nahm 40 Reiter und 60 Mann Fußvolk mit sich, die anderen sollten in guter Ordnung nachfolgen, er würde sie auf dem laufenden halten«, berichtete Francisco Jérez. *»Dann begann der Gobernador den Aufstieg; die Reiter führten ihre*

Pferde am Zügel. Gegen Mittag kamen sie an eine Festung, die auf einem unwegsamen Paß lag. Ein paar Christen konnten sie gegen eine große Schar von Feinden halten. Der Aufstieg war außerordentlich schwierig, teilweise gelangte man nur über Stufen oder Treppen hinauf und es fand sich keine andere Stelle, wo man hätte durchkommen können. Merkwürdigerweise verteidigte kein Mensch den Paß. Im Gebirge war es so kalt, daß die an das warme Klima im Tiefland gewohnten Pferde sich teilweise erkälteten. Wir übernachteten in einem festen Haus. Es war aus Stein gebaut und mit einer Steinmauer umgeben. Der Gobernador ließ zwei der vornehmsten Indios ergreifen und jeden für sich über die Dinge im Land befragen. Am folgenden Tag machte der Gobernador in einem Gebirgstal in der Nähe eines Baches halt, um auf die Nachhut zu warten. Sie machten Feuer, um sich vor der großen Kälte im Gebirge zu schützen; das Wasser ist so kalt, daß man es vor dem Trinken wärmen muß.«

Von Zeit zu Zeit kamen die Conquistadoren an mächtigen Zwingburgen der Inka vorbei, doch nichts rührte sich, und Pedro Pizarro meinte später: *»Zu seinem Unglück hatte sich Atahualpa durch Späherberichte über unsere geringe Anzahl völlig beruhigen lassen. Sonst hätte ein Drittel seiner Krieger genügt, in diesen Engpässen alle Spanier zu erschlagen oder doch die meisten, und die wenigen, die vielleicht entronnen wären, hätten noch auf der Flucht durch die Ebenen den Tod gefunden.«*

Am Freitag, dem 15. November 1532, gegen 3 Uhr nachmittags, erreichten die Conquistadoren Cajamarca. Die Ortschaft selbst war leer, doch am gegenüberliegenden Berghang zogen sich fast unübersehbar die weißen Baumwollzelte der Indio-Krieger hin. Vorsichtig rückte Pizarro in die verlassene Stadt ein, die Jérez so schilderte: *»In der Mitte des Ortes befindet sich ein großer, von Mauern und Unterkunftsgebäuden umgebener Platz; da kein Mensch zu sehen war, blieb der Gobernador auf diesem Platz und ließ Atahualpa durch einen Boten seine Ankunft melden. Pizarro befahl allen, auf dem Platz zu bleiben, die Reiter durften nicht absteigen. Cajamarca ist der bedeutendste Ort in einem von zwei Flüssen durchströmten, dicht besiedelten Tal inmitten von Gebirgen. Die Stadt lehnt sich an eine Berghalde und erstreckt sich bis in die Ebene hinein. Sie hat 2000 Einwohner. Man betritt sie über zwei Brücken. Jener Platz ist größer als irgendeiner in Spanien. Zwei Tore führen in die Straßen der Ortschaft. Die Gebäude sind über 200 Schritt lang, sehr gut gebaut und mit dreimannhohen Mauern umgeben. In den Innenhöfen versorgen Brunnen das Haus mit Wasser, das von weit her in Rohren hergeleitet wird. In den Platz eingefügt, steht zur Ebene hingewendet ein steinerner Turm, zu dem eine Treppe hinaufführt.«*

Das nützliche Sakrileg

Es war völlig unbegreiflich, daß die Conquistadoren überhaupt bis Cajamarca vordringen konnten. Erklärlich nur mit der Bemerkung Pedro Pizarros: *»Zu seinem Unglück hatte sich Atahualpa durch Späherberichte über unsere geringe Anzahl völlig beruhigen lassen.«*

Hernándo de Soto. Ein brillanter Offizier und einer der ritterlichsten Conquistadoren, dem die Ehre stets höher galt als irgendein Vorteil.

Atahualpa-Inka muß in jenen Tagen von einem geradezu maßlosen Selbstgefühl durchdrungen gewesen sein. Seine Krieger hatten das mächtige Heer seines Halbbruders vernichtet, die altehrwürdige Hauptstadt Cuzco war in seiner Hand, Huáscar-Inka lag als Gefangener in einer seiner Festungen. Während das hochmütige Geschlecht der Sonnensöhne ausgerottet wurde, hatte er für immer den Thron der Tahuantin-Suyu bestiegen, er war der Sapay-Inka, der »Einzige Inka«, der Günstling des Sonnengottes Inti, der Herr der Welt! Mochte dieses Häuflein Wahnsinniger auch die Boten Viracochas sein, er würde sie fangen wie Guanacos und Vicuñas bei den großen königlichen Treibjagden. Cajamarca mit dem großen Platz in der Mitte sollte als sein Jagdnetz dienen, und es würde den Spaß noch erhöhen, selbst den Köder zu spielen! Welch köstliches Vergnügen, ehe er nach Cuzco aufbrach, um im Glanz seiner Majestät in die Hauptstadt einzuziehen!

Atahualpa hat später ganz offen zugegeben, daß er die Spanier gefangennehmen wollte. Selbst über das weitere Schicksal der einzelnen war schon entschieden, welche er töten, welche er kastrieren und zu Sklaven machen, welche er den Göttern opfern wollte.

Unterdessen standen die Conquistadoren noch immer auf dem großen Platz in Cajamarca, und da sich kein Indio blicken ließ, schickte Pizarro einen Botschafter ins Lager Atahualpas nach Pultamarca, wo sich der Sapay-Inka derzeit in den Schwefelbädern aufhielt. Der Botschafter war Hernándo de Soto, der reichste, eleganteste und ritterlichste unter Pizarros Offizieren. Mit ihm ging der Dolmetscher Martinillo. *»Atahualpa saß, von vielen Frauen umgeben, vor seinem Palast. Hernándo de Soto lenkte sein Pferd so nahe an den reglosen Inka heran, daß der Atem des Tieres die Quaste an dessen Stirn bewegte. Selbst da wich der Inka nicht zurück.«* Soto stieg nun ab und *»nahm einen Ring vom Finger und bot ihn als Zeichen des Friedens und der Freundschaft. Gleichgültig nahm ihn Atahualpa entgegen.«*

Der Sapay-Inka war etwa 30 Jahre alt, *»ein gutgewachsener Mann, wenn auch etwas dick«*, wie Jérez schrieb. *»Sein Gesicht war schön, groß und grimmig; die Augen blutunterlaufen, wie üblich bei seiner Rasse. Seine Rede floß gelassen und ernst wie die eines großen Herren; sie konnte im Verlauf einer wohlbedachten Argumentation rasch zu Lebhaftigkeit, ja Leidenschaftlichkeit ansteigen. Er war freundlich; doch wenn er zu seinen Untertanen sprach, war er hochmütig und barsch.«*

Soto trug mit der Artigkeit eines spanischen Hofmannes im Namen des Königs von Kastilien die Grüße seines Kommandanten vor und seine Bitte um die baldige Auszeichnung seines Besuches. Atahualpa-Inka ignorierte ihn. Das einzige Wort war ein kurzes: *»Ari«* (es ist gut). In diesem Augenblick erschien Don Hernándo Pizarro, der zur Unterstützung Sotos nachgeschickt worden war.

Langsam kam eine Art Gespräch in Gang. Don Hernándo bot dem Sapay-Inka militärische Unterstützung durch die Spanier an. *»Atahualpa antwortete: ›Ein Häuptling hat mir den Gehorsam verweigert, meine Leute werden euch begleiten, und ihr werdet ihn bekriegen.‹ Hernándo Pizarro erwiderte: ›Wegen eines Häuptlings – möge er noch so viele Leute haben – brauchen wir keine Indios. Zehn Christen zu Pferd werden ihn schlagen.‹ Da lachte Atahualpa und forderte sie zum Trinken auf.«*

Das Eis schien gebrochen. Atahualpa sagte für den nächsten Tag seinen Besuch in Cajamarca an. Zum Abschied konnte es sich Hernándo de Soto nicht verkneifen, nochmals seine Reitkünste zu demonstrieren, nicht zuletzt um zu beweisen, daß er sein »Ungeheuer« vollendet beherrschte. *»Schon fällt das Tier in Galopp, geht im Kreis, macht kehrt, tänzelt, steigt, verharrt einen Augenblick auf der Hinterhand, Soto sitzt so vollendet, daß er wie ein Kentaur in silbernem Harnisch wirkt«*, schreibt Jean Descola. Die Vorführung hatte noch einen anderen Zweck: die Wirkung des Pferdes auf die Indio-Krieger zu erproben. *»Hernándo de Soto bedrängte mit seinem Pferd wiederholt die Hundertschaften der Axtträger, bis diese einen Schritt zurückwichen. Kaum waren die Christen fort, mußten sie das teuer büßen. Der Inka ließ ihnen sowie ihren Frauen und Kindern den Kopf abschlagen und bemerkte dazu, gleiches werde einem jeden widerfahren, der zurückwiche.«*

»Als Soto zurückkehrte, erstattete er Bericht. Voller Furcht wachten wir die ganze Nacht; denn die Spanier hatten ja keine Erfahrung im Kampf mit diesen Indios und keine Vorstellung, wie tapfer diese sein mochten.« Die Nacht war unruhig für beide Seiten. Pizarro ordnete seine Truppen und verteilte sie auf die Gebäude um den großen

Platz. Atahualpa schickte seinen General Rumi Nahui mit 5000 (nach anderen Angaben 20 000!) Lasso-Trägern in den Rücken der Spanier. Sie sollten sich ruhig verhalten und *»sobald sie die Flucht ergriffen, sollten sie über sie herfallen und sie binden«*. Insgesamt gebot Atahualpa vor Cajamarca über mindestens 30 000 bis 40 000 Krieger, darunter seine persönliche Leibgarde. Pizarro verfügte genau über 160 Mann, davon 100 zu Fuß und 60 zu Pferd.

Der Morgen des 16. September 1532 begann mit einem Boten aus dem Lager des Sapay-Inka, der Pizarro ausrichtete: *»Mein Herr läßt dir sagen, daß er aufbrechen will, dich zu besuchen. Seine Krieger werden ihn bewaffnet begleiten, ebenso wie gestern deine Gesandten bewaffnet gekommen sind.«* Pizarro erwiderte: *»Gehe zurück und melde deinem Herrn: Er ist mir in jeder Weise willkommen. Ich werde ihn empfangen wie einen Bruder und Freund.«*

Dann begann ein zermürbendes, nervenaufreibendes Warten. Atahualpa-Inka ließ sich Zeit, unendlich viel Zeit. Pedro Pizarro: *»Sobald der Inka die Sänfte bestieg, setzte sich der Zug in Bewegung. Voraus liefen 2000 Indios, die den Weg säuberten. Das Kriegsvolk war auf beiden Seiten der Straße – ohne diese zu betreten – über die anliegenden Felder verteilt. Einige große Häuptlinge begleiteten den Inka in Hängematten und Sänften, die an Pracht der ihres Herren nicht nachstanden. Der reiche Gold- und Silberschmuck gleißte betörend im Sonnenlicht. Für die halbe Legua Weges* [2 km] *zwischen den Bädern und Cajamarca brauchte der Herrscher von der Stunde der Hauptmesse an bis drei Stunden vor Einbruch der Nacht.«*

Francisco de Jérez: *»Die Bewaffnung der Indios ist folgende: Die Vorhut bilden die Schleuderer; sie tragen schmale, dicke Holzschilde und mit Baumwolle gefütterte Westen; nach ihnen kommen Krieger mit Keulen und Streitäxten. Die Keulen sind eineinhalb Arm lang, so dick wie eine Reiterlanze, haben einen faustgroßen Kopf mit fünf oder sechs daumenlangen Stacheln und werden beidhändig geführt. Die Streitäxte sind gleich oder etwas größer und haben eine handbreite Schneide, ähnlich wie eine Hellebarde. Einige Streitäxte sind aus Gold und Silber; diese tragen die Vornehmen. Dann kommt eine Abteilung mit kurzen Wurfspeeren, und als Nachhut Leute mit 20 Fuß* [6 Meter] *langen Lanzen. Es gibt auch zahlreiche Abteilungen, die mit Bogen und Pfeilen ausgerüstet sind und solche mit Wurfschlingen oder langen Stangen mit Schlingen. Alle sind geordnet und gegliedert in Abteilungen mit Fahnen und Befehlshabern. Einige tragen Helme aus Holz, mit Baumwolle gefüttert, und eiserne könnten nicht fester sein.«*

Inzwischen verteilte auch Pizarro seine Leute. Pedro de Candia wurde mit den Geschützen, den Trompetern und ein paar Arkebusiern auf dem Eingangsturm des Platzes postiert. Die Reiter wurden in drei Abteilungen unter Soto, Hernándo Pizarro und Benalcázar in den Lagerhallen am Platz versteckt. Um den Lärm und die Panik zu vergrößern, hatte man den Pferden Schellen an die Brustriemen gebunden (natürlich nicht um die Füße, wie manchmal zu lesen, das hätte die Pferde nur beim Laufen gehindert). Pizarro hatte sich den Angriff auf den Inka mit einer 20 Mann starken Infanteriegruppe vorbehalten, die gedeckt wurde durch eine gleich starke Gruppe unter seinem Bruder Juan. Auch sie, wie der Rest des Fußvolks, waren in den Häusern am Platz versteckt.

Vincente de Valverde, ein Verwandter Pizarros, spielte in Cajamarca eine wenig ruhmreiche Rolle und wurde zum Dank dafür zum Bischof von Cuzco ernannt.

Francisco de Jérez schrieb über diese Stunden des Wartens auf Atahualpa-Inka: *»Es schien, daß ein jeder den Mut für hundert besäße, so wenig flößte ihnen die Überzahl der Feinde Furcht ein.«* Pedro Pizarro freilich – sonst höchst geneigt zu heroischen Übertreibungen – vermerkte wohl entschieden wahrheitsgetreuer: *»Dem Inka Atahualpa wurde von seinen Spionen zugetragen, alle Spanier hielten sich voller Angst in einem Schuppen verborgen, und keiner zeige sich auf dem Platz. Ich kann mich verbürgen, das entsprach der Wahrheit; denn ich sah selbst, wie viele Spanier, ohne daß sie es merkten, vor Angst in die Hosen machten.«*

Miguel de Estete berichtete weiter: *»Um 4 Uhr kamen sie die Straße daher; um 5 Uhr oder ein wenig später langten sie am Stadttor an; das ganze Vorfeld war bedeckt von Menschen. Nach und nach füllte sich der Platz, sie sangen einen Gesang, der ganz und gar nicht angenehm in unseren Ohren klang. Zuerst kam ein Trupp von 1000 Mann mit Speeren, nach ihnen ein zweiter und dritter, alle mit Hämmern aus Kupfer oder Silber – das ist eine ihrer Waffen. Mitten unter ihnen viele Herren von Adel und endlich Atahualpa selbst in einer prachtvollen offenen Sänfte, von 80 Adelsherren auf den Schultern getragen. Er selbst saß besonders reich gekleidet, mit seiner Krone auf dem Haupt und um den Hals ein Gehänge von großen Smaragden, in seiner Sänfte auf einem ganz niederen, mit einem prachtvollen Kissen bedeckten Sitz. Voraus ging eine Hundertschaft in bunten, mit Schachbrettmustern versehenen Livreen; sie entfernten jeden Strohhalm am Weg und kehrten ihn sauber. Drei anders gekleidete Hundertschaften folgten singend und tanzend. Mitten auf dem Platz angekommen, hielt er, stand in der Sänfte auf, so daß man seinen Körper halb sah, und alles hereinströmende Volk scharte sich um ihn.«*

Alles in allem müssen es etwa 8000 schwerbewaffnete Indios gewesen sein, die den Platz von Cajamarca füllten.

Die Gefangennahme Atahualpas in Cajamarca.

Der Sapay-Inka, 8000 Indios, aber nicht ein einziger Spanier. Atahualpa-Inka war verärgert. Er wollte das Wild jagen und erlegen, nicht es aus seinen Schlupflöchern hervorzerren müssen.

Endlich erschien einer der bärtigen Bleichgesichter, doch keineswegs ihr Anführer, sondern Fray Vincente de Valverde mit dem Dolmetscher Martinillo. Was sich nun abspielte, war eine böse Posse, auf der Pizarro *»um der Rechtmäßigkeit willen«* bestanden hatte. Pizarro war zwar eisern entschlossen, den Sapay-Inka gefangenzunehmen, doch Atahualpa sollte zunächst einen juristischen Grund dafür liefern, also vor den

Augen der Spanier ein »Verbrechen« begehen. Valverde hielt dem Sapay-Inka eine Predigt, die im großen und ganzen dem Requerimiento entsprach und in der Aufforderung gipfelte, Atahualpa-Inka solle sich dem König von Kastilien unterwerfen. Dann reichte er Atahualpa das Buch, das er in der Hand hielt – die Bibel, das Meßbuch, das Brevier –, die Chronisten sind sich hier nicht einig. Atahualpa-Inka nahm das Buch, hielt es einen Augenblick in der Hand und ließ es, da er seinen Sinn nicht verstand – nicht verstehen konnte – fallen. Valverde raffte das heilige Buch auf, kreischte: *»Sakrileg! Sakrileg! Er hat die Heilige Schrift geschändet! Schlagt los, ich gebe euch die Absolution!«* und riß schleunigst aus. Das war das Angriffszeichen für Pizarro. Das abgelehnte Requerimiento und ein Sakrileg rechtfertigten völlig die Verhaftung des Sapay-Inka.

Ein unbeschreibliches Durcheinander war die Folge. Die Tore der Lagerhäuser flogen auf, die Kavallerie brach hervor. Die Geschütze auf dem Torturm donnerten, die Arkebusen knallten, die Trompeter bliesen aus Leibeskräften. Die Infanterie stürmte vor: *»Santiago y a ellos!« – »Vorwärts mit Santiago!«*

Der Trupp um Pizarro hieb und stach sich durch bis zur Sänfte des Sapay-Inka. Miguel de Estete schleuderte seinen Dolch gegen Atahualpa, Pizarro fing ihn mit der bloßen Hand ab – die einzige spanische Wunde an diesem Tag –, dann zerrte er Atahualpa aus der Sänfte. Die Indio-Krieger wichen zurück, preßten sich in panischem Entsetzen gegen die Umfassungsmauer, bis diese auf eine Länge von 60 Metern zusammenbrach – zum Glück für Tausende, die sich sonst gegenseitig zertrampelt hätten.

»Die Schlacht hatte etwas über eine halbe Stunde gedauert«, schrieb Jérez. *»Kein Indio hatte seine Waffe gegen die Spanier erhoben.* [Später gab das Anlaß zu der Legende, die Indios seien ohne Waffen nach Cajamarca gekommen.] *So groß war ihr Entsetzen, als sie den Gobernador in ihrer Mitte sahen, plötzlich die Kanonen losgingen und die Pferde in geschlossener Formation hervorbrachen – alles Dinge, die ihnen völlig fremd waren, so daß sie, statt zu kämpfen, in vollkommener Verwirrung ihre Rettung nur noch in der Flucht suchten. Alle, die Atahualpas Sänfte getragen hatten, müssen Männer von hohem Rang gewesen sein. Sie kamen alle um, auch diejenigen in den Sänften und Hängematten, ebenfalls Herren über viel Volk.«*

Die Zahl der Toten wurde höchst unterschiedlich angegeben: Jérez sprach von 2000, Diego de Molina von 2800, Cristóbal de Mena von 6000, Ruiz de Arce von 7000. Die beiden letzten Zahlen waren zweifellos übertrieben, wenn man die Kürze des Gefechts und die Zahl der Spanier bedenkt. Auf seiten der Conquistadoren wurde niemand getötet, außer Pizarro niemand verwundet.

Die Masse der Indio-Krieger floh, die Elite starb, doch keiner hatte seine Waffe erhoben.

General Rumi Nahui mit seinen 5000 (oder 20 000) Kriegern rührte keinen Finger zur Rettung seines Sapay-Inka.

Warum? Niemand hatte den Befehl gegeben, und niemand in den Tahuantin-Suyu tat irgend etwas ohne Befehl – das »idyllisch-kommunistische« System des Inka-Reiches hatte sich selber ad absurdum geführt.

Das Gold des Inka

An diesem Abend des 16. November 1532 stand Don Francisco Pizarro auf dem Gipfel seiner Laufbahn: Der Herrscher des gewaltigen Inka-Reiches war sein Gefangener, sein eigener Name für alle Zeit in die Bücher der Geschichte eingeschrieben.

In diesem Hochgefühl fiel es dem Sieger nicht schwer, seinem Gefangenen gegenüber den Großzügigen zu spielen, ihn mit Aufmerksamkeiten geradezu zu überhäufen. Atahualpa durfte alle Zeichen seiner Macht behalten, sein Hofstaat war ebenso glanzvoll wie vorher, seine Minister gingen ein und aus, seine Frauen umschwärmten und umsorgten ihn, die reale Macht in den Tahuantin-Suyu lag noch immer in seinen Händen. Aber niemand, zuallerletzt Atahualpa, ließ sich durch diese Komödie täuschen. Er war und blieb vorläufig die Geisel in den Händen eines unerbittlichen Siegers, ein Zustand, der für keine Seite Dauer haben konnte.

Pizarro wußte, daß nun von ihm irgendeine Initiative ausgehen mußte, wenn er nur auch gewußt hätte, welche ... Er hatte zwar jetzt seinen kostbaren Gefangenen, aber was sollte er mit ihm tun oder was sollte der für ihn tun? Um wie sein Vetter und Vorbild Cortés, ehe ihm Narváez und Albarado dazwischenkamen, langsam die Fäden der Macht in die eigenen Hände zu nehmen, dazu war Pizarro zu grobschlächtig und zu phantasielos – zu phantasielos sogar, um den Sapay-Inka wenigstens dazu zu benützen, ihm etwas zu beschaffen, das durchaus in seinen Horizont paßte: Gold. Selbst auf diese Idee mußte ihn erst Atahualpa bringen, indem er vorschlug, einen gut sieben Meter langen und fünf Meter breiten Raum bis über Mannshöhe als Lösegeld mit Gold und Silber füllen zu lassen.

»Don Francisco Pizarro antwortete: ›Wahrlich ein fürstliches Angebot!‹ und ließ den Notar kommen, um es schriftlich zu beurkunden«, berichtete Pedro Pizarro. Binnen zwei Monaten sollte das Gold in Cajamarca sein. *»Atahualpa schickte seine Hauptleute aus, viele Schätze zu sammeln und herbeizuschaffen.«* Damit es rascher ging, bediente man sich der Sänften, die im Laufschritt von ständig einander ablösenden Trägerstafetten im 15-km-Tempo durch das Land getragen wurden. In ganz dringenden Fällen ließen sich die Träger von den »Chasqui«, den Botenläufern, ablösen, die längs der Inka-Straße stationiert waren. Von Quito bis Cuzco wurden die Schatzkammern, die Paläste, sogar die Tempel und die Häuser der Vornehmen ausgeräumt. Niemand wehrte sich, niemand widersprach. Der Inka hat es gegeben, der Inka hat es genommen, sein Wille geschehe. Der auf Gehorsam gegründete Ameisenstaat der Tahuantin-Suyu funktionierte reibungslos. Trotzdem war nach Ablauf der vereinbarten zwei Monate die genannte Höhe in Gold nicht erreicht, und Pizarro wurde ungeduldig. Atahualpa bat um Nachsicht: Das Land war groß, die Wege weit, und war es nicht genug, daß auf allen Straßen, die nach Cajamarca führten, Sänften, die sich unter dem Gewicht des kostbaren Metalles bogen, herangeschleppt wurden?

Da spielte man Pizarro eine Nachricht von Huáscar-Inka zu. Der gestürzte Einzige Inka bot für seine Freiheit den bewußten Raum in Cajamarca nicht nur bis über Manneshöhe, sondern bis zur Decke, wenn es sein müsse bis zum Dach mit Gold zu füllen.

Atahualpa im Gefängnis. In Ketten wurde er freilich erst in den letzten Tagen gelegt, vorher wurde ihm durchaus sein gesamter prunkvoller Hofstaat und alles Zeremoniell belassen.

Pizarro befahl Atahualpa, unverzüglich Huáscar nach Cajamarca bringen zu lassen. *»Sorge dafür, daß ihm nichts geschieht! Wenn er stirbt, wirst auch du sterben!«*

Der Befehl ging hinaus. Wenige Tage später fand Pizarro einen untröstlichen Atahualpa vor, der beklagte, sein General Chalicuchima habe gegen seinen strikten Befehl seinen armen Bruder Huáscar-Inka ermorden lassen und die Leiche in einen Fluß geworfen – eine besondere Niedertracht, denn nach dem Glauben der Inka zerstörten Wasser und Feuer nicht nur den Körper, sondern auch die Seele und machten ein Weiterleben nach dem Tod unmöglich. Huáscar-Inka war der prominenteste, aber keineswegs der einzige Indio-Fürst, dem in diesen Wochen ein rätselhafter Unfall zustieß oder der ganz einfach verschwand, so wie zwei Verwandte aus der Sippe Huáscars, die sich zu Pizarro geflüchtet hatten, Huamantito und Mayta Yupangui. Auf derlei Vorkommnisse angesprochen, war Atahualpa stets der macht- und hilflose Gefangene, der nichts, aber auch gar nichts wußte oder tun konnte.

Mitte Mai 1533 marschierte endlich die langersehnte christliche Verstärkung durch das Tor von Cajamarca. 150 Mann zu Fuß, 84 Reiter und an ihrer Spitze kein anderer als Don Diego de Almagro. Francisco Pizarro umarmte vor allen Soldaten den alten Compañero herzlich – froh über die neuen Soldaten, wütend darüber, daß Almagro vor der Teilung der Beute angekommen war und nun natürlich beteiligt sein wollte.

Am 13. Juni traf die letzte Lieferung aus Cuzco ein, am 15. begann die Verteilung. Mit Ausnahme einiger Schaustücke für den König und Kaiser – darunter lebensgroße

Reich mit Edelsteinen eingelegtes goldenes Opfermesser, eines der wenigen Kunstwerke, die von den Spaniern nicht zu Barrengold eingeschmolzen wurden.

Figuren von Menschen und Tieren aus massivem Gold – wurde alles, ungeachtet seines Kunstwerts, zu Barrengold eingeschmolzen. Es waren 1 326 539 Pesos d'oro und 52 000 Mark Silber – umgerechnet 120 Zentner Gold und 135 Zentner Silber, was einem heutigen Wert von etwa 210 000 000 DM entspricht. Nach Abzug des Königsfünftels schritt man zur Verteilung. Pizarro erhielt 57 220 Goldpesos (rund 250 Kilogramm) und 2350 Mark Silber (540 Kilogramm). Nebenher genehmigte er sich einen Göttersitz aus einem Tempel und eine Goldplatte Atahualpas, die im Rohmaterial nochmals gut den gleichen Wert ergaben. Es hat sich niemand beschwert. Weshalb auch? Ein Reiter erhielt immer noch 7000 bis 8000 Goldpesos, ein Infanterist die Hälfte. Der Anteil Almagros war nirgends vermerkt, er scheint zufriedenstellend gewesen zu sein. Leer ging nur der dritte der Compañia aus, Don Fernándo de Luque, der Domherr. Er starb etwa zur gleichen Zeit in Panama.

Am 19. Juli wurde die Verteilung offiziell mit einem prachtvollen Gottesdienst zu Ehren Santiagos abgeschlossen. »*Allerdings wurde der Wein bald sauer.*« Der Überfluß an Gold trieb die Preise in schwindelnde Höhen. Francisco de Jérez stellte eine Liste auf: »*Ich kann es behaupten, denn ich habe selbst gekauft. Ein Pferd kostete 1500, ein gutes bis zu 3000 Goldpesos, ein Krug Wein 60, ein Paar Hosen 30 bis 40, ein Mantel 100, ein Schwert 40 bis 50 Pesos d'oro. Wenn einer etwas schuldete, so schnitt er ein Stück Gold ab, ohne zu wägen und zu prüfen, ob er nicht vielleicht das Doppelte des geschuldeten Betrages gebe.*«

Die Ermordung Atahualpas

Pizarro hielt sein Wort gegenüber dem Sapay-Inka. Unter Trompetenschall und feierlichem Trommelwirbel wurde verkündet, Atahualpa-Inka habe seinen Vertrag erfüllt und sei nun, wie versprochen, ein freier Mann – theoretisch! Praktisch würde er als »Gast« in Cajamarca bleiben, bis sich die Unruhe im Land gelegt habe.

Während ringsum die Preise in märchenhafte Höhen kletterten, fiel der Wert des Einzigen Inka auf Null. Pizarro wußte nichts mehr mit ihm anzufangen und beschloß, sich Atahualpa vom Hals zu schaffen. Laut seinem Vorbild Cortés – so wie er es verstand –, hatte der Indio-Herrscher nun zu sterben, am besten von der Hand seiner eigenen Landsleute, und da Atahualpa ihm diesen Gefallen nicht tat, nahm Pizarro die Sache in die eigenen Hände.

Man hat später – natürlich – versucht, Pizarro wenigstens teilweise von der Schuld an Atahualpas Tod reinzuwaschen: Er habe unter dem Druck Almagros und der königlichen Beamten gehandelt, er habe *»lange gezögert«* und *»gegen seinen eigenen Willen mußte er ihn schließlich zum Tode verurteilen«*.

Es ist richtig, daß Almagro, Valverde und der königliche Schatzmeister Alonso Riquelme darauf drangen, erneut eine juristische Grundlage zumindest für eine weitere Gefangenschaft des Sapay-Inka zu besorgen, denn nach der Zahlung des Lösegeldes war Atahualpa theoretisch ein freier Mann, *»und wenn man von ihrer Böswilligkeit absieht«*, bemerkte Pedro Pizarro, *»hatten sie recht: Es war unmöglich, den Inka freizulassen und gleichzeitig das Land zu gewinnen.«*

Don Francisco Pizarro war für eine radikale Lösung. Er sprach es nicht aus, aber er handelte danach. Zunächst sorgte er für die entsprechende Allgemeinstimmung. *»Herr, ich muß dir melden«*, erklärte eines Tages der Häuptling von Cajamarca, *»daß Atahualpa nach seiner Gefangennahme in alle Provinzen Botschaften geschickt hat mit einem Aufgebot des Kriegsvolkes gegen dich und deine Soldaten, um euch alle zu töten. Dieses Kriegsvolk ist unter dem großen Feldhauptmann Rumi Nahui auf dem Anmarsch. Sie sind schon ganz nahe. Sie wollen das Lager überfallen, dich töten und den Inka befreien.«* Und: *»Sehr viele Indios versicherten den Spaniern, es werde keinen Frieden und keine Ruhe im Lande geben, solange dieser kluge und verschlagene Mann am Leben sei, dem sie nie trauen dürften.«* Es hatte früher schon immer wieder Gerüchte dieser Art gegeben, ohne daß man sich allzusehr darum gekümmert hätte. Nun nahm sie der Gobernador plötzlich ernst. Die Wachen wurden verstärkt, Cajamarca in Alarmzustand versetzt, nachts patrouillierten starke Abteilungen in der Gegend und mit dem Morgengrauen war die gesamte Kavallerie mit 150 Pferden unterwegs. *»Manche Nacht fanden wir nicht Schlaf noch Ruhe aus Furcht vor dem Inka und seinen Kriegern.«*

Als nächstes schafft Pizarro seinen Bruder Hernándo und Hauptmann Soto aus dem Weg. Dem hochmütigen Don Hernándo Pizarro und dem ritterlichen Hernándo de Soto galt die Ehre mehr als jede Zweckmäßigkeit, Atahualpa-Inka hatte in ihnen gerechte und unbeugsame Verteidiger gefunden. Sie gaben zwar zu, daß man den Sapay-

Inka nicht einfach freilassen konnte, doch drangen sie darauf, ihn nach Panama, besser nach Spanien zu König Karl zu bringen, und beide hatten sich erboten, selbst den Herrscher samt seinem Hofstaat sicher über das Meer zu geleiten. Doch Pizarro hatte anders entschieden. Sein Bruder Hernándo erhielt den Befehl, mit den Geschenken für den König und seinem ersten Teil des Königsfünftels unverzüglich nach Spanien zu reisen und dort ausführlich Bericht zu erstatten. Soto wurde mit vier Reitern fortgeschickt, um die Gerüchte von Kriegeransammlungen in der weiteren Umgebung von Cajamarca zu prüfen – er fand nichts, nicht einen bewaffneten Mann ...

Kaum waren die Staubwolken hinter den beiden Reitertrupps verweht, berief Pizarro den Gerichtshof gegen Atahualpa ein. Die Anklagepunkte hießen: Anmaßung des Throns von Peru, Mord an seinem Bruder Huácsar, Vielweiberei, Götzendienst, Versuch der Rebellion gegen den König von Spanien und Verschwörung gegen den Gobernador. Die Anklage war grotesk: Die ersten vier Punkte fielen auch bei kühnsten juristischen Konstruktionen nicht in spanische Gerichtsbarkeit, die beiden anderen Punkte konnten bei aller Böswilligkeit nie bewiesen werden. Doch darum ging es ja nicht, die Verhandlung war eine Farce, das Urteil stand von Anfang an fest.

Kein Chronist unterläßt es, die düstere Rolle des Indio-Dolmetschers Felipillo zu erwähnen. Felipillo hatte mit einer Frau des Inka ein Verhältnis angefangen. Für ein solches Vergehen sahen die alten Gesetze vor, daß der Frevler und die Frau lebendig verbrannt, seine Eltern und Geschwister und die ganze Sippe ausgelöscht, sein Dorf dem Erdboden gleichgemacht, ja sogar die Bäume ausgerissen wurden, um ein ewiges Denkmal dieser Strafe zu setzen. Atahualpa war empört, zutiefst verletzt und verlangte strengste Bestrafung – Felipillo wurde ausgepeitscht. So benützte der Indio aus Rache an Atahualpa seinen Dienst als Dolmetscher, um absichtlich die Aussagen des Angeklagten zweideutig, mißverständlich, sogar falsch und sinnentstellt zu übersetzen. Zweifellos eine häßliche Rolle, die der Indio bei dem Prozeß spielte, aber noch häßlicher die Rolle Pizarros, der allein Felipillo als Dolmetscher in diesem Verfahren zuließ.

Das Urteil lautete: Tod auf dem Scheiterhaufen.

Dann beeilte man sich, ehe etwa Soto zurückkehrte, das Urteil zu vollstrecken. *»Am Abend führten sie den Inka auf den Platz, banden ihn an einen Pfahl und wollten ihn auf Geheiß des Gobernadors lebendig verbrennen. Da es aber Gott gefiel, ihn zu bekehren, sagte Atahualpa, er wolle Christ werden. Der hochehrwürdige Vincente de Valverde taufte ihn und sprach ihm Mut zu.«*

Es wurde später behauptet, Atahualpa habe sich taufen lassen, weil man ihm versprochen habe, ihn dann freizulassen. Viel wahrscheinlicher ist, daß er nur dem Feuer entgehen wollte, das seinem Glauben nach ja nicht nur den Leib, sondern auch die Seele zerstörte.

Das Urteil wurde auf Tod durch Erdrosseln gemildert. *»Als er merkte, daß sie ihn doch töten würden, bat er den Gobernador, er möge sich um seine kleinen Kinder kümmern. Das waren seine letzten Worte. Die anwesenden Spanier sprachen für sein Seelenheil das Credo, und anschließend wurde er erdrosselt. An jenem Abend blieb sein*

Die Hinrichtung Atahualpas. Poma de Ayala irrte bei dieser Darstellung, Atahualpa wurde nicht enthauptet, sondern erdrosselt.

Leichnam auf dem Platz, damit jeder sehe, daß er tot war.« Man schrieb den 29. August 1533.

»Am nächsten Tag mußten alle Spanier auf Befehl des Gobernadors an der Beisetzung teilnehmen. Mit dem Kreuz voran und allem sonstigen religiösen Gepränge trug man ihn zur Kirche und geleitete ihn feierlich zu Grabe, als wäre er der Vornehmste unseres Lagers gewesen.« Als Hauptleidtragender trat Don Fernando Pizarro auf, mit einer schwarzen Schärpe quer über dem Harnisch und einem schwarzen Flor am Degenknauf. Fray Vincente de Valverde zelebrierte das Requiem. In der folgenden Nacht gruben treue Diener die Leiche aus und brachten sie in großer Heimlichkeit nach Quito, wo Atahualpa-Inka von General Rumi Nahui neben seinem Vater Huayna Capac-Inka nach altem Inka-Zeremoniell beigesetzt wurde, während sich seine treuen Dienstleute erhängten oder die Felsen hinabstürzten, seine Frauen sich mit ihren eigenen Haaren, zusammen mit ihren Dienerinnen, erwürgten.

Der Fluch Huáscar-Inkas hatte sich erfüllt: *»Meine Herrschaft war kurz, die dieses Verräters wird noch kürzer sein!«*

Sebastián Moyano de Benalcázar

Ecuador 1534 bis 1538

»Da in San Miguel zuwenig Soldaten waren, sonderte der Gobernador zehn Reiter mit einem umsichtigen Hauptmann aus; er sollte in jenem Hafen die Stellung so lange halten, bis zu Schiff neue Soldaten einträfen. San Miguel komme eine besonders große Bedeutung zu, nicht nur als erster spanischer Stadt und Kolonie Seiner Majestät in Peru, sondern auch als Umschlagplatz der Schiffe, die von Panama kämen.«

Eroberung ohne Erlaubnis

Der in diesem Zitat von Sancho de la Hoz erwähnte umsichtige Hauptmann war kein anderer als Sebastián de Benalcázar. Er stammte aus Estremadura, nach anderen Quellen aus der Gegend um Cordoba, war mit Don Pedro Arias Dávila nach Darién gekommen, gehörte jahrelang zum Stamm hervorragender Offiziere, die der Gobernador von Panama und Nicaragua um sich versammelt hatte, und war nach dem Tod Don Pedrarias' dem Ruf seines alten Kampfgefährten Pizarro nach Peru gefolgt. Nun war er etwa 40 Jahre alt. Cajamarca hatte auch ihn zum reichen Mann gemacht, für seinen Nachruhm freilich wenig getan.

Mit ihm zog eine stattliche Zahl an »Heimkehrern«, unter ihnen auch Pizarros Sekretär Francisco de Jérez, die samt ihrem in Kisten wohlverpackten Gold und Silber den Rückweg nach Spanien antraten, und von denen Gómara schrieb: *»Sie füllten das Handelshaus in Sevilla mit Gold und die ganze Welt mit Ruhm und Gier.«*

So sehr sein neuer Posten ein Zeichen des Vertrauens für Benalcázar sein mochte, San Miguel war Etappe, nichts für einen Mann, der Temperament und Erfahrung für die vordersten Linien besaß. Es dauerte nicht lange, bis sich ein Anlaß bot, der das für einen Soldaten stets heikle Risiko rechtfertigen konnte, den anvertrauten Posten zu verlassen. Von den Cañaris drangen verzweifelte Hilferufe aus dem Norden, der mörderische Haufen des aus Cajamarca geflohenen Generals Rumi Nahui, verstärkt durch Krieger anderer sich auflösender Inka-Heere, zögen unter Raub, Mord, Plünderung und Brand gegen Quito.

Benalcázar raffte 250 Mann samt Waffen, Pferden, Munition und Troß zusammen, die eigentlich für den Gobernador bestimmt waren, und marschierte nach Norden – den bedrängten Cañaris zu Hilfe, wie er sagte, Quito, die zweite Stadt des Inka-Reiches samt ihren Schätzen für sich zu erobern, wie er meinte.

Vor Riobamba, am Fuß des Chimborazo, erwartete Rumi Nahui mit einigen 10 000 Kriegern wohlverschanzt die Conquistadoren. Die Kämpfe erstreckten sich über meh-

Das von Benalcázar im spanischen Kolonialstil wieder aufgebaute Riobamba, nachdem es in den Kämpfen mit Rumi Nahui restlos zerstört worden war.

rere Tage, sie waren blutig, verbissen und unentschieden, was letztlich einen Vorteil für Rumi Nahui bedeutete, da er ja nur die Stellung behaupten mußte. Da geschah eines jener Wunder, von denen die Chronisten so gerne erzählen: Der Chimborazo, nach anderen Angaben der Cotopaxi, brach aus, die Erde bebte, der Vulkan spie Feuer und Lava. Die entsetzten Indios warfen die Waffen weg und flohen unter einem Regen von Asche und Bimsstein, ihr Troß blieb liegen.

General Rumi Nahui brachte endlich vor Quito seine Truppen zum Stehen und zwang sie erneut hinter Gräben und mit Stacheln besetzten Mauern gegen die Pferde den Kampf aufzunehmen. Doch die Fremden hatten vor Riobamba zu deutlich ihre Göttlichkeit bewiesen – besaß doch nicht einmal der Inka Macht über das Feuer der Berge! Der Widerstand der Indios zerbrach schnell.

Die geschlagenen Scharen strömten nach Quito, und Rumi Nahui befahl, die Stadt zu räumen. Agustin de Zárate berichtet weiter: *»Rumi Nahui trat zu seinen Frauen, deren er sehr viele hatte, und sagte zu ihnen: ›Jetzt kommen die weißen Männer; ihr werdet euch bald gut mit ihnen unterhalten.‹ Darauf lachten einige in der Meinung, er mache einen Scherz. Das Lachen wurde ihnen bitter, als er seine Krieger hereinbefahl und sie fast alle umbringen ließ, an die 300. Die Flüchtenden zündeten die fürstlichen Quartiere an; sie rissen an sich, was sie tragen konnten, und flohen durch die Nacht in die Berge hinaus. Was in Quito an Schätzen war, ging mit ihnen unter.«* Rumi Nahui verschwand in den östlichen Dschungeln, sein weiteres Schicksal ist unbekannt.

Gerüchte über die märchenhaften Reichtümer Quitos hatten Benalcázar und seine Männer von San Miguel fortgelockt, nun standen sie vor rauchenden Ruinen. *»Groß war die Traurigkeit und Melancholie der Soldaten, ihre Hoffnungen nach so vielen und schweren Mühen enttäuscht zu sehen.«* Immerhin erhielten sie in ihrem Leid Gesellschaft durch Don Diego de Almagro und seine Truppe, die ebenfalls zur Eroberung von Quito ausgezogen war.

Pedro de Albarado in Peru

Es hat viel Geschrei und böse Greuelgeschichten über den Zug Don Pedro de Albarados nach Peru gegeben. Zweifellos war der Held der noche triste, der Eroberer und Adelantado von Guatemala, nicht der Mann, der die Indios mit Samthandschuhen anzufassen pflegte, doch die Schreckensgeschichten über sein Benehmen in Peru stammen samt und sonders von Anhängern Pizarros, dem begreiflicherweise jedes Mittel recht war, um seinen alleinigen Anspruch auf das Land zu rechtfertigen.

Die Situation war kompliziert, denn Albarado konnte ein königliches Patent vorweisen – älter als das Pizarros –, das ihm die Rechte auf die Länder am Mar del Sur südlich Panamas sicherte.

Im Frühjahr 1534 landete er mit 500 Spaniern, 227 Pferden und etlichen Tausend Mann Indio-Hilfstruppen, der größten fremden Streitmacht, die Peru bis dahin gesehen hatte, in der Nähe des heutigen Caraquez. Lassen wir ihn selbst berichten: *»Ich erfuhr etwas von einer Stadt Quito, die außerhalb der Grenzen von Pizarros Machtbereich fiel. Den Angaben folgend, die ich auf meine Fragen nach dem Weg nach Quito erhielt, entschloß ich mich, nicht der Küste entlang zu marschieren, sondern ins Landesinnere vorzudringen in der Überzeugung, mich mehr und mehr von den Orten zu entfernen, wo man andere Spanier hätte antreffen können. Ein unwegsameres und schrecklicheres Land als das, in welches ich hier verschlagen wurde, dürfte es auf der ganzen Welt nicht geben; nichts als Berge, Flüsse und Sümpfe, Dschungel und Dickicht; wir mußten uns den Weg mit dem Degen und den Händen bahnen, mehr als 170 Leguas* [940 km] *weit; das kostete mich fünf Monate. In jener Zeit wurden mir viele Leute krank; es war eine ganz schlimme Seuche: Die meisten starben bereits einen Tag nach dem ersten Fieberanfall weg; andere kamen zwar davon, verloren aber den Verstand. Wohl starben auf diese Weise 80 Mann. Schließlich kamen wir in etwas ebeneres Land und fanden dort einige kleine Dörfer mit sehr primitiver, trotzdem einigermaßen wohlhabender Bevölkerung. Und so drang ich eben weiter ins Land vor bis auf eine Paßhöhe. Dort überraschte uns ein Schneesturm, verbunden mit Hagelschauern und eisiger Kälte. Es erfroren mindestens neun spanische Männer und Frauen, fast alle Neger und sonstigen Dienstleute, die ich mitführte, auch einige Pferde. Die Not, in die wir durch dieses Unwetter gerieten, war so groß, daß jeder, um nur rasch diesem Ort der tödlichen Schrecken zu entrinnen, Vorräte und Kleidung liegen ließ.«*

Agustin de Zárate berichtete dazu eine erschütternde Episode: *»Ein Spanier hatte* *seine Frau und zwei kleine Mädchen bei sich. Sie waren so entkräftet, daß sie sich in den Schnee setzen mußten, und er konnte ihnen weder helfen noch sie tragen. So blieb er bei ihnen, und alle vier erfroren. Er hätte sich allein retten können, aber er wollte lieber gemeinsam mit ihnen sterben.«*

Albarado berichtete weiter: *»Durch den Verlust der Vorräte litten wir unsäglichen Hunger; nach dem Paßübergang aßen wir nur noch gekochte Palmspitzen; wenn eine Stute ein Fohlen bekam, wurde dasselbe gleich für 2000 Castellanos verkauft und gegessen; das Fleisch eines gefallenen Pferdes kostete ein Mehrfaches. Ich schickte einen Hauptmann mit ein paar Männern auf die Suche nach einem gangbaren Weg voraus; mit dem Gros zog ich langsam weiter. Gott ließ ihn einen breiten und ebenen Weg finden. Ihn weiter verfolgend, entdeckte er frische Pferdespuren und ritt ihnen nach. Er holte acht Reiter ein und brachte sie zu mir. Ich erfuhr, daß sie zu Don Diego de Almagro gehörten, der erst wenige Tage vorher in jener Stadt Quito eingetroffen war, nur zwei Tagereisen von hier entfernt.«*

Aber auch diese dezimierten Streitkräfte Albarados waren jenen noch bei weitem überlegen, die Benalcázar und Almagro ihnen zur Verteidigung der Rechte Pizarros entgegenstellen konnten. Es war fast ein Glück, daß genau in diesem Augenblick, knapp ehe spanisches Blut von spanischen Waffen floß, das Heer von Quizquiz erschien.

Goldbecher aus Nordperu. Nach dem Abzug Rumi Nahuis blieb nur wenig der Schätze in Quito zurück, um derentwillen Benalcázar und Almagro nach Norden gezogen waren.

Sebastián Moyano de Benalcázar, Gobernador von Quito, ein Mann, der mit allen Mitteln versuchte, Ruheposten zu entgehen.

Der ehemalige General Atahualpas hatte vergeblich versucht, Cuzco gegen Pizarro und den vom Gobernador gekrönten neuen Sapay-Inka, Manco, zu verteidigen, und hatte endlich die Stadt brennend dem Sieger zurückgelassen. Mit mehr als 12 000 Kriegern marschierte er nach Norden samt reichem Beutegut und zahlreichen Geiseln aus Cuzco.

In der Schlacht gegen die vereinten Truppen Albarados, Almagros und Benalcázars hatte der ehemalige General Atahualpas keine Chance. *»Alle Lagerbestände, die die Indios nicht auf die Berge mitschleppen konnten, verbrannten sie in jener Nacht, und auf der Ebene verblieben 15 000 Lamas und über 4000 Indios und Indias und fielen in die Hände der Spanier; alle diese hatte Quizquiz als Gefangene mit sich geführt.«* Quizquiz zog sich wie Rumi Nahui in die östlichen Urwälder zurück, versuchte erneut einen Widerstand gegen die weißen Eindringlinge zu organisieren und wurde schließlich von seinen eigenen, kampfesmüden Kriegern erschlagen.

Inzwischen verhandelten Albarado, Almagro und Benalcázar in Riobamba zäh und hartnäckig um die Bedingungen für den friedlichen Abzug des Adelantado von Guatemala. Albarado erklärte sich bereit, gegen eine Summe von 100 000 Pesos d'oro (460 Kilo guten Goldes) Almagro seine sechs Schiffe, seine gesamte Streitmacht und Ausrüstung wie das bewußte königliche Patent zu überlassen. Nach Abschluß des Vertrages ritten Albarado und Almagro hochbefriedigt nach Ciudad de los Reyes (Stadt der Könige), die Pizarro soeben als künftige Hauptstadt des Landes gründete und die heute Lima heißt.

Herzliche Umarmungen, feierliche Hochämter, gehalten durch den eben ernannten

Erzbischof von Cuzco, Vincente de Valverde, prächtige Turniere, Waffenspiele und üppige Festmähler begleiteten die Übergabe des Goldes an Albarado, ehe er nach Guatemala zurücksegelte.

Noch einmal, sechs Jahre später, sollte der Name Don Pedro de Albarado in aller Munde sein. Während Don Francisco de Coronado nach den sieben Städten von Cibola suchte, kam sein Vizegobernador Oñate in schwere Bedrängnis. Die Indios von Sinaloa und der Stamm der Zacateken waren gegen die Spanier aufgestanden und belagerten Oñate in Jalisco. Es war zur gleichen Zeit, als Albarado 13 Schiffe, mit reichlicher Mannschaft ausgerüstet, bereitliegen hatte, um mit Zustimmung des Kaisers und eigenen Geldmitteln nach China und den Gewürzinseln zu fahren. Albarado kannte Oñate nicht, doch das tat nichts zur Sache, man konnte einen spanischen Offizier nicht unter den Pfeilen der Indios umkommen lassen. Mit einer Hundertschaft Reiter stürmte Albarado nach Jalisco, brach den Belagerungsring auf, jagte die Indios in die Flucht. Doch mitten im dichtesten Kampfgetümmel rutschte am Steilhang eines Berges ein Pferd aus, verlor das Gleichgewicht und rollte, sich überschlagend, den Hang hinab, an dessen Fuß Albarado kämpfte. Der Conquistador hatte keine Zeit mehr auszuweichen. Das Tier stürzte mit voller Wucht auf ihn und zermalmte ihn unter sich. Don Pedro de Albarado starb wie er gelebt hatte: gewaltsam und ritterlich.

Eine unerwartete Begegnung

Sebastían de Benalcázar war nach dem glücklichen Abschluß des Vertrages zwischen Albarado und Almagro nach Quito zurückgekehrt, aus dessen verbrannten Ruinen unter seiner Hand nun eine spanische Stadt emporwuchs.

Das war freilich nun wieder einer jener Ruheposten, die dem inzwischen zum Gobernador von Quito ernannten Haudegen Benalcázar so zuwider waren. Wie dankbar war er für jene Gerüchte, die immer wieder aus dem Norden an sein Ohr drangen, daß dort das wahre, das echte, das richtige El Dorado liege. Benalcázar hielt es nicht mehr in Quito. Ende 1536 oder Anfang 1537 rückte er mit einer kleinen Schar nordwärts, überstieg den Zusammenschluß der westlichen und östlichen Cordilleren, zog ein Stück den Cáuca-Fluß abwärts, überkletterte die mittleren Cordilleren, erreichte beim heutigen Neiva den Magdalenen-Strom und zog an ihm entlang, bis er in einem wunderschönen, fruchtbaren Tal drei schwergeharnischte Reiter traf, deren Anführer sich in schlechtem Spanisch, doch durchaus höflich als Hauptmann Nikolaus Federmann vorstellte.

Jiménez de Quesada

Columbien 1536 bis 1539

»Es war einer jener seltsamen Zufälle, der drei Conquistadoren, die von drei verschiedenen Orten, zu verschiedenen Zeiten und ohne voneinander zu wissen aufgebrochen waren, bei der nachmaligen Stadt Santa Fé de Bogotá zusammenführte. So mußten denn zwei von ihnen unverrichteter Dinge wieder davonziehen, doch auch der dritte erhielt von Seiner Majestät nicht den Lohn, der ihm zugestanden hätte. So haben schließlich alle drei die größten Mühen und Gefahren auf sich genommen, ohne einen Gewinn daraus zu haben.«

Ein aufrechter und frommer Conquistador

Die Nordküste Columbiens und Venezuelas waren kein Neuland. Schon Juan de la Cosa und Alonso de Hojeda hatten erste Vorstöße unternommen, Bastidas hatte Santa Martha gegründet, Pedro de Heredia war bis zum Fuß der Cordilleren vorgedrungen. Das Innere des Landes blieb freilich noch ein weißer Fleck auf der Landkarte, bevölkert von Fabelwesen und sagenhaften Städten.

Jiménez de Quesada kam 1536 als königlicher Inspektor und oberster Gerichtsherr ins Land und erhielt unverzüglich von Gobernador Fernándo de Lugo den Auftrag, das Land entlang des Magdalenen-Flusses zu erforschen. Quesada war ein trockener Jurist, streng, ernst, humorlos, doch jeder, der über ihn schrieb, rühmte seine untadelige Gerechtigkeit, seinen klaren Verstand und seine tiefe Frömmigkeit, die ihn, obwohl Weltmann, ganz nach den mönchischen Gelübden der Armut und Enthaltsamkeit leben ließ.

Mit 700 Spaniern, fünfmal so vielen Indios und 100 Pferden brach er von Santa Martha auf, seinen Befehl zu erfüllen. Der Weg am Unterlauf des Magdalenen-Stroms entlang wurde zu einem der sattsam bekannten Dschungelmärsche mit Sumpf, Wasser, Hitze, Platzregen, verfilztem Unterholz, stechenden Insekten, beißenden Schlangen, schnappenden Krokodilen und wütendem Hunger, den man mit Reptilien, Gürtelleder und schließlich, zum namenlosen Grausen Quesadas, mit den Leichen der Indio-Söldner, selbst der eigenen Kameraden, zu bekämpfen versuchte.

Nur ein Sechstel der Männer erreichte endlich den Zusammenfluß des Magdalenen-Stroms mit dem Rio Suarez, wo sich plötzlich ein weites Tal mit Maisfeldern und klaren Bächen vor ihnen öffnete.

Die Indios waren liebenswürdig und hilfsbereit. Sie nannten sich Chibcha, und ihre Überlieferungen waren denen der Azteken, Maya und Inka nicht unähnlich, freilich in kleinerem Rahmen. Auch sie kannten einen weißen, bärtigen Gott, den sie Bochica nannten, und dessen Geschichte von Quetzalcoatl und Viracocha nur insoweit abwich, daß er nicht über das den Chibcha unbekannte Meer, sondern den Magdalenen-Strom hinab verschwunden war und auch von dort wiederkommen sollte. Das »Reich« der Chibcha war ein Bund von Stämmen, deren Häuptlinge Zipa oder Zaque genannt wurden und die den Zipa von Bogotá als primus inter pares anerkannten. Die Chibcha waren in der Hauptsache Bauern, aber auch geschickte Töpfer, Weber und Metallarbeiter.

Recht schnell und nahezu gewaltlos ging der Zipa-Bund in das Reich Karls V. auf, zweifellos durch die Zwistigkeiten der Zipas und Zaques begünstigt. Die Herren von Hunza, Zunja, Sogamoso und Tundama schworen den Lehenseid, und daß der Zipa von Bogotá entfloh, spielte dabei kaum noch eine Rolle. In Bogotá erhielt Quesada auch die Nachricht von einer anderen Gruppe »weißer Götter«, die etwas nördlich der Stadt lagerten; es war der schon bekannte Hauptmann Nikolaus Federmann.

Die deutschen Conquistadoren

Sie sind, auch in Deutschland, nahezu vergessen, jene Männer, die über ein Jahrzehnt den Titel der Gobernadores von Venezuela führten. Oder wer kennt schon die Namen Ambrosius Ehinger, Nikolaus Federmann, Georg Hohermuth und Philipp von Hutten?

1519 hatten sich um die Kaiserkrone des Heiligen Römischen Reiches Deutscher Nation drei europäische Herrscher beworben: König Carlos I. von Spanien aus dem Haus Habsburg, der schillernde König François I. von Frankreich und der bombastische König Henry VIII. von England. Die deutschen Kurfürsten verkauften die Kaiserkrone schließlich dem Spanier, der als Karl V. den Thron bestieg. Der junge Habsburger hatte dafür ungeheure Schulden machen müssen und den deutschen Handelsherren – den Welsern und Fuggern aus Augsburg, den Behaim und Holzschuher aus Nürnberg –, die ihm das Geld vorgestreckt hatten, als Pfand Venezuela auf 20 Jahre überlassen.

Während die Fugger mit großer Geste einige der Schuldscheine des Kaisers in den Kamin warfen und sich wenig später als Grafen wiederfanden, versuchten die Holzschuher und vor allem die Welser, ihre Rechte in der Neuen Welt zu nutzen, um durch Perlenfischerei an der Küste und Ausbeute der Goldminen im Landesinneren wieder zu ihrem Geld zu kommen. Das Problem – an dem das Unternehmen letztlich scheiterte – war, daß weder die Augsburger noch die Nürnberger Handelsherren über Schiffe verfügten. Sie mußten um teures Geld die Schiffe in Spanien chartern, und die Behörden in Sevilla und Cadiz taten begreiflicherweise alles, um den Deutschen das Leben sauer zu machen.

So dauerte es fast acht Jahre, ehe der erste deutsche Gobernador von Venezuela, Ambrosius Ehinger, am Nordostende des Maracaibo-Sees 1527 den Boden Amerikas betreten und die Siedlung Neu-Augsburg (Coró) gründen konnte. Wieder dauerte es vier Jahre, bis der stockende Nachschub wenigstens so viel an Männern und Material in Neu-Augsburg abgeladen hatte, daß man die ersten Vorstöße ins Landesinnere wagen konnte.

1530/31 marschierte Hauptmann Nikolaus Federmann nach Süden, überstieg die Ausläufer der östlichen Cordilleren, erreichte das Orinoco-Becken und drang bis zum Apure vor, wo er vermutlich nur um wenige Wochen die Expedition des Diego de Ordás verfehlte, ehe er nach Neu-Augsburg zurückkehrte.

Noch im gleichen Jahr versuchte Ambrosius Ehinger sein Glück. Er überquerte auf Einbäumen die Mündung des Maracaibo-Sees, gründete an dessen Westufer die Stadt Neu-Nürnberg (besser bekannt unter dem Namen Maracaibo), zog dann in einer weiten Schleife bis zum Lech (Rio Magdalena) und der Pegnitz (Rio Cáuca), kämpfte sich durch Sümpfe und Dschungel am Unterlauf dieser Flüsse, kehrte nach Neu-Nürnberg und schließlich, nach dreijähriger Abwesenheit, nach Neu-Augsburg zurück, wo er einem Hinterhalt der Indios zum Opfer fiel.

Sein Nachfolger wurde Georg Hohermuth, der oft nach seinem Geburtsort Georg von Speyer genannt wurde. 1534 brach er von Neu-Augsburg auf und marschierte an den östlichen Cordilleren südwärts, wobei er sich stets in jener Zone zu halten versuchte, die am Berghang zwischen den tropischen Regenwäldern unten und der kalten, kaum bewachsenen Puna oben liegt. Durch dieses kluge Verhalten verlor Hohermuth

Links Nikolaus Federmann, rechts Philipp von Hutten, zwei der deutschen Conquistadoren.

auf seiner vierjährigen Expedition nur fünf Mann durch Unfälle, nicht einen durch Tropenfieber, Kälte oder Hunger. Er erreichte den Oberlauf des Caqueta, den er Iller taufte, nur 300 Kilometer nordöstlich von Quito, ehe er kehrtmachte.

Ein Jahr nach Hohermuth, 1535, brach Federmann von Neu-Augsburg auf, folgte dem von Hohermuth gekennzeichneten Weg über die Oberläufe der Isar (Apure), des Main (Meta) bis zur Wertach (Guaviare), überstieg dort die östlichen Cordilleren und gelangte kurz vor Quesada nach Bogotá.

Zwei Wochen nach Quesada erreichte als dritter Benalcázar die Hauptstadt der Chibcha.

Dreifacher Mißerfolg

Das Zusammentreffen der drei Conquistadoren Quesada, Benalcázar und Federmann hätte leicht blutig ausgehen können, doch man erinnerte sich rechtzeitig, daß man ja schließlich Untertan des gleichen Königs und Kaisers war. *»Noblesse oblige!«* meint Jean Descola. *»Sie werden sich vor den Indios Bogotás doch keine Blöße geben! So ziehen sie den Degen also nur zum Salutieren, stecken ihn wieder in die Scheide, umarmen einander und feiern ihr Treffen mit einem Wildbretschmaus. Hinterher setzt man sich zu einer Beratung zusammen. Benalcázar gibt die Partie auf und kehrt nach Quito zurück. Der praktische Deutsche überläßt gegen eine Abfindung von 10 000 Goldpesos Quesada das Feld.«*

Benalcázar wandte sich der columbianischen Pazifik-Küste um Bonaventura zu, geriet dort mit dem gealterten Pascual de Andagoya und dem Expeditionskorps des jungen Jorge Robledo aneinander und wurde schließlich vom königlichen Kommissar und Lizentiat Cristóbal Vaca de Castro nach Quito auf seinen Posten als Gobernador zurückgeschickt.

Federmann kehrte, wieder mit einem Jahr Abstand, und entlang den von Georg Hohermuth gekennzeichneten Wegen nach Neu-Augsburg zurück. Inzwischen war allerdings mit dem Ende des Jahres 1539 die königliche Konzession abgelaufen, ohne daß die Nutznießer auch nur den vierten Teil dessen hätten ausbeuten können, was ihnen rechtens zustand. Vor allem die Welser kämpften verbissen um eine Verlängerung der Konzession. Doch während sich die kaiserliche Kanzlei, der Indien-Rat und die Augsburger Handelsherren noch stritten, beendeten die Spanier die deutsche Conquista in Venezuela mit Feuer, Schwert und Galgen.

Philipp von Hutten, ein Neffe des großen Humanisten Ulrich von Hutten, der schon auf dem Zug Hohermuths dabeigewesen war, brach 1541 von Neu-Augsburg auf und folgte dem nun schon bekannten Weg am Abhang der östlichen Cordilleren mit dem Ziel, noch weiter nach Süden vorzustoßen. Am Rio Coca stieß er auf eine Abteilung Spanier unter Juan de Carvajal, der ihn und seine Männer festnehmen und ohne Richterspruch und Urteil kurzerhand aufhängen ließ.

Sein Schicksal unterschied sich jedoch nicht wesentlich von dem jener Deutschen,

Jiménez de Quesada, ein Mann von untadeligem Charakter, der wie manch anderer die besondere Dankbarkeit seines Königs zu fühlen bekam.

die in Neu-Nürnberg und Neu-Augsburg zurückgeblieben waren. Für die Spanier unter Villegas, Villacinda, Fajardo und Losada war es nicht schwer, die seit Jahren praktisch ohne Nachschub gebliebenen deutschen Niederlassungen zu erobern. Wer von den Deutschen in den Kämpfen nicht fiel, wurde anschließend hingerichtet, und sie fanden es besonders spaßig, vor den Augen des letzten Gobernadors, Georg von Holzschuher, ehe er enthauptet wurde, das gesamte Archiv an Vermessungen, Beschreibungen des Landes, der Menschen, der Flora und Fauna, die Ehinger, Hohermuth und Federmann zusammengetragen hatten, zu verbrennen.

Jiménez de Quesada, in dessen Händen letztlich Bogotá verblieben war, kehrte auf Booten den Magdalenen-Strom abwärts nach Santa Martha zurück. Ein Jahr später legte er in Valladolid Karl V. das »Neue Königreich von Granada« zu Füßen in der festen Erwartung, Seine Majestät werde ihn nun zum Gobernador dieses von ihm eroberten Landes ernennen. Doch Karl V. hielt sich an die schon sattsam bekannte Dankbarkeit spanischer Könige und übertrug den Posten einem jungen Schnösel, dem Sohn Fernándo de Lugos, der sich um das Land so tüchtig kümmerte, daß von den freundlichen Chibcha bald nur noch ein paar Tausend übrig waren.

Don Diego de Almagro

Chile und Peru 1535 bis 1541

»Der Marschall Almagro war klein von Gestalt, häßlich im Gesicht, besonders seit dem Verlust eines Auges. Er war lebhaft, tapfer, unermüdlich in der Arbeit, umsichtig, großherzig und von mildem Temperament. Er war ein Mann, mehr zum Befehlen als zum Gehorchen geschaffen. Der Geist des Menschen gleicht dem Feuer, das nie ruhig bleibt und immer wächst. Ebenso entbrennt der Geist an der Flamme der Leidenschaft und Eifersucht wie an einem Zündel.«

Nur Kälte und Hitze, Hunger und Durst

Der vielgeschmähte Don Hernándo Pizarro war für Almagro vor dem König von Spanien ein weit besserer Botschafter als vormals dessen Compañero Francisco Pizarro. Almagro erhielt den Titel eines Marschalls und als Gobernador ein Gebiet, das sich von Cuzco 800 Kilometer nach Süden erstreckte. Es erwies sich freilich bald als höchst verhängnisvoll, daß der Indien-Rat bei der Ausfertigung des Dokuments keine klare

Don Diego de Almagro. Jahrelang betrog Pizarro den ehemaligen Compañero um die Früchte ihrer Mühen, und als dieser auf einen gerechten Anteil bestand, trieb er ihn in die tödliche Auseinandersetzung.

Grenze gezogen, und vor allem nicht festgelegt hatte, wem die alte Inka-Hauptstadt Cuzco gehören sollte: Almagro forderte sie nun für sich, und Pizarro dachte nicht daran, sie herzugeben. Nur mit knapper Not gelang es Hernándo de Soto, bewaffnete Zusammenstöße zu verhindern und die beiden ehemaligen Compañeros wenigstens äußerlich noch einmal zu versöhnen.

Am 15. Juli 1535 brach der nun 60jährige Almagro mit 500 Spaniern und mehreren tausend Indios nach Süden auf, um sein Herrschaftsgebiet zu erobern. Über den Cordilleren-Scheitel zogen die Conquistadoren zum Titicaca-See, durch ganz Hatun Kolla bis über die Grenze des heutigen Argentinien und von da endlich über die Anden nach Chile. Sie bewältigten Pässe über 4000 Meter, zuerst noch auf Inka-Straßen, später auf unbekannten Gebirgspfaden, an Abgründen vorüber, durch Schneehalden und Geröllfelder. *»Holz zum Feuermachen gab es nicht. Nirgends eine Unterkunft. Indios brachen im Schnee zusammen oder erstarrten, während sie an eine Felswand gelehnt rasteten. 30 Pferde gingen ein. Der Hunger erreichte einen solchen Grad, daß die Indios ihre toten Gefährten verzehrten, und die Spanier hätten gerne von den erfrorenen Pferden gegessen; aber wenn sie sich niederließen, überwältigte sie die Kälte«*, schrieb Oviedo nach einem Augenzeugenbericht. Als sie fünf Monate später zurückkehrten, fanden sie die erstarrten Leichen noch, wie sie waren im Augenblick des Sterbens. Endlich dem Schrecken des Hochgebirges entflohen, machte Almagro Halt im grünen Tal von Coquimbo. Doch nirgends gab es Schätze, nicht einmal eine Zivilisation, die sich auch nur entfernt mit der Perus messen konnte. *»Sowie sich herausstellte, wie arm dieses Land war, reute es ihn und fast alle Gefährten, daß sie hierher gekommen waren. Diese Entdeckung war eine ganz große Enttäuschung. Wenn es Almagro nicht um das Gerede der Leute zu tun gewesen wäre, so munkelt man, wäre er schon nach wenigen Tagen umgekehrt. So aber fühlte er sich, wie er selbst sagte, dem König und Pizarro durch sein Wort verpflichtet und sandte einen Hauptmann mit 70 oder 80 Reitern und 20 Mann Fußvolk von Chile aus weiter auf Entdeckung. Dieser Hauptmann, Gomez Albarado, brauchte für Vormarsch und Rückkehr noch weitere drei Monate.*

Die Grüchte von einem gewaltigen Indio-Aufstand in Peru lieferten den willkommenen Anlaß, dieses unwirtliche Land zu verlassen. Almagro wollte sich in dem Land, dessen Gobernador und Adelantado er war, keinesfalls niederlassen, sondern nach Peru zurückmarschieren und von Pizarro einen gerechten Anteil an den Früchten ihres gemeinsamen Unternehmens verlangen, wie es einem gleichberechtigten Partner zustand.

Der Rückmarsch führte durch die Salzwüste von Atacama, wo die Conquistadoren statt klirrender Kälte und Hunger glühende Hitze und Durst erwarteten, während die Temperaturen bis zu 40 Grad stiegen und kein noch so dürrer Baum oder Strauch die Spur eines Schattens spendete. *»In all diesen wilden Gegenden herrschte großer Mangel an Wasser, deshalb führten es die Spanier in Lama-Häuten mit, so daß ein jedes Lama ein totes auf dem Rücken trug, das mit Wasser gefüllt war.«*

In Chile erfüllte sich auch das Schicksal Felipillos, des Dolmetschers von Cajamarca. Er zettelte unter den Dienst-Indios eine Verschwörung gegen die Spanier an, wurde verraten und in Ketten gelegt. Bei der Gerichtsverhandlung gestand er nicht nur die geplante Ermordung Almagros, sondern gab auch zu, in Cajamarca absichtlich die Aussagen Atahualpa-Inkas falsch übersetzt zu haben. Almagro ließ Felipillo verurteilen und von vier Pferden in Stücke reißen.

Im April 1537 erreichten die Truppen des Marschalls, die nun in den Chroniken oft die »Chilenen« genannt wurden, wieder das Tal von Cuzco.

Der Aufstand Manco-Inkas

Als Almagro nach Chile aufbrach, hielt der Gobernador Pizarro die Zügel der Macht straff in seinen Händen. Als er zurückkehrte, tobte im ganzen Land ein Aufstand der Indios. Manco-Inka, einer der zahlreichen Söhne Huayna Capacs, war als reine Marionette in den Händen Pizarros gedacht gewesen. Nicht daß der Gobernador dem jungen Mann – den er selbst nach dem Tod Atahualpas zum Sapay-Inka gekrönt hatte – vertraut hätte, aber da sich in Peru tatsächlich kein Vogelflügel regte ohne den Befehl des Herrschers, brauchte Pizarro eine Symbolfigur, mit deren Hilfe er das Land beherrschen konnte.

Doch der stolze Manco-Inka war keineswegs bereit, sich mit dieser Rolle abzufinden. Mit Hilfe des Villac Umu, des Oberpriesters, entwischte er seinen spanischen

Manco, der letzte Sapay-Inka, wird auf seiner Sänfte in die Schlacht getragen. Obwohl von Pizarro gekrönt, entfesselte er einen beinahe erfolgreichen Aufstand gegen die Spanier in Peru.

Bewachern und gab das Zeichen zum Sturm auf alle christlichen Städte, vorab auf Cuzco und seine Burg Saxayhuaman. *»An einem Samstagmorgen, dem Tag des Johannes Ante-Portam-Latinam, war die Festung genommen und die Stadt allseits eingeschlossen von den Indios; insgesamt 100 000 Krieger und 80 000 Indios, die Hilfsdienste leisteten. Dann begannen die Häuser in den Stadtvierteln auf den Hängen unterhalb des Berges zu brennen. In dem Maß, wie der Brand fortschritt, gewannen die Indios an Boden und errichteten überall in den Straßen Barrikaden und Fallgruben. Zudem herrschte an jenem Tag ein starker Wind, und weil die Dächer aus Stroh waren, griff das Feuer immer mehr um sich, und die ganze Stadt schien ein Flammenmeer. Das Kriegsgeschrei der Indios war betäubend, und der Rauch so dicht, daß keiner mehr den anderen hörte oder sah.«*

200 Spanier unter den Brüdern Hernándo, Juan und Gonzalo Pizarro waren in Cuzco eingeschlossen. Nach wütenden Kämpfen, in denen Juan Pizarro fiel, gelang es, wenigstens die Festung Saxayhuaman zurückzuerobern. *»Als der nächste Morgen graute, begannen die Indios in der Festung zu ermatten; sie hatten ihr ganzes Arsenal von Steinen und Pfeilen verbraucht. Der Befehlshaber der Indios trug einen Schild in der Hand und dazu noch eine Keule, in der anderen Hand einen Degen und auf dem Kopf einen Helm, die er von Spaniern erbeutet hatte. Als er sah, daß die Festung verloren war, warf er die Waffen von sich, verhüllte Haupt und Gesicht mit seiner Manta, sprang von der Bastion mehr als 200 Meter tief hinunter und zerschellte.«*

Monate mußte das Häuflein Spanier im belagerten Cuzco ausharren. Francisco Pizarro konnte nicht helfen. Der Aufstand tobte im ganzen Land, er selbst wurde in Ciudad de los Reyes (Lima) von Tey Yupanqui, dem tapfersten General Manco-Inkas belagert, und die wenigen Truppen, die er trotzdem nach Cuzco schickte, erreichten nie ihr Ziel. *»Die Indios«*, schrieb Agustin de Zárate, *»ließen die Spanier ein sehr tiefes und enges Tal betreten, dann sperrten sie mit einer großen Anzahl an Männern den Eingang und den Ausgang. Anschließend schleuderten sie Steine und Geröllbrocken in solcher Menge auf sie hinab, daß sie fast alle töteten, ohne sich auf einen Kampf Mann gegen Mann einzulassen.«*

Der Umschwung kam mit dem Generalangriff Tey Yupanquis auf Ciudad de los Reyes. *»Mittlerweile rückte der Feind über die Flußniederung heran: lauter Personen von höchstem Rang in ihrem vollen Staat an der Spitze. Als erster passierte der General in seiner Sänfte den Fluß, eine Lanze in der Hand. Als der Feind bereits in die Straßen vordrang, machte die Reiterei einen Ausfall, griff entschlossen an und schlug, begünstigt durch das ebene Gelände, die Feinde vernichtend. An dieser Stelle fiel der Indio-General und mit ihm 40 Hauptleute und Personen von Rang. Es konnte nicht anders kommen: Da sie an der Spitze schritten, traf sie die Reiterattacke als erste.«*

Mit dem Tod des tapferen Tey Yupanqui begann der Indio-Widerstand zu verbrökkeln, und als die »Chilenen« Almagros vor Cuzco erschienen, gab Manco-Inka die Belagerung auf und zog sich, hart verfolgt, in die Berge zurück. *»Mancos Truppen hatten das Sonnenidol zurücklassen müssen samt allen Frauen, die seiner warteten. In dieser Nacht gelangte der Inka zum Fuß eines hohen Gletscherpasses – die Sänfte hatte er zu-*

rücklassen müssen –, und nur 20 Indios vom Stamm der Lucanas, die als die besten Läufer in jenem Teil der Hochanden gelten, hielten mit ihm durch. Ihn unter den Schultern fassend und ständig sich ablösend, trugen sie ihn über das verschneite Gebirge, denn er war am Ende seiner Kräfte. Der Villac Umu ging neben ihm und sprach ihm Mut zu.«

Der große Aufstand war zusammengebrochen. Manco-Inka führte von Vilcapampa und Machu Picchu aus noch etwa bis 1540 einen Kleinkrieg weiter, und Francisco Pizarro, nun wieder voll Herr der Lage, rächte sich dafür auf seine Weise. Da er des Sapay-Inka selbst nicht habhaft werden konnte, *»ließ er die Gemahlin des Inka Manco, die er sehr liebte, töten. Sie wurde an einen Pfahl gebunden, und einige der Indios vom Stamm der Cañaris schlugen und schossen so lange auf sie ein, bis sie starb. Die Spanier, die bei der Exekution zugegen waren, erzählten, die Indio-Königin habe kein Wort und keine Klage von sich gegeben, nicht einmal ein Zucken unter dem Schmerz der Wunden und des Todes.«*

Manco-Inkas weiteres Schicksal ist unbekannt. Nach manchen Berichten soll er von Spaniern ermordet worden sein, wahrscheinlicher ist, daß er sich mit dem Rest seines Volkes ganz nach Machu Picchu zurückgezogen hat, jener letzten Inka-Stadt, die die Spanier nie fanden und erst 1911 von Hiram Bingham entdeckt wurde.

»Der Besiegte vernichtet, der Sieger verloren«

Das sind die Worte eines alten spanischen Sprichworts, und selten hat es sich so bewahrheitet wie in den elf Jahren Bürgerkrieg in Peru, der nahezu alle verschlang, die das Land erobert hatten.

Don Diego de Almagro ließ sich durchaus mit Recht als der Befreier von Cuzco feiern. Und er erhob nun mehr denn je – zumal das Land, dessen Gobernador er werden sollte, sich als so arm und unwirtlich herausgestellt hatte – seinen Anspruch auf die Stadt. Pizarro war nicht bereit, auch nur einen Fußbreit nachzugeben. Die alte Rivalität zwischen Almagro und Pizarro brach erneut auf. Noch einmal versuchten Gaspar de Espinosa und Hernándo de Soto zu vermitteln, noch einmal trafen sich die alten Compañeros am Rio Mala, noch einmal schien der Frieden gerettet.

Da wurde Don Francisco Pizarro aus Spanien die Nachricht seiner Erhebung zum Marqués de Atavillos überbracht. Nun war er auch im Rang seinem Vorbild Cortés gleich! Sein Selbstgefühl steigerte sich ins Maßlose. Nun hatte sich jedermann seinem Willen zu beugen, und wehe dem, der sich ihm zu widersetzen wagte! Von Almagro sprach er nur noch als von *»seinem Olid«*.

»In Mißachtung aller Abkommen«, schrieb Herrera, *»und, was mehr ist, des gegebenen Wortes, das unter Spaniern höher als sonstwo geachtet wird, wurde Almagro neuerdings zur Räumung Cuzcos aufgefordert. Man kümmerte sich nicht mehr um den Frieden und die Scheu vor dem König, noch um das Wohl des Landes.«* Pedro Pizarro faßte es später so zusammen: *»Almagro verlangte Cuzco. Der Marqués verweigerte es*

Die Gefangennahme Almagros bei Las Salinas.

ihm; denn aller Ruhm und Reichtum schienen in Cuzco zu liegen. So kostete es beiden das Leben und das von 2000 Spaniern dazu ...«

Am 8. April 1538 kam es bei Las Salinas, nicht weit von Cuzco, zur Entscheidungsschlacht. Binnen zwei Stunden wurde das Heer der »Chilenen« von den zahlenmäßig und waffentechnisch überlegenen Truppen des Gobernadors unter Don Hernándo Pizarro zerschlagen, Almagro auf der Flucht gefangen. *»Sie ergriffen und warfen ihn, so alt und krank er war, in einen kalten und stinkenden Kerker, angekettet und mit Handschellen, und ließen ihm nicht einmal eine Matratze zum Liegen, noch ein Hemd zum Anziehen.«*

Don Diego de Almagro wurde wegen Hochverrats verurteilt und am 8. Juli 1538 im Kerker erdrosselt. *»Dann brachte man ihn auf den Platz hinaus; ein Herold ging voraus. Auf dem Richtblock erhielt sein Nacken noch einen schwachen Hieb.«*

»Die kaiserliche Majestät«, schrieb Oviedo, *»verlor einen ihrer guten Vasallen und treuesten Diener in den indischen Ländern. Er strebte mehr nach Ehre als Gold. Seine Freigebigkeit war eher die eines Fürsten als die eines Soldaten.«*

Die Lagunen von Las Salinas lagen freilich nicht so fern von Kastilien, daß dort nicht die mörderischen Auseinandersetzungen bekanntgeworden wären. Der Gobernador von Nicaragua, Rodrigo de Contreras, meldete heftige Angriffe und Anklagen der Parteigänger Almagros über die Willkürherrschaft Pizarros nach Spanien, und Pizarro, Marqués de Atavillos, erhielt den strikten Befehl von seinem König, unverzüglich Rechenschaft abzulegen. Don Hernándo Pizarro reiste also nach Spanien, wurde vor Gericht gestellt, verurteilt und 21 Jahre zunächst in Festungshaft in Madrid, später, bis zu seinem Tod 1578, unter freilich ziemlich mildem Hausarrest in La Mota gefangengehalten.

In seinen letzten Lebensjahren gefiel sich der Marqués de Atavillos in der Pose des leutseligen Landesvaters, des Städtegründers und Bauherren – auch das hatte er sich bei Cortés abgeschaut. Doch es war nicht mehr als Pose. Die Klagen – nicht nur der Anhänger Almagros – über seinen Despotismus wurden immer lauter, und einer hochnotpeinlichen Untersuchung samt Gerichtsverfahren entging er nur darum, weil der königliche Lizenziat und Gerichtspräsident, Cristóbal Vaca de Castro, von einem Sturm verschlagen wurde und sich auf einem monatelangen Hungermarsch erst in besiedeltes Gebiet durchkämpfen mußte. Als er in Ciudad de los Reyes ankam, war Don Francisco Pizarro tot.

Am 26. Juni 1541 gegen Mittag hatten Diego Almagro, ein Bastardsohn Don Diegos mit einer India, Juan de Rada und etliche ihrer Freunde das Haus des Gobernadors gestürmt mit dem Ruf: *»Viva el Rey! Mueran los tiranos! – Es lebe der König! Tod dem Tyrannen!«* Don Francisco Pizarro hatte eben beim Mittagessen gesessen, als der mit Hellebarden, zwei Armrüsten und einer Arkebuse bewaffnete Haufen die Tore des Palastes sprengte. Die Tischgäste flohen, seine beiden Pagen Vergas und Cardonas wie sein Halbbruder Martínez de Alcántara wurden niedergestochen. *»Dann fielen sie so ungestüm über den Marqués her, daß ihm keine Gelegenheit blieb, sein Schwert zu schwingen. Sie töteten ihn mit einem Stich in den Hals. Als er niederfiel, schrie er nach einem Beichtvater, doch dann verließ ihn der Atem. Er machte mit seinem eigenen Blut ein Kreuz auf den Boden, küßte es und gab den Geist auf.«*

Der reichgeschmückte Eisenschild, die Rontardsche, eines hohen spanischen Offiziers.

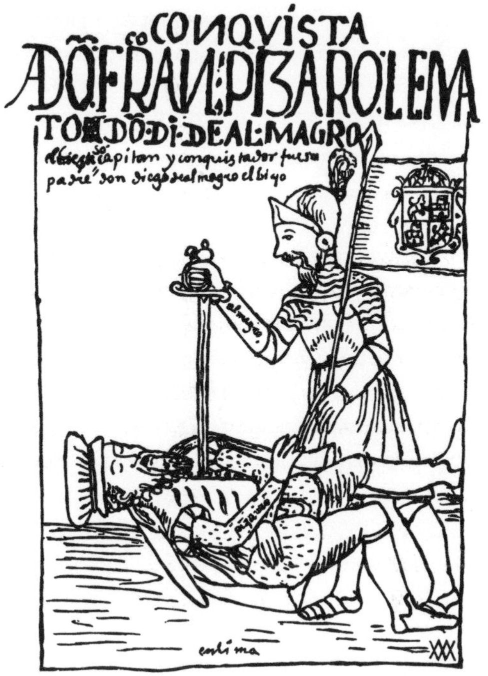

Die Ermordung Pizarros durch den jüngeren Diego de Almagro. Daß der Mörder die spanische Fahne in der Linken hält, zeigt deutlich, daß Poma de Ayala, wie viele andere, in dieser Tat keinen Mord, sondern die Vollstreckung einer gerechten Strafe sah.

Am Abend wurde er von zwei Negern in aller Hast in der nahegelegenen Kirche verscharrt – sein prunkvolles Grabmal in der Kathedrale von Lima stammt aus einer späteren Zeit.

»Francisco Pizarro war hart, grausam und unmenschlich«, vermerkte Blasco Núñez Vela drei Jahre später. *»Er war unglaublich tapfer, auch ungemein hartnäckig in der Verfolgung eines Zieles. Wenn es ihm günstig erschien, brach er sein Wort und seinen Schwur gegen jedermann, zu seinen Soldaten allerdings konnte er sein wie ein Vater. Er war habgierig und allein von dem Wunsch nach Macht und Gold beseelt, auch war er geizig, neidisch und von maßlosem Ehrgeiz. Seinen Mitstreitern gönnte er eher noch das Gold als die Ehre, und er betrog seine besten Freunde darum. Seine Leistungen waren außerordentlich, und der Ruhm seiner Taten überdeckte schließlich all seine schlimmen Eigenschaften.«*

Francisco de Orellana

Amazonas 1540 bis 1542

»Große alteingesessene Häuptlinge ebenso wie Spanier hatten mir in Quito und Umgebung bestätigt, daß die Zimtprovinz ein dicht besiedeltes und reiches Land sei. Da faßte ich den Entschluß, diese Provinz im Namen Eurer Majestät zu erobern und so den Kronbesitz Eurer Majestät zu mehren. So wendete ich über 50 000 Pesos d'oro auf die Ausrüstung und den Unterhalt der Leute auf, die zu Fuß und zu Pferd an meiner Expedition teilnahmen, und die Kosten trage ich nun – zumindest den größten Teil davon – als Schuldenlast«, schrieb Gonzalo Pizarro am 3. September 1542 aus Zumibamba an Karl V.

Die Suche nach den Zimtwäldern

Wenige Conquistadoren haben bis dahin ihre Expeditionen so gründlich vorbereitet wie Gonzalo Pizarro die Suche nach der »Tierra de la Canela« (Land der Zimtwälder). Der jüngste der Pizarro-Brüder hatte seinen Posten als Vizegobernador von Ecuador

Gonzalo Pizarro, der jüngste der Pizarro-Brüder.

benutzt, um eine recht ansehnliche Streitmacht zusammenzustellen: 220 Spanier, 150 Pferde, etwa 4000 Indios als Träger und Hilfstruppen sowie 5000 Schweine und 3000 Lamas als lebender Fleischvorrat.

Im März 1540 brach die Truppe von Quito auf – es war die fürchterlichste Expedition, welche Spanier je zwischen Chile und dem Mississippi unternommen haben. Von den 4000 Indios kamen – soweit sie nicht vorher flohen – nur ein paar Hundert zurück, von den 220 Spaniern 80, von den Pferden kein einziges, zudem war die gesamte Expedition ein totaler Fehlschlag. Gonzalo Pizarro schrieb: *»Sieben Leguas* [38,5 km] *von Quito entfernt wurde das Gelände bereits schwer passierbar, und hohe Bergketten türmten sich vor uns auf. Für die Menschen und Tiere mußten wir einen Weg freischlagen. Da Reiten unmöglich war, schlug ich hier unser Quartier auf. Ich versuchte von einigen Indios, die ich hatte ergreifen lassen, in Erfahrung zu bringen, wo das Zimtland liege, und machte mich selbst mit 80 Soldaten auf den Weg. Pferde konnten wir wegen des unwegsamen Geländes unmöglich mitnehmen. Ich verbrachte mit der Suche nach den Zimtbäumen weit über 70 Tage, und wir erlitten dabei furchtbare Strapazen und großen Hunger. Ein erschwerender Umstand war der dauernde Wechsel der Indio-Wegführer. Schließlich fanden wir die Zimtbäume. Einige sind kleiner, andere größer; sie standen weit auseinander, auf steilen, unbewohnten Bergen. Von diesem Land und dieser Frucht kann Euer Majestät keinen Gewinn erzielen.«*

Gonzalo Pizarro war mit seinen Männern – das Gros war inzwischen nachgefolgt – nun fast 1000 Kilometer nach Osten vorgedrungen, hatten den Oberlauf des Rio Napo, eines der Quellflüsse des Amazonas, erreicht, und mußten sich Schritt um Schritt den Weg durch den verfilzten Dschungel freischlagen. *»Die Indios dieser Provinz treffen sich und verhandeln miteinander auf dem Wasser in ihren Kanus. Landeinwärts kann man sich nicht fortbewegen; denn alles ist Sumpf und Wasser; die Häuser stehen auf den wenigen Landzungen.«* Dazu kamen ernste Versorgungsschwierigkeiten. Schon auf dem Zug über die Cordilleren waren die Indios scharenweise samt den Lamas und Schweinen ausgerissen und verschwunden. *»Um das mühsame Wegebahnen zu ersparen, um die Leute sicherer zu transportieren und die Indios, die unser Lager vom Wasser her bedrängten, besser in Schach halten zu können, kam ich zu dem Entschluß, eine Brigantine zu bauen. Wir mußten ja, um Lebensmittel zu beschaffen, dauernd von einem Ufer des Flusses zum anderen hin- und herfahren und brauchten einen Geleitschutz für unsere 15 Kanus. Wir verluden die Lebensmittel, Waffen, Munition, Musketen, Armrüste und andere notwendige Dinge auf das Schiff, auch die Kranken, Hufeisen für die Pferde sowie Piken und Hellebarden.«*

Mit dieser Brigantine, der »San Pedro«, wurde Hauptmann Francisco de Orellana vorausgeschickt, um Lebensmittel herbeizuschaffen. Spätestens an der Einmündung des nächsten großen Flusses sollte er warten. Orellana segelte ab – und verschwand. *»Das einzige, was wir noch von ihm sahen, waren die Zeichen und abgehauenen Äste, wo er an Land gegangen war, bei den Flußeinmündungen und anderwärts. Sein Verhalten war von einer Grausamkeit, die selbst Ungläubigen fremd ist!«*

So, ohne Nahrungsmittel und fast ohne Waffen, war Gonzalo Pizarro gezwungen, nach Quito zurückzukehren. »*Nicht selten mußten wir auf einer Strecke von zwei Leguas* [11 km] *12, 13, 15 oder mehr Brücken bauen; den ganzen Weg mußten wir zu Fuß zurücklegen und ständig Schneisen schlagen. Wir mußten an manchen Tagen bis zu den Knien, mancherorts sogar bis zur Hüfte und darüber im Wasser waten. Unter größten Leiden und Einbuße sämtlicher noch verbliebener Habe erstiegen wir wieder das Hochland von Quito. Wir hatten nur noch unsere Degen, stützten uns auf Stecken und mußten immerzu den Weg freischlagen. Bis zu dem Punkt, wo ich umkehrte, waren es über 270 Leguas* [rund 1500 km].«

Nach zwei Jahren Abwesenheit erreichte der Rest der Truppe wieder Quito. Zárate berichtete: »*Gonzalo Pizarro und seine Begleiter waren fast nackt, denn die Kleidung war wegen des vielen Regens und anderer Feuchtigkeit auf ihren Körpern verrottet. Schuhe waren aus rohen Häuten gemacht. Ihren Schwertern fehlten die Scheiden, und sie waren völlig verrostet. Alle kamen zu Fuß. Ihre Arme und Füße waren von Büschen und Insekten zerkratzt. Andererseits war es wunderbar, diese entstellten Männer zu sehen, wie sie daherkamen in ihrem unbeugsamen Mut; denn die Geschichte kennt kein Beispiel, daß Menschen gleiche Widrigkeiten durchgestanden hätten. Es war an einem Morgen, als sie die Stadt betraten, und so, wie sie waren, gingen sie geradewegs in die Kirche, um die Frühmesse zu hören und Gott zu danken für ihre Heimkehr.*«

Den Amazonas abwärts

Die bitteren Klagen Gonzalo Pizarros über seinen Hauptmann Francisco de Orellana waren nur zu verständlich, gerechtfertigt waren sie nicht. Die »San Pedro« sollte Lebensmittel beschaffen, doch 800 Kilometer flußabwärts war nichts zu finden gewesen. Der Mönch Gaspar de Carvajal, der über die Fahrt Tagebuch führte, schrieb: »*Wir hatten eine solche große Not, daß wir nichts anderes zum Essen hatten als Leder, Gürtel und die Sohlen unserer Schuhe, die wir mit Kräutern aufkochten. So groß war unsere Schwäche, daß wir nicht aufrecht stehen konnten. Einige gingen auf allen vieren oder auf Stöcke gestützt in den Wald, um wenigstens Wurzeln essen zu können.*«

Endlich kamen Orellana und seine 57 Männer in freundlicheres Gebiet und wurden von den Indios herzlich aufgenommen und nach Kräften unterstützt. Eine Rückkehr war trotzdem nicht mehr möglich. An seiner Quelle ist der Amazonas irreführend klein, doch schon nach dem Zusammenfluß von Napo und Curaray wird seine Strömung so stark, daß Orellana dagegen weder ansegeln noch anrudern konnte.

Während sich der Fluß durch den Kontinent dem Ozean entgegenwälzt, fließen ihm die Wasser von mehr als 200 Dschungelflüssen zu. In seinem mittleren Verlauf ist er mehr als 16 Kilometer breit bei einer Tiefe von 100 Metern, und hat er schließlich den Atlantik erreicht, übergibt seine 250 Kilometer breite Mündung mehr Wasser der See als Nil, Mississippi und Yangtsekiang zusammen. Die einzige Kraft, die dem riesigen Fluß entgegentreten kann, ist die des Atlantik selbst. Zweimal am Tag laufen große Flutwellen über das Delta hinweg. Dabei rollt eine 4,5 Meter hohe Salzwasserfront rund 1000 Kilometer stromaufwärts. Zur Ebbe schickt der Fluß seine schmutzigen Wasser bis zu 320 Kilometer hinaus auf die See. Von der Quelle bis zur Mündung ist der Amazonas 6158 Kilometer lang, und auch mit den modernsten technischen Hilfsmitteln haben nur sehr wenige Menschen die ganze Länge des Flusses abgefahren. Orellana tat es, obwohl es nicht seine Absicht war, als er den Rio Napo abwärts fuhr.

Es war eine Fahrt ins absolut Ungewisse, gefährlicher und abenteuerlicher noch als Gonzalo Pizarros Rückmarsch nach Quito. Hinter jeder Flußbiegung konnten die »weißen Wasser« liegen – Stromschnellen, die das Boot gegen die Felsen schmettern würden, oder Wasserfälle auftauchen, die für alle den sicheren Tod bedeutet hätten. Zu den bekannten Gefahren des Dschungels wie Insekten, Krokodile und feindliche Indios, gesellten sich die gefürchteten Piranhas, über die der Ichthyologe Georg Myers – ein Mann, der gewiß nicht zu Übertreibungen neigt – schreibt: *»Dieser nur 30 cm lange Fisch besitzt derart scharfe und kräftige Kiefer, daß er aus einem Menschen oder aus einem Alligator ein Stück so sauber herausschneiden kann wie mit einem Rasiermesser. Mit der Präzision eines Fallbeils können Piranhas Zehen oder Finger einschließlich Knochen abhacken. Das ist ein Fisch, der sich vor nichts fürchtet und der Tiere jeder Größe wie ein Blitz angreift! Es ist ein Fisch, der nie allein über sein Opfer herfällt, sondern immer in Schwärmen zu Hunderten oder Tausenden. Ein Fisch, der von jeder Bewegung im Wasser angelockt und bei Witterung von Blut zu einem rasenden Dämon wird! Das ist der Piranha, gefürchtet wie wohl kein anderes Lebewesen in Südamerika.«*

Die freundliche Aufnahme durch die Indios bewog Orellana, zunächst ein zweites,

Francisco de Orellana befuhr als erster den Amazonas in seiner ganzen Länge – selbst mit heutigen technischen Mitteln ausgerüstet, haben nur wenige diese Fahrt nachzuvollziehen gewagt.

größeres Boot zu bauen. *»Orellana rief all seine Männer zusammen und eröffnete ihnen, jetzt wäre der Zeitpunkt günstig, eine Brigantine zu bauen. Man ging gleich ans Werk; unter uns befand sich ein Bildschnitzer namens Diego Mexia, welcher, obwohl es nicht sein Beruf war, anzugeben wußte, wie der Bau zu bewerkstelligen war. Der Schiffbau wurde so schnell vorangetrieben, daß die Brigantine in 35 Tagen gezimmert und zu Wasser gebracht war, kalfatert mit Baumwolle und Pech. Die Freude unserer Kameraden war übergroß, als das Werk fertig war. Auch das kleinere Schiff wurde wieder hergerichtet, denn es begann schon zu faulen, und als es fertig war, hieß Orellana die Leute, sich bereithalten und den Proviant einzuladen; denn mit Gottes Hilfe wollte er am nächsten Tag die Fahrt wiederaufnehmen.«*

Eine Weile ging alles gut, doch dann wurden die Stämme an den Ufern des Stromes immer kriegerischer und feindseliger. Mitte Mai erreichten die »San Pedro« und die »Victoria«, wie das größere, neue Schiff hieß, die Mündung des Juruá. *»Den Strom herauf kam eine Menge Kanus, die alle für einen Kampf vorbereitet waren, bunt gefärbt und versehen mit Schilden, hergestellt aus den schuppenförmigen Häuten von Eidechsen und den Fellen der Seekühe und Tapire. Die Schilde sind so groß wie ein Mann. Die Indios näherten sich mit großem Schreien, schlugen viele Trommeln und bliesen hölzerne Trompeten. Sie drohten uns, als ob sie uns verschlingen wollten.«* Anfang Juni passierten sie die Mündung des Rio Negro, dessen Wasser Fray Carvajal *»als so schwarz wie Tinte«* beschrieb.

Am 24. Juli kam es zu dem berühmten Kampf mit den Amazonen, nach denen der Riesenstrom schließlich auch benannt wurde. Fray Gaspar de Carvajal berichtete: *»Als wir dem Ufer immer näher kamen, begannen die Indios mit Pfeilen nach uns zu schießen, und da es zahlreiche Krieger waren, schien es, als regne es Pfeile. Aber unsere Arkebusiere und Armruster waren auch nicht träge. Obwohl sie viele töteten, schienen es die Indios gar nicht zu merken, denn trotz des Schadens, der ihnen zugefügt wurde, machten sie unermüdlich weiter, indem die einen kämpften, die anderen die Kriegstänze vollführten. Hier waren wir alle dem Untergang nahe, denn weil so viele Pfeile flogen, hatten unsere Gefährten alle Hände voll zu tun, sich davor zu schützen, und konnten nicht rudern. Deshalb fügten uns die Indios so viel Schaden zu, verwundeten fünf von uns, darunter auch mich* [Fray Carvajal verlor ein Auge]. *Über eine Stunde dauerte dieser Kampf, und die Indios verloren nicht den Mut. Sie schritten über die Leichen hinweg, zogen sich etwas zurück und stießen dann wieder vor. Ich will, daß man erfährt, warum diese Indios sich auf solche Weise verteidigten. Es muß erklärt werden, daß sie tributpflichtige Untertanen der Amazonen sind. Als sie von unserem Kommen erfahren hatten, wandten sich die Indios mit der Bitte um Hilfe an diese, und es kamen so etwa zehn oder zwölf von ihnen, denn wir selbst sahen diese Frauen, die als weibliche Hauptleute in vorderster Front von allen Indios kämpften. Diese Frauen waren so tapfer, daß die Indios es nicht wagten, sich zur Flucht zu wenden, und jeden vor unseren Augen mit Keulen töteten, der uns den Rücken kehrte. Die Frauen sind sehr hellhäutig und groß und tragen langes Haar, das sie geflochten und um den Kopf gewickelt haben. Sie sind sehr kräftig und gehen ganz nackt. In den Händen tragen sie ihre Pfeile und*

»Wahrhafftige Sitten derer verrühmten Amazonen«.

Bogen, und sie leisten im Kampf soviel wie zehn Indios. Es war unter ihnen ungelogen eine Frau, die einen Pfeil eine Spanne tief [etwa 20 cm] *in eines unserer Boote schoß; andere trafen weniger tief, aber unsere Brigantinen sahen bald aus wie Stachelschweine.«*

Fray Gaspar de Carvajal berichtete recht ausführlich über die kriegerischen Frauen, ihre Lebensgewohnheiten, ihre steinernen Häuser und Städte, über die unermeßlichen Reichtümer, die dort aufgehäuft liegen sollten, und die zehn Jahre zuvor schon Diego de Ordás in dieses Gebiet gelockt hatten. Fray Carvajal berichtete auch andere, erstaunliche Dinge, etwa von einem großen Haus, das die Spanier einmal am Ufer fanden und das ein Lager feinster Töpfereien enthielt: *»Die Töpfe waren aus bestem Porzellan gemacht, das je auf der Welt gesehen worden ist. Jenes von Málaga* [weltberühmt wegen seiner schönen Verzierungen] *kann ihm nicht gleichkommen. Es ist glasiert und mit Farben so prächtig geschmückt, daß alle erstaunt waren.«*

Die Zeitgenossen hegten keinen Zweifel an solchen Angaben, um so mehr wurden sie von späteren Historikern bestritten, obwohl Fray Carvajal eigentlich kein Mann war, der Lügenmärchen erzählte oder auch nur eine überhitzte Phantasie hatte. Erst in jüngster Zeit stehen Wissenschaftler seinen Berichten, selbst über die Amazonen, keineswegs mehr so skeptisch gegenüber, seit es immer klarer wird, wie groß und wie unerforscht das Amazonas-Orinoco-Becken in Wirklichkeit ist. Die Historikerin Marcia Willis etwa schreibt: »*Archäologen vermuten, daß all diese unerforschten Gebiete Reste von alten Gesellschaften enthalten, die noch auf ihre Entdeckung warten. Einige von diesen könnten so groß gewesen sein wie jene, die man schon aufgefunden hat. Über einige Jahrhunderte hin kann der Dschungel eine große Stadt so vollkommen verschwinden lassen, daß sie unsichtbar geworden ist und nur einem sehr geübten Auge auffallen kann. Als das Maya-Reich von Tikal 1848 entdeckt wurde, waren die Reste so überwachsen, daß auch die größten Pyramiden aus einer Entfernung von 100 Metern nicht gesehen werden konnten. Mit Ausnahme der Savannen und der Pampas können nur wenige Gebiete Südamerikas aus der Luft kartographisch aufgenommen werden. Der Baldachin tropischer Vegetation schützt die Wildnis vor den modernsten Methoden der Kartographie. Nur Menschen zu Fuß, die willens sind, wie ihre Vorgänger in den Jahrhunderten vor ihnen, den Tod zu riskieren, werden in der Lage sein, die alten Geheimnisse des Dschungels zu lüften.*«

Nach achtmonatiger Fahrt erreichte Orellana mit seinen beiden Schiffen die Amazonas-Mündung und segelte an der Küste nordwestwärts hinauf, bis die »San Pedro« am 9., die »Victoria« am 11. September 1542 im Hafen von Nueva Cadiz auf Cubagua, der heutigen Insel Margarita, Anker warfen.

Der Empfang wenig später in Española war kühl, ja unfreundlich – außer den Berichten über die Amazonen glaubte man Orellana und Fray Carvajal kein Wort. Der Priester schüttelte den Staub der unfreundlichen Insel von den Füßen, kehrte nach Peru zurück und verstarb viel, viel später dort im biblischen Alter von weit über 100 Jahren.

Doch Orellana konnte es nicht ertragen, ein Lügner genannt zu werden. Er rüstete eine zweite Expedition aus, um die Beweise für seine Berichte zu erbringen. Nach langen, zähen Verhandlungen übergab man ihm in Española schließlich vier Schiffe, die so altersschwach und wurmstichig waren, daß zwei auf dem Atlantik, die beiden anderen in der Amazonas-Mündung sanken. Die Mannschaft meuterte daraufhin und ließ den an Fieber erkrankten Francisco de Orellana sterbend auf einer der zahllosen Inseln des Amazonas-Deltas zurück.

Pedro de Valdivia

Chile 1540 bis 1553

»Die beste Goldgrube, die ich kenne, ist Getreide, Wein und Vieh«, erklärte Pedro de Valdivia, als er nach Chile auszog.

Conquistadoren hinter dem Pflug

Etwa zur gleichen Zeit, als von Quito aus Gonzalo Pizarros glänzende und so erfolglose Expedition zur Suche nach den Zimtwäldern aufbrach, marschierte von Cuzco eine weit weniger prachtvolle, doch weit erfolgreichere Truppe nach Süden, nach Chile, ab.

Ihr Befehlshaber war der 30jährige Pedro de Valdivia, geboren in Estremadura, gut aussehend, beredt, von gewandtem Auftreten, ein hervorragender Offizier. Don Francisco Pizarro hatte seinen Sieg bei Las Salinas hauptsächlich Valdivia zu verdanken, und so ernannte er ihn zum Vizegobernador von Chile, jenem Land, das Almagro nicht hatte haben wollen. Nach Almagros Mißerfolg war es nicht leicht, die nötige

Pedro de Valdivia. Obwohl ein glänzender Stratege, war er überzeugt, ein Land letztlich nur mit friedlichen Mitteln »erobern« zu können.

Zahl an Männern zusammenzubringen. *»Alle flohen davon wie vor der Pest, und viele vernünftige Männer hielten mich für verrückt.«*

Gold und Schätze waren in Chile keine zu finden, und die etwa 100 bis 150 Spanier, die ihm schließlich nach Süden folgten, wußten, daß sie weniger Eroberer als Kolonisten sein würden. Valdivia nahm daher nicht nur Soldaten und etliche Hundert Dienst-Indios mit, sondern auch Handwerker, nicht nur Waffen, sondern auch Akkergerät, nicht nur Pferde, sondern auch Schweine und Geflügel, nicht nur Schießpulver, sondern auch Saatgut.

Nach 600 Kilometer Marsch über die Cordilleren und durch die Atacamawüste erreichten die Spanier ein blühendes Tal, wo Valdivia 1541 seine »Hauptstadt« Santiago del Nuevo-Extremo (Santiago vom Äußersten Neuland) gründete und wenig später an der Küste den Hafen Valparaiso.

»Pedro de Valdivia kam mit seinen Begleitern in die Provinz Chile«, schrieb Agustin Zárate, *»wo die Indios ihn voller Frieden und Freundschaft empfingen, denn bei ihnen stand die Ernte bevor, aber das Getreide war noch nicht ganz reif. Doch kaum hatten sie das Korn in die Scheunen eingebracht, da erhoben sie sich zu einem allgemeinen Aufstand, überfielen die Spanier und erschlugen 14 von ihnen. Als Valdivia von der Gefahr hörte, in der sich seine Männer befanden, eilte er ihnen zu Hilfe, und während er damit beschäftigt war, seinen Leuten beizustehen, da verbündeten sich einige Spanier zu einer Verschwörung gegen ihn. Aber ihr Plan wurde bekannt, und als der Fall offenlag und bewiesen war, ließ er die Verschwörer sogleich hängen. Während er im*

Das von Pedro de Valdivia gegründete Valparaiso in Chile.

Felde für Gerechtigkeit sorgte, griffen etwa 7000 Indios die Stadt an und brachten die wenigen Spanier, die sie bewachten, in arge Bedrängnis. In dieser Art blieb es für den Zeitraum von acht Jahren, während welcher Valdivia und seine Männer ihrer Raserei widerstanden und das Land nicht verließen und aufgaben. Vielmehr veranlaßte er, daß seine Soldaten den Boden pflügten, bebauten und das Korn sammelten, so daß sie sich selbst versorgen konnten, ohne auf die Hilfe der Indios angewiesen zu sein.«

»Ein Meer von Leidenschaften«

So hat Zárate den Krieg der peruanischen Conquistadoren gegeneinander genannt.

Nach der Ermordung Don Francisco Pizarros hatte der junge Mestize Diego Almagro die Macht an sich gerissen. Er hatte kein Glück. Während der königliche Gerichtspräsident Cristóbal Vaca de Castro mit einer Truppe, die bald auf 700 Mann anschwoll, gegen Almagro vorrückte, starb sein Freund Juan de Rada an Fieber, sein Oberbefehlshaber Cristóbal de Sotelo wurde aus Eifersucht ermordet, Almagro selbst erstach aus Angst vor Verrat den tapferen Pedro de Candia, den letzten der »Trece de la Isla del Gallo«. Im Tal von Chupas wurde die Armee der »Chilenen« am 16. September 1541 vernichtend geschlagen, Almagro gefangengenommen, vor Gericht gestellt, verurteilt und auf dem gleichen Platz in Cuzco wie sein Vater enthauptet.

Von den Hauptakteuren von Cajamarca waren nun nur noch drei am Leben, Don Hernándo Pizarro in spanischer Gefangenschaft, Sebastián de Benalcázar und Gonzalo Pizarro, denn auch Vincente de Valverde, der Erzbischof von Cuzco, war tot. Er war – wie behauptet wird, mit reichen Schätzen in seinem Gepäck – von Cuzco geflohen und hatte sich in Cuidad de los Reyes eingeschifft, um sich nach Spanien abzusetzen. Widrige Winde trieben die Galeone an den Strand der Insel Puná, wo er von den Eingeborenen gefangen, gekocht und verspeist wurde.

Eineinhalb Jahre lang versuchte der Gerichtspräsident Cristóbal Vaca de Castro erfolgreich, im Land die Ruhe wiederherzustellen. Da erschien Blasco Núñez Vela als Vizekönig in Peru. Er war ein tüchtiger und unbestechlicher Mann, vormals Inspekteur der königlichen Leibwache, dessen Hauptaufgabe darin bestehen sollte, die im Geist – und teilweise mit der Feder – Bartolomé de Las Casas' verfaßten Nuevas Leyes in Peru durchzusetzen. Am 14. März 1544 landete er in Peru und griff sofort hart durch. Er war ein Mann des Gesetzes, doch ohne jede Begabung für Diplomatie, ohne jedes Verständnis für die Gegenseite, dazu schroff, aufbrausend und hochmütig. Als er gar Vaca de Castro einsperren ließ, da er dessen Regiment für zu mild erachtete, brach der Aufstand los, dessen Kopf und Herz der letzte der Pizarros, Gonzalo, wurde. Blasco Núñez Vela wurde bei Anaquito geschlagen und wenig später enthauptet.

Gonzalo Pizarro war *»hochgewachsen, wohlgestalt, von dunkler Gesichtsfarbe und mit schwarzem Bart, ein vortrefflicher Reiter und großer Schütze. Ohne besondere Bildung, wußte er doch seine Gedanken klar auszudrücken, wenn auch mit groben Worten. Allzu heftig war seine Leidenschaft für Frauen, gleichviel ob Indias oder Ka-*

stilierinnen.« Für zwei Jahre regierte er über ein Reich, das sich von Panama bis Chile erstreckte, fast wie ein König, und viele seiner Gefolgsleute rieten ihm, sich tatsächlich von Spanien loszusagen, eine Inka-Prinzessin zu heiraten und ein neues Reich und eine neue Dynastie in Peru zu gründen.

Er unterlag schließlich einem Mönch. Fray Pedro de la Gasca war ein hochgebildeter Geistlicher aus altkastilischem Geschlecht. Er hatte seine Studien an den berühmtesten Universitäten Spaniens, Alcalá und Salamanca, gemacht, war bewährt in juristischen und administrativen Fragen und erfahren im Umgang mit schwierigen Menschen. La Gasca erklärte sich zur Übernahme des Auftrags bereit unter der Bedingung, daß er uneingeschränkte Vollmacht erhalte und nach der Erfüllung wieder nach Hause fahren könne. Er erhielt die Vollmachten, im Namen des Königs Bestehendes zu belassen oder zu ändern, zu verzeihen oder zu strafen, Gnade walten zu lassen oder Krieg zu führen, ja sogar die Nuevas Leyes von sich aus zu ändern und den Gegebenheiten anzupassen. Nie hat ein Präsident maßvolleren Gebrauch von solchen Blankovollmachten gemacht.

Im Sommer 1546 kam er nach Peru. Langsam, Schritt für Schritt, doch unaufhaltsam drängte la Gasca den ungekrönten König Gonzalo Pizarro zurück, zog die Spanier in Peru wieder auf die Seite des Rechts und ihres wahren Königs.

Am 8. April 1548 standen sich dann die Heere la Gascas und Gonzalo Pizarros bei Xaquixaguana zur Entscheidungsschlacht gegenüber. Als Gonzalo Pizarro den streng geordneten und taktisch meisterhaft organisierten Aufmarsch seiner Feinde sah, soll er gerufen haben: *»Das hat Valdivia gemacht oder der Teufel!«*

Es war Valdivia, der mit »seinen« Chilenen la Gasca zu Hilfe geeilt war und sich nun den Oberbefehl mit Benalcázar und Marschall Alonso de Albarado, den la Gasca aus Spanien mitgebracht hatte, teilte. Die Schlacht war kurz und blutig. Ein Teil von Gonzalos Truppen, so der Hauptmann Garcilaso de la Vega, der Vater des Chronisten »El Inca«, lief zu la Gasca über, der Rest wurde erschlagen oder floh. Gonzalo Pizarro ergab sich und wurde am nächsten Tag auf dem Schlachtfeld enthauptet. *»Er starb als Christ mit großer Würde und Haltung«*, vermerkte Gómara.

Die Araukaner

Mit der Schlacht bei Xaquixaguana war der elfjährige Bürgerkrieg in Peru zu Ende, und Valdivia kehrte nach Chile zurück, als dessen Gobernador ihn la Gasca bestätigt hatte.

Der Bio-Bio-Fluß ist die natürliche Grenze Mittelchiles. Überquert man ihn, so kommt man nach Südchile. Hier werden die Anden niedriger, die Täler breiter, es wird kälter, es regnet. Dieses Land südlich des Bio-Bio war das Land der Araukaner, des wildesten, unbezähmbarsten Stammes in ganz Amerika. Schnelle Läufer, ausgezeichnete Schwimmer, geschickt im Umgang mit der Keule, vortreffliche Bogenschützen, Jäger und Fischer, die allerdings Menschenfleisch bevorzugten, ohne eigentliche

Gonzalo Pizarro gibt sich nach der Schlacht bei Xaquixaguana Valdivia gefangen.

Zivilisation, ohne Regierung, ja ohne Zusammenschluß von Stämmen lebten die Araukaner fast wie Einsiedler. Freilich, drohte ihrer Freiheit Gefahr, so schlossen sie sich zu Heeren von mehreren tausend Kriegern zusammen, die zwar dann und wann zum Rückzug gezwungen, nie aber besiegt wurden.

Die Inka hatten den Bio-Bio als Südgrenze stets respektvoll geachtet. Valdivia tat es nicht, und Feuerwaffen und Pferde trieben das Heer der Araukaner auseinander. Doch sie kamen wieder, griffen die spanischen Forts an, überfielen die Bauern, verwüsteten die Äcker, raubten das Vieh, verbrannten die Dörfer. Im Dezember 1553 lief ihnen Valdivia selbst in die Falle. Von seinen 50 Reitern entkam keiner. Pedro de Valdivia wurde gefangen, langsam zu Tode gemartert und aufgefressen.

Der Krieg mit den Araukanern endete erst vier Jahre später, als auch die Spanier die Bio-Bio-Grenze respektierten, und erst Ende des 19. Jahrhunderts wurden die Araukaner Chilenen – nicht durch Gewalt, sondern durch einen friedlichen Staatsvertrag.

Ulrich Schmidel

Argentinien und Paraguay 1535 bis 1553

»Somit ermächtigen Wir Euch, Hauptmann Don Pedro de Mendoza, auszuziehen, um die Länder und Provinzen am Rio Solis, dem Silberstrom, zu erobern und zu kolonisieren und daselbst einzudringen und über Land zur Südsee zu gelangen.«

Der Rio de la Plata

Wäre Amerigo Vespucci auf seiner dritten Reise 1501 bis 1502 tatsächlich bis zum 52. südlichen Breitengrad vorgestoßen, er hätte zwangsläufig den Rio de la Plata entdecken müssen, doch in seinen »Berichten« findet sich über ihn keine Zeile.

Es war also Juan Diaz de Solis, dem diese Ehre zukommt. Solis, gebürtig aus Lebrija in Andalusien, war bereits 1506 und 1508 mit Vincente Yáñez Pinzón an der Küste Brasiliens als Piloto Real unterwegs gewesen. Nach seiner Rückkehr erhob Portugal – dem dieses Gebiet laut päpstlichem Dekret zustand – scharfen Protest, Solis wurde verklagt, zeitweilig ins Gefängnis geworfen, wechselte in portugiesische Dienste und kam 1512, zum Piloto Mayor del Reino ernannt, nach Spanien zurück. Eine geplante Expedition nach den Molukken scheiterte erneut am Protest Portugals, und so ging er am 8. Oktober 1515 von San Lucar aus unter Segel, um den Südkontinent westlich der spanisch-portugiesischen Demarkationslinie zu erforschen. Er erreichte die brasilianische Küste bei Kap San Roque, erforschte die Buchten des heutigen Rio de Janeiro und Santos und nahm am 2. Februar 1516 den »Punto de Nuestra Señora de la Candelaria«, das heutige Montevideo, feierlich für Spanien in Besitz. Am 12. März *»fuhr er dann in ein Gewässer ein, welches sehr groß und nicht salzig war und das sie deshalb Mar Dulce* [Süßes Meer] *nannten, anscheinend ein Fluß, der heute La Plata und damals Solis genannt wurde«*, schrieb der Chronist Herrera. Als Juan Diaz de Solis Mitte März 1516 mit einigen Begleitern an Land ging, fielen die Guarani-Indios über sie her, töteten sie mit Pfeilschüssen und *»schleppten die Getöteten nun landeinwärts und angesichts der*

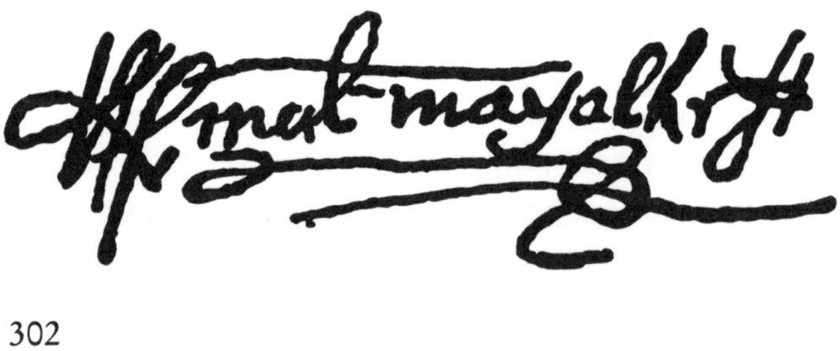

Namenszug Magelljães'.

Schiffsbesatzung schnitten sie ihnen die Köpfe, Arme und Beine ab, brieten die ganzen Körper und verspeisten sie«.

Francisco de Torres übernahm das Kommando und landete im Oktober wieder in Spanien, zwar ohne Beute, doch mit phantastischen Erzählungen über den Silberreichtum des Landes, das man somit »Sierra de la Plata« nannte.

Der zweite Besucher am Rio de la Plata war kein Geringerer als Fernao de Magelljães (Magellan). Am 20. September 1519 war dieser Portugiese in spanischen Diensten mit fünf Schiffen von San Lucar aus in See gegangen, um »*die Welt zu umrunden*«. Am 13. Dezember erreichte er die Bucht von Rio de Janeiro, wo er »*einen Berg ähnlich einem Hute*« sichtete. Anfang 1520 lief er in den Rio de la Plata ein, den er gründlich erforschen und kartographieren ließ. Anfang Februar segelte er weiter, entdeckte im Oktober die nach ihm benannte Durchfahrt und lief am 21. Oktober in den Pazifik ein. Mit nur noch zwei Schiffen an den Phönix-, Gilbert-, Marshall- und Ladron- oder Diebsinseln vorbei, kamen am 18. März 1521 die St.-Lazarus-Inseln (Philippinen) in Sicht. Nach kurzem Aufenthalt auf Malhin und Limassova ging Fernao de Magelljães auf Cebu an Land und fand am 27. April 1521 im Kampf gegen die Krieger von Matan den Tod. Sein letztes Schiff, die »Victoria« unter Kapitän Sebastián del Cano, vollendete schließlich die erste Weltumseglung. Am 6. September 1522 warf er auf der Reede von San Lucar wieder Anker und konnte wenig später in sein vom König verliehenes Wappen eingravieren lassen: »*Primus circum dedisti me – Als erster hast du mich umfahren.*«

Der nächste war Sebastiano Caboto, Sohn des Giovanni Caboto (besser bekannt unter der englischen Version seines Namens, John Cabot), der für England die Küsten Neufundlands und des nördlichen Nordamerika erforscht hatte. Da der feiste Henry VIII. das Interesse an diesen Entdeckungen verlor, wechselte Sebastiano Caboto in spanische Dienste, kam 1527 an den Rio de la Plata, gründete am 27. Mai das Fort Sancti Spiritus und ruderte zusammen mit Diego García den Paraguay aufwärts bis zur Mündung des Pilcomayo. Bei ihrer Rückkehr fanden sie Sancti Spiritus von den Indios zerstört und die Hälfte der Besatzung erschlagen. Trotzdem versuchte Caboto nochmals, sich festzusetzen, und schickte den Hauptmann Francisco César diesmal direkt nach Westen, der dann als erster Europäer die Anden erreichte und Kontakt zu den Inka aufnahm. Da aber jede Hilfe aus Spanien ausblieb, mußte Caboto die Kolonie 1529 aufgeben und heimsegeln.

Die Gründung von Buenos Aires

1535, angeregt durch die Erfolge Pizarros in Peru, gab König und Kaiser Karl V. endlich die Erlaubnis, das »Silberland« zu erobern und zu kolonisieren.

Diese Eroberung, die sich über mehr als 20 Jahre hinzog, hat das Glück, einen höchst zuverlässigen und objektiven Chronisten zu besitzen, den deutschen Landsknecht Ulrich Schmidel aus Straubing in Niederbayern. Er stammte aus einer hochangesehenen Patrizierfamilie, seine Vorfahren und Brüder waren mehrfach Bürgermeister, Stadtkämmerer und Ratsmitglieder von Straubing gewesen. Sein Geburtsjahr ist unbekannt, wohl um 1508 und er muß eine für seine Zeit recht solide Bildung genossen haben. Wenn er auch nie zu Offiziersehren aufstieg, so gehörte er – wie auch Bernal Diaz – zu jener Schicht unentbehrlicher Unteroffiziere und war nicht nur der *»erste Geschichtsschreiber am Rio de la Plata«*, sondern bald auch ein ruhender Pol in der Erscheinungen Flucht, genauer gesagt, im schnellen Wechsel der Gobernadores und Befehlshaber, ein Mann von klarem Verstand, gründlichen Kenntnissen über Land und Leute und unerschütterlicher Zuverlässigkeit, der freilich nicht allzu »genausichtig« war, wenn die Soldaten einmal etwas über die Stränge schlugen.

»Bei ernennter Stadt Cadiz sind gewest 14 große Schiffe, von aller Munition und Notdurft wohl gerüstet, die haben wollen fahren nach Rio de la Plata in Indien. Auch sind allda gewest 2500 Spanier und 500 Hochdeutsche [Süddeutsche], *Niederländer und Sachsen und unser aller oberster Hauptmann, welcher mit seinem Namen geheißen Don Pedro de Mendoza. Unter diesen Schiffen hat eines gehört dem Herren Sebastian Neithart und Jakoben Welser aus Nürnberg* [irrtümlich statt Augsburg]. *Mit denen bin ich und andere Hochdeutsche und Niederländer, ungefährt 80 Mann, wohl gerüstet mit Büchsen und Gewehr, nach Rio de la Plata gefahren.«* Man schrieb den 24. August 1535.

Im Januar erreichte Mendoza sein Zielgebiet und Anfang März *»haben wir eine Stadt gebaut, hat geheißen Buenos Aires, das ist auf deutsch: Guter Wind. Wir haben auch 72 Pferde und Stuten aus Hispanien auf den 14 Schiffen mitgebracht. Und man baute daselbst eine Stadt und eine erdene Mauer eines halben Spieß länge hoch darum, und ein starkes Haus für unseren Obersten, die Stadtmauer breit drei Schuh, und was man alles bauet, das fiel alles wieder ein, denn das Volk hatte nichts zu essen, starb vor Hunger, hatten also große Armut.«* Die Not wurde derart, *»daß weder Mäuse noch Schlangen noch ander Ungeziefer nit genug vorhanden waren zur Ersättigung des jämmerlichen Hungers, auch Schuh und Leder, es mußt alles gegessen sein«*. Drei Spanier hatten ein Pferd gestohlen und heimlich verzehrt. Zum Geständnis gezwungen, wurden alle drei gehängt. *»Auf die Nacht sind andere Spanier zu diesen drei Gehenkten zum Galgen gekommen und haben ihnen die Schenkel abgehauen und Stücke Fleisch aus ihnen geschnitten zur Ersättigung ihres Hungers. Item ein Spanier aß seinen Bruder, der gestorben war in der Stadt Buenos Aires.«*

Dazu kam, daß die Indios alles andere als freundlich waren. Am 27. Dezember 1536 griffen 23 000 Indios der Stämme Cerandis, Guaranis, Charrúas und Chaná Timbús Buenos Aires an, erstürmten und verbrannten es. Mendoza übertrug den Oberbefehl an Juan Ayolas und trat die Rückfahrt nach Spanien an, doch da *»griff ihn Gott der Allmächtige, daß er armselig starb, Gott sei ihm gnädig!«*

Juan de Ayolas war ebenfalls nur eine kurze Regierungszeit beschieden. Er stieß ins Landesinnere vor, gründete Asunción, die spätere Hauptstadt Paraguays, geriet in einen Hinterhalt und verlor durch das berüchtigte Kugel-Lasso, die Boleadora, kurz Bola genannt, das Leben.

Ulrich Schmidel aus Straubing in Niederbayern, der Chronist des Rio de la Plata.

Domingo Martínez de Irala

Juan Ayolas' Nachfolger wurde der Hauptmann Domingo Martínez de Irala, den die Soldaten einstimmig zu ihrem neuen Befehlshaber wählten. Sofort konzentrierte er die spanischen Kräfte in Asunción, um möglichst bald nach Westen vorzudringen und die Verbindung nach Peru herzustellen, wie bereits der königliche Auftrag an Mendoza gelautet hatte. Eben fertig zum Abmarsch, erschien ein neuer Gobernador und Adelantado am Rio de la Plata, Alvar Nuñez Cabeza de Vaca, einer jener vier, die die Expedition des Pánfilo de Narváez überlebt hatten.

Der neue Gobernador mag ein Meister im Überleben gewesen sein, wie er in den Weiten Nordamerikas bewiesen hatte, ein Meister des Regierens war er nicht. Drei Jahre lang ging es am Rio de la Plata drunter und drüber, jeder intrigierte gegen jeden, jeder tat was er wollte, kleine Expeditionen stießen ins Landesinnere vor, kehrten manchmal mit etwas Gold und Silber, oft ohne und gelegentlich überhaupt nicht mehr zurück. *»Deshalb hat auch erwähnter Hauptmann Cabeza de Vaca kein sonderliches Ansehen, noch große Gunst bei dem Kriegsvolk gehabt; denn er war ein Mann, der sein Lebtag kein richtiges Regiment* [Disziplin] *oder einige Gewalt und Ordnung gehabt hätte«*, vermerkte Ulrich Schmidel, und als Cabeza de Vaca an Fieber erkrankte, fügte er trocken hinzu: *»Es wäre gleichwohl nicht viel daran verloren gewesen, wenn er schon diesmal gestorben wäre; denn er hatte kein großes Lob bei uns.«* Ebenso knapp

Tiembus, Carios und Scherues, drei Indio-Stämme vom Rio de la Plata aus dem Buch Ulrich Schmidels.

wie treffend faßte der niederbayrische Landsknecht seine Auffassungen über Rechte und Pflichten eines Gobernadors oder Befehlshabers zusammen: »*Denn ein Herr oder Hauptmann, der ein Land regieren will, soll allzeit guten Bescheid geben, dem Geringsten sowohl wie dem Höchsten und sich sanftmütig gegen jedermann erzeigen. Item, wenn er als weiser und klüger als die anderen, denen er gebietet, geachtet und dafür gehalten werden will, so steht es ihm wohl an, daß er sich auch dementsprechend hält und zeigt; denn es ist sehr übel und schändlich, daß einer an Ehren zunimmt, ohne auf weitere Ausbildung seiner Fähigkeiten bedacht zu sein. Es soll sich auch keiner wegen seines hohen Amtes aufblasen und andere dadurch verachten wie der ruhmredige und stolze Traso im Terenz* [ein aufschlußreicher Hinweis übrigens auf Schmidels Bildungsniveau]*! Denn ein jeder Hauptmann ist seiner Leute wegen bestellt und nicht die Kriegsleute des Hauptmanns wegen aufgenommen. Da ist aber kein Respekt der Person gewesen; sondern dieser unser Hauptmann wollte in allen Dingen nach seinem stolzen und hoffärtigen Kopf gehen.*«

Es kam, wie es kommen mußte: »*Darauf hielt die ganze Comune, edel und unedel, einen Rat und eine Versammlung und beschlossen, diesen obersten Hauptmann Cabez de Vaca gefangen zu setzen und ihn Seiner Kaiserlichen Majestät zuzuschicken und Seiner Kaiserlichen Majestät all seine schönen Eigenschaften anzuzeigen und Ihr zu melden, wie er sich uns gegenüber verhalten hätte, und was für ein Regiment er nach seinem Gutdünken geführt habe, samt anderer Ursach mehr.*« Cabeza de Vaca wurde

festgenommen, fast ein Jahr ins Gefängnis gesteckt und schließlich in Ketten nach Spanien zurückgeschickt, wo er zunächst zu Verbannung verurteilt, später freilich rehabilitiert wurde.

Irala verstand es, ziemlich schnell im Land Ordnung zu schaffen. Zwei Jahre nach dem Sturz Cabeza de Vacas, im Herbst 1546, brach er auf, endlich den Anschluß an Peru zu finden. Er fuhr mit Booten den Paraguay und Pilcomayo aufwärts, ließ in San Fernándo die Schiffe zurück, überstieg die Anden, erreichte den Titicaca-See und schließlich Cuzco. In der Erwartung, beglückwünscht zu werden und das Patent als Gobernador des Rio de la Plata zu erhalten, trat er vor den Präsidenten Fray Pedro de la Gasca. Doch der Empfang war eisig. Der Präsident in der Mönchskutte machte den Ankömmlingen unmißverständlich klar, daß die Zeit der Conquistadoren und Abenteurer endgültig vorbei sei; nicht mehr der Degen, sondern der Elfenbeinstab der Alkalden regiere nun die Neue Welt.

Domingo Martínez de Irala kehrte nach Asunción zurück. Zehn Jahre regierte er hart aber klug die Länder am Rio de la Plata und Paraguay, und hatte wenige Monate vor seinem Tod noch die Genugtuung, offiziell zum Gobernador ernannt zu werden, was ihm la Gasca damals verweigert hatte.

Ulrich Schmidel war zu dieser Zeit längst wieder in seiner niederbayrischen Heimatstadt angekommen. 1553 hatte ihn ein Brief seines Bruders zurückgerufen. Nach abenteuerlicher Fahrt, wobei er in Cadiz durch einen Schiffbruch all sein Hab und Gut verlor, erreichte er im Sommer 1554 Straubing, »*ebenso arm, wie er war, als er 20 Jahre früher davon ausgezogen war*«. Ein Alter in Not blieb ihm freilich erspart, denn die Schmidels waren schließlich wohlhabende und angesehene Leute. 1562 übersiedelte er nach Regensburg, da er mit dem Protestantismus sympathisierte, und hier schrieb er auch die »*Warhafftige und liebliche Beschreibung etlicher furnemen Indianischen Landschafften und Insulen, die vormals in keiner Chronicken gedacht, und erstlich in der Schiffart Ulrici Schmidts von Straubingen, mit großer gefahr erkundigt, und von ihm selber auffs fleissigst beschrieben und dargethan*«, die 1567 zum ersten Mal in Frankfurt gedruckt wurden. In Regensburg »*verlebte Ulrich Schmidel, der letzte seiner Familie, in Ruhe den Rest seines vielbewegten Lebens, in Regensburg muß er auch begraben sein. Sein Todesjahr ist ebensowenig bekannt wie sein Geburtsjahr.*«

Ulrich Schmidel im Kampf mit einer Riesenschlange, wohl einer Boa oder Anakonda.

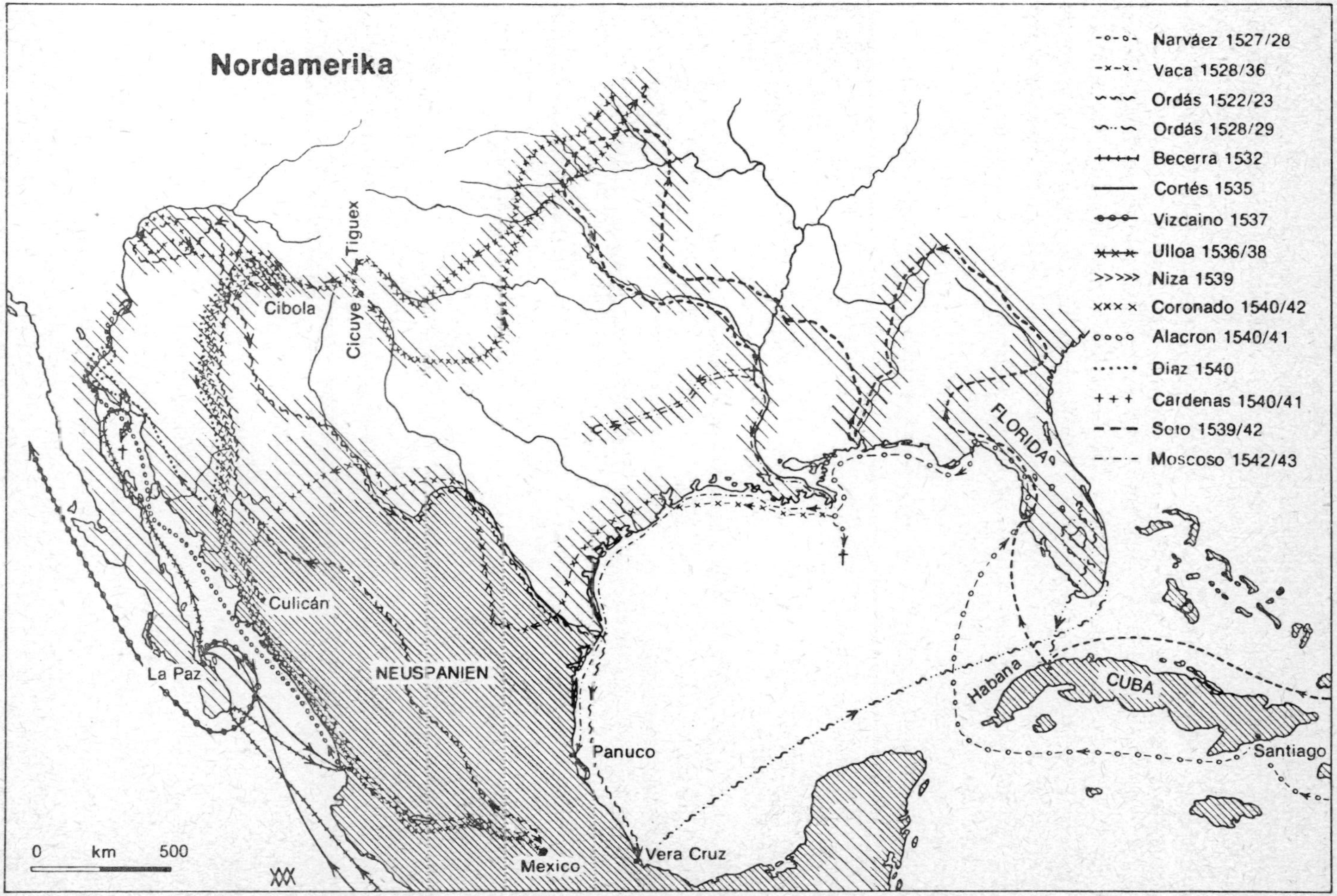
Nordamerika
Narváez 1527/28
Vaca 1528/36
Ordás 1522/23
Ordás 1528/29
Becerra 1532
Cortés 1535
Vizcaino 1537
Ulloa 1536/38
Niza 1539
Coronado 1540/42
Alacron 1540/41
Diaz 1540
Cardenas 1540/41
Soto 1539/42
Moscoso 1542/43
Tiguex
Cicuye
Cibola
Culicán
La Paz
NEUSPANIEN
Mexico
Panuco
Vera Cruz
FLORIDA
Habana
CUBA
Santiago
0 km 500

Fray Marcos de Niza und Estevanico

Arizona und Neumexico 1539

»Seit dem Tag, da uns die Schiffe im Stich gelassen hatten, kannten wir nur Not und Elend, Sturm, Hunger, Strapazen und Tod. All unsere Kameraden kamen ums Leben, da wir wohl an die 1000 Leguas [5500 km] *kreuz und quer über Meer, Prärie und Wüsten, über Berge und Flüsse zogen«,* berichtete Alvar Nuñez Cabeza de Vaca, Schatzmeister der vor acht Jahren verschollenen Narváez-Expedition, nach seiner Rettung im Jahr 1536.

Der Mönch und der Zauberer

Zwar könnte man meinen, daß Cabezas Bericht in ihrem Mißgeschick die Neugier der Spanier auf das Land im Norden gezügelt hätte, er hatte jedoch genau gegenteilige Wirkung. Er kam gerade im richtigen Augenblick, um die Aufmerksamkeit auf ein Gebiet zu lenken, das für die Eroberung durch die Spanier reif schien. Wie sollten da ein oder zwei vorläufige Enttäuschungen dieses ruhm- und gewinnbringende Unternehmen aufhalten können? Keiner der Conquistadoren zweifelte daran, daß es auch im Norden so glanzvolle Reiche gab wie in Mexico und Peru.

Besonders die Sage der sieben Städte von Cibola hielt sich hartnäckig. Schon Cortés und Olid hatten auf ihren ersten Vorstößen nach Norden einige Gerüchte gehört, und Diego de Ordás hatte 1526 »sichere Kunde« gebracht, die freilich im Trubel um den Aufstand Olids und Cortés' Zug nach Honduras kaum Gehör fand. Cabeza de Vaca hatte nun das Interesse neu angeheizt. Noch war die Kenntnis über den Kontinent im Norden von Neuspanien mehr als lückenhaft. Von der Atlantikküste gab es zwar Karten, von der Westküste wußte man wenig, und was mochte es erst alles im Landesinneren geben!

Der erste Conquistador, der das Rätsel des Nordens löste, konnte damit rechnen, mit riesigen Besitztümern belohnt zu werden.

Don Antonio de Mendoza, der Vizekönig von Neuspanien, war fest entschlossen, die Lorbeeren für diese Entdeckung und Eroberung um die eigene Stirn zu winden, was, wie wir wissen, unter anderem zum Bruch mit Cortés führte. Mendoza war freilich kein Mann, der auf bloßen Verdacht und ins Blaue hinein agierte. So überzeugt er von der Existenz der sieben Städte von Cibola war, ehe er teures Geld in eine Eroberungsarmee steckte, wollte er doch etwas mehr wissen als nur jene Gerüchte, die Cabeza de Vaca und Diego de Ordás mitgebracht hatten. Eine kleine Expedition sollte zunächst in das fragliche Gebiet vorstoßen, sich umsehen und versuchen, das eigentliche Ziel exakt zu lokalisieren – und der Vizekönig handelte damit weit umsichtiger als nahezu alle Conquistadoren vor und nach ihm.

Die beiden Männer, denen die Leitung dieses Erkundungsvorstoßes übertragen wurde, waren für diese Aufgabe offensichtlich hervorragend geeignet, auch wenn sie ein höchst seltsames Gespann abgaben. Der eine, Fray Marco de Niza, war ein Franziskanermönch, der lange Jahre bei den Indios an der Nordgrenze von Neuspanien missioniert hatte. Er sprach etliche Indio-Dialekte, kannte die Westküste Mexicos ziemlich genau und war ob seiner Freundlichkeit, Hilfsbereitschaft und Frömmigkeit bei den Indios beliebt und angesehen. Der andere war der Neger Estevanico, einer der vier Überlebenden der Narváez-Expedition. Auch er beherrschte durch sein achtjähriges Leben unter den Eingeborenen eine Reihe von Indio-Dialekten, kannte das Land zwischen Mississippi und Colorado-River, wenn auch höchst ungenau, so doch wenigstens aus eigener Anschauung, und galt zudem bei den Indios ja als großer Zauberer und Medizinmann.

Am 7. März 1539 brach man von Culicán auf. Er war eine eigenartige Prozession: Ein Weißer, Fray Marcos de Niza, gekleidet in das schlichte, rauhe Gewand seines Ordens, ein Neger, Estevanico, prächtig als »Zauberer« mit grellbunten Stoffen, einem mächtigen Federbusch auf dem Kopf und kleinen Glocken und Schellen an Armen und Beinen, die bei jedem Schritt klingelten und rasselten, herausgeputzt, dazu ein Dutzend Pima-Indios, und allem vorangetragen ein mit weißen und roten Bändern geschmückter »magischer« Kürbis, der von vielen Indios als Symbol der Macht anerkannt wurde.

Während sie an der Westküste Mexicos entlangmarschierten, stießen sie auf zahlreiche Indios, die Fray Marcos und Estevanico wiedererkannten und begeistert als »Kinder der Sonne« begrüßten. Bald folgten Scharen von Indios der kleinen Gruppe nach Norden. Sie überquerten den Rio Yaqui und den Sonora, bis Fray Marcos in einem Dorf haltmachen ließ, um zunächst die Küste erkunden zu lassen.

Estevanico bat, unterdessen weiter nach Norden vorstoßen zu dürfen, allerdings sollte sich der Neger nicht mehr als 250 Kilometer entfernen und sofort einen der begleitenden Indios zurückschicken, wenn er auf etwas von Bedeutung stieß. Als Zeichen sollte der Bote ein Kreuz überbringen, dessen Größe die Wichtigkeit des Entdeckten anzeigte: ein Kreuz von Handgröße hieß *»etwas nicht allzu Wichtiges«*, eines von doppelter Größe *»ein besonderes Ereignis«* und bei *»Entdeckungen, die bedeutender waren als Neuspanien«* sollte ein Kreuz von vier Handlängen verwendet werden. Mit 300 Indios in seinem Gefolge brach der »Zauberer« Estevanico weiter nach Norden auf.

Nur vier Tage später keuchte ein Indio seines Gefolges in das Dorf am Rio Sonora zurück und zerrte ein weit über mannshohes Kreuz hinter sich drein: Estevanico hatte sichere Kunde von den sieben Städten von Cibola erhalten! Sie lägen nicht mehr als 30 Tagesmärsche im Norden, und ein Indio, der selbst oft in diesen Städten gewesen war, würde den Weg weisen.

Fray Marcos feierte einen prachtvollen Dankgottesdienst und *»pries die göttliche*

Vorsehung mit lauter Stimme und freudigem Gesang für die Gnade, daß der Reise ein so schneller Erfolg beschieden sein würde«. Dann hastete er dem Neger nach. Er marschierte am Rand der Gila-Wüste entlang und erstieg das Colorado-Plateau, dessen höchsten Gipfel er »Monte San Francisco« nach dem Gründer seines Ordens nannte (er heißt heute noch »San Francisco Peak«).

Drei Tage war Fray Marcos jetzt noch von seinem Ziel entfernt, als ihn eine neue Nachricht von Estevanico erreichte, doch diesmal war es keines der üblichen Kreuze, die bisher stets eingetroffen und die in den letzten Tagen so gewaltig geworden waren, daß sie drei oder vier Indios schleppen mußten. Der Bote *»kam in großer Furcht, Gesicht und Körper waren ganz schweißbedeckt, und seine Haltung zeigte tiefste Trauer«.* Estevanico war tot.

Der Neger hatte das Stadttor von Cibola erreicht, doch gerade in diesem Augenblick seines größten Triumphes hatte ihn seine »Zauberkraft« verlassen. Die Zuñi-Indios hatten den »schwarzen Medizinmann« gefangengenommen und zwei Tage in einer Hütte am Stadtrand eingesperrt. Dann hatte man ihm plötzlich bedeutet, er könne gehen, doch als Estevanico vor die Tür trat, wurde er von einem Pfeilhagel niedergestreckt.

Fray Marcos war entsetzt. Doch jetzt zurückkehren, ehe er selber Cibola wenigstens gesehen hatte? Nie – und wenn es sein Leben kosten sollte. Mit einer Handvoll verängstigter Pima-Indios schlich sich der Franziskanermönch weiter nach Norden, bis er von der Kuppe eines Hügels aus einen Blick auf die sagenhafte Stadt werfen konnte, die von den Zuñi-Bergen eingerahmt wurde: gut gebaute, kubische Häuser aus Stein, eines über dem anderen aufragend, wuchtige Mauern, *»Tempel und Paläste gedeckt mit reinem Gold«!* Das legendäre Cibola, das da in der Sonne glänzte, war mindestens so groß, so prachtvoll, so reich wie Tenochtitlán! Und hinter den Bergen, ganz nahe, mußten die anderen sechs Städte liegen, ebenso groß, ebenso reich, ebenso prachtvoll . . . .

Fray Marcos de Niza raffte seine Kutte und hastete nach Süden, nach Mexico, *»mit viel mehr Furcht als Lebensmitteln«,* wie er selbst gestand, um seine grandiose Entdekkung dem Vizekönig zu melden.

Don Francisco Vásquez de Coronado

Neuspanien bis Kansas oder Nebraska 1540 bis 1542

»Es gibt nichts auf dieser Erde, das so groß und prachtvoll wäre wie die sieben Städte von Cibola. Verglichen mit ihnen ist Tenochtitlán ein armseliges Fischerdorf und Cuzco ein elender Steinhaufen«, schrieb Fray Marcos de Niza nach seiner Rückkehr.

Die Eroberung von Cibola

Für Vizekönig Mendoza gab es nun kein Zögern mehr. Aus eigener Tasche stiftete er 60 000 Pesos d'oro, um Waffen, Pferde und Schiffe für die Expedition zu kaufen. Am liebsten hätte er sich selbst an die Spitze der Truppen gestellt, die nach Norden ziehen sollten, doch Madrid verbot es ihm.

So übertrug der Vizekönig dem 29jährigen Gobernador von Neugalicien, Don Francisco Vásquez de Coronado den Oberbefehl. Er war dies keine schlechte Wahl, auch wenn Medoza später in den Chor jener einstimmte, die Coronado als überheblich, tölpelhaft und unfähig beschimpften. In Wirklichkeit war Don Francisco kein

Don Francisco Vásquez de Coronado stieß auf seiner Suche nach Cibola und Quivira bis in das Herz Nordamerikas vor.

schlechter Befehlshaber, verfuhr geschickt bei der Nutzung seiner Kräfte, war ausdauernd über jedes vernünftige Maß hinaus und verfaßte über seine Entdeckungen Berichte, die den Ruhm eines Forschers jeder anderen Epoche ausgemacht hätten. Sein Pech war nur, etwas nicht zu finden, das es gar nicht gab.

Am 23. Februar 1540 brach Coronado mit seiner Armee auf. Die Kavallerie verfügte über 559 Pferde für 225 Reiter, Coronado allein besaß nicht weniger als 23 prachtvolle Schlachtrosse samt einer Sammlung erlesener Waffen und Harnische, darunter einem reich vergoldeten aus der Werkstatt des weltberühmten Tommaso Missaglia dei Negroni aus Mailand. Dazu kamen 80 Infanteristen, in der Hauptsache Armrust- und Büchsenschützen, zwei bronzene Feldschlangen und 1000 Indio-Krieger als Hilfstruppen. Einige erprobte Haudegen wie die Hauptleute Melchior Diaz und Gracía López de Cárdenas begleiteten den Zug, dazu einige Herren von höchstem Adel wie Don Pedro de Toledo, Sohn des Hofmarschalls Juanas der Wahnsinnigen, und Don Rodrigo Maldonado, Schwager des Herzogs von Infantado, deren blaues Blut sie jedoch nicht daran hinderte, *»lasterhafte junge Herren ohne vernünftige Beschäftigung«* zu sein. Fray Marcos de Niza, zum Provinzial von Neuspanien ernannt, amtete als Großalmosenier.

Der Marsch an der Westküste Neuspaniens nordwärts vollzog sich im Schneckentempo, und bereits in Culicán entschieden die jungen, vornehmen Herren, daß man eine dreiwöchige Pause einlegen müsse. Coronado teilte daraufhin kurzentschlossen seine Truppe: Er selbst wollte mit dem Großteil der Kavallerie nach Cibola vorausreiten, Fußvolk, Hilfstruppen und Troß sollten ihm so rasch als möglich folgen.

Am 7. Juli 1540 erreichten sie die sagenumwobene Stadt. Die Spanier waren entsetzt! Keine Spur von silbernen Mauern, goldgepflasterten Straßen, nicht einmal von Tempeln und Palästen. Cibola erwies sich als ein normales, mittelgroßes Zuñi-Pueblo.

Was hatte Fray Marcos da eigentlich gesehen? Hatte ihn die trügerische Helligkeit über die hitzeflimmernde Ebene hinweg, die entfernte Objekte unverhältnismäßig groß erscheinen läßt, getäuscht? Hatte er das gesehen, was er sehen wollte? Oder war er ganz einfach ein Lügner und Aufschneider? Wo steckte Fray Marcos überhaupt? Er war verschwunden. In der Gewißheit, daß ihn auch seine Mönchskutte nicht vor einer fürchterlichen Tracht Prügel schützen würde, hatte er es vorgezogen, sich abzusetzen. Er kehrte nach Mexico zurück und verschwand dort aus dem Blickfeld der Geschichte.

Da stand man nun statt vor einem zweiten Tenochtitlán vor einem schäbigen Bauernkaff. Und selbst das sollten die Spanier nicht einmal kampflos bekommen. Weder das Requerimiento noch die Verhandlungsversuche Coronados konnten die Zuñi beeindrucken, und den Spaniern, die seit Tagen nicht gegessen und dringend auf die Vorräte in Cibola angewiesen waren, blieb keine andere Wahl, als zu stürmen. Sie brauchten weniger als eine Stunde, um sich der Ortschaft zu bemächtigen, obwohl die Zuñi erbitterten Widerstand leisteten, ehe sie, anstatt sich zu unterwerfen, in die Hochebenen flüchteten, wohin sie bereits beim Anmarsch der Spanier Frauen, Kinder, Vieh und Hausrat evakuiert hatten. *»Was mich angeht«*, schrieb Coronado, *»so wurde ich zweimal von den zahllosen großen Steinen zu Boden gestreckt, die sie von oben herab-*

Cibola bot sich wie dieses Hopi-Dorf den Augen der enttäuschten Spanier dar.

warfen, und hätte ich nicht meinen ausgezeichneten Helm auf dem Kopf gehabt, wäre die Sache schlecht für mich ausgegangen.«

Da saßen sie nun, die Sieger, in einem verwüsteten Dorf, und Coronado hatte das zweifelhafte Vergnügen, den Mißerfolg Mendoza melden zu müssen. *»Ich muß nun doch«*, schrieb er dem Vizekönig, *»von dieser Stadt, dem Königreich und der Provinz erzählen, von denen Fray Marcos Eurer Hoheit berichtet hat. Um es kurz zu machen, kann ich versichern, daß Fray Marcos schändlich gelogen hat, daß er auch nicht in einem Punkt seines Berichtes die Wahrheit gesagt hat, vielmehr ist alles gerade gegenteilig zu seinen Worten, ausgenommen der Name der Stadt. Es gibt weder Gold noch Türkise, und die sieben Städte von Cibola sind sieben elende Dörfer!«*

Geographie statt Gold

Vizekönig Don Antonio de Mendoza hatte bei der Ausrüstung der Cibola-Expedition keine Kosten gescheut. So war Coronado nicht nur prächtig mit Waffen, Männern und vor allem Pferden ausgerüstet, losgezogen, Don Antonio hatte zudem zwei Schiffe

Hopi beim Fest des Bohnenpflanzens. So friedfertig die Hopi sind, so abweisend waren und sind sie allen Fremden gegenüber.

unter dem Befehl Hernándos de Alacrón in den Golf von Californien beordert, vollgestopft mit Munition, Verpflegung und Hilfsgütern – für Coronado ein recht beruhigender Gedanke.

Es war nicht so, daß Coronado in Cibola direkt festsaß, auch litten die Spanier nicht eigentlich Hunger, aber sehr erfreulich waren die Zustände trotzdem nicht. Die Versuche, mit den geflüchteten Zuñi in Verhandlungen zu kommen, blieben erfolglos. Sie verstanden den Wunsch der Spanier, ihren »Fürsten« oder »Herrscher« zu sprechen, nicht, denn bei den Zuñi gab es weder Könige noch Herrscher, noch Fürsten. *»Sie haben keine Häuptlinge wie in Neuspanien, sondern werden von einem Rat der Ältesten regiert. Außerdem haben sie Priester, die ihnen predigen, diese gehören zu den Alten. Sie sprechen vom höchsten Dach herab zum ganzen Volk, wie öffentliche Ausrufer, und am Morgen, wenn die Sonne aufgeht, sitzt das ganze Dorf schweigend auf seinen Terrassen und lauscht ihnen. Sie sagen ihnen, wie sie ihr Leben führen müssen, und ich glaube, daß sie ihnen auch bestimmte Anweisungen geben, denn es gibt bei ihnen keine Trunkenheit, noch Opfer, sie essen auch kein Menschenfleisch und stehlen auch nicht, sondern sind meist bei der Arbeit.«*

Wenn schon Cibola ein totaler Mißerfolg war, so sollte wenigstens die Entdeckung der nördlichen Durchfahrt vom Atlantik zum Pazifik, deren Vorhandensein in dieser Gegend von den zeitgenössischen Geographen gelehrt wurde, Aufwand und Renommée der Expedition rechtfertigen. Coronado schickte kleine Stoßtrupps in alle Himmelsrichtungen mit dem Auftrag, wenn schon kein Gold, so wenigstens geographische Sensationen herbeizuschaffen.

Hauptmann Melchior Diaz kehrte zunächst zum Sonora-Fluß zurück und marschierte dann nordwärts an der Küste des Golfs von Californien weiter. Wie die anderen sollte er *»die Augen offen halten«*, vor allem aber mit den Hilfsschiffen unter Hernándo de Alacrón Verbindung aufnehmen. Diaz gelangte bis zum Nordende des Golfs, wo er in der Nähe des heutigen Yuma die unter einem Baum vergrabenen Briefe Alacróns fand, die ihm mitteilten, die Schiffe seien nach Neuspanien heimgesegelt. Verärgert machte sich der Hauptmann auf den Rückweg nach Cibola.

Alacrón war den Golf von Californien hinaufgesegelt, hatte festgestellt, daß die »Isla de Cortés« gar keine Insel, sondern eine Halbinsel war und hatte die Küste kartographisch aufgenommen. An der Mündung des Colorado in den Golf hatte er auf Nachricht von den Landtruppen gewartet. Als diese ausblieben, drang er weiter nach Norden vor.

Nach Überwindung einiger tückischer Untiefen fuhr Alacrón mit einigen Beibooten seiner Schiffe den Colorado stromauf. Vermutlich kam er bis hinter die Mündung des Gila-Flusses. Doch je weiter er landeinwärts vorstieß, desto unwirtlicher wurde die Umgebung; einmal gab es nichts als Wüste ringsum, dann wieder befanden sie sich *»zwischen sehr hohen Bergen, wo der Fluß sehr eng wird«*. Schließlich erfuhr Alacrón von dem Fiasko Coronados in Cibola und kehrte daraufhin nach Neuspanien zurück, ohne mit den Landtruppen Verbindung aufgenommen zu haben.

Zu etwa der selben Zeit, als Alacrón auf dem Colorado kehrtmachte, folgte ein anderer von Coronados Hauptleuten, Gracía López de Cárdenas, dem Fluß stromabwärts. Zu einem Zusammentreffen kam es jedoch nicht, dazu bot der Weg zu viele Hindernisse. Cárdenas und seine Männer waren die ersten Weißen, die offiziell den Anspruch erhoben, eines der »Sieben Naturwunder der Welt« gesehen zu haben – Diego de Ordás, der vermutlich schon vor ihnen da war, hat seinen Anspruch nie geltend gemacht. Beim Marsch über das Colorado-Plateau standen sie plötzlich vor dem gewaltigen Einschnitt in die Erdoberfläche, den man heute als Grand Canyon kennt. Für Cárdenas war die Sache damit erledigt: Dieses sonderbare Land konnte man nicht erobern.

Nicht viel mehr Glück hatte Hauptmann Pedro de Tovar, der nach Westen vorstieß. Die Hopi-Indios waren aus religiösen Gründen absolut friedfertig (Hopi kommt von Hopituk, was »Friedensmensch« bedeutet), sie betrachteten sich als die ältesten Einwohner Amerikas, waren als einziger Indio-Stamm Monotheisten, besaßen Überlieferungen – so auch von einer Sintflut –, die mit keinem Indio-Stamm von Feuerland bis Labrador irgendwelche Ähnlichkeiten aufwiesen, und waren noch abweisender als die Zuñi, wollten mit Fremden so wenig als irgend möglich zu tun haben – und daran hat sich bis heute nichts geändert. Die Beute, die Tovar zurückbrachte, bestand aus einigen Traglasten Mais.

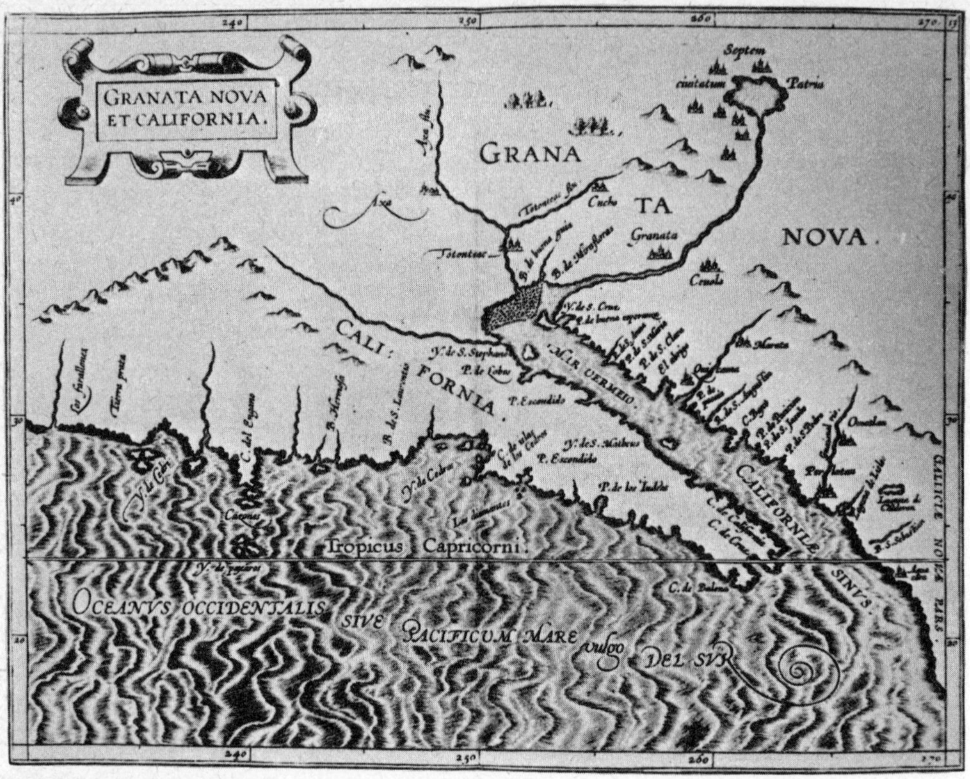

Eine Karte von Californien aus dem 17. Jahrhundert, in der rechts die sieben Städte von Cibola eingezeichnet sind – sie hielten sich lange auf solchen Karten.

Lediglich der Spähtrupp unter Hauptmann Hernándo de Albarado, der nach Osten ausgerückt war, konnte Erfreuliches berichten. Er stieß auf einen jungen Indio-Häuptling, dessen Gesicht ein bei den Indios höchst seltener Schnurrbart zierte. »Schnurrbart« wie ihn die Spanier daraufhin nannten, lud die Conquistadoren in sein Dorf Cicuya am Pecos-Fluß ein, wo das Land grün und die Weiden saftig seien und wo man den Winter weit besser überstehen könne als im verlassenen, halbzerstörten Cibola.

Der Zug nach Quivira

Cibola war ein Mißverständnis gewesen! Natürlich gab es El Dorado, nur lag es viel weiter im Nordosten und hieß Quivira.

Der Mann, dem die Spanier diese sensationelle Neuigkeit verdankten, war ein Prärie-Indio, den es nach Cicuya verschlagen hatte und der im Dorf Häuptling Schnurrbarts als Sklave lebte. »El Tuco«, wie ihn die Spanier nannten, da er mehr an einen Orientalen als an einen Eingeborenen Amerikas erinnerte, lieferte eine höchst farbige Schilderung seiner Heimat. In Quivira *»gab es einen Fluß im Flachland, der acht Kilometer breit war, in dem schwammen Fische so groß wie Pferde und Galeeren mit 20 Rudern auf jeder Seite und mit Segeln. Ihre Fürsten und Prinzen saßen auf dem Achterdeck unter einem Sonnensegel, und am Bug trugen sie große Adler aus massivem Gold. Er erzählte ferner, jedermann hätte Teller aus Silber und Krüge und Schalen aus gediegenem Gold.«* Er hatte auch einen Beweis für seine Geschichte, ein schweres, goldenes Armband, das ihm allerdings Häuptling Schnurrbart gestohlen hatte.

Don Francisco Coronado ließ Schnurrbart kommen und verlangte das Armband. *»Ein goldenes Armband? Es gibt hier kein Gold, und El Turco lügt!«* Niemand glaubte ihm.

Am 23. April 1541 brachen die Spanier von Cicuya auf, und *»El Turco fragte uns«*, schrieb Coronado, *»warum wir unseren Pferden soviel Proviant aufbürdeten, sie würden zu müde sein, das Gold und Silber, das wir dort finden würden, zu tragen.«* Zunächst ging es am Pecos entlang, dann ostwärts zum Brazos und schließlich in einem weiten Bogen nach Nordosten, wo sich endlose Prärien erstreckten, auf denen ungeheure Herden wilder Büffel grasten, die *»krummrückigen Ochsen mit gelocktem Stirnhaar«*, von denen schon Cabeza de Vaca berichtet hatte.

Die Teja-Indios, denen man in Nordtexas begegnete, wußten freilich nichts von einem Quivira, doch El Turco erklärte, sie seien nur Nomaden und Büffeljäger ohne jedes Kulturverständnis, *»sie leben ausschließlich vom Fleisch des Büffels und essen sogar das gekaute Gras, das sie im Magen dieser Tiere finden«*, fügte Coronado seinem Bericht hinzu.

So zog man denn weiter, doch da die Vorräte bedenklich abnahmen, beschloß Coronado wieder einmal, seine Streitmacht zu teilen. Das Gros der Soldaten sollte nach Cicuya oder dem nahe Cicuya liegenden Tiguex zurückkehren, während er selbst mit 30 Reitern und El Turco als Führer weiter bis Quivira vorstoßen wollte.

Coronado ritt mit seiner kleinen Truppe nordwärts durch das heutige Oklahoma, überquerte den Canadian River und den Arkansas. Es wurde ein beispiellos enttäuschender Ritt. Die Spanier trabten durch ein Meer von Gras, genauso flach und ohne Anhaltspunkte wie die richtige See. *»Ich wollte Kreuze aufrichten, um den Rückweg zu finden, es gab aber kein Holz. Dann dachte ich an Steinhaufen, doch auch Steine gab es nicht. Wir hinterließen nicht einmal Spuren, denn das Gras erhob sich sogleich hinter dem Tritt unserer Pferde.«*

So drangen die 30 Reiter, ohne es zu ahnen, in das Herz des nordamerikanischen Kontinents vor, durchquerten Kansas und kamen vielleicht bis Nebraska. Überall sahen sie unendliche Ebenen, ungeheure Büffelherden, Staubwolken, verschlammte Flüsse unter glühender Hitze. Die Indios, denen sie begegneten, waren in Wigwams lebende Nomaden, die ihre Hunde in eine Art Schlitten spannten und keine Ahnung von einem See, einem Kaiser und einem Goldstück hatten.

Endlich erreichte man Quivira. Es war ein eher bescheidenes Dorf der Wichita-Indios, dessen Einwohner durch die überraschende Ankunft der Spanier so verschreckt waren, daß sie sich in ihren Hütten aus Gras und Stroh verkrochen. Von Gold, König, Galeeren und pferdegroßen Fischen keine Spur. El Turco wurde auf der Stelle vor Gericht gestellt, verurteilt und gehängt.

Coronado nahm das enttäuschende Land für seinen König in Besitz und kehrte *»sehr verbittert, müde und von Schande bedeckt«* zu seiner Armee nach Tiguex zurück.

Doch noch immer wollte er nicht aufgeben. Zum zweiten Mal überwinterte er, um im nächsten Jahr weiter über Quivira hinaus nach Norden vorzudringen. Ein Reitunfall vereitelte diesen Plan. Bei einem Turnier geriet Coronado unter die Hufe eines Pferdes und wurde so schwer verletzt, daß er lange am Rande des Todes stand. Er erholte sich schließlich und kehrte im Frühjahr 1542 endgültig nach Mexico zurück.

Für Vizekönig Don Antonio de Mendoza war der Ausgang der Cibola-Expedition eine finanzielle Katastrophe. Hauptmann Cárdenas schrieb: *»Coronado kam, die Hand des Vizekönigs zu küssen, wurde aber nicht sehr gnädig empfangen, denn Mendoza war natürlich äußerst enttäuscht über den Ausgang dieser Sache, die er für so sicher gehalten hatte.«*

Aller Zorn, alle Enttäuschung entlud sich nun gegen den unglücklichen Befehlshaber der Expedition. Man warf ihm Fehler in der Führung der Truppe vor, Grausamkeiten gegen die Indios und schließlich munkelte man von Hochverrat. Mendoza war klug genug, um seinen ehemaligen Günstling zunächst wieder als Gobernador von Neugalicien einzusetzen, doch schon ein paar Monate später wurde Don Francisco de Coronado ins Gefängnis geworfen, verbrachte dort mehrere Jahre und starb in Ketten.

Don Hernándo de Soto

Mississippi 1538 bis 1543

»Daß Don Hernándo de Soto im Alter von fast 50 Jahren nochmals auszog, um unbekannte Städte und Länder zu erobern, geschah nicht um des Goldes, sondern allein um der Ehre willen, und weil er glaubte, so dem König von Kastilien am besten dienen zu können.«

Der »Vater der Ströme«

Cabeza de Vaca hatte mit seinen Erzählungen von den sieben Städten von Cibola ein wahres Fieber ausgelöst. Zwei der wichtigsten Männer der Neuen Welt, Vizekönig Don Antonio de Mendoza und Don Hernándo de Soto, der ehemalige Hauptmann Francisco Pizarros, versuchten sich bei der Eroberung gegenseitig den Rang abzulaufen mit dem Erfolg, daß sich zwei glänzend ausgerüstete Expeditionen jahrelang auf der vergeblichen Suche nach den legendären Goldstädten in den Weiten Nordamerikas aufrieben.

Mendoza hatte den Vorteil des kürzeren Anmarschweges für sich, zudem das Glück, durch den Erkundungszug des Fray Marcos de Niza genau zu wissen, wo er zu suchen hatte. Doch während manches an Mendozas Expeditionsarmee eher dilettantisch anmutete, dachte Soto, der seine Truppe im spanischen Mutterland zusammenstellte an alles und jedes. In der harten Schule Balboas, Dávilas und Pizarros hatte er gelernt, wie man ein unbekanntes Land erobert.

Soto war außerordentlich reich – *»un gran rico«* –, der aus Peru mit einem Vermögen zurückgekommen war, wie es kaum ein Conquistador je nach Europa brachte. *»Er lebte«*, wie es ein Zeitgenosse schilderte, *»von Haushofmeistern, Dienern, Pagen und der ganzen Pracht eines schwerreichen Standesherren umgeben.«* Hart und tüchtig organisierte er seine Expedition wie kein anderer vor ihm. Er nahm Büchsenmacher und Schmiedemeister mit, sogar Kalfaterer und Zimmerleute, denn er schloß die Möglichkeit nicht aus, auf seinem Zug Schiffe bauen zu müssen. Auch in seiner Truppe gab es zahlreiche Edelleute. Die Aussicht auf die Schätze von Cibola trieb sie ihm in so großer Menge zu und machte sie so bereitwillig, ihre Güter für Pferde und Waffen zu verkaufen, daß in Spanien die Bodenpreise fielen. Junge, verzärtelte Herrlein, die nichts vorzuweisen hatten als einen klangvollen Namen, lehnte Don Hernándo freilich rundweg ab.

Am Tag des hl. Lazarus des Jahres 1538 ging er von Cadiz aus unter Segel. Er verfügte über 600 Soldaten, 220 Pferde, reichlich Arkebusen, Armrüste und leichte Geschütze sowie die königliche Bestallung als Gobernador von Florida, jenes Postens, der Juan Ponce de León und Pánfilo de Narváez zum Verhängnis geworden war.

Wie seine Vorgänger setzte er seine Truppen in der Tampa-Bucht an Land, nur waren eben die Führer grundverschieden, und weder die Sümpfe Floridas noch der Mut der Seminolen waren imstande, die Entschlossenheit eines Soto zu brechen. Natürlich bekam auch er Nachricht vom Wasser des ewigen Lebens, *»lernte noch ganz junge Männer kennen, die vom Jungbrunnen getrunken hatten und seit 250 Jahren lebten, als wären sie nicht ein Zehntel so alt«*, erfuhr, daß die sieben Städte von Cibola nur drei Wochenmärsche im Norden lägen und vom *»Land des ewigen Sommers, so reich an Gold, daß sich die Krieger damit behelmten«*.

Soto freilich kannte die Phantasie der Indios und blieb mißtrauisch. Doch da bei einem Vorstoß ins Unbekannte letztlich eine Richtung so gut wie die andere war, marschierte man nordwärts und erreichte jene Bucht, wo die Narváez-Expedition mit ihren kleinen Booten in See gestochen war, und wo noch die Knochen der Pferde in der Sonne bleichten. Die weniger Mutigen begannen zu murren, es wäre an der Zeit haltzumachen und die Schiffe zu bauen, zu welchem Zweck man doch von Spanien das Material bis hierher mitgeschleppt habe. Soto antwortete darauf nur, er sei ausgezogen, das reichste Land der Welt zu erobern, und er werde keinen Schritt zurückweichen, ehe er es nicht gefunden habe.

Das erste Winterquartier wurde unweit von Tallahassee bezogen, der kleinen Hauptstadt des heutigen Florida.

Schon in den ersten Märztagen 1540 ließ Don Hernándo das Lager abbrechen und marschierte weiter nach Nordosten in das Gebiet der Appalachen- und Creek-Indios. Hier erlebten die Conquistadoren auch die einzige angenehme Episode ihrer fast fünfjährigen Irrfahrt: Eine »Caciqua«, eine Indio-Königin, empfing die Spanier mit größter Liebenswürdigkeit und ließ sie willfährig sogar die Grabstätten ihrer Vorfahren ausräumen, wo die Conquistadoren 350 Pfund Perlen fanden. Als die Soldaten aber vorschlugen, in dieser freundlichen Gegend zu bleiben, gab Soto unverzüglich Befehl zum Abmarsch, *»denn er war unerbittlich und trockenen Tons«*.

Berge traten jetzt an die Stelle der Ebene. Die Spanier, nun gegen Westen marschierend, schnauften die steilen Abhänge der Smoky Mountains empor, später die glühenden Hochebenen von Tennessee. Da die Stämme, denen sie begegneten, jedoch immer ärmer wurden, das Goldland immer entfernter schien, bog man nach Süden ab und erreichte zu Beginn des Herbstes wieder den Golf von Mexico, aber auch die kriegerischen Küstenvölker der Choctaw und Natchez.

Der 15. Oktober wurde ihnen beinahe zum Verhängnis. Die Indios bemächtigten sich überraschend des Dorfes, wo die Heeresvorräte lagerten, und um ein Haar wäre die ganze Truppe ausgerottet worden. Soto rettete die Lage, indem er das Dorf in Brand stecken ließ, doch verschlangen dabei die Flammen nicht nur den Feind, sondern auch das Pulver, die Geschütze und den Proviant mitsamt den 350 Pfund Perlen des »Caciqua«. Am Unglücksabend erschien die Bilanz der Expedition in einem recht düsteren Licht: 102 Mann waren bereits zugrunde gegangen, den Überlebenden fehlte es an allem, und das »Land des ewigen Sommers« oder Cibola lagen mehr denn je im Ungewissen.

In diesem Augenblick höchster Not erhielt Don Hernándo de Soto die Nachricht von zwei Schiffen, die nur wenige Meilen von dem verbrannten Dorf vor Anker lagen. Doña Ysabel de Soto hatte den Kapitän Maldonado von Cuba aus losgeschickt, um Nachrichten einzuholen und ihrem Mann Proviant und Nachschub zukommen zu lassen. Doch Soto rührte sich nicht, verschwieg seinen Soldaten die Anwesenheit der Schiffe und gab kein Lebenszeichen, bis die Karavellen wieder verschwunden waren. Er wollte keine Hilfe, und wenn er je in seine Welt zurückkehrte, dann nur im Ruhmesglanz als Bezwinger Cibolas oder des Goldlandes.

Soto marschierte nun nach Nordwesten, verlor auf dem Gebiet der Chickasaws elf Mann und, was schwerer wog, 50 Pferde, verbrachte, ständig von Indios belästigt, einen unruhigen zweiten Winter und zog im Frühjahr 1541 weiter der sinkenden Sonne nach. *»Ihr schweigsamer Führer hatte die Spanier so gründlich seiner eisernen Disziplin unterworfen, daß ihre anfängliche Angst verschwunden war. Sie marschierten hinter Soto nicht aus Liebe oder Vertrauen, sondern weil sie sein unerbittlicher Wille mitriß.«*

Der 1. Mai 1541, ein Mittwoch, brachte die große Entdeckung: Nahe dem heutigen Memphis erreichten die Conquistadoren den Mississippi, den »Vater der Ströme«.

Don Hernándo de Soto war über die Entdeckung, die seinen Namen in die Geschichte eingehen ließ, nur wenig begeistert, war sie doch nur ein weiteres Hindernis auf dem Weg nach Cibola, Quivira, Pahuca oder wie El Dorado heißen mochte.

Der folgende Monat wurde für die Spanier zur Hölle. Sie gerieten in das Über-

Don Hernándo de Soto, berühmt für seinen Stolz, sein Ehrgefühl, seinen unbeugsamen Willen und seine eiserne Disziplin.

Ein Büffel, der »krummrückige Ochs mit gelocktem Stirnhaar«, wie ihn Cabeza de Vaca beschrieben hatte, der zu Millionen die Prärien Nordamerikas durchzog.

schwemmungsgebiet des Mississippi, dem nicht einmal die Dämme des 19. Jahrhunderts beizukommen vermochten. Sie wateten bis zu den Hüften im Wasser, dann bis zur Brust und schließlich bis zum Hals. Da sie sich nirgends hinlegen oder auch nur niedersetzen konnten, starben viele an Erschöpfung und Übermüdung. Doch eines war allen klar, sie mußten, koste es, was es wolle, über den Fluß, denn jenseits – diesmal hatten sie absolut zuverlässige Nachricht – begann Pahuca, das Land des Goldes.

Endlich gelangte man in trockenere Gegenden, doch erwies sich Pahuca und nach ihm Chisa als völlig unzivilisiert und ohne jedes Gold. Gefangene Indios beschrieben das Reich von Cahca, wo es haufenweise Edelsteine, Paläste und sogar eine Kupferschmelze geben sollte. Don Hernándo setzte sich an die Spitze von 80 Reitern, gelangte in die unendlichen Prärien von Kansas, erhielt dort auch Nachricht über seinen Widersacher Coronado, wich einem Treffen aus, kehrte zu seiner Truppe zurück, marschierte nach Südwesten, erreichte Oklahoma, überwinterte ein drittes Mal, machte im Frühjahr kehrt in Richtung Osten, zog den Arkansas abwärts und fand sich wieder am Ufer des Mississippi.

Fast die Hälfte seiner Männer war inzwischen umgekommen, von den 200 Pferden waren nur noch 30 übrig, Schießpulver gab es schon lange keines mehr, und die verrosteten, abgestumpften, schartigen Degen und Hellebarden sicherten nicht einmal mehr die Überlegenheit in den ständigen Kämpfen mit den Indios. Doch der Wille Sotos war ungebrochen. Zwei Schiffe, die man bauen wollte, sollten nach Cuba und Neuspanien segeln, um neue Waffen, Pferde und Männer herbeizuschaffen, um im kommenden Frühjahr erneut die Suche nach El Dorado beginnen zu können.

Der Himmel weiß, wie lange Soto seine Männer noch durch die Weiten des nordamerikanischen Kontinents geführt hätte, wäre er nicht am Sumpffieber erkrankt und wenige Tage später verstorben.

Don Hernándo de Soto erhielt ein seinem Charakter würdiges Begräbnis. Seine Leute hatten ihn zunächst beerdigt, *»da sie aber den Indios gesagt hatten, ihr Führer sei als Sohn der Sonne wieder zur Sonne aufgestiegen, hielten sie es für richtiger, seine Leiche auszugraben und sie der Verschwiegenheit des Mississippi anzuvertrauen. Spät nachts fuhr ein Boot die mit Steinen beschwerte Leiche de Sotos auf den mächtigen Strom hinaus. Da versank er in seiner Entdeckung – ein großer Führer und Ehrenmann«*, wie der Chronist der Expedition berichtete.

Luis de Moscoso

Die überlebenden Spanier kannten nun nur noch einen Gedanken: zurück in die zivilisierte Welt!

Man vermutete den Golf von Mexico ganz in der Nähe, doch die den Mississippi entlang ausgeschickten Kundschafter kehrten nach zehn Tagen zurück und hatten nichts als Sümpfe, ein Gewirr von Kanälen und dichten Wald gefunden, und die befragten Indios hatten nie vom »großen Wasser« gehört.

Luis de Moscoso, der Nachfolger Sotos, beschloß daher, den Zug auf dem Landweg zu versuchen. Die Spanier gelangten ins nördliche Texas, doch die Marschbedingungen wurden derart schwierig, daß man ein viertes Mal überwintern mußte und endlich umkehrte. Am Ufer des Mississippi bauten sie zwei Brigantinen, deren Segel sie aus wildem Hanf flochten und für deren Anker sie ihre Sporen benützten. In völliger Ordnung gingen die 320 Überlebenden mit den verbliebenen 22 Pferden und 100 gefangenen Indios an Bord.

Nach zwei Monaten und sieben Tagen Fahrt auf Fluß und Golf betraten sie am 10. September 1543 im Hafen von Panuco wieder spanischen Boden. Sie waren fast nackt, trugen aber stolz ihre Waffen und zogen in Ketten ihre Gefangenen hinter sich her.

Als letzte fiel Doña Ysabel de Soto dieser Expedition zum Opfer. Als sie erfuhr, daß ihr stolzer Mann ihre zwei Hilfsschiffe so geflissentlich übersehen und dies letztlich mit seinem Leben bezahlt hatte, *»ergraute sie mit einem Schlag«* und starb einige Tage später.

Don Tristan de Luna y Arellano

Florida 1559 bis 1561

»Der schöne Name dieser Halbinsel Pascua Floridas [Blumenreiche Ostern] *klingt wie ein Hohn, denn sie verschlang nicht weniger als vier wohlgerüstete Expeditionen der Spanier, ehe man ihre Eroberung aufgeben mußte.«*

Fray Luis Cancer de Barbestro

Der Franziskanermönch war ein Schüler und Freund Bartolomé de Las Casas' und lange Jahre in Guatemala als Missionar tätig gewesen. Sein Gewissen ertrug es freilich nicht, Menschen in ihrem heidnischen Unglauben und damit in den Krallen des Teufels zu belassen. So reiste er nach Spanien und erhielt dort die königliche Bewilligung zur Errichtung einer Mission in Florida *»an einem Ort, der von den Spaniern noch nicht mit Blut befleckt wurde«.*

Das kleine, unbewaffnete Schiff der Missionare und ihrer Helfer landete in der gleichen Bucht wie vordem die kriegerischen Expeditionen von Juan Ponce de León, Pánfilo de Narváez und Don Hernándo de Soto. Die am Strand versammelten Seminolen schwangen ihre Bogen, zum Zeichen, daß sie keineswegs gewillt waren, wiederum Weiße an Land zu lassen.

Doch Fray Luis ließ sich nicht aufhalten. Begleitet von einem zweiten Mönch stieg er von Bord ins Wasser und watete auf die Krieger zu, Geschenke in den Händen. Die Seminolen ließen die beiden ans Ufer kommen, hörten sie in einer unbekannten Sprache reden und zum Himmel deuten, und als die Mönche niederknieten, taten es ihnen die Indios nach, und vom Schiff aus sah man begeistert die um Fray Luis und seinen Mitbruder versammelten Heiden beten.

Doch als sie sich wieder erhoben, stürzten die Seminolen plötzlich auf die Mönche zu, die sich noch einen Augenblick wehrten und dann zusammenbrachen. Die übrigen Mitglieder der Mission hißten schleunigst die Segel und flohen nach Cuba zurück.

Der letzte Conquistador

Leider war nicht zu bestreiten, daß Spaniens Besitz der Neuen Welt keineswegs so unangetastet blieb, wie sich das für gute Christenmenschen gehört hätte. Daß die englischen Ketzer nicht viel auf das Machtwort des Papstes geben würden, war vorauszusehen gewesen. Ihre Kapitäne John und Sebastian Cabot (Giovanni und Sebastiano Ca-

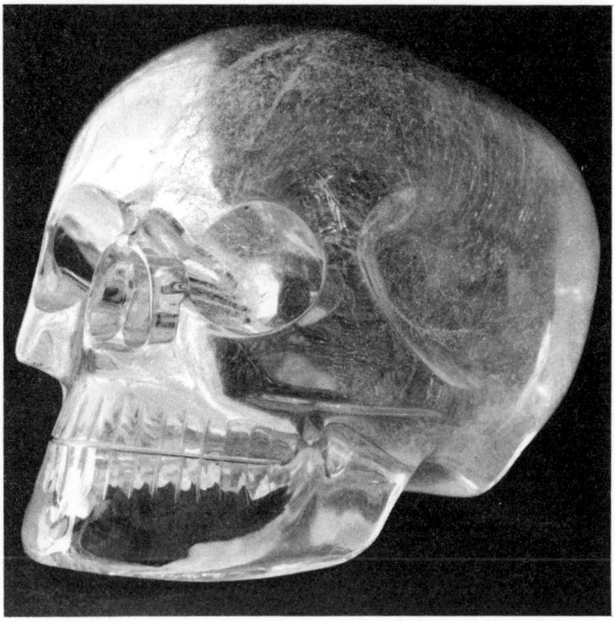

Totenkopf aus Bergkristall, eine Meisterleistung indianischen Kunsthandwerks.

boto), beide venezianischer Abstammung, trieben sich ganz ungeniert vor Neufundland und Labrador herum (1497/98, 1509 und 1517). Daß aber auch gute Katholiken wie der Florentiner Verrazzano (1523/24) und gar jener Jacques Cartier aus St. Malo im Auftrag des französischen Königs sich am St.-Lorenz-Strom einzunisten begannen (1534/36 und 1541/42), war nicht nur in höchstem Maße empörend, sondern auch bedenklich. Nicht, daß Spanien sonderlichen Wert auf jene kalten, unfreundlichen Nordprovinzen des Kontinents gelegt hätte, doch die Neue Welt war nun einmal Eigentum Spaniens, allenfalls noch ein bißchen Portugals. Wer damit anfing – und sei es im entlegensten und unwirtlichsten Zipfel –, dieses Eigentumsrecht zu verletzen, der würde es über kurz oder lang auch im Herzen der Karibik tun – und so geschah es ja dann auch nicht allzu viele Jahre später ...

Philipp II., seit der Abdankung Karls V. 1556 König von Spanien, beschloß daher, Florida als Bollwerk und Eckpfeiler Spanisch-Amerikas wider Ketzer und katholische Rivalen zu kolonisieren und auszubauen.

Der Mann, der diese Bastion Seiner Allerkatholischsten Majestät errichten sollte, hieß Tristan de Luna y Arellano, stammte aus bester Familie und hatte 18 Jahre zuvor Don Francisco de Coronado auf seinem Ritt ins Herz Nordamerikas begleitet.

Am 24. April 1559 brach von Mexico ein langer Zug Menschen nach Vera Cruz auf. 1500 Männer, Frauen, Soldaten und Handwerker. Mit ihnen zog ein Lumpenpack von Dienstleuten, Bettlern und zwielichtigen Existenzen, das ein kluger Führer nie zugelassen hätte. Selbst die Soldaten flößten so wenig Vertrauen ein, daß man beschloß, vor der Einschiffung keine Waffen an sie auszugeben. Dieser bunte Haufen wurde in 13

Schiffen verstaut, die ohne Schaden auf die Höhe Floridas gelangten. Luna, der lange zwischen den Buchten von Mobile und Pensacola geschwankt hatte, entschied sich für letztere, schrieb dem Vizekönig und rühmte ihre Größe und Sicherheit.

Fünf Tage später, in der Nacht des 9. August, fegte ein Hurrikan über die so große und sichere Bucht. Elf Schiffe versanken mit dem Großteil des Proviants und der Ausrüstung in den tobenden Fluten, eines fand man am nächsten Tag in einem Wald wieder, gut einen Büchsenschuß vom Meer entfernt, und nur ein einziges Schiff hatte das Toben der Elemente in leidlichem Zustand überdauert.

Was folgte, war die übliche Geschichte amerikanischer Mißerfolge. Don Tristan de Luna führte seine Leute 40 Kilometer ins Landesinnere und gründete am Ufer des Flusses Alabama eine Stadt mit Namen Nanicapana. Die Indios setzten sich zur Wehr, indem sie die Erde so gründlich verbrannten, daß die Kolonie in einem Umkreis von zehn Kilometern *»kaum einen Grashalm zu finden vermochte«*. Die Hungersnot brach fast sofort aus. *»Viele Männer gingen barfuß, weil sie ihre Stiefel verspeist hatten«*, und den wenigen Beherzten, die trotz allem bis zur Bucht von Santa Elena vorstießen, um dort, wie befohlen, die von Philipp II. erwünschte atlantische Festung einzurichten, erging es nicht besser. Don Tristan schlug sich indessen einerseits mit dem Ungehorsam und der Disziplinlosigkeit seiner Leute herum, andererseits mit den Verweisen des Vizekönigs, der seinerseits mit Rügen vom spanischen Hof bedacht wurde. Luna versuchte Florida von drei kleinen Schiffen umfahren zu lassen, um auf dem Seeweg zu erreichen, was zu Lande undurchführbar war, doch ein Sturm warf sie zurück.

Don Tristan de Luna y Arellano wurde 1561 seines Postens enthoben und durch Gobernador Angel de Villafana ersetzt. Mit frischen Truppen und neuen Schiffen erforschte dieser zunächst die Atlantikküste bis Kap Hatteras hinauf, doch unendlich dehnten sich an der Küste glühende Sanddünen und dahinter schwarze, tiefe Sümpfe aus.

Als sein Bericht in Spanien ankam, verlor König Philipp den Mut. Am 29. September 1561 rief ein königliches Dekret die Expedition zurück und verbot jeden neuen Versuch einer Kolonisierung Floridas. Einige Wochen später gab es auf dem ganzen amerikanischen Kontinent nördlich des Rio Grande keinen einzigen Spanier mehr.

Die Conquistadoren

Amerika 1492 bis 1561

»Ich, Sarmiento de Gamboa, sage, daß die Inka schlechte Herrscher waren! Man hat uns Spanier als Teufel hingestellt, die Elend über alle Indio-Völker brachten. Ich aber weiß: Wir haben sie aus der Sklaverei befreit!«

Blut, Gold und Ehre

Wer es heute wagt, ohne zumindest den Unterton moralischer Entrüstung über die Eroberung Mittel- und Südamerikas zu schreiben, der gerät schnell in den Verdacht,

»Die weißen Götter am Werk« von Diego Rivera. Sinnfälliger Ausdruck eines durch Jahrhunderte gezüchteten schlechten Gewissens bei den Nachkommen der spanischen Eroberer.

Gewalt, Grausamkeit und Habgier zu glorifizieren. Francisco de Vitorias, Bartolomé de Las Casas und die Jesuiten haben das Bild der Conquista geprägt, und nur wenige haben es gewagt, so klar eine Gegenposition zu beziehen wie Sarmiento de Gamboa.

Gamboa war kein Schönredner. Persönlich an der Conquista unbeteiligt – er kam erst einige Jahre nach ihrem Ende nach Peru –, war er andererseits ein profunder Kenner des Landes und seiner Geschichte, und er war ein Mann, dem es tatsächlich mehr um das Volk ging als um die Herrschenden, der sich durch ein imponierend großes, straff organisiertes Reich nicht darüber hinwegtäuschen ließ, daß es auf den gekrümmten Rücken von Millionen gebaut war. *»Ich habe überall im Land Verhöre angestellt, und nun bin ich im Bilde, wie diese Inka wirklich waren. Sie waren Ausbeuter, Tyrannen für das Volk und andere Völker. Ihr Reich war groß, doch nur, weil andere Reiche diesem Reich geopfert wurden – und ungezählte Menschen. Als Manco Capac* [der erste Inka] *mit der Inkasippe in das Tal von Cuzco einbrach, kam er nicht als Lehrer; die Stämme, die da lebten, hatten längst Felder, Tempel, Städte. Er kam als Unterdrücker, der sich das Land nahm, der jeden niederschlug, der sich nicht beugte. Der letzte Inka Atahualpa hatte es so weit gebracht, daß seine Untertanen von ihm träumten als von einem Berg, der Feuer spie, von einer Eislawine, die Dörfer unter sich begrub. Erst als die Spanier kamen, löste sich der Bann. Viele Stämme begrüßten uns als Befreier; denn sie erinnerten sich, wie ihr Leben ausgesehen hatte, bevor der Inka über sie gekommen war.«* Nahezu Identisches ließe sich über die Azteken und etliche andere, nicht ganz so bedeutende Stämme sagen ...

Wenn Francisco de Vitorias jede Eroberung, jeden Krieg, jede Machtausweitung aufs schärfste verurteilte, so kann man ihm darin aus voller Überzeugung zustimmen, nur hat sich die Weltgeschichte von der Steinzeit bis zum heutigen Tag – gleichgültig, ob sich ihre Akteure Römer, Normannen, Araber, Spanier, Deutsche, Franzosen, Engländer oder Sowjetrussen nennen – nie um solch moralische Forderungen gekümmert, und die Eroberer haben immer eine Reihe guter und überzeugender Argumente für ihre Anwesenheit im fremden Land, die eroberten und unterdrückten Völker ebenso viele und schlagende Argumente dagegen gefunden. So kann es also für den Historiker nie ein »Gut oder Böse«, allenfalls ein »Besser oder Schlechter« geben.

Es ist unbestritten, daß die Spanier in ein Land einfielen, auf das sie nicht die mindesten Rechtsansprüche hatten, daß sie die Indios um ihre Freiheit und »Selbstbestimmung« brachten. Doch wessen Freiheit und Selbstbestimmung eigentlich? Die der Indios? Des Volkes? Oder nur die einer sehr kleinen, dünnen, mächtigen und gewalttätigen Oberschicht?

Was hatte sich objektiv durch die spanische Eroberung für den Bauern, den Handwerker, den Händler der Indios verändert? Er bebaute sein Feld, arbeitete in seiner Werkstatt, verkaufte seine Waren wie vorher; er entrichtete seine Abgaben, Steuern und Tribute nur statt an den Uei Tlatoani, den Sapay-Inka und die großen und kleinen Häuptlinge nun eben an die spanische Krone, die Gobernadores und ihre großen und kleinen Häuptlinge. Und für die Tarasken, Chichimeken, Zapoteken, Mixteken, Chimú, Cañaris, Schyri und wie sie alle hießen, die von den großen Indio-Reichen unter-

Santiago, der Schutzpatron der Conquistadoren.

jochten Völker? War es für sie wirklich so schlimm, daß sie durch die Nuevas Leyes einen beträchtlichen Teil ihrer Selbstbestimmung zurückerhielten? Daß nicht mehr jährlich Abertausende als Staatssklaven für die gigantischen Bauten der Herrscher, als Schlachtopfer für die Altäre der Götter fortgeschleppt wurden? Wenn man die Millionen der Indios betrachtet, die nicht zu den paar tausend Herrschenden gehörten, so hatte Gamboa wohl wirklich die Wahrheit gesagt, wenn er schrieb: *»Ich aber weiß: Wir haben sie aus der Sklaverei befreit!«*

Dieses positive Urteil kann natürlich nicht darüber hinwegtäuschen, daß es unter den Conquistadoren höchst unerfreuliche Gestalten gab wie Francisco Pizarro, ja echte Sadisten wie Núño de Guzmán, und auch, daß die anderen plünderten, mordeten, Kulturen und unersetzliche Werte zerstörten, sich, kurz gesagt, so schlecht benahmen, wie sich Eroberer und Sieger zu allen Zeiten zu benehmen pflegten; sie taten es nur mit einer überraschenden Naivität und Ehrlichkeit – im Unterschied zur Gegenwart, wo die Propaganda solche Exzesse subtil zu kaschieren versteht, um das vielzitierte »Weltgewissen« nicht allzusehr zu strapazieren.

Doch trotz allem, was die spanischen Conquistadoren angerichtet haben, ist es nach fast 500 Jahren an der Zeit, auch ihr Bild ein wenig zu korrigieren, zumindest was ihre Motive anbelangt. Seit Las Casas ist die Goldgier der Conquistadoren geradezu sprichwörtlich geworden. Das ist nicht einmal unverständlich, denn die Massen an Gold und Silber, die aus der Neuen in die Alte Welt flossen, überstiegen die Vorstellungskraft jedes damaligen Europäers. Allein das »Königsfünftel« – die Betonung muß hier auf dem Wort »Fünftel« liegen – ergab zwischen 1503 und 1560 die Menge von 101 Tonnen Gold – 101 000 Kilogramm – und 547 Tonnen Silber, zwischen 1560 und 1600 nochmals 6872 Tonnen, zusammen also über sieben Millionen Kilogramm Silber! Auf den heutigen Wert umgerechnet wären das über 25 Milliarden Deutsche Mark. Dabei ist das nur der Anteil der Edelmetalle. Die Werte aus Kupfer, Edelsteinen, Baumwolle, Indigo, Gewürzen, Edelhölzern usw. mögen ein Zehnfaches betragen haben. Midas und Krösus waren »arme Schlucker« im Vergleich zu Karl V.

Doch hieße es ganz einfach den Conquistadoren, wie immer man zu ihnen stehen mag, Unrecht tun, wollte man als ihr einziges Motiv Goldgier angeben. Kein Gold der Welt wäre in der Lage, Menschen solch ungeheure Strapazen und Entbehrungen auf sich nehmen, sie solch fast unglaubliche Leistungen vollbringen zu lassen wie die Conquistadoren. In rund 70 Jahren haben sie ihrem König und Kaiser ein Reich erobert und zu Füßen gelegt, das sich rund 8600 Kilometer in der Länge, rund 7000 Kilometer in der Breite erstreckte, ein Reich krassester landschaftlicher und klimatischer Gegensätze. Sie haben die klirrende Kälte der Hochanden ertragen und die brennende Hitze der Atacama-Wüste, sie haben sich durch die Sümpfe Floridas, Guatemalas und Dariéns gequält, sie haben den Mississippi, den Rio Grande, den Colorado, den Orinoco, den Amazonas, den Paraguay befahren, sie haben das Colorado-Plateau, die Anden und die Cordilleren überstiegen, sie sind durch die endlosen Prärien Nordamerikas geritten und in die dampfenden Tropendschungel am Orinoco und Amazonas eingedrungen, sie haben mit ein paar hundert Mann, ein paar Pferden und Geschützen Reiche erobert, deren Bevölkerungszahlen die ganz Spaniens bei weitem übertraf. Und sie nahmen all diese entsetzlichen Mühen, Gefahren und Strapazen auf sich in dem sicheren Wissen, daß sie irgendwann darin umkommen würden. Kaum einer der Protagonisten der Conquista ist eines natürlichen Todes gestorben: in Kämpfen erschlagen, verhungert, verdurstet, von Kannibalen zerrissen, erfroren, dem Fieber erlegen, ertrunken, von Neidern ermordet oder hingerichtet, im besten Fall vom König um die Früchte ihrer Mühen betrogen, abgeschoben und vergessen.

Niemand nimmt das auf sich, niemand vollbringt das, es sei denn um der Ehre, des Ruhmes, »el honor« willen. Kreuz und Mantel des Santiago-Ordens, die Titel Gobernador und Adelantado, das Wörtchen »Don« vor den Namen setzen zu dürfen, zählten allemal mehr als die reichste materielle Belohnung.

Und so lesen wir am Ende vieler Lebensbeschreibungen von Conquistadoren den Satz:

»Mehr als an Gold und Reichtum war ihm gelegen an Ruhm und Ehre!«

Literatur

Das vorliegende Buch wurde zwar mit vollem historischem Verantwortungsbewußtsein und mit größter Genauigkeit, nicht aber als wissenschaftliches Werk geschrieben, in dem jede Behauptung oder Schlußfolgerung in Fußnoten belegt werden muß. Fehlen die Fußnoten, ist auch eine genaue Angabe aller Quellen des Autors kaum sinnvoll, die in diesem Fall ja eher den Verdacht aufkommen lassen, daß dem Leser damit bloß imponiert werden soll. Tatsächlich lassen sich die imposantesten Listen aus den Schlagwortkatalogen der großen Bibliotheken mühelos in kürzester Frist aufstellen, was um so leichter möglich wäre, als in den fast 500 Jahren seit der Entdeckung Amerikas Unendliches zu diesem Komplex geschrieben worden ist, sowohl von Zeitgenossen und Augenzeugen wie von Nachgeborenen.

Ich werde daher darauf verzichten, eine Liste der Sekundärliteratur anzufügen, und mich auf eine Aufstellung jener zeitgenössischen Veröffentlichungen und Dokumente beschränken, die entweder in diesem Buch wörtlich zitiert wurden oder die dem Interessierten weiterhin eine Möglichkeit bieten, sich selber ein Urteil über das vielumstrittene Thema der Eroberung Amerikas durch die Spanier zu bilden.

Acosta, José de, Historia Natural y Moral de las Indias, Sevilla 1590.

–, De Natura Novi Orbis libri duo, et De Promulgatione Evangelii apud Barbaros, sive De Procuranda Indorum Salute libri sex, Lima 1577.

Albenino, Nicolás, Relación, Sevilla 1549.

Andagoya, Pascual de, Relación de los sucesos de Pedrarias Dávila en las provincias de Tierra Firme o Castilla del Oro y de lo ocurrido en el descubrimiento de la Mar del Sur y costas del Peru y Nicaragua, Panama (?) 1539.

Calvete de Estrella, Juan Cristóbal, Rebelión de Pizarro en el Perú y Vida de D. Pedro Gasca, 1565 bis 1567.

Cañete, Marqués de, Catra del Marqués de Cañete, Virrey del Perú, a S. M. an la cual se duele de que el Consejo haya revocado todo lo hecho por él, tocante a los repartimientos y encomiendas que dió. Se ocupa de lo tratado con el Inca, tributos y vacos y hacienda real, noticias de Chile, etc. Los Reyes, 28. 2. 1558.

Capitulación con Francisco Pizarro, Hernando de Luque y Diego de Almagro: Sobre continuar la conquista del Peru y mercedes a los conquistadores. Yo la reina. Toledo, 26. 6. 1529.

Carvajal, Fr. Gaspar de, Relación que escribió Fr. G. de Carvajal, Fraile de la Orden de Santo Domingo de Guzmán, del nuevo descubrimiento del famoso río grande que descurbrió por muy gran ventura al capitán Francisco de Orellana desde su nacimiento hasta salir a la mar, con cincuenta y siete hombres que trajo consigo y se echó a su aventura por el dicho río, y por el nombre del capitán que lo descubrió se llamó el río de Orellana, 1541/42.

Castro, Cristóbal Vaca de, Carta del Licenciado Castro a S. M. con noticia de lo capitulado y concertado con el Inca rebellado y sobre lo mucho que convenía que no volviesen a aquellos reinos los sujetos que enviaron a España los gobernantes, por desasosegados y mal contadizos. Trata asimismo, da las mercedes que se deben dar a los religiosos de San Francisco y Cofradía de la Caridad, Lima 1542.

Cieza de León, Pedro, Parte primera de la chrónica del Perú, que tracta la demarcación de sus provincias; la descripitón dellas ... las fundaciones de las nuevas ciudades; los ritos y costumbres de los indios y otras cosas extrañas dignas de ser sabidas, 1553.
–, Parte segunda de la chrónica del Perú, que tracta del señorío de los Incas y de susgrandes hechos y gobernaciones, 1555 (?).
–, Guerras civiles del Perú I. Guerra de las Salinas.
–, Guerras civiles del Perú II. Guerra de Chupas.
Cobo, Barnabé, Historia del nuevo mundo, Anfang 17. Jahrhundert.
Codex Mendoza, Mexico um 1538.
Colección de documentos inéditos para la historia de Chile 1518–1818, Santiago de Chile 1895.
Colección de documentos inéditos para la histroia de España, Madrid 1842.
Colección de documentos inéditos relativos al descubrimiento, conquista y colonización de las posesiones españolas en América y Occeanía, sacados, en su mayor parte, del Real archivo de Indias, bajo la dirección de los Señores Don Joaquin F. Pacheco y Don Francisco de Cárdenas, miembros de varias reales academias científicas, y Don Luis Torres de Mendoza, abogado de los Tribunales del Reino. Madrid 1864/84, 42 Bände.
Colección las relaciones primitivas de la conquista del Perú. Herausgegeben von Raúl Porras Barrenechea. Enthalten: Los cronistas des descubrimiento – Pedrarias – Andagoya – Candia. La relación Sámano-Jerez. Cronistas de la conquista – Cartas de los licenciados Gama y Espinosa, 1533. Versiones italiana, alemana y francesa. – Nouvelles certaines des isles du Pérou, Lyon 1534. El anónimo sevillano de 1534: el capitán Cristóbal de Mena, Paris 1937.
Colección tres relaciones de antigüedades peruanas. Enthält die Berichte von Fernando de Santillán, 1553, einem anonymen Jesuiten, und Joan de Santacruz Pachacuti Yamqui Salcamaygua (Indio), Asunción del Paraguay, 1950.
Colombo, Christoforo, Bordbücher, Briefe, Testament etc. 1492–1506. Die besten Sammlungen sind:
Caddeo, R. (Hrsg.), Cristoforo Colombo. Relazioni di viaggio e lettere, Milano 1941.
Sammlung Dieterich, 127, Jacob, E. G. (Hrsg.), Christoph Columbus. Bordbuch, Berichte, Dokumente, ausgewertet, eingeleitet und erläutert. Bremen 1956.
Marañón, G. (Hrsg.), Viaje de Cristóbal Colón, según su diario a bordo, recongido y transcrito por Bartolomé de Las Casas, Barcelona 1944.
Coronado, Francisco Vázquez de, Relación de descubrimiento y conquista de Cibola y Quivira, Mexico 1543.
Cortés, Hernán, Berichte an Karl V., Briefe, Testament etc. 1519/47. Die besten Sammlungen sind:
Homann, Hermann (Hrsg.), Die Eroberung Mexikos 1519–1547. Tübingen 1974.
Testamento de Hernán Cortés. Ia edicion facsimile. Mexico 1930.
Hernán Cortés, Copias de Documentos Existentes en el Archivo de Indias y en su Palacio de Castilleja de la Cuesta, sobre la Conquista de Méjico, Sevilla 1889.
Cuevas, P. Mariano (Hrsg.), Cartas y otros documentos de Hernán Cortés novisiamente descubiertos en el Archivo de Indias de la Ciudad de Sevilla, Sevilla 1915.
Diaz, Bernal del Castillo, Sucesos de la conquista de la Nueva España, 1632.
Diaz, Juan, Itinerario de la Armada del Rey Católico a la Isla de Yucatán, en la India; el Año 1518, en la que fue por Commandante y Capitán General Juan de Grijalva.
Duran, Diego, Historia de la Nueva España, 15..
Estete, Miguel de, 1. Chronik in: Jerez, Fr. de, Relación de la conquista del Perú, 1547. 2. Chronik in: Santa Cruz, De los papels del Arca de Santa Cruz, 1572.
–, Relación del viaje que hizo el señor Hernando Pizarro, 1534.
Fuentes y Guzmán, F. A. de, Recordación florida: Discurso historico y demonstración natural, material, militar y política del Reyno de Guatemala, 17. Jahrhundert.

Garcilaso de la Vega, el Inca, Comentarios reales de los incas, Madrid 1601.
Gasca, Pedro de la, Documentos relativos al Licenciado Pedro de la Gasca sobre la comisión que le dio Carlos V. en 1545 para ir a pacificar al Perú, sublevado por Gonzalo Pizarro y los suyos, Lima 1549.
Gómara, Francisco López de, Crónica de Nueva España, con la conquista de Mexico y otras cosas notables hechas por el valeroso Hernando Cortés, Marqués del Valle, Capitán de su Magestad en aquellas partes. Con mucha diligencia corregida y añadida por el mesmo autor en Çaragoça, Mitte 16. Jahrhundert.
Herrera, Antonio de, Historia General de los Hechos de los Castellanos en las Islas y Tierra Firme del Mar Occeano, escrita por Antonio de Herrera coronista mayor de su M. de las Indias y su soronista de Castilla. En cuatro Décadas desde el año de 1492 hasta el de 1531. Madrid 1601.
Jérez, Francisco de, La conquista del Perú 1534.
Las Casas, Bartolomé de, Brevísima Relación de la destrucción de las Indias, 1542.
–, Historia de las Indias, 1552/61.
–, Historia apologética de las Indias, 1548 (?).
Lienzo de Tlaxcalla, Tlaxcala um 1525.
Lizárraga, Reginaldo de, Descriptión breve de toda la tierra del Perú, Tucumán, Río de la Plata y Chile.
Montesinos, Fernando de, Memorias antiguas histariales y políticas del Perú – Abales del Perú, Anfang 17. Jahrhundert.
Motolinia, Fr. Toribio de Benavente o, Historia de los Indios de Nueva España, Tlaxcala um 1555.
Navarra, Pedro de, Dialogos de la differencia del hablar al escriver ... dictados por el Illustrissimo y Reuerendissimo Señor Don Pedro de Navarra, Obispo 9° de Comenge, y del consejo supremo del Rey Christianissimo, Tolosa 1565.
Oviedo y Valdés, Gonzalo Fernández de, Historia general y natural de las Indias, Islas y Tierra Firme del Mar Océano, 1535, 1547, 1557.
–, Sumario de la natural de las Indias, 1550 (?).
Palacio, Diego Gracía de, Carta Dirijida al Rey de España, año 1576.
Pizarro, Gonzalo, Carta de Gonzalo Pizarro al Rey, fecha en tomebamba, a 3 de septiembre de 1542.
Pizarro, Hernando, Relación general al Audiencia de Santo Domingo, 1533.
Pizarro, Pedro, Relación del descubriemento y conquista de los reinos del Perú, 1571.
Poma de Ayala, Felipe Huaman (Indio), Nueva Corónica y buen Gobierno, Mitte 16. Jahrhundert.
Remesal, Antonio de, Historia general da las Indias Occidentales y particular de la gobernación de Chiapa y Guatemala, 1619.
Ruiz de Arce, Juan, Crónica del descubrimiento del Reyno del Perú, um 1534.
Sahagún, Fr. Bernardino de, Historia universal de las cosas de Nueva España, Mitte 16. Jahrhundert.
Salazár, Francisco Cervantes de, Crónica de la Nueva España que escribió el Dr. Francisco Cervantes de Salazár, cronista de la Imperial Ciudad de México, Mexico 1560.
Sancho de la Hoz, Pedro, Relación de la conquista del Perú, 1534.
Sandoval, Fr. Prudencio de, Historia de la vida y hechos del Emperador Carlos V. max. fortissimo rey catholico de España y de las Indias, islas y tierra firme del mar océano. Al Catholico Rey Don Felipe III destenombre nuestro Señor. Por el Maestro Don Fray Prudencio de Sandoval su coronista, Obispo de Pamplona. Pamplona 1634.
Santa Cruz, Alonso de, De los papels del arca de Sta. Cruz, etwa 1550/72.
Sarmiento de Gamboa, Pedro, Historia del reino de los Incas, Cuzco 1572.

Schmidel, Ulrich, Warhafftige und liebliche Beschreibung etlicher furnemen Indianischen Landschafften und Insulen, die vormals in keiner Chronicken gedacht, und erstlich in der Schiffart Ulrici Schmidts von Straubingen, mit großer gefahr erkundigt, und von ihm selber auffs fleissigst beschrieben und dargethan, Frankfurt 1567.

Tapia, Andrés de, Relación hecha por el Señor Andrés de Tapia, sobre la Conquista de Mexico, Mitte 16. Jahrhundert.

Tezozomoc, Fernando de Alvarado (Indio), Crónica Mexicana, um 1589.

Titu Cusi Yupanqui Inca, D. Diego de Castro (Indio), Relación de la Conquista del Perú y Hechos del Inca Manco II, San Salvador de Vilcabemba a 6 de febrero de 1570.

Torquemada, Monarchia Indiana con el origen y guerras de las Indias Occidentales, de las Poblaciones, Descubrimiento, Conquista, Conversión y otras cosas marauillo sas de la mesma tierra distribuidos en tres tomos. Madrid 1615.

Trujillo, Diego de, Relación del descubrimiento del Reyno del Perú, Cuzco 1571.

Valverde, Fr. Vincente de, Obispo del Cuzco, al Emperador Carlos V: Su viaje al Perú, derrota y muerte de Almagro. Llega al Cuzco, que está muy arruinada. Iglesias an el Perú, diezmos, productos del país. Constitución de su iglesia. Conviene que venganfrailes. La protección de los indios. Discordia de Almagro y Pizarro y levantamiento del Inca. Naturaleza del país. Cuestiones de hacienda. F. V. episcopus Cosconensis. Cuzco, 20. 3. 1539.

Villagutierre y Sotomayor, Juan de, Historia de la conquista de la Provincia de el Itzá, 1701.

Martin Waldseemüller (Hylacomulus), Cosmographiae Introductio, Paris 1507.

Zárate, Augustín de, Historia del descubrimiento y conquista de la Provincia del Perú ... hasta el vencimiento de Gonzalo Pizarro, Antwerpen 1555.

Chronologische Übersicht über die Conquista

1000/01 Leif Eriksson entdeckt Nordamerika (»Vinland«).
um 1100 Die Entdeckung wird vergessen.
1255/69 Marco Polo (Venedig): China.
um 1280 Gründung Cuzcos durch die Inka.
1325 Gründung Tenochtitláns durch die Azteken.
1418 Dom Henrique o Navigador (1394/1460): Hochschule für Navigation in Lissabon.
1451 C. Colombo in Genua geboren.
1464 B. Las Casas geboren.
1469 Heirat Ysabels und Fernándos, Vereinigung der spanischen Teilkönigreiche Kastilien und Aragon.
1471 J. Santarem (Portugal): Niger.
1474 P. Toscanelli (Florenz): erste Karte »zwischen Europa und Indien«.
1475 (oder 78) F. Pizarro geboren.
1478/1526 Huayna Capac 12. Sapay-Inka: Unterwerfung der Chimu, Cañaris und Schyri (Quito). Größte Ausdehnung des Inka-Reiches.
1485 D. Cão (Portugal): südlicher Wendekreis.
C. Colombo kommt nach Spanien.
H. Cortés geboren.
1487 B. Diaz (Portugal): Kap der Guten Hoffnung.
1491/93 M. Behaim: erster Globus.
1492 2. 1. Kapitulation der letzten Maurenfestung Granada.
Beginn des »spanischen Jahrhunderts«.
31. 3. Generaledikt über die Ausweisung der Juden. Verfolgung der Juden, Mauren, Marranen und Morisken in Spanien.
17. 4. »Capitulación« von Santa Fé, 30. 4. »Titulo«: Vertrag zur Entdeckung »Indiens«.
3. 8. C. Colombo läuft von Palos mit den Schiffen »Santa Maria« (J. de la Cosa), »Pinta« (M. A. Pinzón) »Niña« (V. Y. Pinzón) aus.
1492 12. 10. C. Colombo betritt auf San Salvador amerikanischen Boden.
1493 C. Colombo: Cuba, Española (Haiti).
3. 5. Teilung der Welt zwischen Spanien und Portugal durch Papst Alexander VI. Borgia.
1493/96 C. Colombo: Española, Cuba, Jamaica, Puerto Rico, Antillen.
1497 Vertrag von Tordesillas zwischen Spanien und Portugal, Demarkationslinie 370 Meilen westlich der Azoren.
V. Gama (Portugal): Kalikut in Indien.
1497/98 G. und S. Caboto (England): Neufundland, nordamerikanische Ostküste.
1498/99 A. Hojeda: Orinoco-Mündung, Trinidad, Küste Venezuelas bis Maracaibo-See.
1498/1500 C. Colombo: Trinidad, Española. Verhaftet und in Ketten nach Spanien zurück.
1499 Bischof J. R. Fonseca: »Freiheit der Wege nach Indien«. Gründung des Indien-Rates.

1499/1500 V. Y. Pinzón: Nordküste Südamerikas, Amazonas-Mündung.

1500 P. A. Cabral (Portugal): Brasilien.

Bastidas: Golf von Darién.

1500/02 C. und M. Corte Real: Neufundland, Grönland, Labrador.

1502/04 C. Colombo: Antillen, Española, Golf von Darién, Ostküste Nicaraguas, Cuba, Jamaica.

1502 Moteczuma Xocoyotzin wird 9. Uei Tlatoani der Azteken.

1503 Gründung der Casa de Contratación in Sevilla.

A. Vespucci veröffentlicht »Mundus Novus«.

1504 Ysabel de Castilla stirbt.

1506 20. 5. C. Colombo stirbt in Valladolid.

1506/08 V. Y. Pinzón: Brasilien.

1507 M. Waldseemüller veröffentlicht »Cosmographiae Introductio«, die zur Benennung »Amerika« führt.

1509 D. Colón als 2. Admiral in Española.

S. Caboto (England): Ostküste Nordamerikas, Neufundland, Labrador, Hudson-Straße, Grönland.

1509/11 A. Hojeda und D. Nicuesa: Darién. Gründungen: San Sebastián, Nombre de Dios.

J. Cosa von Indios ermordet.

1510 A. Hojeda: Cuba, stirbt nach Rettung.

1511 D. Nicuesa: Nach Auseinandersetzung mit Balboa abgeschoben, auf See verschollen.

D. Velázques: Cuba. Gobernador bis 1522.

Bekehrung B. Las Casas, Eintritt in den Dominikanerorden.

1511/14 V. N. Balboa: Darién, Gründung: Santa Maria de la Antigua, stürzt M. F. Enciso.

1512 27. 12. Leyes de Burgos.

1513 V. N. Balboa: Übergang über den Isthmus von Panama.

29. 9. Entdeckung des »Mar del Sur« (Pazifik).

J. Ponce de León: Florida.

1514 P. A. Dávila: Darién. Gobernador von Panama und Nicaragua bis 1531.

Becerra: Süddarién, verschollen.

1515 G. Morales: Perleninsel.

1516 Fernándo de Aragon stirbt.

Carlos I. König von Spanien (Mutter: Juana die Wahnsinnige, Großeltern: Ysabel und Fernándo).

1516 J. D. Solis: Brasilien, Rio de la Plata, von Indios ermordet.

1517 F. H. Córdoba: Nordwestküste Yucatans, stirbt nach Rückkehr an seinen Wunden.

P. Heredia: Fuß der Cordilleren.

G. Caboto (England): Neufundland, Labrador.

1518 P. A. Dávila: Gründung: Panama.

V. N. Balboa: wegen Hochverrat hingerichtet.

J. Grijalva: Nordwestküste Yucatans, Ostküste Mexicos, Cozumel, Tabasco, Coatzacoalco.

1519 Carlos I. als Karl V. Kaiser des Heiligen Römischen Reiches Deutscher Nation.

1519/39 Verpachtung Venezuelas an Fugger, Welser (Augsburg), Holzschuher, Behaim (Nürnberg).

1519/22 F. Magelljães (Magellan): erste Umseglung der Erde.

1519 F. Magelljães: Rio de Janeiro, Rio de la Plata.

1519/21 H. Cortés: Eroberung Mexicos (Colúa, Anáhuac).

1519 H. Cortés (608 Mann, 11 Schiffe): Landung in Tabasco, San Juan de Ulúa, Gründung: Vera Cruz, 23. 9. Bündnis mit Tlaxcala.
8. 11. Einmarsch in Tenochtitlán, Gefangennahme Moteczumas, Lehenseid Moteczumas auf Karl V.

1520 P. Narváez: Landung in Mexico, Niederlage bei Cempoala.
Massaker von Tenochtitlán, Aufstand der Azteken, Tod Moteczumas, Cuitlahuac wird 10. Uei Tlatoani der Azteken.
1. 7. Ausbruch H. Cortés aus Tenochtitlán (La noche triste), Sieg bei Otompan.
Tod Cuitlahuacs durch die Pocken, Cuauhtemoc wird 11. Uei Tlatoani der Azteken, Reorganisation der Conquistadoren in Tlaxcala.
21. 10. F. Magelljães erreicht durch die nach ihm benannte Durchfahrt den Pazifik.
B. Las Casas veröffentlicht »Historia de las Indias«.

1521 F. Magelljães: Überquerung des Pazifik, auf Cebu gefallen.
H. Cortés: Belagerung Tenochtitláns.
13. 8. Eroberung Tenochtitláns, Gefangennahme Cuauhtemocs, Wiederaufbau der Stadt.
J. R. Fonseca durch D. Ordás gestürzt.
H. Cortés und G. Sandoval: Nordostmexico.
J. Ponce de León: Florida, fällt im Kampf gegen Indios.

1521/22 S. Cano: Vollendung der Weltumseglung Magelljães'.
P. Albarado und C. Olid: Nordwestmexico.

1522 G. Sandoval: Südosten Mexicos.
P. Andagoya Dávala: Birú-Fluß.

1522/23 D. Odrás: Nordamerika, vermutlich Colorado-Plateau, Grand Canyon.

1523/24 C. Olid: Honduras, Lossagung von Cortés, gestürzt und hingerichtet.
Verrazzano (Frankreich): Sankt-Lorenz-Strom.

1524 P. Albarado: Guatemala, Gründung: Santiago de Guatemala, San Salvador.
»Compañia« zwischen F. Pizarro, D. Almagro und F. Luque zur Eroberung von Peru.

1524/25 F. Pizarro: Puerto de Hambre.
H. Cortés: Yucatan, Strafexpedition gegen Olid.
D. Ordás: Nicaragua-See.

1524/31 N. Guzmán: Oberrichter von Neuspanien (Mexico).

1525 H. Cortés: Verschwörung und Hinrichtung Cuauhtemocs in Itzemkanac.

1526 Huayna Capac stirbt an den Pocken, Huáscar (Sohn H. C. aus seiner Hauptehe) 13. Sapay-Inka, Rebellion Atahualpas (Sohn H. C. aus einer Nebenehe) gegen Huáscar.

1526/32 Bruderkrieg Atahualpas gegen Huáscar.

1526 Atahualpa: Niederlage bei Tomabamba, Sieg bei Amboto.

1526/28 F. Pizarro: Küste Perus.

1526 B. Ruiz: Überquerung des Äquators im Pazifik, Tumbez.
F. Pizarro: Meuterei der Truppen, bleibt mit 13 Mann auf der Isla del Gallo zurück.

1527 P. Narváez: Florida, Südküste Nordamerikas, vor dem Mississippi-Delta in einem Boot verschollen, Reste seiner Expedition bis 1536 im Süden Nordamerikas unterwegs.
Erlaubnis zur Weiterführung der Entdeckung Perus.

1527/28 B. Ruiz holt F. Pizarro auf Gorgona ab, Tumbez, Vorstoß bis 10. südlichen Breitengrad, Capullana.
F. Montejo: Yucatan-Fehlschlag.

1527/29 S. Caboto (in spanischen Diensten): Rio de la Plata, Picomayo.
F. César: Übergang über die Anden, Kontakt zu den Inka.

1527/33 A. Ehinger: Gobernador von Venezuela, Gründung: Neu-Augsburg (Coró).

1528/29 D. Ordás: Florida.

1528/30 H. Cortés: Spanien, Begegnung mit Karl V., Ernennung zum Marqués de Valle Oaxaca, Ernennung zum Vizekönig von Karl V. abgelehnt.
F. Pizarro in Spanien.

1529 26. 7. »Asiento« zwischen F. Pizarro und Karl V. zur Eroberung Perus.
S. Caboto muß Rio de le Plata aufgeben.

1530/31 A. Dávila: Nordyucatan.
N. Federmann: Orinoco.

1530/40 D. Ordás: Orinoco, Apure, Meta, stirbt an Fieber, Reste der Expedition teils verschollen, teils bis 1540 im Orinoco-Gebiet unterwegs.

1531/32 F. Pizarro: Eroberung Perus.

1531 F. Pizarro (180 Mann, 3 Schiffe): Landung in San Mateo, Dschungelmarsch, 8 Monate in Coaque, Puná, Tumbez.
Tod p. A. Dávila in Córdoba de Nicaragua.

1531/33 A. Ehinger: Maracaibo-See, Gründung: Neu-Nürnberg (Maracaibo), Rio Magdalena, Rio Cauca, von Indios ermordet.

1531/35 F. Montejo und F. Montejo el Mozo: Yucatan, Gründung: Ciudad Real in Chichén Itzá, Aufstand der Indios und Vertreibung Montejos.

1532 Atahualpa: Sieg über Huáscar bei Cuzco, Gefangennahme Huáscars, Atahualpa alleiniger 14. Sapay-Inka, Ermordung des Inka-Adels in Cuzco.
F. Pizarro: Gründung: San Miguel, Cajamarca.
16. 11. Gefangennahme Atahualpas, Lösegeldforderung, Besetzung Cuzcos, Ermordung Huáscars durch Atahualpa.
H. Cortés: Expeditionen nach den Molukken und China. D. Hurtado de Mendoza ermordet, D. Becerra de Mendoza Meuterei.

1533 29. 8. Ermordung (»Hinrichtung«) Atahualpas durch F. Pizarro.

1534 S. M. Benalcázar: Sieg bei Riobamba und Quito über Rumi Nahui, Gobernador von Ecuador.
P. Albarado: Überquerung der Cordilleren, Quito, durch F. Pizarro und D. Almagro abgefunden.

1534/36 Jacques Cartier (Frankreich): Sankt-Lorenz-Strom.

1534/38 G. Hohermuth: Östliche Cordilleren bis fast nach Quito.

1535/50 A. Mendoza: Vizekönig von Neuspanien, Befreiung der Indios, erste Universität in Mexico, erste Druckerei in Mexico, Codex Mendoza.

1535 H. Cortés: Niedercalifornien.

1535/36 P. Mendoza: Rio de la Plata, Gründung: Buenos Aires.

1535/37 D. Almagro: Chile.

1535/39 N. Federmann: Santa Fé de Bogotá.

1536 A. N. Cabeza de Vaca mit drei Überlebenden der Narváez-Expedition (1527) gerettet.
N. Guzmán: in Abwesenheit verurteilt, Flucht nach Nordamerika, verschollen.

1536/37 Manco-Inka: Aufstand der Indios in Peru, Belagerung von Lima und Cuzco, Niederlage der Indios vor Lima.
J. Ayolas: Gründung: Asunción, fällt im Kampf gegen Indios.

1536/38 F. Ulloa: Golf von Niedercalifornien.

1536/39 J. Quesada: Rio Magdalena, Santa Fé de Bogotá, Eroberung des Chibcha-Reiches.

1537 D. Almagro: Befreiung Cuzcos, Manco-Inka flieht nach Machu Picchu.
S. Vizcaino: Westküste Nordamerikas bis 43. nördlichen Breitengrad.

1537/39 S. M. Benalcázar: Santa Fé de Bogotá.

1538 F. Pizarro: Ernennung zum Marqués de Atavillos. Endgültiges Zerwürfnis mit D. Almagro.
8. 4. D. Almagro bei Las Salinas von H. Pizarro geschlagen, hingerichtet.
F. Ulloa: Golf von Niedercalifornien, verschollen.

1538/41 H. Soto: Florida, südwestliches Nordamerika.

1538/54 A. N. Cabeza de Vaca: Gobernador am Rio de la Plata, gefangengenommen, nach Spanien abgeschoben.

1539 M. Niza und Estevanico: Nordamerika, Suche nach Cibola, Estevanico von Indios ermordet.
Ende der Konzession der Deutschen auf Venezuela.
H. Pizarro: in Spanien vor Gericht, bis zu seinem Tod (1578) in Haft.

1540/53 P. Valdivia: Gobernador von Chile.

1540 P. Valdivia: Kolonisierung Chiles.

1540 G. López de Cárdenas: Colorado-Plateau, Grand Canyon.
H. Alacrón: Golf von Niedercalifornien, Colorado.
P. Albarado: Fällt bei der Befreiung von Jalisco im Kampf gegen Indios.

1540/42 F. V. Coronado: Cibola, südwestliches Nordamerika.

1540/42 G. Pizarro: Cordilleren, Oberlauf des Amazonas (Rio Napo), Suche nach den Zimtwäldern.

1540/42 Montejo el Mozo: Eroberung Yucatans mit Hilfe Tutul Xius von Mani.

1540/47 H. Cortés: Spanien, Beteiligung am Feldzug gegen Algier (1541).

1541 F. Pizarro von D. Almagro el Mozo ermordet.
D. Almagro von C. Vaca de Castro bei Cuzco geschlagen und hingerichtet.
V. Valverde: auf Puná von Indios ermordet.
P. Valdivia: Gründung: Santiago de Chile, Valparaiso.
F. V. Coronado: Nordwestliches Nordamerika.
1. 5. H. Soto: Entdeckung des Mississippi.

1541/42 H. Soto: Südwestliches und zentrales Nordamerika, stirbt an Fieber, Grab im Mississippi.
F. Orellana: Mit zwei Schiffen den Rio Napo und Amazonas abwärts.

1541/42 Jaques Cartier (Frankreich): Kolonisierung des Sankt-Lorenz-Stroms.

1541/44 P. Hutten: Östliche Cordilleren bis Rio Coca, von J. Caravajal gefangen und ermordet.

1542 20. 11. Nuevas Leyes.
B. Las Casas veröffentlicht »Brevisims relación de la destrucción de las Indias«.
Gründung: Mérida in Yucatan.
F. V. Coronado: Turnierunfall, Rückkehr nach Mexico, eingekerkert und im Gefängnis gestorben.

1542/49 F. Montejo und F. Montejo el Mozo: Trotz mehrerer Indio-Aufstände Festigung der spanischen Herrschaft in Yucatan.

1542/43 Eroberung und Vernichtung der deutschen Kolonie in Venezuela, G. Holzschuher hingerichtet.

1543 F. Orellana: Amazonas, Meuterei, wird sterbend auf einer Insel zurückgelassen.

1543/44 L. Moscoso: Mit Resten der Soto-Expedition südwestliches Nordamerika, Mississippi.

1544 B. N. Vela Vizekonig von Peru.
Aufstand G. Pizarros, Vela bei Anaquito geschlagen und ermordet.

1544/46	G. Pizarro uneingeschränkter Herr über Peru.
1546/48	P. Gasca Präsident für Peru.
1547	H. Cortés stirbt in Sevilla.
1548	P. Gasca schlägt G. Pizarro bei Xaquixaguana.
	9. 4. G. Pizarro hingerichtet.
1549	F. Montejo wegen »Amtsmißbrauch« aus Yucatan abberufen, stirbt 1553 in Salamanca.
1553	P. Valdivia: von Araukanern gefangen und ermordet.
1556	D. M. Irala: Paraguay, Pilcomayo, Anden, Peru, von P. Gasca zurückgeschickt.
	Karl V. dankt ab.
	Philipp II. (Sohn Karls V.) König von Spanien.
	B. Las Casas stirbt in Spanien.
1558	Karl V. stirbt im Kloster zu St. Yuste.
1559/61	T. Luna y Arellano und A. Villafana: Kolonisierungsversuch Floridas.
1561	29. 9. Philipp II. verbietet jeden weiteren Eroberungsversuch nördlich des Rio Grande.
	Ende der Conquista.
1588	Vernichtung der »unüberwindlichen Armada« durch die Engländer.
	Ende des »spanischen Jahrhunderts«.

Personen- und Ortsregister

Bildnachweis

Die Fotos stellten freundlicherweise zur Verfügung:

Berlin, Museum für Völkerkunde (128, 262, 267); Bern, Historisches Museum (41); Cuzco, Museo Histórico Regional del Cuzco (249, 274); Frankfurt, Deutsche Presse-Agentur (83, 206); Kopenhagen, National-Museum (197); London, British Museum (84, 87, 255, 318, 327); Madrid, Biblioteca Nacional (25, 65, 323); Madrid, Museo Naval (11, 19, 20, 32); Mexico, Museo Nacional de Antropologia (105, 120); Mexico, Palacio Municipal (223); Mexico, Palacio Nacional (329); München, Alte Pinakothek (200); München, Heinz Borgs (37, 71, 207, 313); München, Dr. Hans-Otto Meissner (315); New York, Museum of National History (191); Paris, »Giraudon« (196); Privatbesitz (331); Sevilla, Archivo General de Indias (45, 165, 215, 229); Sevilla, Colección de Duque de Infantado (99); Washington, Smithsonian Institution, National Anthropological Archives (316); Wien, Museum für Völkerkunde (85).

Heinz Borgs, München, gestaltete folgende Porträts nach Originalvorlagen aus dem Archivo General de Indias, Sevilla: Seite 37 und 71; dem Inschriftentempel in Palenque: Seite 207; und dem Roswell Museum, Mexico: Seite 313.

Alle anderen Zeichnungen: Wolfram zu Mondfeld

Die Vorlagen für die Zeichnungen entstammen außer den oben genannten Museen und Archiven:

Barcelona, Biblioteca Central; Florenz, Biblioteca Medicea Laurenziana; Genua, Archivo belle arte del comune; Genua, Museo Navale; Kopenhagen, Königliche Bibliothek; Lissabon, Museu de Marinha; Madrid, Museo de America; Madrid, Museo El Escorial; Madrid, Museo Nacional de História; Madrid, Real Armeria; Mexico, Biblioteca del Archivo General de la Nación; Mexico, Instituto Nacional de Antropologia e História; München, ehem. Sammlung Kuppelmayr; New York, The Metropolitan Museum of Art; New York, Public Library; Oxford, Bodleian Library; Paris, Bibliothéque Nationale; Rio de Janeiro, Biblioteca Nacional; Rom, Vatikanische Bibliothek; Sevilla, Biblioteca Colombiana; Valladolid, Archivo General de Simancas; Wien, Bildarchiv der Österreichischen Nationalbibliothek.

Besonders hingewiesen sei auf drei indianische Bilderhandschriften, aus denen zahlreiche Bilder in dieses Buch übernommen wurden. Sie entstanden alle drei zwar erst nach der Conquista, geben aber sehr deutlich die Geschehnisse aus dem Blickwinkel der Indios wieder. Der »Codex Mendoza« ist zudem völlig im alten Stil der aztekischen Maler-Schreiber ausgeführt:

Codex Mendoza, Oxford, Bodleian Library
Lienzo de Tlaxcalla, Mexico, Museo Nacional de Antropologia
Felipe Huaman Poma de Ayala, Nueva Corónica y buen Gobierno, Kopenhagen, Königliche Bibliothek